「社共合同」の時代

戦後革命運動史再考

河西英通 著

同時代社

はじめに――なぜいま、「社共合同」をとりあげるのか

なにが問題か

今日は日本民族の歴史、人類の歴史で記念すべき新しい出発の日である。

今から七〇年前の一九四八年一二月一三日、日本共産党（以下、特別な場合を除き共産党と略す）の伊藤律はこう宣言した(1)。戦前非合法であった共産党は戦後合法となり、四五年一二月の第四回大会で徳田球一を書記長に選出し、党再建の道を歩む。伊藤は徳田の信頼が厚く、四六年二月の第五回大会で中央委員・書記局員・政治局員・農民部長になり、党中央の一角を占めた。

しかし、五〇年一月にコミンフォルム（共産党・労働者党情報局、四七年設立・五六年廃止）が徳田と並ぶ最高指導者野坂参三の平和革命路線を批判（コミンフォルム批判）したことで、共産党は徳田・野坂　伊藤らの主流派（批判への反論所感を発表したので「所感派」と呼ばれた）と志賀義雄・宮本顕治らの反主流派（批判を支持受容したので「国際派」と呼ばれた）が対立し、やがて共産党は大きく二つに分裂する（五〇年分裂(2)）。朝鮮戦争勃発直前の同年六月には中央委員二四名が公職追放となり、一〇月以降主流派の徳田らは中国へ密航して、亡命指導部「北京機関」を組織する。伊藤も五一年秋に中国へ渡るが、五三年九月にスパイの罪で除名される。

長らく伊藤の生死は不明だったが、八〇年九月に二九年ぶりに中国から帰還し、世間を驚かせた。その後、名誉回復を求める執筆活動や『徳田球一全集』（全六巻、五月書房、一九八五～八六年）の編集に関わり、八九年八月七日に七六歳で死去した。すでに没後三〇年近く経つが、戦前のゾルゲ事件(3)、戦後の革命運動、五〇年代の共産党分裂などの解明にとって、伊藤律の存在は欠かせない(4)。

その伊藤が「新しい出発の日」と宣言した四八年一二月一三日とはいったい何がおこった日か。今では全く忘れ去られているが、共産党青森県委員会と日本社会党（以下、特別な場合を除き社会党と略す）青森県支部連合会が合同大会を開催し、統一革命党をめざして社共合同を開始した日である。本書は社共合同（当時の資料には「社共合同」と「共社合同」の二つの表現が見られる。共産党は共社合同と称したが、一般的に社共合同が多用された。以下、本書では引用文を除き、社共合同と表記する）の実態を明らかにし、その歴史的意味を問うものである。

図１　『レポート』1949年４月号表紙「“社共合同”のプロデューサー　伊藤律」

「〝社共合同〟のプロデューサー」（図1）伊藤律はこの日、合同大会後の共産党県会議で冒頭の挨拶をし、「党の規約にもない共社合同は日本の独立のために人民が要求しているマルクス・レーニン主義の新しい発展である」と述べた。伊藤の指揮下、青森県で実際の社共合同を進めたのは、社会党から共産党に移った大沢久明と共産党で大沢を迎えた津川武一である。後述するように、大沢は五〇年代に共産党内でスターリン批判を果敢に展開し、津川は六九年の衆議院議員総選挙に当選し、東北初の共産党代議士となった。

ただし、「社共合同」を最初に提唱したのは、埼玉県の高田富之と思われる。彼は元政友会代議士高田良平の長男で、東北帝国大学で宇野弘蔵に経済学を学んだ。敗戦後社会党に入るつもりだったが、共産党から入党要請があったので、埼玉県委員会に出向いて、「出来るだけ広範な国民を結集するには、従来の共産党組織の再現では駄目で、社会党とも合同して一つの革新政党をつくるべきではないか」と熱弁をふるった。それを耳にした伊藤律が高田を訪問し、「社会党との合同の考え方には自分は賛成であり、是非実現したい」と口説いた。四五年暮に共産党に入党した高田は、第五回大会で「社共合同が今直ちには無理ならせめて『共産党』という党名だけでも直ちに変更せよ」と発言し、書記長を最高ポストにせず、委員長を置く提案もした(5)。

大沢が初めて「社共合同」と表現するのは四六年五月のことだが（後述）、それは民主戦線をめぐる議論であって、いまだ統一革命党に関するものではなかった。軍配は高田に上がる。高田の提言や社会党員の共産党への移動(6)などから、のちの社共合同に連なる組織的な動きが戦後早々始まっていたとも考えられる。この点は以下順次論じて行きたい。

一般的に日本における社共合同は、東欧の人民民主主義・人民戦線・社共合同の影響を受け、四八年から四九年にかけて共産党による社会党員の包摂という形で展開し、五〇年分裂の中で霧消していったものと理解されている。従来、社共合同の研究は貧困だった。その最大の背景は、東欧では「成功」し、日本では「失敗」したからであるが、具体的要因として次の四点があげられる。

第一は、東欧の物真似とみなされ、従属変数的に説明されたこと。しかし、日本の社共合同は東欧とは異なる自立的独自的な性格を持っていたと考えられる。

第二は、共産党による社会党員引き抜きと単純化されたこと。しかし、社共合同は革命運動の戦前的体質から戦後的体質への転換過程として位置付けられる。

第三に、青森県に象徴される「周辺的」イメージが強かったこと。しかし、同時代の労農運動と連動させて、全国史と地域史の双方向から捉える必要がある。

第四に、「社共合同」の用語があまり流布しなかったこと。意外なことに全国紙にはほとんど見当たらず[7]、報道の少なさに共産党は社共合同の封じ込めと反発したほどだった。

これらの原因から、社共合同はせいぜい敗戦後のある時期にバブル的に起こった政略とみなされ、歴史的意味は否定的なものにならざるをえなかった。しかし、運動の実相がほとんど明らかにされないままの結論であったと言えよう。また、たとえ瞬間的な現象であったとしても、そこに参加した人々と地域の before ／ after の中で捉え返した時、全く別の姿が浮かび上がってくるものと思われる。

関係者の回顧などを別にすれば、戦後共産党史研究はなかなか進まなかったが、近年日本共産党中央機関紙『しんぶん赤旗』や『戦後日本共産党関係資料』[8]がマイクロフィルム化され、研究環境は大幅に改善した。田中真人による関連出版物の整理[9]や、今西一による一連の聞取り[10]など貴重な研究も生まれ、最近では富田武や黒川伊織が研究の方向を提示している[11]。たとえば、黒川は五〇年分裂前後に関する新しい研究潮流を三点にまとめている。第一は「冷戦史研究の文脈における戦後日本共産党史研究の学問的深化」、第二は「東アジア冷戦に関心を抱く若い世代の研究者がその解明の手がかりとして取り組んでいる戦後文化運動研究」、第三は「『50年分裂』の経験を、地域の労働運動や社会運動との連動性という視点から捉えようとする研究」である[12]。本書もこれらの研究におおいに学びたいと思う。

今日的意味はあるのか

本書では、社共合同とは何か、なぜ本州の北端青森県から始まったのか、戦後日本史、東北地方史、青森県地域史にとって、どのような意味があるのか、を論じる。これは従来の運動史の検証にとどまらない今日性を有しているだろう。

日本では一九六〇年代から七〇年代にかけて、「革新」や「統一戦線」の理念が追求され、「革新統一」「革新共闘」「社共共闘」「野党共闘」などが盛んに模索・追求されたが、八〇年頃より、そうした連合運動は困難となる。背後には、革新対保守や左翼対右翼、あるいは社会主義対資本主義といった対抗軸の揺らぎがある。国際的には、社会主義圏における民主化運動の台頭（八〇年、ポーランド独立自主管理労組「連帯」結成）、東欧革命による社会主義国家の崩壊と冷戦構造の解体（八九年以降）があり、国内的には労働戦線における最大ナショナルセンター総評（日本労働組合総評議会）の機能停止（八九年、全日本民間労働組合連合会〔全民労連、のちに日本労働組合総連合会［連合］〕に合流し解散）や革新政党の中心であった社会党の凋落と終焉（九六年、社会民主党に改名）に象徴される政党や労働組合の改編・離合集散があった。また、六〇年安保闘争以降には市民運動の自立化・拡大化、マルクス主義に代表されてきた反体制思想の多様化・相対化などもおこった。

このような大情況のもと、二〇一五年の安保法制反対運動において野党が共闘し、学生や学者文化人の市民運動が合流して〈連合〉のベクトルが作られた。「二〇一五年安保闘争」は、時代背景も闘争スタイルもかつてとは大きく異なるが、〈孤立〉を恐れず、〈連帯〉を求める点は共通した[13]。今後、強権的・独裁的な支配体制に抗する民主主義・立憲主義運動のさらなる展開にとって、社共合同の歴史的教訓は残っているのか。残っているとすればそれはどのようなものなのか。本書はこれらの今日的問題を解く意味もある。

さらに、本書はそうした統一や連帯に向かう〈集合性〉の確認にとどまらず、その反対概念をイメージさせる〈自由性〉や〈開放性〉あるいは〈多元性〉や〈分散性〉の再検討も射程に収めている。〈集合性〉とはアプリオリに存在するのではない。自由性・開放性・多元性・分散性といった〈非集合性〉がさまざまに転化・変容した結果、〈集合性〉が準備・構築・形象されていくものと考えたい。

この点に関して、道場親信は次のように述べていた。「『戦後革新勢力』なるものを自明の前提とし、自らの立脚する党派性において〝政治的正しさ〟を担保した上で個々の運動を裁断あるいは評価していく、そういう〝古き良き（?）〟運動史はもはや語りえない。『戦後革新勢力』を歴史的にふりかえるということは、何らかの規範的な『正しさ』を前提にして裁断できるほど明快な作業ではなく、それが諸価値の複合体だったことを前提としなければならない(14)」。

道場が指摘したような〝古き良き〟運動史は、もはや成立すべくもないだろうが、問題は「戦後革新勢力」の総体のみならず、それを構成した諸単位（政党や労組など）それ自体も「諸価値の複合体」であったことを確認することである。道場はこうも述べていた。「『戦後革新勢力』を特別な歴史的アクターとして位置づけ、その衰亡を語る『革新史観』に立つのではなく、つねに多様なアクターが盛衰を繰り返す空間として社会をとらえ、アクターの凝集と解体、およびその条件も意識しながら、時代の中での『運動』の変化と、それに伴う『運動』認識の変化を相関させつつ論を進めていくことにしたい(15)」。

道場が提唱した「諸価値の複合体」論とは、たんに特定の時間帯に諸単位がその組織内部にさまざまな潮流・グループあるいは分派などを包含させながら存在していたということではない。そうした水平的静態的領域的な理解にとどまらず、組織内のそれらの潮流・グループ・分派などがあるときには主流派として、またあるときには反主流派として磁場を移動させながら運動し、さらには組織の外界に飛び出して主流・反主流という関係性それ自体が〈解放〉〈破壊〉されさえするという垂直的動態的系譜的な理解にまで至るだろう。

筆者は「諸価値の複合体」論を複雑なヴィシシチュード（vicissitude 盛衰）としてイメージするが、それを「諸価値」が乱雑に投げ出されている様として描くのではなく、「諸価値」における〈集合性〉と〈非集合性〉の相関性に注目し、〈非集合性〉がどのように〈集合性〉へと向かったのか、〈集合性〉がいかなる〈非集合性〉を内包していたのかを描くことで、考えてみたい。

どう論ずるか

本書の分析作業は、①『アカハタ』[16]や『前衛』など共産党の出版物、『日本共産党資料大成』（社会運動資料刊行会編、社会運動資料刊行会、一九五一年）、前掲『戦後日本共産党関係資料』などを用いて、社共合同に関する共産党の基本的動向を跡づけ、②運動発祥の地青森県における展開過程を『東奥日報』などの地域メディアや関係者へのインタビューなどを通して解明し、③日本占領関係資料を通して、東アジア情勢のなかで社共合同をとらえ直し、④五〇年分裂から五五年の六全協以後の関係者の歩みもたどりながら、社共合同の歴史をローカルとナショナルの双方向から描きだすことである。

本書は序章・終章のほか、三部一四章、計一六章から構成される。序章「社共合同とはなにか」は、社共合同の戦後史的意味について述べ、日本の社共合同に関する研究状況を整理する。第一部「社共合同の形成と展開」の第一章「人民戦線の模索」と第二章「救国民主連盟と共産党」は、人民解放連盟・民主人民連盟・救国民主連盟などの人民戦線の系譜を跡づける。第三章「人民戦線から社共合同へ」は、民主民族戦線・民主主義擁護同盟の動きに沿って人民戦線から社共合同への転回を論ずる。第四章「社共合同路線の成立」は、社共合同成立から一九四九年一月の総選挙での共産党躍進までを追う。第五章「社共合同の展開」は、総選挙以降、下山事件・三鷹事件・松川事件などを経て、五〇年初頭のコミンフォルム批判までの社共合同の動きをとらえる。

第二部「社共合同の地域的構築」の第六章「青森県社共合同前夜」は、社共合同の先頭を切った青森県の敗戦後の情況を論ずる。第七章「青森県社共合同の誕生」は、青森県社共合同について、四八年一二月の社共合同大会に至る過程を跡づける。第八章「青森県社共合同の拡大」は、四九年一月総選挙まで運動の推移を追う。第九章「青森県社共合同の行方」は、総選挙以後の青森県政治状況を検討する。第一〇章「青森県社共合同の思想」は、社共合同の二人の立役者、大沢久明と津川武一の思想と行動を分析する。

第三部「社共合同の彼方」の第一一章「社共合同の全国的展開」は、青森県同様に運動が盛んだった長野県・香川県・北海道および青年戦線における社共合同の動向を検討する。第一二章「社共合同の東北的展開」は、東北各県の社共合同の動向について述べる。第一三章「コミンフォルムと党分裂」は、社共合同の国際的背景を分析するために、極東コミンフォルム構想について論じるとともに、コミンフォルム批判による党分裂期の東北地方の状況を検討する。第一四章「六全協とスターリン批判」は、共産党分裂後の状況および大沢が一貫して主張したスターリン批判の意味について検討する。終章「戦後日本と地域社会の中の社共合同」では、大沢と津川の政治活動を総括したうえで、各章の考察をふまえて、戦後日本の社会と地域における社共合同の意味を論ずる。

歴史理論として本書が強調する点は、第一に戦後史を地域の視点から再構築・再描写する方法論であり、全国的なテーマが最も明快に展開した地域史の重要性をあらためて確認することである。すなわち、《拠点としての地域史》である。第二にそこから中央一極集中的な政治史を多極構造へ転換させることであり、ナショナルヒストリーの多元性と重層性をあらためて確認することである。すなわち、《多元としての政治史》である。

以上の実証と理論を通した社共合同の研究から、「忘れられた戦後革命史」を再考し、開示してみたいと思う。

「社共合同」の時代――戦後革命運動史再考／目次

第二部　社共合同の地域的構築

第一三章　コミンフォルムと党分裂……332

第一四章　六全協とスターリン批判　371

序章　社共合同とはなにか

第1節　戦後世界と社共合同

伊藤律と大沢久明

一九四五年一一月二日、旧無産党勢力によって社会党が結成され、次いで一二月一日、共産党の党大会（第四回）が二六年以来、二〇年ぶりに開かれた。ここに戦後革命運動は本格的にスタートする。社共合同は、東欧に見られたような全党組織あげての合同ではなく、伊藤律が述べるように「社会党から共産党えの大量入党」であった[1]。しかし、一方的な引き抜きだったわけではない。

大沢久明が五六年に刊行した『農民運動の反省―日本革命の展望について―』（鈴木清・塩崎要祐との共著、新興出版社）は、興味深いことを二点あげている。

第一は、大沢が早い段階で社共の〈複合党員〉であった可能性である。四七年二月の日本農民組合（日農）第二回大会時、伊藤は社会党左派の黒田寿男と大沢に連携を求めた。「丁度大会二日目の夜おそく、東京は珍しい大雪であつたが、伊藤律と黒田寿男氏と私と三人は、とある民家で、夜半の二時ころまで明日の打合せをしていた。伊藤は、しきりに共産党の要求をのませようと強引に主張するのに対し黒田氏は明かに苦悶していた。私は実質的な党員であったので、たいていのことは伊藤のいうままになっていたが、この時の黒田氏の当惑した表情は今でも忘れがたいものがあった」（一一八頁）。素直に読めば、社会党員の大沢は四八年の社共合同より一年近くも前に実質的な共産党員だったことになる。

第二は、社会党から共産党への大量入党が、共産党主導ではなく、大沢主導で行われたことである。大沢は次のように振り返っている（一二一～一二二頁）。

〔社共合同の──引用者注、以下同〕御本尊のようにいわれている私などは、社共合同などというだいそれた計画ではなく、最初から大量入党による社会党の分裂をねらったのであった。だから大会〔四八年一一月二八日の日本農民組合青森県連大会〕当日まで社共合同というスローガンは頭に毛頭なかったところ、例の伊藤律が私をつかまえて、あなたは実にえらい、これは入党ではなく合同だ。だからこれは社共合同というスローガンにしようともちかけられたので、実はどちらがどうかよく分別がつかないうちに、またたくまにいわゆる社共合同の嵐になってしまったのであった。

つまり、大沢を先頭に共産党への「大量入党による社会党の分裂」劇が始まり、伊藤が「社共合同」と命名したことで、「分裂」が「合同」のベクトルへ転化し、あっという間に「社共合同の嵐」になったというのである。伊藤は高田富之との出会いからも、東欧の動きからも、「社共合同」というジャーゴンを知っていたことだろう。

第一〇章で詳述するが、大沢は元共産党員だった。二九年の四・一六事件で検挙された経歴を持つ[2]。また敗戦直後の青森県で社共両党は「兄弟的な関係」にあった[3]。大沢は四八年の共産党入党直後、「私は社会党に参加した当初から社会党と共産党とは合同し日本に働く階級の党は一つであるべしと主張した。しかしその当時は東ヨーロツパに行われた労働者党若しくは統一社会党的なものを夢みていた。終戦後三年の闘いの結論は共産党に合同することの如何に正しいかを私に教えてくれた」と述べている[4]。

高田と同様、大沢も敗戦直後から全面的で対等な社共合同による統一革命党の結成を待望していたと思われる。侵略戦争の下、革命運動を弾圧・分裂された経験からして、革命党の統一を願う気持ちは、至極当然のことだっただろう。しかし、上記の二つのエピソードを裏付ける明確な証拠はなく、後付的な告白にも聞こえる。エピソード同士も相反している。いずれにせよ、当初めざされた社共合同と、現実に進行した社共合同に差異があったことがうかがわれる。社会党から共産党へ歩んだ大沢の道のりが複雑で、ドラマがあったことは、以下の行論で明らかになるだろう。

東欧の社共合同

高田や大沢が当初夢見ていた東欧の統一革命党とはどのようなものだっただろう。第二次世界大戦後における革命政党の合同は、四六年四月の共産党と社会民主党によるドイツ社会主義統一党の結成が嚆矢である。(5) それ以降、四八年二月にルーマニア労働者党（六五年にルーマニア共産党）、六月にハンガリー勤労者党（五六年のハンガリー事件以後はハンガリー社会主義労働者党）が誕生している。同月にチェコスロヴァキア共産党が社会民主党を吸収し、八月にブルガリアでは労働者党と社会民主党が合同して一二月にブルガリア共産党の名称が復活する。ポーランドでも一二月に労働者党（共産党）と社会党左派によって統一労働者党が結成される。東欧の四八年は〈社共合同の年〉だった。

一方、日本では第一次吉田茂内閣（自由党・進歩党の連立内閣）の後をうけて、四七年六月一日に社会党片山哲を首班とする連立内閣（社会党・民主党・国民協同党・緑風会）が成立するが、社会党内の対立で四八年二月一〇日に総辞職する。その後、民主党芦田均を首班とする連立内閣（民主党・社会党・国民協同党）に引き継がれたものの、副総理で入閣した社会党書記長西尾末広が昭和電工事件で逮捕される。日本の四八年は〈政局波乱の年〉だった。

共産党は片山内閣総辞職直前に民主民族戦線方針を決定し、社会党に共闘を呼びかけたが、社会党は拒否する。以後、共産党は四八年から四九年にかけて社会党員を取り込む形で社共合同を進める。これに対して、社共合同というのなら、両党を解体したのちに結合すべきではないかという反発が出た。たとえば、社会党旧労農派系の雑誌『前進』は、「社共合同とは社会と共産党がいっしょになって社会党でも共産党でもない第三の政党をつくることでしょう。ところが共産党の宣伝している社共合同とは社会党員が共産党に入党したということにすぎない」と批判した。(6) 東欧社共合同による新党もその実態は共産党だったが、少なくとも党名は「社会主義統一党」「勤労者党」「社会主義労働者党」「統一労働者党」など合同をイメージさせるものだった。

しかし、伊藤律は『日本における人民民主主義の展望』(中森書店、一九四九年)において、「問題は社共合同の形式にあるのではない」(三七頁)「合同運動には一定の型はない」(四二頁)と反論し、東欧社共合同はモデルにならないと論じた。同書によれば、同趣旨の最初の反論は『アカハタ』四八年七月三一日付主張「ユーゴ共産党大会に寄せて」である。コミンフォルムのユーゴスラビア共産党(五二年、ユーゴスラビア共産主義者同盟と改称)追放をめぐり、「東欧の人民民主主義は革命運動の新しい発展の姿ではあるが、あたかもどこにも共通する革命の新らしい型の如く機械的、現象的に定式化すれば、それは各国の革命の特殊的な諸条件をまつ殺〔抹殺〕し、各国における労働者階級の具体的な諸任務を抽象する誤謬に陥り、延いて人民戦線の中に党を解消するユーゴ共産党の誤謬と相似た偏向を犯すものとなろう」と論じた。(7) 人民民主主義をめぐる多様性・自主性の宣言であり、政党解消につながるような人民戦線論への警戒である。

伊藤によれば、解党を前提とする社共合同論は「第三中間党」=「社会民主主義と共産主義の混合」論であった。社共合同による統一革命党結成は単なる合算ではなく、社会民主主義の「克服と前進」でなければならなかった。社共合同とは社会民主主義の否定であり、否定主体の共産党が解党する必要はなかった。ゆえに、東欧では社共両党の解党、合同委員会の結成、綱領・規約の検討などそれなりにプロセスを踏んでいるではないかとの批判があるが、東欧社会民主主義は「マルクス・レーニン・スターリン主義の正しさ」を認め、共産党はじめ全政党勢力が「社会民主的傾向や、民族主義的偏向や、他の悪質分子を大規模に徹底的に清掃したはてに、合同を達成した」のだから、社会民主主義は無条件で共産主義に拝跪すべきである（四一～四二頁）。伊藤は批判をこう切り捨てた。

社共合同の本質は手続きや名称ではなく、イデオロギーの統一、つまり日本における人民民主主義[8]の共有にほかならない、というのが伊藤の主張であった。では日本において追求されるべき人民民主主義とはいかなるものだったのだろうか。

第2節　人民民主主義論

伊藤律の人民民主主義論

前掲『日本における人民民主主義の展望』で伊藤律は、人民民主主義は誤解されていると述べる。典型的な誤りは、人民民主主義を「全く新しい革命政権の型」「マルクス・レーニン主義理解に今までなかつた独特の性格のもの」、とくに「ブルジョア民主革命でも社会主義革命でもない両者をふくむ第三の独自の社会政治機構」とする認識であった（四三頁）。たとえば、「人民民主主義は、その発展の結果を予測できぬ独特の新しい過程である。それは常に、かつ平等に、資本主義と社会主義とが共存する独自の社会政治機構である。これは西の資本主義と東の社会主義とにかけられた橋である。それはマルクス・レーニン主義の理論になかつた新しい独特の性質である」というポーランドに見られた人民民主主義＝新型社会政治機構論[9]であった。

これに対して、伊藤はブルガリア共産党書記長ゲオルギ・ディミトロフの弁、「ソヴェト体制と人民民主主議体制は、同一の権力（都市、農村の勤労者と同盟した労働者階級の権力―原文注、以下同）の二つの体制である。この二つの体制は、プロレタリア独裁の二つの形態である。社会主義への移行は、どの道をえらんでも、基本的にはかわるものではない[10]」を対置した。

伊藤によれば、人民民主主義は資本主義でも社会主義でもない第三の独自の「社会政治機構」（国家類型）ではなく、あくまで社会主義に至る革命運動、闘争「形態」（国家形態）であった。つまり人民民主主義＝非社会政治機構論である。「はじめに」の冒頭で紹介した「党の規約にもない共社合同は日本の独立のために人民が要求しているマルクス・レーニン主義の新しい発展である」という説明は、社共合同＝革命運動・闘争形態・国家形態論であり、伊藤の人民民主主義論と矛盾しない。

共産党の人民民主主義論

共産党系の他の人民民主主義論はどうだっただろう。たとえば、世界経済研究所編『人民民主主義の成立と発展』（世界評論社、一九四九年）は、東欧各国の状況を「社会主義への展望が保証されている国家形態としての人民共和国＝人民民主主義」「人民民主主国家は、社会主義への発展を保証することを任務とする過渡期の国家」（ブルガリア、四七・六三頁）、「人民民主主義は、二つの異なった社会的ウクラッドの化合ないしは恒久的な共存の形態ではなく、資本家的分子の圧迫、その漸次的清算の形態、同時に未来の社会主義経済の基礎の発展と強化の形態（中略）人民民主主義は現在の新しい条件のなかで生まれた革命権力の特別の形態」（ポーランド、一二六頁）、「人民民主主義は社会主義ではない。しかし、それが社会主義にむかってたえず進んでいることはいうまでもない」（チェコスロヴァキア、一五〇頁）と分析し、やはり人民民主主義を政治機構（国家類型）としてではなく、社会主義への過渡的形態としてとらえていた。
『民主評論』一九四九年二月号は「論綱と討論―人民民主主義の理論的究明」、同三月号は「批判　人民民主主義の問題によせて」を特集している。[11] 前者には神山茂夫「人民民主主義についての一つの覚書」、中西功「人民民主主義について」、小山弘健「人民民主主義の問題によせて」、浅田光輝「人民民主主義の基本問題」、佐伯峯三「プロレタリアート独裁と人民民主主義」、岩村三千夫「新民主主義について」、前野良「東欧の民主主義に関する覚書」、後者には山本俊夫「『人民民主主義の理論的究明』にたいする感想」、前野良「人民民主主義の感想によせて」、青山正「岩村三千夫氏の中国新民主主義に関する研究批判」が並ぶ。
総じて人民民主主義体制は過渡期とされ、東欧で吹き荒れていた粛清・弾圧の嵐も、「人民的勢力の内部におけるプロレタリアートのヘゲモニーの一層の強化の結果」（神山）、「人民民主主義の強化であり、社会主義への一歩前進」（前野）と合理化された。伊藤より踏み込んで、「すでにプロレタリアートの独裁は人民民主主義という形態と機構のなかで維持されているといってよい。この意味において人民民主主義の強化はプロレタリアートの独裁と対立するものではないし、またプロレタリアート独裁の理論を否定するものではない」（前野）と人民民主主議をプロレタリアート独裁と同一視する見解もあった。いずれにせよ、〈人民の敵〉に対する残虐な粛清は歴史発展の名のもとに正当化・正統化され、人民民主主義の独自性は革命の基本法則のもとに否定された。[12]
しかし、小山弘健の意見は異なる。小山は人民民主主義ではなく「人民的民主主義」と呼んだが、「一たび確立された人民的民主主義の内部にあつては、ブルジヨア民主主義的課題の最後までの解決がおこなわれ、さらに資本主義の最も中枢的な分野に打撃がくわえられ、かくして社会主義社会へ平和的に移行しうる直接の前提がつくられる」と述べ、人民民主主義を、プロレタリア独裁とは別の、社会主義への平和的な〈道〉ととらえた。小山は二月号の中西・浅田・佐伯との討論会で、第二次世界大戦以前、人民民主主義は「プロレタリアート独裁の前段階」と考えられていたが、戦後は「単なるプロレタリアート独裁の前段階的な形態じゃなく、それ自体で共産主義へのコースをなすと考えられるに至った」と発言している。また『民主評論』四九年四月号[13]の「人民的民主主義の歴史的展開」でも社会主義への多様なコースを設定し、「人民権力や人民戦線政府の諸形態は、戦後の世界史的条件のもとに人民的民主主義のかたちに止揚され、社会主義社会への移行のあたらしい形態と様式としてヨリ一般的な意義と性質とをもつにいたった」と述べている。

小山の視点は後述する斎藤稔に連なる。方法論の多様性を認めることは、行き着く先の社会主義・共産主義それ自体の多様性の予想・承認でもあった。

社会党の人民民主主義論

社会党は人民民主主義をどうとらえていただろう。明確な社会政治機構論に立っていた。四九年四月の第四回全国大会に向けた「昭和二十四年度運動方針書（草案）日本社会党運動方針起草委員会」はこう記している。[14]

「二つの世界」の中心には、民主的な資本主義国アメリカと、独裁的な社会主義国ソ連があって、今日、激しい対立状態にある。〔中略〕両者の中間に位している諸国は、少くとも欧州に関するかぎり、西欧の先進諸国においては社会民主主義の方向をとり、東欧の後進諸国においては人民民主主義が支配的である。これは他の大陸の諸民族においても次第にあらわれてきようとしている二つの新しい国家の型を示唆しているといえる。

米ソ両国の間に西欧社会民主主義と東欧人民民主主義という「二つの新しい国家の型」が形成されつつあるという認識である。[15]つまり〈四つの世界〉論である。しかし、人民民主主義の急速な変質も指摘された。鈴木茂三郎が起草委員長だった「昭和二十四年度運動方針書（大会議案第一次草案）」は、「おくれた東欧諸国において行われたいわゆる人民民主主義の革命の方式はすでに限界に達して、事実上無産階級独裁に移行した」と人民民主主義の失速・消滅を指摘し、森戸辰男も「一九四九年度社会党運動方針書（議案修正案）」で同様の見解を示した(16)。社会党は、東欧において新しい国家類型をめざした「人民民主主義」革命は挫折して、ソ連型のプロレタリア独裁社会主義へ転回したと見た。かかる見解の成立時期は、前年の四八年夏に遡る。『社会新聞』四八年九月一五日付「東欧に粛清の旋風」は、スターリンによって右翼民族主義者としてヴワディスワフ・ゴムウカ（ゴムルカ）が粛清されたポーランド労働者党や、同年六月に民族主義的偏向を理由にコミンフォルムから破門されたユーゴスラビア共産党に言及して、「今や東欧が『新民主々義』の段階から社会主義の段階へ移行するため強力な楔がうたれている〔中略〕この粛清を通じて東欧の共産党内部にある偏狭な民族主義の拂拭とプロレタリア国際主義への前進を実現しようとしている」と論じたうえで、次のような極めて興味深い〈予測〉をしている。

いまや民族主義の排除をめぐる共産党の粛清問題は東欧の将来を決定する国際問題たるを失わず、またアジア、ことに日本共産党にとつても決して遠いできごとではない、ユーゴー共産党に対するコミンフォルム決議を支持する声明を発して直ちに「国際主義的」態度を明かにし、いわゆる「民主民族戦線」にも微妙な修正を加えたあたり、クレムリン―コミンフォルムに対する感度は決してにぶいものではないが「民族」を乱発する日本共産党ははたしてこの一連の粛清事件の本質にどの程度までの自己批判のメスを下しているか。五〇年初めに起こるコミンフォルム批判の予言に聞こえはしないだろうか(17)。

東欧史研究と人民民主主義論

では人民民主主義について東欧史研究はどう説明してきただろう。概して伊藤律の見解とは逆で、社会党のそれに近い。たとえば社会主義経済論を専門とする斎藤稔はこう説明している。

ほぼ一九四八年ごろには、東欧全体において社会主義的変革への準備段階が終了し、明確に社会主義への移行をめざした諸方策が実行されるにいたった。この過程は一般に〝人民民主主義革命〟と総称されている。〝人民民主主義〟（中国では同様の事態が〝新民主主義〟とよばれた）とは、ブルジョア民主主義でもソヴェト型社会主義でもない、新しい型の民主主義を意味した。それは、社会主義建設の過程においても統一戦線を基軸とした多数政党制を維持し、ブルジョア民主主義がのこした議会制度を通じて社会主義的民主主義を実現しようとしたのである。(18)

歴史的展開についても、こう述べている。

「人民民主主義革命」は、〔中略〕ロシア革命とは異なった道をたどらざるをえず、旧来の議会制度を破壊したソヴェト制度の樹立ではなしに、旧来の議会制度を利用しその中で諸政党間の協力関係を維持し、かつ選挙を通じて各政党の力関係をその都度確認して行く形態をとることになった。〔中略〕一九四八年に東欧各国の共産党が国民の納得のもとに政権を獲得したのであるとするならば、それは「人民民主主義」の直接の延長上にある社会主義として、単なるロシア革命の再版ではない大きな発展の可能性を持っていたはずである。(19)

また南塚信吾によれば、ハンガリーの思想家ビボー・イシュトヴァーン（五六年のハンガリー事件時の国務大臣）は四五年暮に次のように述べていたという。

もしハンガリーにおいて民主主義的連合が機能することができるならば、それは、アングロ＝サクソン型とソヴェト・ロシア型の民主主義の総合として、その実践的実例として、種々の困難と戦っているすべてのヨーロッパの連合のために役立つであろう。大げさなことを言うようであるが、これによってハンガリーは、アングロ＝サクソンとソヴェト・ロシアの関係の幸福で有望な変化のために、重要で積極的な要素となることができる。[20]

典型的な人民民主主義＝東西〈架け橋〉論であり、東西〈総合〉論でさえある。ハンガリー事件の背景に、ハンガリーにおけるソ連型社会主義の相対化、そこからの離脱志向があったことは言うまでもないだろう。イシュトヴァーンは「民主主義的連合」と呼んだが、ポーランド労働者党書記長ゴウムカは四六年一一月に、「われわれはポーランド独自の発展の道を選び、それを人民民主主義の道と呼んでいる。この道にあっては労働者階級の独裁、ましてや一党独裁は必要ではなく、目的にもかなってもいない」と演説し、[21]諸階級による独裁＝「連合独裁」を唱えた。

このような人民民主主義論に関して、八九年の東欧革命から一〇年近く経とうとしていた九八年、斎藤稔はふたたび「一九四八年当時に東欧諸国がめざした『社会主義』が、ただちに『ソ連型社会主義』そのものを意味するものではなかった」、「『人民民主主義』が最初から、『ソ連型社会主義』への単なる準備段階であったのではない」と述べるに至る。[22]斎藤は、人民民主主義は明らかに社会主義をめざしたが、方法論が異なる限り、志向された社会主義は既存社会主義とは異なる新しい社会主義であると再論した。

これには反論も出た。ポーランド史の吉岡潤は、人民民主主義に「新しい民主主義」、スターリン主義へ向かわない社会主義の可能性を探る肯定的評価は八九年の体制変換後見られたが、史料公開の結果、「共産主義者の暴力的性格」が明らかになり、そうした可能性はなくなったと総括し、人民民主主義はいまや「処理済案件として自然消滅した観が強」く、連合独裁は「真性連合」ではなく「偽性連合」だったと論じている。[23]

とまれ、「人民民主主義」が急速に「ソ連型社会主義」へ移行したことは間違いない。国際関係は緊張し、東西冷戦が始まり、東欧共産主義の統一化が進む（四七年三月トルーマン・ドクトリンの公表、六月マーシャル・

プランの提唱、九月コミンフォルムの設置、四八年六月コミンフォルムのユーゴスラビア除名）。斎藤によれば、東欧の社共合同は「東欧全域における『第三の道』の拒否と異論の排除」の開始であり、[24] 羽場久浘子によれば、「自立性喪失の時代」の到来だった。[25] 南塚もハンガリー革命をめぐって、「『第三の道』論は、一九五六年革命の敗北とともに、衰退してしまった」と論じている。[26]

東欧史研究を踏まえれば、社共合同は人民民主主義の〈始まり〉ではなく、〈終わり〉あるいは〈変質〉を意味することにならざるをえない。

〈日本型〉人民民主主義論

東欧社共合同が新共産党の創出、自立的社会主義像の放棄だったとするならば、日本の社共合同も名ばかりの合同劇であり、共産党の党勢拡大、ソ連型社会主義への追従にほかならなかったことになる。「はじめに」であげた社共合同不毛説の第一である。しかし、話はそれほど単純ではない。

ふたたび伊藤律を登場させよう。彼は「人民民主主義は二つの異なる社会制度の共存ではなく、資本主義の要素をおさえ、次第に一掃し、将来の社会主義を準備する闘争の体制である」と確認し、東欧型人民民主主義はソ連の指導援助の下で発展しているが、「日本にこれを形式的にあてはめることの愚は、あらためていうまでもない」と記している。[27]〈東欧型〉の否定である。

では〈日本型〉は、〈東欧型〉とどこが違ったのか。それは「合同闘争の大衆的展開」、すなわち、社共合同運動の裾野の広がりとされた。ソ連共産党による直接の政治的支配圏から遠かった〈日本型〉は、〈東欧型〉とは異なる自主的自立的内発的な発展を見せた。すなわち、〈東欧型〉がコミンフォルム圏において展開されたのに対して、日本はコミンフォルムに加盟していなかったため、〈日本型〉として展開が可能とされた。

この点に関して、荒木義修『占領期における共産主義運動』（芦書房、一九九三年、増補版、一九九四年）が、野坂参三の「平和革命論」とは「マルクス・レーニン主義の日本化」であると述べ、P・F・ランガーの*Communism in Japan: A Case of Political Naturalization*（Hoover Institution Press, 1972）を受けて、野坂が中国から帰国した四六年から、野坂が『日本民主化のために』を発表した四八年まで、「日本共産党は、一時期的にせよ、『自立（Autonomy）』の意識の下に、戦略・戦術論をたてることができたのかもしれない」と論じている点が注目される（一七頁）[28]。

人民民主主義の〈日本型〉と〈東欧型〉の対比については、徳田球一も言及している。四五年一二月の第四回大会で、ソ連との関係をめぐり、「各自国の共産主義運動に専念することによつて共同するのであつて、直接的に連絡することはかへつてわれわれの運動に障碍を与へる」だろうと一定の距離を保つ必要をあげていたし[29]、五〇年六月の公職追放直前の「当来する革命における日本共産党の基本的任務について（草案―原案）」の中でもこう述べていた[30]。

東ヨーロッパ諸国においては、すでに戦争中、独伊ファシスト、ならびにこれと結合する反動勢力にたいして、人民解放軍をもって闘ったことと、赤軍の勝利という後援と保障とが人民民主主義革命を達成する二つの重大な要件となった。こうしてプロレタリアートの独裁の下に敵階級の抑圧機関を掃蕩し、人民勢力をもって議会その他の国家機関を充実して社会主義を前進しつつある。これに比すればわれわれのおかれている条件ははるかに困難である。それ故にわれわれは民族解放をもとめる一層広汎な人民をさらに強固な新しい組織に結集しなければならない。それに加えて日本の反動勢力の構成からいっても、直ちに社会主義に飛躍することはできない。ここに日本における人民民主主義革命の特異的内容がある。

徳田の説明に対して、神山茂夫は中国・朝鮮の例をあげながら、ソ連の支援の有無ではなく、「社会経済的内容の複雑さ」が問題なのだと批判したうえで[31]、「連合独裁」から「プロレタリア独裁」への移行を説き、折衷的ではあるが独自の人民民主主義論をこう展開している。「労働者階級の領導のもとにおける階級連合専政が樹立されれば、共産党の正しい指導がおこなわれ、労働者階級が他の階級および層を正しく導くならば、その政権の形態のちがいにかかわりなく、新しい革命段階新しい戦略的段階をへなくても本質におけるプロレタリア独裁すなわちプロレタリア社会主義革命への移行が十分保障される」[32]。志賀義雄も革命の「困難」性の強調は「独断にすぎる」と反論した[33]。

このうち、神山の主張は「階級連合専政」＝連合独裁における共産党へゲモニー論である。連合独裁の換骨奪胎であり、実質的なプロレタリア独裁だった。

しかし〈東欧型〉が「新しい型」ゆえにソ連の圧迫を受けて改変・崩壊していったように、〈日本型〉もその「特異的内容」ゆえにコミンフォルム批判で解体されていった。モスクワから遠く離れ、コミンフォルムに加盟していなかったものの、〈日本型〉もソ連共産党の政治的・金銭的支配圏下に置かれていたことが、今日あらためて明らかになっている。〈東欧型〉〈日本型〉のいずれの人民民主主義もがソ連型マルクス・レーニン主義にはない発展を志向したがゆえにたどらざるを得なかった、必然的にして悲劇的な道筋であった。

第３節　社共合同研究史

戦後史の中の社共合同

社共合同は戦後革命運動にとって重要な転機だったにもかかわらず、近年活発な社会運動史研究[34]や地域史研究[35]でもほとんど見落とされている。自治体史で関係史料を掲載したのは、管見では『新編埼玉県史』（資料編20

近代・現代2　政治・行政2、一九八七年）が早かったが、社共合同発祥の地である青森県においても関連研究は皆無である。[36]筆者は『青森県史』編纂の機会を得、二〇〇八年刊行の資料編近現代5に関連史料を載せ、解題で概説したが、端緒的作業にとどまった。

従来、社共合同はどう叙述されてきただろう。一九五一年の法政大学大原社会問題研究所編『日本労働年鑑』第二三集（時事通信社）から見てみよう。[37]

四八年一一月二八日に開催された日農青森県連第三回大会の席上、社会党大沢久明氏（日農中央常任、全国農代会議実行委員長）の共産党入党宣言があり、この大会で日農組合員は社共両党の合同を要請する決議をおこなった。柴田社会党青森県連会長、大塚書記長はじめ、日農幹部多数がこれにつづいて入党を声明し、一二月一五日には「社共合同大会」がもたれた。これがその後全国各地につぎつぎと起った「社共合同」の発端であり、翌年の日農第三回大会の前後までに岩手、秋田、宮城、福島、群馬、茨城、山梨、長野、大阪、香川、鳥取、福岡等の諸県がその運動のもっとも顕著な地方であった。これらの諸県の日農はとくに「社共合同」の影響をうけ急進化し、統一派の勢力は主体性派を圧して全国的にのびて行った。

次に五四年の『日本資本主義講座』第七巻（岩波書店）である（三六九頁）。

四八年一一月二八日の日農青森県連第三回大会では、前県連会長・社会党代議士大沢久明氏の共産党への入党のしらせをうけた組合員大衆が熱狂のうちに社共合同要求を決議した。県連会長柴田久次郎、書記長大塚英五郎氏等ほか多くの県連幹部が共産党に入党し、一二月には社共合同大会がひらかれた。日農統一派に属した社会党員の共産党への大量入党の動きは、全国に波及した。岩手、秋田、宮城、福島、群馬、茨城、山梨、長野、大阪、香川、鳥取、福岡、北海道におよんだ。この動きは、実際の闘争を通じて共産党の政策と指導が農民大衆の支持を受けたこと、その反対に社会党の政策と方針では農民運動を指導し得なくなって来たことをあらわしている。

さらに五六年の上田耕一郎『戦後革命論争史』[38]（上巻、大月書店）を取り上げてみよう（九四頁）。

四八年以降、社会党の分解傾向とともに共産党にたいする大衆の支持は急激に増大していったが、四八年一一月末、日農青森県連大会が、大沢久明議員の共産党入党を機に社共合同を決議したのを皮切りに、四九年の一月選挙をめざして各地方で社会党員の共産党への入党が社共合同の名のもとに鳴物入りでおこなわれた。四九年に入っての茨城の山口武秀・菊池重作両氏を先頭とする常東農民組合の千五百名の大量入党が示すように、この動きは主として農民運動の分野でおこなわれたが、自発的な場合には本質的には前進を意味したこの動きがゆがめられたのは、共産党のがわで東ヨーロッパの人民民主主義国でおこなわれたような「社共合同」という似ても似つかぬスローガンをもちいて、社会党批判のための選挙カムパニアの手段として、統一とは逆の方向に利用したためであった。

後述するように、大沢久明・柴田久次郎・大塚英五郎らは当時、社会党青森県連の指導部を構成していた。『日本労働年鑑』『日本資本主義講座』の記述はあいまいなので、急ぎ整理しておきたい。社共合同時、大沢は社会党県連顧問・日農県連委員長、柴田は社会党県連委員長、大塚は同書記長であり、三人とも社会党中央委員であった[39]。日農県連第三回大会で柴田は議長に推され、大塚は社会党を代表して祝辞をのべている[40]。『日本資本主義講座』は五〇年代の共産党分裂期の産物であり、すでにその教条主義やセクト主義は批判されている。『戦後革命論争史』も著者自身により絶版となっているが、「自発的な場合には本質的には前進を意味した」と述べ、東欧社共合同は「選挙カムパニア」ではないと、〈東欧型〉を評価している。

オーソドックスな歴史学の評価として、『国史大辞典』第七巻（同編集委員会編、吉川弘文館、一九八六年）「社共合同問題」（高橋彦博執筆）も見ておこう。「第二次世界大戦終了直後の一時期に発生した社会主義政党の統一化動向」と定義したうえで、こう解説する。四九年一月の第二四回総選挙での社会党の後退、共産党の躍進という状況下で知識人・文化人・労働組合幹部・農民組合幹部の共産党入党が相次ぎ、青森県社会党幹部の共産党入りをきっかけに、各地で社会党からの入党が見られた。「共産党は、社会党批判のためのカンパニアとしてこの動向に対処し、東ヨーロッパの社会主義国における『社共合同』をモデルとし、社会党の幹部や地域組織に『社共合同』のスローガンで共産党への入党を呼びかけたが多くは拒否された」。前述したように、日本の社共合同は東欧の社共合同に影響を受けたものの、「モデル」にはしていないし、後述するように、始動も第二四回総選挙後ではない。しかし、社会党脱党→共産党入党ととらえ、社共両党の解党・結合による新党結成ではないとする点は正しい(41)。

なお、共産党の正史である『日本共産党の五十年』（日本共産党中央委員会出版局、一九七二年）、『日本共産党の六十年　一九二二―一九八二』（同、一九八二年）、『日本共産党の六十五年　一九二二～一九八七』（同、一九八八年）は、いずれも次のように記している。

この選挙戦〔第二四回衆議院総選挙〕にさいして、党は、「社共合同」のスローガンをかかげて、社会党の良心的な幹部や下部組織に共産党への入党をよびかけた。これは、入党条件を厳格にまもらず不純分子の党への流入をゆるす党建設上の無原則的な方針であると同時に、統一戦線政策のうえでも、共、社両党間の関係の原則的な基礎を破壊する二重の誤りであった。

『日本共産党の七十年　一九二二―一九九二』（同、一九九四年）も、伊藤律が主導したことを付記したうえで、同様の叙述をしている（上・一九八頁）。

たしかに社共合同に選挙戦術の面があったことは間違いないが、それにとどまらず、人民民主主義に関わる戦略であり、その過程は瞬間的なものではなかった。ところが、最新の『日本共産党の八十年　一九二二～二〇〇二』（同、二〇〇三年）は、社共合同にまったく言及していない。共産党の正史から、「社共合同」は完全に消え去っている。はたして、これは正しいことなのだろうか。

社共合同の事例研究

こうした状況の中で、精力的に社共合同の事例研究を進めているのは横関至であり、①『近代農民運動と政党政治―農民運動先進地香川県の分析―』（御茶の水書房、一九九九年）「第七章　戦後初期の社会党・共産党と戦前農民運動」、②「日本農民組合の分裂と社会党・共産党―日農民主化運動と『社共合同運動』」[42]、③「一九四〇年代後半における社会党と共産党の共闘―社共共闘により社会党員知事が誕生した長野県を事例として」[43]が重要である。

①によれば、香川県では敗戦後共産党が社会党を結成し、両党への「割振入党」が行われていたという。背景には戦前の農民運動関係者が社共の「中心」を構成していた事情がある。香川県は青森県以上に両党が密着し兄弟党的関係にあった。四七年六月中旬、伊藤律は西日本オルグに回った際、政治局宛に香川社会党の左派は「非常に傾向がい丶」ので、近々上京した際には「徳田から〔ママ〕野坂かの同志が会つてほしい」[44]と、党中央の直接指導を求めていた。

②③によれば、長野県は四七年四月に実施された戦後初の民選知事選挙において、社共共闘候補（社会党公認林虎雄）が勝利した唯一の県であった。背景には日農が社共提携のもと民主戦線統一を追求してきたことがあったが、やがて社共対立となり、社会党県連は反共路線をとる。共産党指導部は社会党県政の打倒を唱え、「社共合同」によって社会党の切り崩しを狙う。

横関の社共合同研究は、農民運動研究史の反省からなされた。六〇年代以降、「政党分析ぬきの争議研究」「政治的分析を捨象した農地改革論」が先行し、「社会党・共産党の農地改革への対応の差や、日農分裂問題と社会党・共産党との関わり、社共合同運動の果たした役割などは充分に検討されてこなかった」と問題を指摘している[45]。

横関と同様に社共合同研究の必要性を唱えるのが、吉田健二「占領後期の統一戦線運動—民主主義擁護同盟の結成と活動[46]」である。同論文は直接的に社共合同を対象化したものではないが、位置づけは明確である。四七年の二・一ゼネスト禁止以来、ＧＨＱの指令により全国的なストライキ闘争が困難になったため、共産党は職場と地域を一体化した地域人民闘争に転換する。具体的戦術が職場放棄闘争[47]と社共合同運動であった。前者は労働組合における統一行動を先進的労働者による一揆的・尖鋭的行動に置き換えるものであり、労働戦線の分裂を招いた。後者は直接的には社会党員の引き抜きであり、政党間の原則的な統一戦線政策ではなかったと論ずる（三九五頁）。社共合同を地域人民闘争としてとらえる点は重要だろう[48]。

社共合同研究への新ベクトル

横関や吉田の研究が地域に根差した実証的だがドメスティックなものだとすれば、インターナショナルなベクトルから、社共合同を射程に収める研究も生まれている。福家崇洋「京都民主戦線についての一試論[49]」は、社共共闘の成功例として京都民主戦線をとりあげ、海外公文書を用い、東アジアの共産主義運動、「極東コミンフォルム」構想まで視野を広げて考察している[50]。画期的な論考であろう。極東コミンフォルムについては、前掲荒木『占領期における共産主義運動』も指摘している。設立時期に異同があるものの[51]、社共合同と海外共産党との関連について興味深い事実を示している。極東コミンフォルムについては、第一三章で詳述したい。

黒川伊織『帝国に抗する社会運動　第一次日本共産党の思想と運動』（有志舎、二〇一四年）は戦前共産党を分析対象にしているものの、日本人共産主義者と朝鮮人共産主義者の協働に注目して、両者が「組織的に分離される一九五五年までは一九二〇年代以来の〈帝国に抗する社会運動〉の枠組が生きていた」「その限りで日本共産党にとっての戦後がはじまるのは一九五五年からであった」と論じている（二八九頁）。黒川の研究射程のなかに、社共合同もコミンフォルム批判による五〇年分裂も位置する。スケールの大きさに学びたい。

「戦後」のとらえ方をめぐっては、宇野田尚哉「一九四〇年代後半のサークル運動—職場サークルを中心に」[52]に注目したい。「日本を除く東アジアの諸地域にとっては、日本の敗戦は、戦争の終り（＝戦後のはじまり）であるよりもむしろ、新たな対立、新たな戦争のはじまり」であり、中国内戦・インドシナ戦争・朝鮮戦争などを見れば、「いわゆる『戦後』—とりわけその最初の一〇年間—は、東アジアにおいては、戦後どころか、戦争と革命の時代であった」のだから、「戦後」という歴史認識の枠組は「日本国内でしか通用しない一国的な歴史認識の枠組である」とまとめている（一七〜一八頁）。基本軸として据えたい。

第一部

社共合同の形成と展開

第一章　人民戦線の模索

第1節　人民解放連盟

人民解放連盟の提案

社会党は一九四五年九月下旬から結党を準備し、一一月二日に結党大会を開いた。共産党も一〇月二〇日に機関紙『赤旗』を再刊し、一一月八日に第一回全国協議会、一二月一〜三日に第四回大会を開く。それより先、一〇月一九日に大阪で開かれた解放運動出獄同志歓迎大会の席上、徳田球一は社会党へ人民戦線結成・天皇制打倒を呼びかけた[1]。

同日と翌二〇日、共産党の志賀義雄・神山茂夫・松本一三の三人が社会党準備委員会本部に赴き、「人民解放連盟」結成を申入れる。社会党は正式結党後に検討すると答えたが、その際「共産党は前衛党だが、社会党は大衆党だ」との声が出た。これに対し志賀は、戦前の共産党は「社会主義者と異なり警察の弾圧をうけた」少数派だったが、「今後は自由に活動しうるから社会党以上の大衆党になるかも知れない」と応酬している[2]。後日、社会党は共産党の申入れを拒絶した。

共産党の社会党評は厳しかった。『赤旗』第一号「闘争の新しい方針について」は、共産党の対社会党基本方針として、①「共同戦線」の構築、②「反幹部派」の支持、③「大衆的攻撃」による人民戦線結成、の三点をあげている。社会党結党後の一一月六日、共産党は拡大強化促進委員会名で一二箇条の人民戦線綱領を提案する[3]。一一月八日の第一回全国協議会は人民解放連盟の結成を決めたが、注目すべき点は、早くもその政党化が危惧されたことである。人民解放連盟は「人民戦線戦術の為めの組織体」「協議機関」であり、「中央集権的な政党的性質」ではなかった。参加団体が独自性を解消・喪失して、連盟になだれ込んではならず、共産党にとって人民解放連盟はあくまで手段であり、その目的化は解党主義につながった[4]。背景には、非合法時代の反動で合法主義に固執するあまり、却って公然化[5]に慎重となり、党の代わりに人民解放連盟を前面に押し出そうとする動きがあった。志賀義雄は第四回大会で、「党内においても地方で労農政党、社会党支部などを作る同志はまだ十分に人民戦線戦術を正確に運用しえない誤謬を犯してゐる、過去の誤謬である党―労農政党―組合その他の大衆団体―未組織大衆といふ極端な非合法時代の戦術を未だに離れえない[6]」と合法・公然化への躊躇・消極性を指摘している。さしずめ共産党主導で社会党が結成された香川県（序章第3節、第一一章第2節参照）はその典型であっただろう。

共産党は来るべき総選挙で人民解放連盟の候補者を応援することは認めたが、人民解放連盟からの立候補は禁じた[7]。人民解放連盟は共産党などと一一月七日に東京神田共立講堂で解放運動犠牲者追悼会を[8]、一二月八日に同じく共立講堂で約五〇〇〇人を集めて戦争犯罪人追及人民大会を開催[9]するなど目立つ動きを展開したが、あくまでも「政党でなく統一戦線戦術の動員機関」であり、万一選挙母体化すれば、「労農党に変化し我党拡大の闘争を阻止妨害」すると見なされた[10]。四五年から四六年にかけて、共産党の申入れを社会党が拒絶（正式回答は四六年一月六日）したことで、人民解放連盟は頓挫する。『アカハタ』四六年一月一五日付無署名論文「一九四六年を迎へて」は次のように反省している。

人民解放連盟において最大の誤謬は無意識的にこれを我党と社会党の中間党たらしめる結果に陥つたとこ

ろにある。人民解放連盟は繰返し言ふごとく、各党の性格を失うことなしに一定の目的のために共同闘争をなすところにある。それ故に人民解放連盟は決して確手〔乎カ〕たる党的性質を持つものではない。ただし文中の共産党と社会党の「中間党」化という表現は不正確である。この場合の「中間党」とは共産党の社会民主主義化であり、人民解放連盟の政党化、あるいは共産党の人民戦線化を意味しただろう。共産党は一貫して人民戦線を政党ではなく協議体と位置づけたが[11]、一般紙も「人民大衆を組織するものは政党をおいてない。人民戦線は政党の指導下に初めて結成され組織されるものである[12]」と報じており、政党と人民戦線を峻別することは、当時の大方の見方であった。

一一月の第一回全国協議会でも警戒されたかかる「誤謬」を抱えたまま、四六年一月の野坂参三帰国後、人民解放連盟は民主人民連盟へと転回していく[13]。

人民戦線論と社会党対策

人民戦線結成を拒否した社会党に対して、共産党は社会党内の左右対立・上下対立を惹起することで、人民戦線勢力を増やそうと画策する。前掲無署名論文「一九四六年を迎へて」は、共産党の批判で社会党は動揺し、党内に「厖大なる左翼」が結成されつつあると述べている[14]。四六年一月四日の書記局会議は次のような「社会党反幹部派に対する党の政策[15]」を決定した。

①天皇制打倒、人民共和政府樹立、共産党との共同斗争の三つの方針を堅持し之を支持させること。

②天皇制打倒、人民共和政府樹立の鞏固なる意志を重ねて表明すること。

③地方の多くの反幹部派をすべて糾合し、党からもドシドシ之を支持させること。そして、共産党に入党を希望するものはドシドシ入れるが、そこまでに至らない日和見的なものはなるべく広汎に反幹部派に入れ

る。―共同斗争はかくせねば強くならぬ。

④一刻も早く共同斗争をかため、人民戦線をつくれば、それだけ早く人民共和政府が樹立されるといふことを強調すること。

③に注目すれば、四五年から四六年にかけて、社会党員への入党工作という萌芽的な社共合同方針が採用されていたと言えるし、実際そうした動きもあった。第四回大会直後の拡大中央委員会は党員獲得について、「党の為、真実に働く意志のある者は、大胆に積極的に獲得。労働者農民は、入党希望者はドシ〴〵入れる」ことを確認し、要注意者は次の者に限られた。「(1)権力機関に居た者(村長に至る迄)〔附〕元憲兵、警官、刑吏は絶対に入れない。(2)往時運動に参加し、転向その他反党的傾向顕著なるもの、除名せられたる者。(3)他党よりの入党者(但し、考へ違いから社会党に入つたものは例外)。(4)過去に破廉恥的犯罪を犯したる者。(5)現に資本家、地主、会社等の高級職員たるもの[16]」。選挙方針では社会党の分裂も画策していた[17]。

社会党情報の掌握

一月八日には「統一戦線結成に関する声明の反響と今後の対策[18]」が出る。

①声明は大成功。

②党の政策に賛成するものは大胆に入党させる。

③社会党自身が清浄されてゆくのであるから可。

④日本においては、プロレタリア革命への展望が急速に見える。生産管理はプロレタリア革命への萌芽なり。故にドンドン社会党左翼に働きかける。

⑤日本における人民戦線とヨーロッパにおけるそれとの比較を赤旗にかくこと。(志賀)

⑥社会党右翼を攻撃し、その本質を暴露、左翼を引きつける。
⑦マッカーサーの指令を厳密にしらべること。（社会党への適用にさいして）
⑧右翼の戦争支持者が社会党のヘゲモニーを握つてゐることを強く指摘すること。
⑨社会党岐阜、青森支部の声明書を各地方委員会へ送付のこと。

①の「声明」は社会党員に向けて社共共闘を呼びかけた声明、[19] ⑨の「声明書」は社会党岐阜県連有志および社会党青森県連執行委員会による社会党本部宛声明書（第六章第2節参照）を指す。すでに『赤旗』四六年一月一日付「本部の方針に反対し共同闘争決議」は社会党青森県連の動きを詳報していたが、茨城・栃木・群馬・香川・兵庫各県連でも反本部の動きが起っていた。[20]『アカハタ』一月二二日付「社会党支部の態度」が示すように、社会党地方組織の実情が共産党中央に筒抜けだった背景には、なんらかのコネクションがあったと思われる。[21] ただし、「社会党内で真に民主主義運動に献身せんとする大衆は、わが日本共産党に参加せよ」と呼びかけたものの、[22] 共産党内も一枚岩ではなく、人民戦線戦術をめぐる軋轢—指導部不信、解党主義など—が見られた。[23]

第2節　民主人民連盟

人民戦線への道

戦前の第一次共産党のメンバーで共同戦線党論者であった山川均は、一九四六年一月八日に「民主戦線のために」[24]、一〇日に「人民戦線の即時結成を提唱す」[25] を発表して、人民戦線結成を提唱する。[26] 前者は「民主戦線の形成はもはや単なる提唱の時期から、現実にそれを組織する段階にすすまなければならぬ」と論じ、後者も「今日の問題はもはや人民戦線の『思想』ではなくて『組織』である。人民戦線の形成が一日おくれることは、民主主義日本の建国が一年おくれることを意味する」と主張した。人民戦線樹立は緊要の課題とされた。

人民戦線結成の気運は、戦時中に中国で日本人民解放連盟を率いていた野坂参三が、一月一二日に一六年ぶりに帰国したことで一挙に膨らむ。博多港に上陸した野坂は一三日東京に着き、一四日には共産党本部で野坂帰国歓迎会が催された。「人民注視の人　野坂参三氏帰る」「廃墟東京の街頭に、一個の怪物が徘徊する。——同志野坂参三である」[27]と言われるほど野坂の帰国は衝撃的だった。日本人民解放連盟は非共産主義者・反共産主義者を含む幅広い統一戦線組織だったと受け止められたので、それを率いた野坂によって「あらゆる民主主義勢力の大同団結」「一切の民主主義勢力の結集」が図られるだろうと期待が高まった。[28]

一五日付『アカハタ』は社会党員に統一戦線結成・人民共和政府樹立を訴え、[29]翌日の社会党中央執行委員会で『民衆新聞』社長小野俊一が社共中心の人民戦線結成を提案する。

『民衆新聞』について説明しておこう。小野は京都帝大助教授時代に河上肇に私淑して左翼運動に入り、社会党結党時に中央執行委員となる。[30]小野は天皇制支持・共産党拒否の姿勢をとる党本部を批判した。[31]『民衆新聞』は四五年一一月一五日に創刊され、編集長は徳田が推した砂間一良、副編集長は西沢隆二、編集部には若き日の岩崎ちひろ（いわさき・ちひろ）もいた。[32]一一月二八日の共産党中央委員会で砂間ら『民衆新聞』関係者は西沢や蔵原惟人らのアジプロ部所属となり、[33]一二月一二日の中央委員会は『民衆新聞』について、「1、民衆新聞ハ、党外ノ新聞デアル、一般新聞ニ発表スルノト同ジ内容ヲ、プロレタリア・イデオロギーデ取扱フノデアル、党員トシテ知ツタ事ヲ、ブル的特種根性デ発表スル事ハ根本的誤謬ナリ　2、共産党ノ事バカリ書クノハセクト的デアル、社会党ノ事モ書キ、人戦〔人民戦線〕的活動ニ留意スベキデアル　3、特別指針ヲ与ヘラレタ場合ニソレヲ書ク事ハヨロシイ」などを決め、[34]『民衆新聞』のセクト化を排し人民戦線派のメディアをめざした。四六年には山川均・荒畑寒村ら労農派が入社しバランスが取られ、同年一月一〇日付に山川均「人民戦線の即時結成」を掲載する。さらに野坂歓迎国民大会の前日一月二五日には右派の小堀甚二、渡辺文太郎、山内房吉の入社という「誇大広告」も出た。[35]『民衆新聞』は四六年三月に『人民新聞』と改称し、「人民戦線運動の機関紙」となる。[36]

話をもどそう。一月一六日の社会党中執委は、①民主主義諸勢力の共同戦線は必要だが、「基幹」部分の確立が先決である、②わが党は「左に共産党右に協同党自由党」を見る中心位置にあり、「第一党」をめざす実勢力を有している、③ゆえにわが党こそ共同闘争を提唱・成立しうる立場にある、との三点を決めた。[37]

一七日、共産党中央委員会は社会党中執委決定を社共共闘への態度緩和と受け止めて、山川らの統一戦線結成世話人会設立計画に合流する。[38]同日、社会党中執の水谷長三郎も野坂帰国を共産党の「脱皮」ととらえ、山川の人民戦線結成運動に賛成した。[39]二五日に野坂参三帰国歓迎懇談会がもたれたのに続き、[40]二六日には野坂参三歓迎国民大会が開かれ、野坂は約三万の民衆に向って人民戦線の結成を訴えた。[41]大会委員長は山川、司会は荒畑という戦前共産党→戦後社会党のコンビで、共産党から徳田、黒木重徳、社会党から片山哲、水谷長三郎、ほかに室伏高信、神近市子、藤田進（俳優）、薄田研二（同前）も登壇し、[42]尾崎行雄が激励メッセージを寄せた。[43]ここに山川主導の人民戦線運動が開始したかに思えた。

人民戦線か民主戦線か

壇上の水谷はわずか数ヶ月前に、共産党から「社会天皇党」「社会ファアシスト」「純粋フアッシヨに展開すべき萌芽」などと激しく批判されていた人物である。[44]情況は大きく変わりつつあった。大会にはさまざまな立場の人間が集まり、あるアメリカ人ジャーナリストは「これは超党派的な会合で右翼の連中が共産党の連中の隣に坐っていた」と記している。[45]参加者の幅の広さは山川の期待通りであった。山川の幅広イズムが鮮明に出ているのは、野坂歓迎行事直前に発表された『読売報知』四六年一月二二・二四日付「人民戦線と民主戦線（一）（二）」[46]の次の一節である。

いま吾々のまえに進行している変革はプロレタリア革命でもなければ社会主義革命でもなく、まさしく民主主義革命である。この革命によって解放されるのは労働階級とかプロレタリアとかという言葉よりも遙かに広汎な「人民」という言葉がいかにもぴったりとした感じを与える社会層であって、この革命の推進勢力はこの「人民」にもとめなければならぬ。かような感覚から、私はこんどの提唱では「人民戦線」という言葉の方をえらんだのであるが、この人民戦線の運動の方向は民主主義であり、その目標は民主主義であり、これを構成するものはもちろん民主主義的な要素であり、そして民主主義のための統一戦線なのだから、まさしく民主主義の戦線、民主戦線なのである。

「民主主義」が氾濫している。この時点で人民戦線は厳密には「民主主義人民戦線」と呼ぶべきもので、社共中心の統一戦線の枠から踏み出ていた。山川はこうも説明する。[47]

日本社会党と日本共産党とは、民主主義に忠誠を誓っている政党として、民主主義人民戦線の重要な要素にちがいないとしても、この二つの政党の実力をもって、人民戦線に課せられている任務を担当することは、正直にいってとうてい不可能である。それは少なくとも両政党の現状においては、日本の中心勢力を形成するにたりないものである。

山川にとって、民主主義人民戦線は、旧民政党系の日本進歩党（町田忠治・幣原喜重郎）や旧政友会系の自由党（鳩山一郎・吉田茂）に所属する「民主主義者」にも開かれていた。めざすべきは民主主義の一点で結集した団体・個人による「民主主義人民戦線運動」であり、その本質は「人民戦線と『呼ばれる』ことではなくて、民主主義を要求するところの、そして民主主義を達成するところの、真実に人民の戦線で『ある』こと」だった。[48]
山川は二月六日に全国の知人同志宛に広汎な人民戦線結成を訴える檄文を送付したほか、『週刊朝日』二月一〇日号に「急げ民主戦線の結成」、『民衆新聞』二月二〇日付に「人民とは誰か」、同二月二五日付に「人民戦線の組織形態は?」、『世界文化』三月号に「人民戦線の旗の下に」、『潮流』同月号に「政治力の結集」などを矢継ぎ早に発表して、運動の拡大をめざした(49)。

興味深い点は、「政治力の結集」において、山川が眼前の戦後民主革命の推移を明治期の自由民権運動の経緯に重ねてとらえ、去勢・妥協・終熄という歴史の二の舞を踏まぬよう、強固な主体性の確立を要求していたことである。前掲「人民とは誰か」では、明確に「人民戦線の『人民』とは自由民権の『人民』のことである」と述べている。自由民権運動の経験は戦後民主革命において発揮されなければならなかった。では具体的に誰か?前掲「人民戦線の旗の下に」によれば、それは「労働者、耕作農民、その他の勤労者のほかにも中小企業者、各種の産業人、官公吏をもふくむあらゆる職域の俸給生活者、科学者、教育者、専門技術者、財政、金融、生産の組織を〔ママ〕管理経営上の技能者、文筆人にいたるまで、いやしくも民主主義の敵でない者」すべてであった。

戦前来の山川の共同戦線党論・統一戦線主義論から、際限なき幅広イズムと解釈したくなるが、単に量的な多数を追求したのではない。前掲「人民戦線の組織形態は?」において、山川は「政党力のそとにひろがってゐる広汎な民主主義分子」に注目し、「人民戦線が民主主義日本の中心勢力として建設的な役割をはたすためには、旧勢力がその支配のもとにもっている知識と経験と技倆と熟練とにまけないもの」が不可欠であり、その大部分は「政党の影響力のそと」に存在すると指摘する。「人民」の中に戦後民主革命を支える「知識と経験と技倆と熟練」という質を見出している点で、革命テクノロジー論とでも呼ぶべき戦略であった。幅広イズムというならば、これを根拠とした必然的な幅広イズムであった。

山川や野坂を支持した『読売報知』(四六年五月一日付より『読売新聞』に復題)は、「客観的情勢は労働者農民を主体とする人民戦線よりも、さらに広汎なる社会的基礎をもつ民主戦線の形成を可能かつ必然としてゐる」

と論じた[50]。同紙は争議（第一次争議）後、社内改革が進み「民主読売」の時代にあった。

なお、「人民戦線」と「民主戦線」の混線は野坂にも見られた。『朝日新聞』一月二五日付は野坂へのインタビュー記事「指導権は勤労大衆に　選挙前に民主戦線　野坂氏・機運到来を強調」を一面トップにあげている。野坂によれば、「人民戦線」と「民主戦線」は「楯の両面」であり、前者が「消極的」であるのに対して、後者は「積極的」である。前者が「構成内容」に重点を置くのに対して、後者は「目標」に重点を置いた。しかし、決定的な違いはなかった。やがて、「人民」と「民主」は併記されていく。

「民主戦線の展開」

マスコミは人民戦線・民主戦線に注目した。福岡の『西日本新聞』は四六年一月二八日付から二月二日付にかけて座談会「民主戦線の展開[51]」を連載している。出席者は野坂参三（日本共産党）、水谷長三郎（日本社会党）、山川均（社会運動家）、細川嘉六（社会科学研究所長）、西日本新聞社東京支社編輯局次長らだった（肩書は原文）。

冒頭、人民戦線と民主戦線の用語に関して、野坂は民主戦線を選択した理由に①「民主主義的な日本を造り上げる」という意味である、②「いやしくも軍国主義に反対し、また新しい民主主義を造ろうという人ならば誰でも構わない、広い範囲のものを包容すべき」である、③人民戦線では「左翼の運動」を想起しがちである、をあげている。他の出席者も同様の意見であり、とくに③は支持された。ただし、ほとんどが名称にこだわらず、然るべきものがあればそれでよいとも述べている。

この座談会で注目されるのは人民戦線・民主戦線の国際性への言及である。社共連携・社共共同の動きにも触れ、山川は「社会党と共産党の提携は世界的の現象のようですな」と指摘している。しかし、この時点ではまだ東欧で社共合同はおこっていない（ドイツ社会主義統一党の結成は四六年四月）。話題に挙がったのは、中国における人民民主主義、連合政府論としての国共合作であり、国民党と共産党の一時的停戦状態（四六年一月一〇日国共停戦協定）、「共同戦線」状態であった。野坂が説明をしたが、細川は毛沢東の新民主主義＝人民民主主義を意識して、「日本の民主戦線は単なる日本の必要ではなく、今後日本が世界に立ち或いは伸びて行くために必ずなさなければならない条件です」と論じている。

この点をさらに強調したのが水谷である。水谷は「私は人民戦線結成に到る客観的条件、情勢が現在日本においては世界的客観的情勢よりも数等優るとも断じて劣っておらないと思う」と前置きし、次のような議論を展開した。

私は中国両党の強力な人民戦線が結成され、わが国においてもやはりそういう大きな運動が展開され、さらにまた朝鮮においてもいまのような小党分立が一日も早く克服されて中国、日本、朝鮮この三者が心から融け合うことが出来るかどうか、こういうことも日本における民主戦線、人民戦線の結成如何にかかっていると思う。昨日も中国の人が来て過去の日支関係を説き起し将来果して日本と中国とが旨く行けるかどうか経済あるいは貿易の問題等々、片山〔哲〕さんと私に聞かれたが私は即座に日本に強力なる民主主義戦線が結成され、本当に文字通りの人民の政府が樹立された暁には両国の矛盾が全部解決されるだろうと答えたのであります。

水谷の国際感覚の高さに驚く。東アジア情勢の平和的転換の契機として日本人民戦線の結成が位置づけられている。しかし、早期にその思惑は崩れた。出席者たちが期待した中国の人民戦線結成は、三月に国共内戦が再開することで水泡に帰した。従来ほとんど指摘されてこなかった点だが、これにより日本における人民戦線の行方にも暗雲が垂れ込め、やがて東アジア三国の情勢も大きく暗転していくことになる。

「民主戦線をどう進めるか」

『読売報知』も四六年一月二〇日付から二月七日付にかけて座談会記事「民主戦線をどう進めるか」を連載している。出席者は山川均（人民戦線提唱者）、水谷長三郎（日本社会党常任中央執行委員）、北昤吉（日本自由党常議員）、野坂参三（日本共産党員）、野田武夫（日本進歩党党務部長）、吉田正（日本協同党常任世話人）、岩淵辰雄（評論家）で（肩書は原文）、読売から鈴木東民編輯局長（司会）と坂野善郎政経部長らが出た。

冒頭、鈴木は戦前のベルリン滞在時に体験した社共共同戦線の崩壊からナチズムの勝利という歴史にふれ、現在「封建勢力に対する追撃戦としての人民の総進軍」が求められているにもかかわらず、こう「グヅグヅ」していては「追撃の機会を逸し、反動勢力に立ち直りの機会を与へるおそれがある」のではないかと問題提起している。敗戦から半年も経たぬ時期の深い危機感である。

山川が口火を切った。彼の立場は前述したように幅広イズムである。直面する民主革命は「非常にひろい人民の理想」であり、労働階級とか無産階級に限られるものではない。従来の考え方を一掃して、「労働階級も、農民も、また中小商工業者も、その他あらゆる方面の自由主義的、民主主義的な要素一切の大同団結によつて非常に幅の広い、しかも有力な民主主義的勢力を結集することが今日の急務」とされた。山川の民主戦線論は一貫していた。次に発言した水谷は山川を支持して、幅広い戦線の「中心」「中核」勢力が問題だとする。水谷は進歩党、自由党、協同党の戦線参加を要請していたから、おのずと社会党がセンター的存在になることが想定された。

野坂は社共中軸の戦線構想に立ちながら、他の政党と「妥協」もし、「多数決」にも応じると述べ、君主制に固執する北の説得に努めている。北は、共産党は「あるところまで行けば本音を出してプロレタリアの独裁を狙ひさらに原則的に私有財産を尊重しない立場を取るかも知れない」と疑念を隠さなかった。これに対する野坂の言葉が重要である。

私達の戦線は結局党を解散してお互に一つになるといふことでは絶対にない、各党には各々主張があると思ふ、これはお互の主張を尊重するが、同時に一致点で共同戦線をとる、目前の国難をわれ〳〵はどういふ風に打開するかといふ問題で、民主主義勢力は団結しなければならない

人民戦線は協議体であって政党ではないという原則が鮮明である。共産党が人民戦線党化したり、人民戦線が共産党を併呑したりしてはならなかった。しかし、これには北だけでなく野田も納得しない。野田は北にも増した直截さで、共闘する以上「皆真ツ裸になつて抱き合つて行く」べきなのに、「懐ろに匕首が入つてゐるかピストルが入つてゐるのか」わからず不安だと述べる。「人民戦線」と「民主戦線」の混在も疑念を招いた。吉田は食糧危機突破の一点ですぐにでも共闘が組めるではないかと迫っている。水谷は北が固執する名称問題について、人民戦線が嫌なら民主戦線でも民主同盟でもかまわない、とにかく何か一つ共同戦線を作ろうではないかと主張した。この座談会においても水谷は現実的で柔軟な態度を示している。

野坂も頑なではなかった。人民戦線か民主戦線かにこだわらないのなら、いっそ共産党は党名を変更してはどうかとの岩淵の誘いに、野坂はその必要はないとしつつも、「あなた方の方でどういふ名前が一番いゝといふならばお聞きしたい、人民戦線、民主戦線の統一の上に大衆から愛されるやうな名前があればいま出来る前であるから新しい名前をつけてもいゝ」と答えている。党名変更論は社共合同の中でも生まれるが（第五章第5節参照）、この座談会における野坂の柔軟な態度も評価されよう。

鈴木の結びの発言は彼らしいウィットが効いていた。深い危機感を抱きながらも、豊かな共闘イメージが開示されたことに、多くの読者は首肯したのではないだろうか。

さつきどなたか共同戦線を張るなら、みな裸になつて来いといはれましたが、裸になれば毛脛も出るだらうし胸毛もあらはれる、またあばら骨の出てるのもあるでせう、それに一々文句をつけて胸毛は気味が悪い

の毛脛はみつともないのと言ひ、お互に手を握ることをきらつてゐてはいつまでたつても埒があくものではない

民主人民連盟に向って

座談会記事を読む限りでは、山川や野坂、水谷らの見解が最大公約数だったと思われるが、社共間には人民戦線をめぐる認識の隔たりがあり、社会党本部の共産党警戒論は強かった。小さな記事だが、『日本社会新聞』四六年二月二〇日付「愛の矢」は、コミンテルン解散後のいま、「日本的な社会民主々義が現下の無血革命の指導原理である事を確認し、共産党を解党する位の勇敢さが必要だ」と論じ、同日付「政治経済研究室」でも鈴木茂三郎が共産党の「健全なる生長」を訴えている。社共はせめぎ合っていた。

二月二四日から二六日にかけて共産党は第五回大会を開く。『アカハタ』同二三日付は「平和的に民主革命」と題して党大会宣言草案をあげ、基本目標は「現在進行し、あるわが国のブルジョア民主主義革命を、平和的に、かつ民主主義的方法によつて完成すること」であって、「資本主義制度全体をたゞちに廃止して、社会主義制度を実現することを主張するものではない」と宣言した。(52) 大会では岡山・青森・栃木・岐阜・京都の各地で社共共闘が成果をあげているとの報告があり、野坂も岡山・山梨・鳥取・岐阜・栃木・埼玉・石川・高知・京都の社共共闘に注目した。(53) 大会が打ち出した平和革命路線を受けて、野坂は『毎日新聞』五月二二・二四・二五日付に「平和的革命の道」を連載する。これがのちにコミンフォルム批判の火種となる。

第五回大会終了翌日の二月二七日の中央委員会で民主戦線結成に関する留意点が確認されるが、野坂は山川と社会党の動きについて、「三田村〔四郎〕の如くボス的な者を個人的にかきあつめて、之と共同戦線とする如き方向に充分注意すること、個人的加入による第三党化はさけねばならぬ」「共同斗争のためと称し、社会党系

組織への働きかけを怠る偏向あり、まさに逆である、かゝる傾向こそ、共同斗争を機に共産党を制圧しやうとする一部の悪謀に乗ぜられるものである」と警戒心を高めた(54)。以後、民主人民連盟の〝無党派連盟〟化、〝第三党〟化を危惧する動きとなる。

三月一〇日に人民戦線の世話人会が開かれ、団体名を「民主人民連盟」、運動名を「民主人民戦線」とした。世話人は以下の通り（肩書は原文）。石橋湛山（東洋経済新報社長）羽仁説子（自由学園）長谷川如是閑（評論家）細川嘉六（評論家）大内兵衛（東大教授）河崎なつ（民主主義友の会）横田喜三郎（東大教授）高野岩三郎（社会党顧問）辰野隆（東大教授）野坂参三（共産党）山川均、藤田たき（津田英学塾）安部磯雄（社会党顧問）荒畑寒村（社会党）聴涛克己（新聞通信組合委員長）三浦銕太郎（元東洋経済社長）森戸辰男（社会党）末川博（立命館大学々長）末弘厳太郎（東大教授(55)）。

高野、安倍、荒畑、森戸の名前は見えるが、社会党執行部関係者はいなかった。業を煮やした徳田は『アカハタ』三月二三日付に主張「社会党の性格と民主戦線」を発表し、対決姿勢を露わにした。第二二回総選挙直前の四月二日付主張「食糧危機の突破と社会党の態度」、七日付の主張「社会党の労働組合政策について」および「社会党とはどんな政党か」も社会党批判に徹している。この間、人民戦線の動きは、三月三〇日の民主人民連盟準備会、四月三日の結成準備大会へと続く(56)。共産党は人民解放連盟の場合と同様に民主人民連盟に対しても、「政党的な固定組織」にすべきではなく、あくまでも各団体による「共同闘争協議機関」にとどめることを求めた(57)。

ところが、一般報道された社会党本部の民主人民連盟拒否の理由も同様であった。人民戦線世話人会開催前日の三月九日に社会党は次のことを決めたという(58)。

山川均氏提唱の人民戦線は結局政党に発展する可能性が強いと考へられる、かやうな見透しの下では、わが党は速かにこれに参加し難く、党を代表するものとしては個人の資格においても世話人として参加するこ

とを差控へ、取あへずオブザーバーを参加せしめて連絡すること、する
すべては来るべき総選挙後とされた。選挙前に民主人民連盟に参加することは、人民戦線の政党化を加速し、社会党の空洞化・解体につながると判断したのであろう。人民戦線の位置づけは共産党と同じであった。しかし、その後の方向は大きく異なる。

第３節　選挙戦と民主戦線

第二二回総選挙

戦後初の国政選挙である第二二回衆議院議員総選挙を三日後にひかえた一九四六年四月七日、日比谷公園で幣原内閣打倒人民大会が開かれた。参加者は七万人にのぼり、結成直後の民主人民連盟の力が発揮された[59]。共産党の徳田は「社会党も労働者、農民の党であるならともに共同闘争を進めねばならぬ。これに対する社会党の態度をこの人民大会において表明してもらいたい」と迫った[60]。

共産党は攻勢に出ていたが、総選挙の結果は予想外だった。第一党は日本自由党（総裁鳩山一郎〔公職追放〕→吉田茂）一四一議席、第二党は日本進歩党（総裁町田忠治〔公職追放〕→幣原喜重郎）九四議席、第三党は日本社会党九三議席、第四党は日本協同党（委員長山本実彦、のち協同民主党）一四議席。共産党はわずか五議席（柄沢とし子・野坂参三・徳田球一・高倉輝・志賀義雄）に止まった。野坂が先頭になって「愛される共産党[61]」をアピールしたにもかかわらずである。『アカハタ』四月一八日付主張「総選挙闘争の成果と教訓」（宮本顕治）は、ポスターの貼り方など細かい点は反省したが、それ以上の深い分析はせず、五月初旬の中央委員会で組合第一主義をはじめ基本的誤謬を厳しく自己批判する選挙総括が行われた[62]。

人民戦線の成立が待望されながらも、[63]総選挙によって社共間の力関係は大きく乖離した。五人の共産党代議士は第九〇回衆議院副議長選挙で社会党の大沢久明に投票（第一〇章第1節参照）し、なんとか社会党左派との連携を保とうとした。大沢は頼みの綱だった。その後の共産党と大沢の関係を考えるとき、興味深いエピソードだろう。大沢は総選挙後最初の社会党代議士会（四月二四日）で人民戦線結成を強く主張し、すでに民主人民戦線（民主人民連盟）は始動している、「社会党が新たに提唱するなど、いふ面目にとらはれず欣然これに参加すべきだ」と訴えた。[64]次章で見るように、救国民主連盟の提唱は五月中旬のことだが、すでに四月下旬にはその動きがあったと思われる。

民主戦線運動の展開

政権に居座る幣原に対し、自由・社会・協同・共産四党は内閣打倒共同委員会を結成し、即時退陣を要求した。幣原内閣は総辞職するが、社会党が自由党との連立を拒否し、政局は自由党単独組閣へと向かう。だが自由党総裁鳩山一郎が公職追放を受け、一転、社会党の片山哲に内閣首班が回りかける。四月二五日、民主人民連盟は民主戦線促進と連盟支持を求めて社会党代議士との懇談会を開き、[65]共産党も次の三点を社会党に申し入れた。[66]

一、社会党、共産党を中心とし、すべての民主的大衆団体を糾合した民主戦線をキソ〔基礎〕とする政府を即時樹立すること

二、組閣は非民主的現議会内の勢力の多少によってではなく、当面の人民の生活安定、緊急政策の実行と人民大衆の支持とを根幹とすること

三、政策はメーデーの決議にもとづく社会党、共産党の協定にキソをおき、これにさんせい〔賛成〕する全民主勢力の結集を目標とすること

同日、民主人民連盟は民主政権促進懇談会を開き、民主戦線内閣実現に向け声明を発表し、社共共闘を要請した。(67)

飢餓とインフレの危機を切りぬけるためには一日も速かに民主人民政府が成立しなければならぬ。しかしてこの民主人民政府は昂揚をきたった民主主義勢力を基礎とする社会、共産両党中心内閣以外にはない。これのみが国際的に信頼される民主政府たることが出来る。われわれは社共両党が緊密な結合と十分な政策協定をとげ、反動勢力の妨害と策動を粉砕しつつ一日も早く民主政府を樹立せんことを期待し、一切の民主主義勢力が起って直ちに社共両党の周囲に結集し、わが国最初の民主人民政府樹立に向って積極的に行動せんことをここに明にする。

五月一五日にはGHQの諮問機関である対日理事会（ACJ）で、アメリカ代表アチソンが反共声明を出し、同二二日には自由党・進歩党からなる第一次吉田茂内閣が成立する。こうした動きの中、五月三日にようやく社会党常任委員会は民主戦線結成を決定し、(68)同一九日の食糧メーデー（飯米獲得人民大会）は「民主人民戦線結成の緊急動議」を決議するに至る。(69)

民主戦線の即時結成こそは民族の破滅を救ふ唯一の道であり、われわれ勤労大衆すべてが切実に要求するところである。われわれのいふ民主戦線とは労働組合、農民組合など勤労大衆の民主主義組織を基盤としその上に立つ社・共の共同戦線を指し、その主体をなすものはあくまでもわれわれ勤労大衆自身でなければならぬ。情勢は寸刻の猶予をも許さぬ。本日ここに参集せる全勤労大衆はその総意をもつて直ちに民主戦線結成準備会を組織、活発な運動を展開せんことをここに決議す。

人民戦線運動が高揚を迎え、いよいよ民主人民連盟が前面に出てこようとしていたとき、社会党内から大沢が危惧した新しい「提唱」が出される。

第二章　救国民主連盟と共産党

第1節　救国民主連盟

救国民主連盟の提唱

社会党右派の森戸辰男によって「救国民主連盟」が提唱される。(1) 森戸は一九二〇年に起きたクロポトキンの翻訳をめぐる筆禍事件「森戸事件」で知られ、のちに片山・芦田内閣で文部大臣を務める。「救国民主連盟に関する日誌・覚書」(2)や『日本社会新聞』一九四六年六月五日付「展開せよ・待望の救国民主戦線」によれば、社会党は新年から民主戦線統一に向けて議論を進め、五月一一日の代議士会で森戸が救国民主連盟を提唱した。同会では大沢久明が、自由党との野合を企てた平野力三や河野密ら右派幹部の引責辞任を求めている。(3)

社会党は五月一三日に共同闘争委員会を開き、一七日に同委員会を救国民主連盟特別委員会と改称し、森戸委員長の下、中原健次（岡山県、左派、のち労農党代議士）、大沢久明、伊藤卯四郎（長崎県、右派）を加えて連盟の組織・運動方針を討議することとした。党内左右両派のバランスをとった顔ぶれである。(4)『朝日新聞』は救国民主連盟を「建設的無血革命」と報じた。(5) これに関して、山川均は二〇日に「民主人民戦線運動の一課題」(6)を執筆し、次のように原則論を述べている。

現存の民主主義政党は日本の再建—かりに経済上の再建にかぎっても—に欠くことのできないそういう専

門的な知識と経験と熟練と才能とをその内に蓄えているだろうか。いかにひいき目に見ても、そうだと答えうる人はないだろう。そういう知識、経験、熟練はまさにこれらの政党の影響力のそとにある。吾々は率直にこの事実を承認しなければならぬ。

山川は、救国民主連盟が「てっとうてつび〔徹頭徹尾〕『社会党中心の民主戦線』の構想である」ことを指摘し、「政党の影響力のそとにある広汎な党派的な要素といかにして同盟すべきかについては、ほとんど考慮のあとが現われていない」と厳しく批判した。山川の革命テクノロジー重視は揺るがなかった。いわば、山川が革命に関する「専門的な知識と経験と熟練と才能」の大枠を描き、そこから中心に向かっていこうとしたのに対して、森戸は社会党という中心から大枠を左右に最大限広げようとする発想だったといえよう。

二一日の代議士会は共産党の「友愛と信義」について集中審議し、森戸は救国民主連盟から共産党を排除するものではないが、「他の少数党派やわが党より右にある団体をも追ひやつてしまわぬやうに考慮せねばならない」と大枠論を発言している。(7) 森戸は社会党が救国民主連盟の中心に立ち、両翼に共産党も含めた諸勢力を従えることを考えていた。「時局はもう単に大衆を共同戦線に結集するといふ段階から、如何なる方針のもとに、具体的に建設革命か、暴力革命か、いづれの原則のもとに大衆を組織すべきか、といふ段階に来てゐるのではあるまいか」とも論じた。(8)

山川と森戸における人民戦線の展開方向は大きく異なっていたが、現状認識は変わらない。この後、民主人民連盟と救国民主連盟は急速に近づく。その要因として、山川の病気治療による戦線離脱とそれに乗じた右派の進出が考えられる（後述）。

二一日に食糧メーデーの勢いを得て、戦線統一世話人会が開かれ、国会内で社共両党代議士が懇談する。(9) その際、加藤勘十や片山哲ら社会党指導者のあいまいな態度を批判して、大沢久明は「青森ではすでに民主戦線は出来てる、われ〳〵個人はいつでも諸君と準備会をつくれる」と明言している。日農会長の須永好も同様だった。野坂は「重要な提案」と受け止め、民主戦線結成促進会の結成を主張した。

二六日、社会党は救国民主連盟に関する方針を決定する。[10]「救国民主連盟要綱」によれば、その日に「救国民主連盟の指導方針」「救国民主連盟の目的及指導方針」「救国民主連盟の組織」「運動と規律」が決まった。全文は『日本労働年鑑』所収の史料と同様なので引用は控えるが、前掲「救国民主連盟に関する日誌・覚書」は二四日に開かれた特別委員会について、「両論対立未決定」と記したうえで、こう述べる。

そこで二つの見解を代表する例へば西尾案、加藤案を基礎として審議してはどうかといふ意見ありしも、結局、それは却つて対立を激化するに終るといふことになり、両意見を折衷した案を委員長が作成し、これを議題とすることにきまる

つまり対立する左右両案を折衷した森戸案が二六日の特別委員会にかけられた。同日の項には「協議の結果、殆んど原案のまま承認、委員会案として公表、常任会に附議することに決定」とある。後述するように社会党常任執行委員会が特別委員会の救国民主連盟案を承認するのは六月六日である。社会党案は①社会党中心、②大政党優先、③院内会派優先であり、前述した共産党案の①社共中心、②全民主勢力糾合とは大きく食い違った。

民主人民連盟と救国民主連盟

救国民主連盟結成をめざす社会党の動きに合わせて、民主人民連盟は五月二四日に次の声明を出す。[11]両連盟の関係がよくわかる文章である。

最近の政情は民主戦線結成の必要をます〳〵急ならしめた。この形勢に応じて社会党が、救国民主連盟の提唱によつて積極的態度に進出したことは吾々の双手を挙げて歓迎するところである。わが連盟は四月三

日、準備大会を開催し大会は総選挙終了後、正式大会の開催を決議すると共に準備委員の詮考を世話人会に一任したのであるが、世話人会は総選挙後に予期せられる新情勢の進展に歩調を合せる必要にかんがみ、ことさらに準備委員の決定を延期して今日に至つた。民主戦線即時結成はいまや大衆の切実な要望であつて、偏狭な団体心理やイニシヤチイブの競争によつてその実現をおくらせることは、大衆に対する許すべからざる背信である。わが連盟は虚心たんかい〔坦懐〕社会党の提唱を全幅的に支持し極力その実現に協力するものである。

民主人民連盟と民主戦線結成促進会とは距離があった。要するに社会党の遅い判断に業を煮やした民主人民連盟は、ようやく登場した救国民主連盟を急ぎ支持したのである。[12] 民主人民連盟が救国民主連盟結成に理解を示したのに対して、共産党は二七日に宮本顕治が次のような反対意見を発表した。[13]

一、民主戦線の目標は基礎案としてメーデーおよび食糧メーデーで決定された政策の遂行を通じて民主主義体制で確立を期すべきである。

二、共産党、社会党のみならず、労働組合、農民組合、民主的文体〔ママ〕団体その他の全国的民主団体がそれぞれ平等の立場で参加し、代表によつて共同闘争委員会を構成すべきである。

三、運営は決定事項の誠実な実行に関し十分責任をもつべきであるのは勿論だが、民主主義の発表に関する公正な相互批判の自由は確保さるべきである。

四、議会内と大衆団体部に連盟を分け、幹事の構成は議会内では選挙の結果を基準とし、大衆団体部には議会部から半数を出す案は、大衆団体を政党の外郭団体化させんとする危険がある。

五、議会内の闘争も大衆団体を含む全体としての民主戦線によつてその方向が指向さるべきである。中央集権的な政党的なものでなく、すべての民主的団体の独自性を尊重する弾力性ある共同闘争のための結合こそ、わが党のみならず民主団体の多数が望んでゐるものと考へる。

宮本は民主戦線を政党の下請け機関にせず、参加団体による平等な協議体にする原則を主張した。これは人民戦線派にとって譲れない一線だっただけではなく、社会党主導を強く牽制する意図があっただろう。

民主戦線結成促進会の主張

五月二七日、共産党の志賀義雄・伊藤律、社会党の加藤勘十・大沢久明はじめ約五〇名が出席して民主戦線結成促進会が開かれ、以下のことを決議した。(14)

決議（大要）

民主人民戦線は勤労大衆の痛切な要求である。社会、共産両党は大衆への影響力は大であるが、組織としてはまだ大衆化されてゐない。従つて組織された労農大衆たる総同盟、産別会議準備会、日農、国鉄、逓信、電気等全国的組織を有する労働組合、農民組合を基礎とする民主人民戦線を即時結成しなければならぬが、その組織は今回の案のやうな中央集権的なものであつてはならぬ。

申入（大要）

社会、共産両党、労農団体を一丸とした民主戦線結成協議会をつくるべし。でなければ勤労大衆の意志を無視するものと認めざるを得ない。

民主戦線結成促進会は翌二八日、社会党本部に救国民主連盟結成の再検討を申し入れる。(15) 社会党に提示した対案は次のようなものだった。(16)

一、目的　メーデー並びに食糧獲得人民大会の決議を基礎とした当面の政治的要求を貫徹し、民主主義確立のために共同闘争を行ふ。従つてこれ自体は政治闘争の組織であつても決して政党的なものになりえない。

二、構成、組織　民主主義的及び全国的性質をもつ労働組合、農民組合、文化団体、青年団体、婦人団体を以て構成す。
三、これらの政党並に団体は対等の権限で、それぞれその独自の立場において上記の目的のために責任を以て共同行動をとるものとし、各団体の代表者若干名を以て共同委員会を設く。
四、連盟に参加する政党の代議士は連盟の目的に副ふ範囲内の決定事項実現のために議会内において行動するものとす。議会内における民主主義各政党内の協力機関に対し、本連盟は連絡機関を設け、緊密なる提携の下に本連盟の目的実現のための議会活動を要請し支持する。
五、〔略〕
六、〔略〕
七、〔共同委員会の常任〕委員会における決議乃至決定は会議の上多数によつて決定す。但し、決定事項がそれぞれの団体の綱領、政策に抵触せざる限り責任を以て実行するものとす。実行については各団体の独自の活動にまつ。
八、加盟団体は相互に友誼親愛の精神を以てす。但し、本連盟の趣旨に反し、非民主的な政策並に言動をなしたる場合はこれに対し批判する自由を有す。
九、〔略〕
十、加盟団体はそれぞれ地方地区において同様の共同員会を組織することに協力する。

救国民主連盟が社会党中心の政党政派連合であったのに対して、人民戦線派は政党・民主諸団体連合を対置し（第二・三項）、政党政派所属の代議士は「緊密なる提携」相手にとどまった（第四項）。一方、山川は民主戦線結成促進会とは別に次のような意見を表明している。(17)

一、救国民主戦線〔ママ〕が文化団体を除いてゐるのは不可解である。民主人民連盟の東京準備大会のときは四十四の文化団体が参加してゐる。いま進行しつつある民主革命にあつて政党、政治団体に限ることなく、啓蒙機関としての文化団体の役割は益々昂まりつつある。連盟としては文化団体の全国協議会をつくることを考へてゐたので、この方面からの援助は一応考へられる。

二、議会内外の運動を連絡委員会でやるといふが、どれだけ権威があるものか、また院内外を調整する役割をどれだけもつものか不明である。また強力な院外行動なくして民主革命の完全な遂行はなく、議会主義の尊重は勿論であるが、院内主義に行く憾みがある。

三、組合にあつては支持関係が明確でなく、非党派的な要素が多いこと、社共両党に属さぬ多くの組合をこの民主戦線には参加、糾合させねばならぬ。

山川意見は救国民主連盟と人民戦線派案の折衷だったといえよう。救国民主連盟結成をめぐって事態が混迷するなか、民主人民連盟は救国民主連盟に傾斜していく。同時期に労働組合総同盟拡大中央委員会が開催され、社会党特別委員会に宛てて次の点を伝達している。(18) 共産党は排除されていないが、共産党批判は激しく、社会党中心主義が鮮明だった。

一、救国民主戦線〔ママ〕は食糧問題を中心とするカンパ組織たること

二、救国民主戦線はその性質に鑑み政党を中心とすべきものと思考するも現下の諸情勢を考慮して労農団体をも何らかの形において参加せしむること

三、中央組織は社会党を中枢として協同党、共産党、民主的な無党派（院内団体）および民主人民連盟、労働組合総同盟、産別会議準備〔ママ〕、国鉄連合、全逓信労組、日本農民組合を以て構成すること

四、〔救欠ヵ〕国民主戦線参加各党及各団体は相互にその自主性を確認し、信義を重じ共同の行動をとること

五、社会党はその運動に積極的に労働組合の参画なし得るやう組織上機構上最善の努力をなし主体的条件の確立を図ること

〔中略〕

尚この際附記して置きたいことは如何に信義と友愛に立脚すると雖も日本共産党の過去並に現在の態度に鑑みわれらはにはかに〔俄かに〕これを信ずることが出来ない、ことに彼等が本同盟役員に対してキヨコウ〔虚構〕のことを掲げて中傷ザンブシ〔讒誣し?〕本同盟内に反対派の結成を揚言してゐるが如きはわれ等の断じて許し得ざるところである、われ等はかかるデマ宣伝による分裂政策に対しては断乎たる態度をもって臨むべく更に思想的統一を図り、陣容を強固にしてこれを克服しなければならない

民主人民連盟の変容

五月三一日、民主人民連盟は世話人・賛助員・幹事合同会議を開催し、大きく化ける。共産党排除を公然化することで、連盟の〈自立性〉を打ち出した[19]。参加者は、山川均（書面参加）、荒畑寒村、河崎なつ（以上世話人）、小泉鉄、小野俊一、伊佐秀雄、神近市子（以上賛助員）、三田村四郎、山内房吉、大倉旭、足立克明、渡辺文太郎、小堀甚二（以上事務局）、宮坂清海、原野春太郎、金子泉（以上東京民主人民同盟[20]）。

山川は病気療養中であった。彼が提出した書面は「世話人会、賛助会員会、幹事会連合会への報告及び提議[21]」と思われるが、共産党排除や連盟自立論は見られない。しかし、三月時点で名前があがっていた世話人の多くは欠席したため、議論を主導したのは事務局メンバーだった。その多くは山川グループであり、三田村四郎は戦前非合法時代の共産党幹部で民主人民連盟では中央常務評議員をつとめ、のち反共労働運動家となる。渡辺文太郎は第二次読売争議のさなか、第二組合の読売新聞従業員組合を立ち上げ執行委員長に就き、その後会社重役に転

ずる。小堀（福岡県出身、作家平林たい子の夫）はのちに山川主導の社会主義労働党準備会に参加する。東京民主人民同盟については不明。

当日決定した創立大会準備委員は以下の通り[22]。山川均（代理荒畑寒村）、大内兵衛、横田喜三郎、足立克明、小堀甚二、山内房吉、三田村四郎（のち日本労働組合会議事務局）、小泉鉄、青山虎之助、宮坂清海、日向野正治（花王常務取締役）、伊藤清遠（労農派）、花塚正吉（のち日本労働組合会議副委員長・事務局長・財政部長）、浜田文哉、宮内勇（旧共産党「多数派」）、金子泉、通山定、栗林敏夫（弁護士）、山川菊枝、河崎なつ、神近市子、平林たい子、石田善作。

共産党系が完全に排除されている一方、のちに日本労働組合会議（日労会議）に参加する三田村や花塚がいることに注意されたい。民主人民連盟の指導部は大きく右傾化した。花塚は直前に発足した中央労働委員会の労働側代表委員の推薦ともからんで、中立系労組の全国組織化[23]を企図し、それに山川が呼応した。産別系と総同盟系に分かれている労働戦線の統一を中立系労組の統合によって進めようとする点で両者は合致した[24]。

第２節　民主戦線と救国民主連盟

「民主戦線をどう作るか」

『朝日新聞』は一九四六年五月三〇日に民主戦線救国民主連盟をめぐる座談会を開いている[25]。『西日本新聞』や『読売報知』の座談会に似ている。出席者は社会党から森戸辰男と鈴木茂三郎、共産党から野坂参三と志賀義雄、日本交通労働組合同盟の島上善五郎[26]であり、朝日新聞からは高野信編輯局長（司会）と岸（勇夫？）政経部長が出た。

テーマは救国民主連盟の中心はどこかということであった。民主人民連盟結成時、自由党や進歩党から共産党の戦略ではないかと疑われたが、今回は共産党から社会党の党勢拡大の戦略ではないかという疑念が出た。座談会は国民的要求が強い食糧問題などで提携し、早急に共同委員会を設立しようということに落ち着いたが、天皇制をどう認識するかについては大きな相違があった。

森戸は官僚制打倒・軍国主義否定・資本主義改革に関して異議はないが、「これが天皇制といふ名前をつけてくると、そこに解釈上の誤解も出来て来て…」と困惑を隠さない。これに対して志賀は、社会党がいう官僚制度と共産党がいう天皇制は同じことの表現の違い、表現の「幅」であって、これくらいは許容しないと民主戦線の成立などおぼつかない、「貴方がたの方も共産党は天皇制をいふのはどうにも気に食はん、なんて、余り気にかけない方がよからうと思ふ」と出席者の笑いを誘っている。

座談会は社共共闘を確認した。結びで志賀は事態の進展を見越して、「今度の議会まで待つといふのでなくて、救国民主連盟といふものができるのだから、これをでき上らせるためにも、一日も早く、社会党、共産党だけでも、また他の政党も加はつて、どん〴〵手を打つて行かなくてはならぬ」と檄を飛ばしている。数日前の宮本顕治の原則的見解と打って変わり、志賀は救国民主連盟に乗り込みイニシャティブを取ろうとしていた。

救国民主連盟と共産党

六月六日、社会党常任執行委員会は社会党中心の大連合をめざす救国民主連盟案を承認する。(27) 森戸によれば、民主戦線の成否はいかに広く大衆を獲得できるかにかかっていた。彼は大衆を①「選挙にあたつて進歩的な諸政党を支持した選挙民大衆」、②「組合に組織されている労農大衆」、③「色々な直接行動に姿を見せる群衆的な大衆」に三区分し、②を「中核的」存在とし、①だけではなく、③のような「安定性にとぼしい疎慢な集団」、「周辺的な地位」で「低度の革命力」しか持たない〈浮遊層〉を獲得することを重視した。それゆえ、救国民主連盟の成立には「どうしても社会党の右側にある広汎な民主的な諸勢力を捉へることが必要」で、それには「連盟の性格がひどく左に偏するかのやうな印象を与へることはよろしくない」ことだった。[28]一種のポピュリズムだろう。

これに対して、一〇日に共産党から徳田球一・野坂参三・柄沢とし子・伊藤律、社会党から中村高一（戦前は社会大衆党、のち衆議院議長、帝銀事件の平沢貞通主任弁護人）・水谷長三郎・大沢久明・黒田寿男が出席して、民主戦線結成促進会が開かれている。[29]同日には救国民主連盟案を正式決定した社会党の交渉委員、鈴木茂三郎が共産党本部に出向き、共産党の参加を要請している。[30]この日は救国民主連盟をめぐり、各派がしのぎを削る一日だった。

民主人民連盟と救国民主連盟が対抗していたかのように論ずる向きもあるが、前述したようにそうではなかった。両連盟の一本化、民主人民連盟の救国民主連盟への合流あるいは「埋没」さえ指摘されている。[31]『日本社会新聞』四六年六月五日付「民主人民連盟　我党を支持」によれば、民主人民連盟は救国民主連盟を民主人民戦線の具体化としてとらえていた。さらに注目すべきは、『アカハタ』四六年六月一五日付「民主人民連盟へ　ノサカ・ホソカワ両氏が意見書　解体が当然　即時世話人全体会議を招集せよ」である。そこに掲載されている野坂参三と細川嘉六が一三日付で民主人民連盟世話人会責任者に宛てた意見書はきわめて興味深い。

▽…民主人民連盟創立の主たる理由であつた民主人民戦線の啓蒙活動は、「救国民主連盟」の結成によつて、一応、その任務を終へた、だが、民主人民連盟のもう一つの仕事、すなはち、無党派の個人や団体の結合は、やはり「救国民主連盟」の成立とともに、（イ）全国的加盟団体（例、文化団体、青年団体）は、直接に「救国民主連盟」に加盟し、（ロ）地方的加盟団体や個人は、「連盟」の地方組織に加盟すべきものである、それゆえに、民主人民連盟の全国的組織と機関は、当然、解体さるべきことが、わが国今後の民主

戦線促進と強化の上に必要である

▽…これに反して、もし、民主人民連盟があくまで全国的組織を存続するならば、それは無党派のいはゆる「政治的ルンペン」を糾合して、共産党と社会党の外に（その形体や名称はどうであらうと）第三党を形成するものであり、民主戦線を混乱させ、分散させる結果をもたらすものである、これについては社会党も共産党も、かつて警告を発したのである、今日の民主主義革命遂行の上に必要なことは、無党派の溜り場をつくることではなくて、これらの分子をできるだけ早く、いずれかの党や団体に加入させることを促進することである

▽…ゆゑに、われら共産党を代表する民主人民連盟世話人は、このやうな同連盟の運命を決する重大問題は、民主人民連盟世話人全体会議を即時召集して、この会議において決定されることを要求するものである、五月三十一日の世話人会には、わづか二名の世話人だけが出席、この会議によつて、かゝる重大問題が決定されたることは、われらの賛成しえざるものである

要するに、救国民主連盟が結成された今、民主人民連盟は「無党派の溜り場」となり、〝第三党〟と化すおそれがあるので、早急に解体せよということである。それは野坂と細川だけの見解ではなかった。伊藤律も一七日に、救国民主連盟が提唱された現在、民主人民連盟の存在意味は無い、「当然解体」されるべきであるにもかかわらず、「無党の個人や社会党の左翼人を寄せあつめた第三党」に改組しようとする動きがある、これは「有害な分裂行為」であり、「政治的無頼者」が「徒党的足場」を作らんとする「陰謀」にほかならない、と断じた(32)。

前述の宮本顕治の救国民主連盟批判と比較するならば、人民戦線の政党化を容認しない点では共通していたが、野坂や伊藤らは宮本の非妥協的立場とは異なり、救国民主連盟を容認する立場だった。のちの五〇年分裂に至る野坂・伊藤と宮本の理論的乖離は、この時すでに生まれていたのではなかろうか。

野坂・細川意見書は一四日に民主人民連盟事務局に提出され、創立大会準備委員会は次のように回答した。(33)

①「拙速的」に結成された社会・共産党などの民主主義諸政党は現在「組織過程」にあり「幼稚」ではあるが、政党抜きに民主日本の再建は不可能である。これが人民戦線を提唱した山川均の認識である。

②しかし、最重要課題は、社共その他の民主主義諸政党の外に取り残され、入党を好まない「広汎な民主主義的無党派個人の結集」をはかることである。

③当面の課題は、「広汎な民主主義的無党派個人を救国民主連盟の傘下に結集」させ、「社会党と共産党の狭い社会主義戦線に堕する危険のある救国民主連盟に、民主戦線の名に価する幅を与へること」である。

④民主戦線確立に重要なことは、「民主主義政党の提携」とともに、「政党勢力と政党の影響力の外にある広汎な民主主義的要素との同盟」なのだから、共産党が民主戦線のイニシアティブ争いに出るのなら、連盟は「独立の政治行動」に踏み出さざるを得ず、「第三党」に発展する可能性もある。

民主人民連盟の主要戦略は②と③であっただろう。ゆえに広範な無党派を結集させるためには、いまだ「稚拙」な社共両党ではなく、われわれが独自に行動に出なければならない、ということだった。政党の下請け機関どころか、社共両党、とくに共産党を乗り越える衝動にかられていた。その意味で、民主人民連盟の〝第三党〟化の可能性は確かにあった。共産党にとって、社会党右派が提唱する限りにおいて救国民主連盟はなんとか対応可能だったが、転向組ら無党派＝「政治的ルンペン」が占拠した民主人民連盟は厄介な組織だった。共産党にとって、民主人民連盟は急速に敵対的存在となっていった。

ただ、「第三党」云々を除けば、回答書は五月三一日の連盟世話人・賛助員・幹事合同会議での議論と、ほぼ同様である。共産党は民主人民連盟の〝第三党〟化を阻止して、救国民主連盟への〈なだれ込み〉により、救国民主連盟の主導権を握ろうとしたと思われる。『朝日新聞』七月一三日付は一面で「社会党案を支持　共産党、救国民連に申入れ」と報じた。だが、事態は思うように進まない。森戸は「いまあはて、共産党と結合することは避けたい」と述べ[34]、七月一四日の社会党常任中央執行委員会は救国民主連盟促進と共産党排除を決定する。『日本社会新聞』七月二四日付一面には「背信の共産党とは行動を共にせず」「共産党背信の数々　これで手が握れるか」という見出しが躍る。前者によれば、常任中執委では次の三点が決定された。「一、すでに参加の承認を得た労働組合総同盟、日本農民組合、民主人民連盟、全国水平社、四団体とすみやかに戦線を結成する　二、その他の諸団体（国鉄労組、全国逓従、日本海員組合等）に対しては急速にその交渉を再開断続する　三、共産党との交渉は条件未成熟とみなしこれを打切る」（一般紙は七月一六日に報道済み）。

一六日の社会党代議士会で中原健次が共産党との関係修復を促すが、森戸は共産党が民主戦線結成促進会に固執して社会党に対抗し続けている点、社会党に対する信義と友愛を無視している点などをあげて、拒否した。各地で混乱が生じた[35]。二〇日には次のような社会党本部通達が出ている[36]。

一、今後あらたに共産党を含めた救国民主連盟は組織しないこと

二、未組織地方は可及的速やかに本決定に基く救国民主連盟を組織すること

三、既に民主連盟を組織してゐる地方で共産党との関係が円滑に行つてゐないときは、直ちにその組織を解消すること

四、共産党との関係が円滑に行つてゐる地方では暫く従来の運動方針によることも差支へないが、可及的速やかにこの決定方針に基きその切替をすること

共産党の完全排除だった。共産党は社会党内を左派・右派・中間派の三派分裂状態ととらえ、救国民主連盟は反共右派の陰謀に堕したと糺したが[37]、前述したように、五月段階で宮本が救国民主連盟に反対したのに対し、六月段階で野坂らは救国民主連盟を基本的に支持し、七月に入って再確認していた。共産党中央も揺れていたと言

わざるをえない。かといって民主人民連盟の復活・再建はありえなかった。民主人民連盟に対しては、重ねて「第三党」化阻止を叫んだ。

民主人民連盟、遅すぎた結成

七月二一日、民主人民連盟結成大会が開かれる。山川は病床から挨拶文を送ったが、大会宣言の次の一節は、連盟の「無党派」宣言であった(38)。

> 吾々は広汎な民主戦線の即時結成のためにあらゆる努力と犠牲とをおしまぬものである。特に吾々の集中的な努力の目標は、終戦後あわただしく創立された諸政党の埒外にとどまっている広汎な民主主義的諸要素、および今後の建設に欠くことの出来ない専門家、技術者、科学者をわが聯盟の傘下に結集して、無党派的民主主義者の一大陣営を形成し、実現さるべき民主戦線にその名にふさわしい幅と深さを与へることである。吾々のこの集中的な努力の目標が達成されることによってのみ、実現さるべき民主戦線は直に人民のために政権を獲得し、運用し、維持し、民主日本建設の大道を堂々と進軍し得るであらう。

山川の革命テクノロジー論は、「無党派的民主主義者」の結集という形で具現化されようとしていた。大会議長に就いた大内兵衛は、「社会党が大衆の意志を無視するならば、日本少数党にならう、共産党が俺でなければやれないといふ風に権威を押しつけるなら日本独裁党とならう、進歩党は進歩の名をかたる保守党であり、自由党は自由の名をかたる不自由党である」と辛辣な挨拶をした(39)。

『アカハタ』は結成大会について、いまや民主人民連盟中央は三田村四郎らの転向組や小堀甚二ら山川派に占拠され、「街頭的な知識人や地方少数グループの集り」と化し、「超階級的な国土再建運動」さえ主張するに至ったと報じた(40)。連盟の運動方針から左派性・階級性は消えた。「民主人民連盟一般運動方針」はこう述べている(41)。

従来、民主戦線運動を浅薄な意味における左翼運動と解する誤謬が行われているばかりでなく、民主戦線運動自体の側においてもかような無理解のある事実にかんがみ、連盟はかかる誤謬の一掃につとめ、階級または階級的イデオロギーの相異をこえて一切の民主主義的要素を結集した真実の民主人民戦線の実現に努力を傾倒しなければならぬ。

明らかに共産党批判だった。共産党が民主人民連盟解体を唱えた背後に連盟指導部の反共姿勢があったことは間違いない。とはいえ、人民戦線的大衆団体を一挙に無化＝解体するのはあまりに乱暴だった。以後、民主人民連盟が共産党や産別への対抗組織に変ずることで[42]、共産党はあらためて全党的に救国民主連盟をも否定していくこととなる[43]。四七年四月の第二三回総選挙での社会党大勝と片山哲内閣誕生、共産党の惨敗をうけて、民主人民連盟は解散する。解散声明は「連盟の構成要素は個人的にまたは集団的にできうるかぎり社会党に合流することにより社会党の内外においてその影響力の拡大強化に努力せんとするものである[44]」と述べている。民主人民連盟の社会党への合流により、第三党結成の可能性は消滅した[45]。

第３節　社共対立

救国民主連盟をめぐる対立と第二三回総選挙

人民戦線運動は分裂した。『朝日新聞』一九四六年七月二〇日付「割れた民主戦線」は、「政治的〝擬装〟の危険　勤労大衆の期待裏切る」との見出しで、その責任を社共両党に求め、真の民主主義革命のためには、大同団結しかなく、「社会党の革新された勢力と、共産党の改革された方向が歩みよるとき、日本再生の真の担ひ手が現はれるのではなからうか」と希望を述べている。

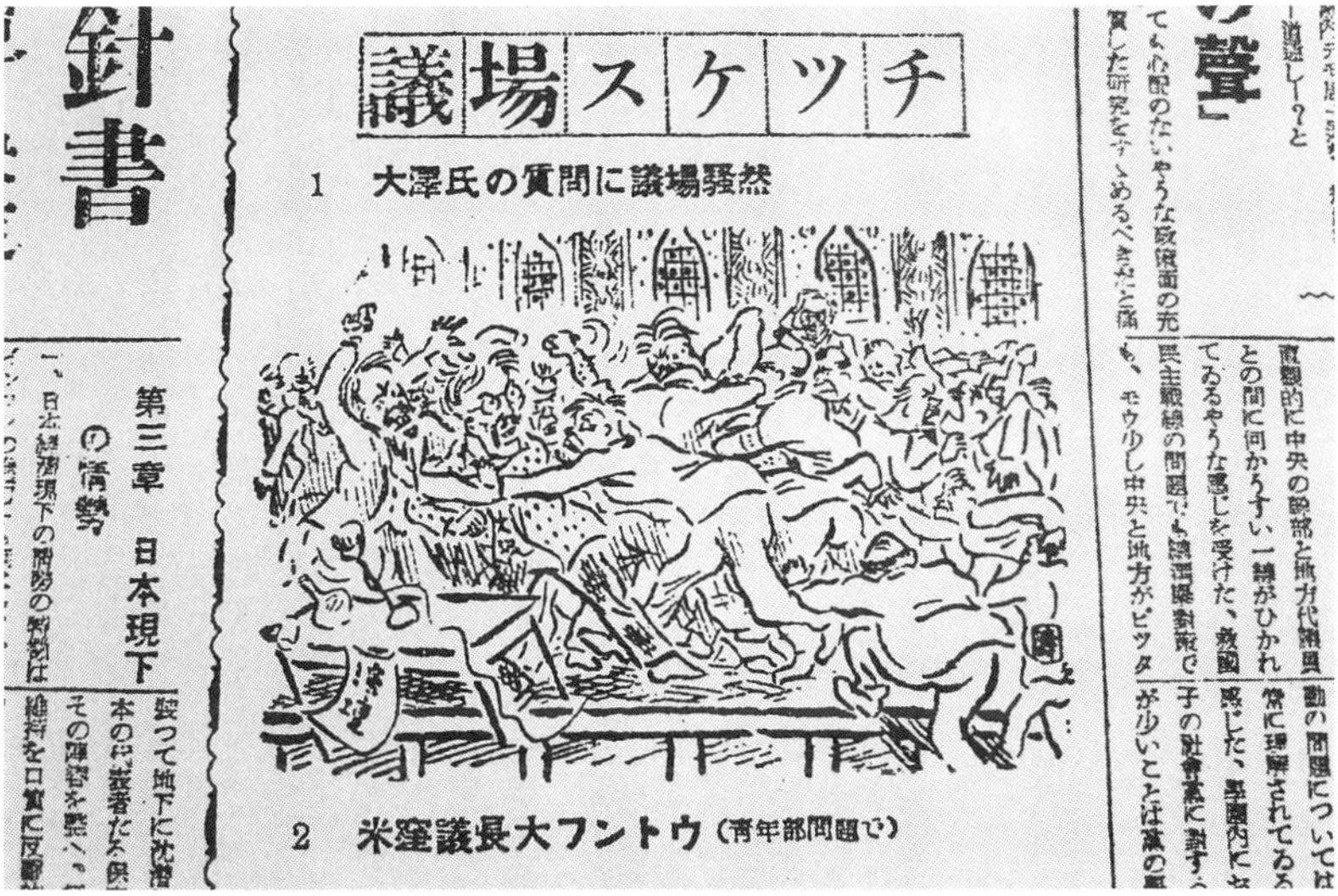

図２　『社会新聞』1946年10月９日付「議場スケッチ　大沢氏の質問に議場騒然」
正面の眼鏡をかけている人物が大沢久明

　さて「社会党の革新」は進んだろうか。社会党内は相変わらず左右が対立し、四六年九月末の第二回大会で戦線統一をめぐり左右両派が衝突する。党本部の方針に対して青森県代表の大塚英五郎が厳しく批判したほか(46)、森戸が提出した救国民主連盟結成促進緊急動議に救国民主戦線特別委員会メンバーの大沢をはじめ左派代議員は反対し、共産党との連携を主張して、議場は大混乱となった(47)（図２）。この時期は東芝労組を先頭に「産別十月闘争」といわれる労働攻勢（ゼネスト）が高まっていた時期でもある(48)。左派は勢いづいていた。

　では「共産党の改革」は進んだろうか。一二月一七日には生活権確保・吉田反動内閣打倒国民大会が開催され、一九日に吉田内閣倒閣実行委員会が結成される。明けて四七年一月六日に開かれた共産党二全協一般報告で徳田は、倒閣国民大会について、「宮城前の大広場に集つたもののうち壇上にいるものは黄色い顔をしているが、下の方は赤い顔である。この奇現象がやがては壇上の黄色をふつとばして、すつかり赤色にしてしまうところまで進まなければならない」と豪語して、社会党を乗り越える意志を示した[49]。

両党の革新・改革は期待されたようには展開しなかったが、一三日の全国労組共同闘争委員会（全闘）と倒閣実行委員会の合同会議では、自由党・進歩党・社会党の連立内閣ではなく、社会党中心で共産党を含む民主内閣の樹立をめざす意見が大勢を占め[50]、さらに二〇日の合同会議も来る二八日の吉田内閣打倒・危機突破国民大会の開催、社共両党の倒閣実行委員会への参加を決議している[51]。国民大会は全国各地で行われ、東京の皇居前広場には三〇万人が集まった。この間、一五日には社会党左派の加藤勘十と鈴木茂三郎が片山哲委員長と会見し、社会党中心の民主内閣結成を申入れている[52]。

社共関係は微妙に動いていたが、GHQの中止命令による二・一ゼネストの挫折、四月二五日の第二三回総選挙により、決定的に変容する。社会党が一四三議席を獲得して第一党、日本自由党が一三一議席で第二党、民主党が一二四議席で第三党、共産党は議席を減らしてわずか四議席（野坂参三・徳田球一・林百郎・木村栄）という選挙結果だった。これより先、二月二七日および三月一日に共産党は社会党に選挙共闘を申し入れたが、社会党は拒否。各種の世論調査は社会党支持が四割以上と伝え、『社会新聞』三月三一日付「総選挙必勝座談会」も獲得議席を一五〇～二〇〇と予想していた。社会党にとって一四三議席すら物足りなかっただろう。共産党と共闘する必要はなくなった。

社共共闘派の後退

共産党はどうしても選挙に勝てなかった。徳田は総選挙の敗因として共産党に対する「バク然〔漠然〕たる恐怖心」をあげた[53]。社会党左派では社共共闘派の大沢が九一票差で惜敗した（第六章第3節参照）。共産党にとっても大沢の落選は痛かった。直前の四月二〇日に行われた第一回参議院通常選挙も社会党が四七議席で第一党、日本自由党が三八議席で第二党、民主党が二八議席で第三党、国民協同党が九議席で第四党、共産党はここでも四議席にとどまる。社共両党の力関係はあまりにもかけ離れ過ぎた。

もとより、そうした結果を共産党が予期していたわけではない。選挙前、社会党に攻勢をかけていた。衆議院選の二か月前、共産党書記長の徳田と社会党国会対策委員長の加藤勘十が対談している。対談記事「再建の途こゝにあり」[54]によれば、徳田は「社会党と共産党の結合提携」を迫り、地方自治体の首長選挙に関して、「なんとしても社会党と共産党とが共同して、…今のところは私たちは主として社会党の人たちを立てたい」と提案している。これに対し、加藤は民主戦線の強化に同意しつつも、「民主戦線の結成は共産党と社会党が一つになることではなく、お互いにそれ〴〵の独自性を尊重しつつ、共同の目的に向つて戦うということなんだ」と応え、「人の感情を刺戟するような悪質な攻撃はやめにやいかん」とくぎを刺している。選挙一か月半前にも共産党は社会党へ選挙共闘の申入れをするが、社会党は拒否した[55]。

『社会新聞』三月三日付主張「一致せず　共産党の申入拒否」によれば、社会党は「社共による民主政権はすべて人民の熱望であるといわれるが、わが党は、事実はこれと反対であると確信する、これは来るべき総選挙においてもおのずと立証されるであろう」と共産党との提携を拒否した。また同日付「共産党の本質」で森戸辰男は、「伝えられるところでは共産党に対して外部より社会党左派を支持せよとの指令がもたらされた」との風聞にふれている。「外部」とはコミンフォルムを想定していただろうか。

共産党の選挙総括と社共の離反

いつの世も数こそ力である。共産党は総選挙前のアピールで「共産党が議会に五十人ないし百人の勢力を得るならば、明らかに政権を左右することになり、社会党はよろこんで共産党と民主戦線をむすばねばならぬ」と大言壮語していた。[56] NHK（日本放送協会）が三月に行った政党支持調査で共産党は三三%を占め、社会党の三一%をわずかに上回り、自由党の一六%の倍だったことも自信になっていた。[57] 柳田国男、小倉金之助、羽仁説子、河原崎長十郎、中北千枝子、上司小剣、山本嘉次郎、山本安英ら多くの文化人も共産党支持を表明していた。[58]

ところが総選挙で共産党は惨敗し、社会党・自由党・民主党の三強情況となる。参議院選挙で共産党が主導する産別会議（全日本産業別労働組合会議）議長の聴涛克己が落選したことも痛かった（四九年一月第二四回総選挙で当選）。共産党は細胞とフラクションの関係整備をはじめとして、近代的な政党組織への改革に踏み出す。『アカハタ』四月二九日付の伊藤憲一「党機関の性格転換について」は、共産党の「陰謀」結社から「政事的結社」へのイメージ転換を図らんとする主張だった。国政選挙において容易に大衆政党化しえず、思うように議席を増やせなかったことが背景にあった。

『アカハタ』五月八・一一・一四・一七日付に「座談会　選挙斗争の自己批判　百万人を党員に」が掲載され、選挙総括が行われている（出席者は徳田・野坂・宮本・伊藤律・春日正一・西沢隆二・中野重治・保坂浩明ら）。興味深いのは、共産党が選挙を苦手としていたことである（二年後の四九年一月総選挙後にも同様の総括が見られる。第五章第1節参照）。西沢によれば、選挙はストライキ以上の闘争とは思われてなかったが、「こんどの選挙を通じて、党員ははじめて選挙というものがやはり斗いであるということをなつとく〔納得〕しはじめた」という。共産党は議会政党への転換を求められていた。[59]

徳田は総選挙における社会党勝利は、「人民にとつてはよき収穫」であり、「非常な意義を有する」と評価し、今後は「社会党の活動を援助しなければならない」と主張したが、[60] 社会党の大勝により社共関係は決定的に変化し、社会党左派すら共産党との絶縁を表明する（五月一四日、鈴木茂三郎・加藤勘十らの「共産党絶縁声明」）。社共両党が主導する人民戦線の道は封じられ、五月二四日に片山哲を首班とする社会党・民主党・国民協同党の連立内閣が成立した。[61]

孤立した共産党は片山内閣批判を強める。社会ファシズム批判論が台頭し、[62]「最近、日農統一派を除く社会党左翼は血迷つてきた」と社会党左派まで攻撃するに至った。[63]社会党も『社会新聞』八月一八日付「日本共産党の誤謬を指摘す」、九月八日付「自由党となれあう共産党　血迷える〝理論〟」、同一五日付「社会ノファシストの神話幻影を追う共産党」などで応戦した。

労働戦線でも共産党の退潮が始まる。産別会議から脱退する組合が相次ぎ、一〇月に炭全協（炭鉱労働者組合全国協議会）分裂、一一月に国鉄労働組合反共連盟結成（翌四八年三月に国鉄労組民主化同盟〔国鉄民同〕結成）、明けて四八年二月に産別民主化同盟（産別民同）結成（同一二月に新産別結成）と続き、[64]さらに四九年二月には産別最大単組の全逓にも反共民同派の全逓再建同盟が結成され、同時に総同盟、産別民同、国鉄民同を中心に全労会議準備会（全国労働組合会議準備会）が発足する。同年夏におこった三大フレームアップ―下山事件・三鷹事件・松川事件―以降、労働戦線内の共産党の影響力は急激に減少していく。[65]

第三章　民主戦線から社共合同へ

第1節　日本農民組合の左右対立

日農と社共

社共合同のプロデューサー伊藤律は共産党農民部長であった[1]。農民運動＝日本農民組合（日農）の動向を見ていこう[2]。日農は全国単一農民組合として、日本農民組合全国懇談会を経て、四六年二月九日に結成された[3]。四七年二月の第二回大会で組合員一二五万人に達するが、社会党右派の平野力三派は日農刷新同盟[4]を作り、五月の全国代表者会議を経て、七月に全国農民組合（全農）を結成する（平野派は社会党を脱党して社会革新党を結成）。さらに四九年四月の第三回大会を前に、日農は社会党右派の主体性確立同盟派（主体性派）と社会党左派・共産党の統一懇談会派（統一派）に分裂する。

背景には日農に対する社会党支配があった。第二回大会は政党支持自由を決めたが、前述したように第二三回総選挙の結果、社会党は一四三議席を獲得して第一党となる。日農本部における社会党所属議員団の発言力が一挙に強まる。四七年五月の中央常任委員会は平野派を批判すると共に、共産党フラクションを排撃した。

フラクションとは何か？　四六年二月の第五回大会が決定した「日本共産党規約」によれば、共産党の基礎である「細胞」が「工場、経営、村、学校等」に組織されたのに対して、「フラクション」は「すべての労働組合、農民組織、青年組織、協同組合、文化団体その他の大衆組織」に置かれた。四七年一二月の第六回党大会でフラクションは「党員グループ」と改称されるが、党の政策を大衆組織に伝えるベルト理論の象徴であった。

四七年七月の日農中央委員会は共産党排除の「日農主体性確立に関する件」を強行採決しようとしたが、統一派の反対で流会となる。八月に入ると社会党議員団が「日農主体性確立に関する件」を支持し、共産党排除の声明を出す。九月九日、中央執行委員長の黒田寿男は第二回大会が決定した政党支持自由の原則を再確認するが、(5)状況は厳しかった。

『読売新聞』は日農中央常任委員を以下のように三区分している。(6)同年七月に死去した書記長兼組織統制部長大西俊夫（十寸男、三重）と公職追放された法律部長中村高一（東京）、および原広吉（愛知）の名前がなく、代わって佐々木更三（のち社会党委員長）が入っている。

主体性派：野溝勝（副委員長、長野）、岡田宗治（情報宣伝部長、東京）、稲村順三（調査部長、新潟）、清沢俊英（調査部長、新潟）、佐竹新市（広島）、田中織之進（機関紙部長、和歌山）、成瀬喜五郎（徳島）、菊池重作（会計、茨城）、八百板正（協同組合部長、福島）、大島義晴（技術開拓部長、群馬）

統一派　：黒田寿男（委員長、岡山）、佐々木更三（宮城）、大沢久明（教育文化部長、青森）、大屋政夫（栃木）、宮脇朝雄（香川）、山口武秀（茨城）

共産党　：下坂正英（兵庫）、斉藤久雄（福岡）

統一派に共産党を加えると八名になり、主体性派の一〇名と拮抗した。黒田は政党支持自由路線を堅持し、結論を第三回大会まで持ち越そうとしたが、長野・新潟・山口の各県連では左右対立が激化した。

日農の内部対立

四八年三月から四月にかけて、社会党右派は日農民主化同盟関東北陸東北協議会を母体に主体性確立同盟を組織する。一方、社会党左派・共産党は統一懇談会を結成して対抗した。五月の中央委員会は前者提出の「日農内部における共産党勢力排除に関する件」を可決する。主体性派と統一派が対立を深める中、六月に黒田・大沢・山口らによって正統派同志会が結成され、(7)日農は主体性派・統一派・正統派の鼎立状況となる。

正統派を中心とする新党樹立の動きが噂され、(8)実際、社会党脱党・労働者農民党結党へ向かうが、直前には主体性派との合流も取りざたされた。『アカハタ』四八年九月三日付主張「農民戦線の……芦田派と斗え」は、報道によれば主体性派と正統派が協定を結んだというが、これが真実ならば「誠に奇怪である」と論じた。この間の経緯を『朝日新聞』で追ってみよう。九月一日付「日農、分裂回避へ」によれば、八月三一日に主体性確立同盟の稲村順三・岡田宗司と正統派同志会の大島俊夫・西原佐喜市（愛媛）が会談し、以下のような申し合わせを確認した。

（一）　日農内での共産党のフラクが独自の運動方針を持ちこみ、日農の自主性を無視するような行動をするならば、このような組合内の共産党の活動を容認できぬ

（二）　内外の諸情勢にてらし、いたずらに反動を挑発して日農の合法性を失わせるような無責任な態度を排撃する

（三）　政党支持の自由については、組合の自主性を冒さない限りで結成大会の原則を守る、日農内に例えば、共産党日農細胞というような分派組織をつくることを排除する、統制に反しない限り、組合員がいかなる政党に加盟し、これを支持するも自由である

（四）　以上のことは単に共産党員だというだけで、これが組合加入をこばみ、組合員を組織から排除するこ

とを意味しない、たゞその行動が組合の方針に反する場合は、いかなる政党に属する組合員もこれを排除する

（五）日本共産党が日農を農民委員会、農民協議会、農民代表者会議などに実質的に転化しようとする方針、運動に反対する

（六）日農は独立自主の団体でいかなる政党によつても支配されるべきではない

（七）日農の統一について問題のある府県連に関しては、両派で具体的に協議し、速かに解決をはかる

（八）両代表は各所属会派に対し、統一のための懇談会を組織し、できるだけ速かに各会派の解決に努力する

要するに、個々の組合員の共産党入党は自由だが、日農内部における細胞活動・フラクション活動は封じ込める狙いであった。前掲『アカハタ』主張はこの申合せを「奇怪」と呼び、芦田内閣による日農介入・日農左派懐柔と見た。『朝日新聞』九月五日付「解説　統一工作に一歩」は正統派同志会を率いる黒田派の妥協的態度を報じ、一二日付「復帰を希望」は、社会党を七月に除名（本章第４節参照）された黒田が復党を希望している旨を伝えている。しかし、両派の妥協点はなかなか一致しなかった。一五日付「日農の左右両派会合」は、一三日の両派懇談会で主体性派は、「一、正統派同志会の構成員の中には共産党系の連絡機関である『統一懇談会』に属しているものが多い、この際、統一懇談会と手を切つて、一般の誤解を一掃、互に裸になつて分裂回避への協議を続けたい　二、第三回大会前に共産党フラク排撃の実をあげることに協力されたい」という二点を提案したが、正統派は回答を保留した。結果的に、黒田派は社会党に復帰せず、日農の主体派・正統性派の合流はならなかった。一七日付「党へは復帰せず」は、社会党本部が黒田派の岡山県連に解散を命じたものの、岡山県連は拒否して離党を選択したことで、黒田が「われ〳〵もこれまでの社会党復帰の運動を打切り、独自の立場から行動すること

にした」ことを報じている。黒田派はこの後、新党＝労働者農民党の結成へと向かうが、社会党脱党という点では、黒田派は大沢らに先んじていた。

正統派の動向は急速に注目されてくる。共産党サイドには、統一派から正統派に移り、座長に就いていた人沢を再び統一派へ引き戻す必要が生まれ、さらに共産党に入党させる力学が働く。第七章で詳述するが、四八年一一月の日農青森県連大会で日農中央常任委員・全国農民代表者会議実行委員長・日農正統派同志会座長の大沢は共産党入党を宣言する。これを機に日農の鼎立状況は崩れ、主体性派と統一派＝社共合同派の対立となる。

こうした状況下、社会党を脱党した日農関係者が二人いる。一人は広島県連法律部長原田香留夫である。(9) 原田は海軍法務官を経て、戦後弁護士となり、自由法曹団に加入。松川事件や八海事件（五一年に山口県熊毛郡麻郷村〔現・田布施町〕でおこった強盗殺人事件）などの弁護人として知られ、広島県農民組合初代会長も務めた。(10) 四八年当時、日農広島県連は社会党反共派の佐竹新一（旧社会大衆党）が会長だったので、原田は民主化を求めて、四八年二月に他の県連幹部ら十数名とともに、社会党を脱党し、共産党に入党した。日農県連幹部の集団入党として、青森県に先行しただけではない。原田の国政への挑戦は大沢のそれと似ている。原田は四九年一月の第二四回総選挙に広島二区で共産党から立候補し、次点となった以後、五〇年代後半を除いて、六九年の第三二回総選挙まで出馬し続けた。

もう一人は、新潟県の日農統一派県連執行委員長・社会党県連執行委員長玉井潤次である。玉井は「社会党は社会主義政策を捨てて資本主義政党に屈服した」との声明を出して、四八年八月一九日に脱党した。(11) 彼は民主人民連盟にも関わっており、新潟県における大沢的存在であった。息子の祐吉も社会党内左派、黒田派の一員だった（本章第４節参照）。

第2節　共産党の農民戦線論・民主戦線論

農民委員会論

戦後、共産党は農民組合を否定して、農民委員会の組織化を進めたといわれるが、[12]その歩みは単純ではない。横関至の研究[13]によれば、一九四五年一一月の第一回全国協議会は農民組合と農民委員会の「機械的」対立論を避け、一二月の拡大中央委員会は日農否定方針を変更して、農民協議会を基盤にした日農への積極的参加・影響力強化の方針を採用した。それより前、『赤旗』一一月二九日付「現下の農民闘争に就いて」は、「農民委員会を全部落、全村で結成する闘争を展開する。〔中略〕農民大衆を党の下に結集し、党の指導の下に農民委員会を結成し、農民の真の利益のためこの委員会を闘はしめねばならぬ」と檄を飛ばし、一二月二六日付「基本的方針決定す」も、「部落、村における農民の総寄合に基づく農民委員会を組織」し、農民組合や小作人組合を「農民委員会運動に発展」させるとともに、「一切の種類と形式の農民組織を包括した農民組織の協議会」を提案している。

四六年二月の第五回大会で徳田は、「日農は右翼幹部が頭部にすわって成功のやうにみえるが、実際はわれわれは大衆の三分の二をにぎってをり、絶対に優勢である。ただ、優勢であるからといって分裂させれば非常に力が弱くなるから形式的には右翼幹部を頭部において統一させ陣営を全的に、統一的に革命化させねばならない」と戦略を述べている。[14]農民委員会と農民協議会を主軸とした対日農政策であり、日農利用論である。

青森県の場合はどうだっただろう。津川武一によれば、「農民組合は社会党のもの、農民委員会は共産党のもの」と戦線の色分が予想されたので、「農民委員会活動をしてゐる農民組織を農民組合」と呼称し、農民組織の統一化・日農への一本化を実現したという。良く言えば柔軟的対応、悪く言えば〈偽装〉であり、「日農に結集して行つたわが党影響下の農民組合はその名は日農や農民組合ではあつても、いきいきとした農民委員会活動を展開してゐるのは論ずるまでもない」ことだった[15]。

四七年八月の共産党農民政策拡大会議は、全農や全日農（全日本農民組合、四七年八月結成、民主自由党系）の結成を受けて、「日農を中心に実質上の農民委員会、農民代表者会議の組織化を展開し、農民組織の性格を正しく変える方向に努力しなければならぬ」と農民委員会路線を再確認している[16]。しかしこの場合も、「農民委員会とその活動は、極めて重要であるが、名称、形態は、その市町村の特殊性に照応し農民の考えや気分にふさわしく決定するのがよい」と現実対応の流動的な立場を表明している[17]。

民主戦線と農民戦線

民主戦線にとって農民戦線の統一はいかなる意味をもっていただろう。伊藤律はこう論じている[18]。

農民層は労働階級のように、決して単一の階級ではなく、益々分解しつゝある複雑な小ブルジョアの大群である。その分解しつゝ、ある階級的な複雑さを認めつゝ、民主々義に対して存在する共同の要求と利益において、統一戦線をはる方向こそ、わが国民主革命の課題である。従つて、その組織は、決して単一体ではありえず、代表会議或は組織代表者会議でなければならぬ。貧農、半プロレタリアから富農までを含むこの農民戦線は、いかなる名称をとるかは第二の問題として、村における農民委員会、全国的には農民代表会議の性格である。

労働者階級＝単一階級という認識の可否はさておき、農民層の階級的複雑さを統一することが民主戦線の基本とされ、主体は引き続き農民委員会・農民代表会議に置かれた。党内には「日農なんかどうでもよい。党は独自の農民委員会活動をやればよい」と日農内の党活動を放棄する傾向も見られたが[19]、党中央は積極的な指導のもと、日農の革命化を推進しようとした。

日農革命化の拠点はどこか。伊藤は四七年四月の地方長官選挙（地方長官の公選。翌月の地方自治法制施行により、公選地方長官が都道府県知事となる）の結果から、「社会党勢力が主として日農に足場をもち、且つその日農県連がかなり左翼的な統一派であり、わが党が比較的強力」という共通点を持つ、北海道・青森・秋田・岩手・栃木・群馬・東京・新潟・長野・静岡・岡山・広島・香川・福岡をあげている。[20] 中央委員の松本三益が予想した日農第三回大会（四九年四月開催予定）の総数六〇四名の代議員の内訳は、統一派六五％（香川、高知、新潟、埼玉は除く）、主体性派二五％、中間派一〇％だった。[21] 松本も伊藤とほぼ同様、表1のように北海道・青森・岩手・栃木・新潟・長野・静岡・岡山・香川・福岡を共産党勢力が強い地域としている。一方、社会党側の日農認識は表2のようであった。[22]

いずれにせよ共産党にとって農民運動を基盤とする民主戦線は、社共が〈共同〉するものではなく、共産党が社会党を〈主導〉するものだった。伊藤は述べる。「民主戦線は社会民主々義に対するわれわれの批判の停止と服従を意味するものではない。否むしろ、共同を通じて社会民主々義に対する大衆の盲信を啓き、共産主義の側にひきよせる努力を放棄して、民主戦線の意義はありえない。社会民主々義の影響から大衆を脱却させることが、革命の前進である」。[23] 共産主義による社会民主主義否定の「社共合同」理論がここでも発揮された。

表1　日農の勢力分布（共産党の観測）

統一派	北海道、青森、岩手、栃木、千葉、埼玉（統一派）、新潟（統一派）、長野、石川、山梨、静岡、三重、奈良、京都、大阪、兵庫、岡山、山口、香川、高知、福岡、長崎、佐賀、熊本、宮崎
反共派	福島、東京、埼玉（分裂派）、新潟（分裂派）、富山、福井、和歌山、岐阜、広島、大分、鹿児島
中間派	山形、宮城、秋田、群馬、茨城、神奈川、愛知、滋賀、鳥取、徳島、愛媛

表2　日農の勢力分布（社会党の観測）

社会党（主体性派）	秋田、福島、宮城、群馬、茨城、埼玉、神奈川、東京、新潟、富山、福井、岐阜、愛知、滋賀、和歌山、大阪阪南、広島、鳥取、徳島、大分、宮崎、鹿児島
共産党	北海道、千葉、栃木、長野、山梨、三重、大阪府連、京都、兵庫、島根、熊本、山口、奈良
共産派	青森、岩手、石川、静岡、高知、岡山、愛媛

第3節　民主民族戦線の提唱

注目の青森共産党

社共合同運動は青森県から始まるが、それは偶然でも不思議でもなかった。共産党は青森県党の活動に注目していた。[24]一九四七年一二月二一～二四日に開催された第六回大会の「人民斗争に関する分科会」は次のような認識を示している。[25]

人民斗争は職場斗争、あるいは部落、隣組の中から出発しなければならない。職場斗争は決して行詰らない。それは常に新らしい問題を生み出し、漸次高い段階に進んでゆく。青森ではこれを「根掘り」という。同時に職場斗争は横に拡大されねばならない。一職場から他の職場へ、一企業から他企業へ、労働者から農民へ市民へ、青森ではこれを「横ばい」という。

同じく「党拡大強化に関する分会」では長野県上田地区とならんで青森県弘前地区の党員獲得、「宣伝教育に関する分科会」では国鉄問題における青森市と弘前市の闘争、「青年活動分科会」では青森県の復興闘争が高く評価された。明けて四八年一月五日付『アカハタ』党生活欄に中央委員の長谷川浩が「党大会をおえて」を寄せているが、そこでも青森県党は高く評価されていた。

青森の同志はいつた。「われわれは今までアカハタや宣伝指針や指令にいわれたことを馬鹿だといわれるほどその通りやつてみて成功した」と、誠に自信にみちた言葉であつた。大会の決定をあくまでまげずにその通りやりとおす、それ以外にいうべきことはないのである。

青森県の地域闘争が全国的にも注目すべき模範的展開をしていたことは明らかであろう[26]。

四八年に入ると情況は大きく動く。一月一九日、社会党第三回大会は片山内閣成立時に取り交わした社会・自由・民主・国民協同四党協定を左派主導で破棄する。しかし、この時点でやがて社共合同の旗手となる大沢にとって、青森県共産党の動きは気がかりだった。共産党が指導する国労や全逓のストライキ至上主義が大衆的反発を受け、「ウルトラ的な傾向が共産党内において清算されない間は青森県の労農組織に重大な危機が来るかも知れない」かったからである。大沢は危機的事態を防ぐため、調停機関的な労農懇談会を組織する[27]。

民主民族戦線の提唱

二月五日に政府予算案が否決され、一〇日、片山内閣は総辞職に追い込まれる。この間の六日に共産党は第九回中央委員会総会を開き、片山内閣打倒および民主民族戦線の方針を決定する[28]。民主民族戦線は「民主主義の徹底と人民生活の安定と向上、民族の自由独立の方向で一致する限り、日本のあらゆる階層と手を携えて進む共同の大戦線」であり、「選挙に際しても大きな威力を発揮して民主民族戦線政府をつくりうるような大きな進出をすることができよう」と展望され[29]、その結成は世界的な動きとされた[30]。共産党は三月一〇日に「民主民族戦線結成提案の趣旨書」を発表し、芦田内閣成立後の一五日に社会党に民主民族戦線結成を申し入れる（社会党は即日拒否）。二六日には第七回中央委員会総会で「平和と民主主義、民族独立のための宣言」（「民主民族戦線宣言」）

を明らかにしている（社会党は即日拒否）。

民主民族戦線は「あらゆる階層」の結集がカギであったが、民主人民戦線との関係を最も鮮明に表現しているのは、この年の秋に出た『民主民族戦線と共産党』（日本共産党中央委員会教育宣伝部編、暁明社、一九四八年）「民主民族戦線の提唱―民主人民戦線から民主民族戦線え―」の次の一節だろう。

民主民族戦線は、前の民主人民戦線とくらべて、何ら本質的にことなつたものではなく、新しい情勢の中での同じ斗争の継続であり、その発展であり、同じく官僚・大資本家の反民主的な政治とたたかう共同の戦線であります。しかしながら、今日では、支配階級が外資導入による売国的な政策をロコツ〔露骨〕にしてきたため、これに対してさらに戦線全体の範囲をひろげ、単に労・農・市民ばかりでなく、一部の進歩的産業資本家までをもふくめて、全人民、全民族を包含する、真に広汎な戦線の結成を訴えているものであります。（一七～一八頁）

「人民」から「民族」への戦線拡大をめざす共産党の動きに、昭和天皇も頭を悩ませていた。『芦田均日記』（第二巻、岩波書店、一九八六年）同年三月一〇日によれば、芦田内閣の任命式の際、天皇は芦田に「共産党に対しては何とか手を打つことが必要と思ふが」と問うている。これに対し、芦田は「共産党の撲滅は第一には思想を以てしなければなりませぬ」「共産党と雖合法政党でありますから非合法手段をとる場合でなければ手をつけることは出来ませぬ、進駐軍にしても本国のような法律が日本にない以上進んで弾圧する訳にも行かないので兎角控え勝であります」と答えている。(31) また天皇は「左派の入閣はどんな影響があるか」とも尋ねている。芦田は「容共左派でない限り加藤、野溝の程度ならば、大きな影響はあり得ないと存じます、左派の入閣は却って左派を穏健にする所以でありましょう」と社会党の内情を説明し、左派対策を示している。(32)

奇しくも同日、共産党中央委員会書記局は「民主民族戦線の結成促進とメーデーについて」と題する各地方・

府県委員会宛指令[33]を出し、メーデー対策を確認している。スローガンにあげた民主民族戦線結成を「機械的に大衆に押しつけることのないように注意されたい」との指示も見られる。

民主民族戦線を社会党から拒否された共産党は、民主団体に呼びかけて民主民族戦線懇談会を開くと共に、六月九日に社会党の議員有志も参加する労農連絡会を結成した[34]。労農連絡会に社会党左派の代議士が六〇名以上参加したことで、民主民族戦線結成の可能性は膨らむ。

第4節　労働者農民党の結成

〈第三党〉へ

政局の転機は一九四八年七月である。同四日に四八年度予算が成立するが（四～六月は暫定予算）、与党社会党の造反派は反対投票及び棄権を行った。以下の議員である。黒田寿男、中原健次、岡田春夫、玉井祐吉、太田典礼、館俊三、松谷天光光、野老誠、境一雄、石野久男、和田敏明、足立梅市、玉井祐吉、山中日露史、片島港、鈴木雄二、荒畑勝三（寒村）（以上、衆議院）、鈴木清一、木村禧八郎、堀真琴、千葉信、太田敏兄、水橋藤作、松本治一郎、梅津錦一（以上、参議院）。

「純正左派」とも呼ばれた造反派は労農連絡会を足場に、労農新党結成とも報道されたが、連絡会は「われわれはあくまでも階級的立場を守り労農大衆の利益を代表して斗う政党および政党員とともに広はんなる民主戦線を結成しつゝあるが、決して自ら中間的労農政党の足場となり自ら分裂の策動に乗ろうとするものでない」と表明した[35]。産別会議も新党結成の噂は「右派並に裏切議員が資本家政党と結託したデマ宣伝」であり、「われわれは全人民の利益を代表して社会党を純化するために果敢に斗う人々をあくまでも支持する」との声明を出した[36]。

中間政党の存在が共産党にとって望ましくなかったことは、これまで述べてきた「第三党」批判からも明らかだったが、[37]新党結成の動きは確かにあった。『アカハタ』七月七日付「左翼議員らは一蹴　民同・荒畑氏新党を画策す」によれば、同二日に社会党を離党した荒畑寒村が、三日に黒田派および民同系組合幹部を読売新聞社に招待し、懇談会を開いている。黒田派からは中原健次、岡田春夫、境一雄、石野久男の四名、民同派からは菊川孝夫、星加要、光村甚助、落合英一、小堀甚二、渡辺文太郎ら二〇数名が出席した。民同派から労農新党結成について質問が出たが、黒田派は「労農新党結成の意志はない、除名のいかんにかかわらずあくまでも社会党内にとどまって勤労大衆の党にするために斗う」と答えている。懇談会を主催したのは、黒田派を民同派に引き入れようとする小堀・渡辺らであったと思われる。動きはこれで収まらなかった。

黒田寿男派と社共両党

七月一〇日に全逓で共産党本部から徳田、野坂、宮本らを迎えて民主民族戦線懇談会が開かれている。閉会直前に出された社共人民戦線待望論に対して、民同派より「全逓内の社会党員としても来る社会党青年部大会には代表を送って粛党派〔黒田派〕を強力に支持する」旨の発言があった。[38]どこが黒田派を引き込むかは、農民運動、労働運動にとって重要な分かれ目であった。

黒田派はこれより先の七月七日に黒田寿男、中原健次、岡田春夫、太田典礼、玉井祐吉、松谷天光光の六名が党議違反で除名となり（石野久男、館俊三、山中日露史、境一雄、野老誠、鈴木清一、水橋藤作、堀真琴、木村禧八郎は一二日脱党）、社会党正統派議員団を結成して対抗する。黒田派の行く末は労農連絡会でも議論され、連絡会自体は引き続き民主民族戦線を志向した。[39]結局、黒田派は社会党を脱党し、院内交渉団体を結成するが、七月一二日の労農連絡会世話人会において共産党の中西功は党内闘争を続行してほしかったと述べたうえで、次の三点を希望している。[40]

一、社会党の広はん〔広範〕な党内斗争をより強く展開し、社会党の腐敗分子をてつてい〔徹底〕的に追放し、社会党の支持大衆を戦線統一の方向にみちびくこと

一、さらに勇敢に勤労階級の要求貫徹のため斗うこと

一、社、共、無所属その他の提携によつて民主戦線を堅持してゆくという基本方針はぜつ対〔絶対〕につづけてもらうこと

黒田派の取り込みは民主民族戦線結成のかなめだった。[41] 七月一七・一八日に社会党青年部大会が開かれ、黒田派除名の可否をめぐり紛糾する。大会前の全国委員会では、黒田派除名反対・復党要請を満場一致で採決したが、[42] 大会では除名賛成二一五票、除名反対二一三票という僅差の結果だったため、北海道・青森・静岡・滋賀・京都・岡山など一四道府県連代表は一斉に退場し、社会党青年部純化同盟結成準備大会を開催した。[43]

黒田派は新党結成までは考えてなかった。[44] 共産党は黒田派に攻勢をかける。『アカハタ』七月二一日付主張「民主民族戦線促進のために」は、「まじめな大衆が要望しているのは、正統派議員団と共産党の公然とした提携である。すなわち、民主民族戦線への公然とした結果を労農市民大衆のまじめな人たちは切望している」と黒田派に共産党との提携を求めた。[45] 同日付党生活欄・服部麦生[46]「社会党の動揺について　純正左派にたいする正しい態度」もこう論ずる。

問題は純正左派の今後の行動である。読売新聞などは労農新党を盛んに宣伝している。民同と関係のある渡辺文太郎、小堀甚二氏らをかかえているこの新聞が第三党を宣伝しているのは不思議ではない。山川、荒畑、鈴木（茂）氏らは、民同、日農主体性同盟を足場にして反共第三党をつくり、これによつて労農陣営をさらに分裂させ、革命化して社会党左派から離れようとする大衆を、第三党に「くぎずけ」にしようとして

いる彼らはこの反共第三党の方向に純正左派をひきこもうというのだ。

服部も中西同様に、黒田派の「第三党」化を批判し、正統派議員団として党内闘争を継続することを要求した。黒田派の社会党脱党は、読売新聞・民同派主導の「第三党」につながるおそれがあったからである。

民主民族戦線の展開

黒田派が政局の中心と化していたことに、共産党は苛立つ。『アカハタ』七月二九日付主張「党機関を『公然化』せよ」は、黒田派の社会党脱党に関して、「かれらに声援をおくるに急のあまり、大衆の中にはかのいわゆる青票組のみが反人民予算に反対したかのごとくふるまい、わが党を忘れがちな傾向がなかつたか?」と問うている。「青票組」とは反対票（青票）を投じた社会党議員を指す。確かに予算案に反対した議員数は、共産党よりも圧倒的に黒田派が多かった。共産党は存在価値を示す必要に迫られる。

野坂とともに北海道・東北のオルグに回っていた伊藤律は急ぎ帰京し、当面の闘争方針として、①「大衆の革命的な憤激」の組織化、②「政治的なせん動〔煽動〕」の組織化、③地域闘争の展開、④「大衆との結合」の強化、⑤支配階級の攻撃を「粉砕する行動」、⑥「あらゆる形の政治的な運動」の創出、を決めた(47)。『アカハタ』八月一三日付「北の旅から（三）」によれば、闘争方針は帰京途中に寄った青森県党委員会で明らかにされている。

中村事件〔国鉄ストライキ〕などで斗つた青森国鉄でさえ、政令〔政令二〇一号〕に対して、斗争にふみ出す決意がついていない。理くつ〔理屈〕のみで運動を組立て、あるいは情勢を日和見しているのは一個の経済主義である。大衆に憤げき〔憤激〕をおこし、憤げきにおいて斗争を組織し、敵の出ばなをたゝくことにこそ、党の本領がある。敵はわれわれの用意を待つてはくれない。情勢は斗争によつて決定される！

伊藤の指導により、それまで模範的な党活動を展開していた青森県では闘争組織として「憲法擁護民主連盟」

が八月六日に結成される（第七章第1節参照）。

全国的には民主民族戦線懇談会・労農連絡会が組織化に向かい、八月に全国組織結成、民主民族戦線結成を提唱する。九州で右翼テロに遭った徳田が回復して、八月四日に東京で歓迎大会が開催されるが、その際、民主民族戦線結成が全会一致で採択されている[48]。

民主民族戦線構想の中心人物は宮本顕治だった。宮本はすでに同年二月に前出「現政局と民主民族戦線」を執筆し、「『民主民族戦線』は民主主義の徹底と人民の生活の安定と向上、民族の自由・独立の方向で一致するかぎり、日本のあらゆる階層と手をたずさえてすすむ共同の大戦線である。これは民主人民戦線の成長発展であり、現段階での民主人民戦線の姿でもある」と述べていた。

さらに、『前衛』八月号に「新しい成長のために」を発表して、「人民的民主主義革命」の観点から民主民族戦線および民主民族戦線政府を構想した。『アカハタ』八月七・九日付「民主民族戦線の組織化のために（上・下）」も、いまや民主民族戦線問題は「宣伝の域」から「組織化の段階」に進み、「大局の一致」「小異をすてるという幅の広い政治的態度」で共産党と黒田派が提携することが、広範な「大衆の切望」であると論じている。民主民族戦線とは、序章第2節でのべた人民民主主義＝「連合独裁」への道だった。

第5節　民主主義擁護同盟の結成

民主主義擁護同盟

民主民族戦線結成に向けて、一九四八年八月一二日に労農連絡会第五回例会が開かれる。共産党の徳田、細川嘉六、中野重治、中西功、林百郎、社会党正統派議員団の玉井祐吉、松谷天光光、館俊三、石野久男、無所属の岩間正男のほか、労組代表者約一〇〇名によって、「民主主義防衛委員会」が立ち上げられた[49]。この時期、共産党をめぐってニセ「秘密指令」に基づく暴力革命蜂起説が流れており、共産党はそうしたデマを広汎な民主戦線結成の動きで粉砕しなければならないという事情もあった[50]。敗戦記念日の八月一五日には反ファッショ人民大会が七万人を集めて開かれ、民主主義防衛委員会を発展させた「民主主義防衛同盟」が結成される[51]。民主主義防衛同盟はさらに「民主主義擁護同盟」（以下、民擁同と略す）へと移行する[52]。同日に共産党中央委員会政治局は「ポツダム宣言と民主民族戦線の精神[53]」を出し、民主民族戦線の結成がポツダム宣言の精神に立脚していることを訴えた。

八月一七日に民擁同世話人会が開かれ、二七日に国労・全逓などの諸団体、共産党・社会党正統派議員団・日本農民党などの諸党派、計四四団体からなる民擁同結成準備会が発足する[54]。「第三党」結成とのデマも流れたが、世話人会は「全国民的全人民的なカンパニア」であることを強調し、労農連絡会も解消せず、存続させることを確認した[55]。

民擁同こそ民主民族戦線の具体化だった。『アカハタ』八月三一日付主張「人民の統一戦線結成さる」は、民擁同準備会結成を「わが国革命における一個の歴史的な事件」と位置づけている。前掲『民主民族戦線と共産党』は、民主民族戦線が「宣伝の段階」から「組織と行動の段階」に移ったのは、民擁同盟結成準備会の発足、つまり四八年八月だとしている（八頁）。民擁同と民主民族戦線の関係は明らかだった。

また翌四九年五月号の『前衛』に掲載された宮本顕治「民主民族戦線の発展」も、民擁同を人民解放連盟、民主人民連盟の発展形態としてとらえ、「約一千万人を擁する民主戦線組織の実体」と高く評価する一方、「形骸化」「事務局政治」「封鎖的に団体化」することを警戒した。「引廻し」による「政党化」「大衆団体化」「有名無実の組織に転化」することは、「第三党」化へ道であった。

民擁同の活動

この時期、権力にとって共産党は確実に脅威だった。『芦田均日記』によれば、四八年九月一三日、芦田は文部大臣の森戸辰男と教育委員会選挙の延期問題について協議（結局予定通り実施）しているが、「この儘では共産党にしてやられるかも知れない」と記している。九月一八日には、国家地方警察本部長官の斎藤昇（のち警察庁長官、政治家）と警備課長村井順（のち、綜合警備保障を設立）を招いて共産党の活動について話し合っている。その際、村井は共産党の「戦闘体形」として、労農救援会、労農連絡会、不当弾圧共同防衛、民擁同の四つをあげ、官公庁内の共産党の隠然たる勢力にも注意を払った。芦田は「㊋の取扱は相当に慎重に考へなければならない」と記している。[56]

民擁同はその後どうなったか。正式結成は四九年七月二日である。[57] 準備段階から一年近くが経過したのは、四八年から四九年にかけて組織化が停滞したからである。[58] 結成直前の六月二五日、共産党中央委員会書記局は民擁同拡大グループ会議を召集している。[59] 共産党は六月一八・一九日の第一五回拡大中央委員会でいわゆる「九月革命」を打ち上げ、ポスト吉田内閣として連立人民政府構想を提起した。召集通達は「我が党の此の方針と民擁同の結成大会とは重大な関連をもつことであり、中央地方を通じての民主民族戦線の結成は、急速に展開しなくてはならない課題となった」と述べている。連立人民政府を支える母体として民擁同拡大が急がれた。

結成時、加盟組織は九七団体だった。準備段階から正式結成までの約一年間、民擁同は民主主義擁護、平和擁護、組織拡大を重点的に展開したが、[60] その取り組みと成果はきわめて「不十分」だった。[61] 民擁同が行った最大の活動はパリで開催の平和擁護世界大会（world Congress of Partisans of Peace）第一回大会に呼応した四九年四月の平和擁護日本大会の開催である。『アカハタ』四月二四日付主張「『平和擁護大会』のよびかけに答えよ」は、民擁同は平和運動の発展にとって「画期的な意味」を持つばかりではなく、各界の著名人が広範に結集したことは「あらゆる分野の統一戦線の出発」であり、「各地の民主民族戦線の促進のためにも大きな意義をもつ」と述べている。

しかし、四九年中に日教組、全逓、国労など多くの労組が脱退し、民擁同の勢力は急速に弱まる。五〇年三月に共産党は民主民族戦線の一環として民擁同のテコ入れを行うが(62)、六月に民主民族戦線の政治同盟＝民主政党共同闘争連絡懇談会（後出）に改組後、八月に解散する。正式結成後、約一年の命だった。コミンフォルム批判によって共産党が所感派と国際派に分裂し、国際派が民擁同を党の合法主義と非難したことも響いた。

第四章　社共合同路線の成立

第1節　社共合同の第一段階

労農新党と共産党

一九四八年一〇月七日の芦田内閣総辞職の直前、五日付『朝日新聞』に「『労農新党』結成へ準備会　関係団体と黒田氏ら中心」と題する記事が見える。それによれば、四日に社会党正統派議員団の黒田寿男・玉井祐吉（のち労農党衆議院議員）・木村禧八郎（のち労農党参議院議員）・水橋藤作（のち労農党参議院議員）と無所属懇談会の星野芳樹（星野直樹弟、元共産党、のち労農党参議院議員）が国会内で新党の性格について意見交換し、来る七・八日に東京丸の内の燃料会館で第一回結成準備会を開くことにしたという。参加団体は、国労（革同系）、全逓、日教組、全石炭、連合軍労協、自治労連、日農（正統派）、農林職組、商工職組などである。国会議員は正統派議員団のほか、衆議院の第一議員倶楽部、参議院の無所属懇談会だった。運動方針も示されている。

一、社会党はすでに小ブルジョア政党に変質したものと認める。ここに労働階級が真の社会主義政党の結成に乗り出すべき必然性が生れている。

一、この新党はあくまで労働階級が主体となつて結成すべきであり、議員はこれに参加するという立場をとる。

一、新党は労働者を中心にした階級政党である。労働階級以外を無視するものではないが、その指導勢力はどこまでも労働者である。
一、新党は大衆政党である。すなわち前衛党ではない。
一、新党の戦略目標は現段階においては民主主義革命を徹底的に推進するにあるが、その推進力は労働階級を中心とするものであり、従つて社会主義革命への道をおのずと開くものである。
一、新党は平和革命の政党である。すなわち政権の獲得は議会を通じて期待するものであり、いわゆる暴力、大衆ほう起〔蜂起〕などという手段は排斥するが、さればといつて議会外の日常闘争を軽視するものではない。職業的革命家の結合、暴力革命、独裁方式を結びつけた意味での共産主義政党とは性格を異にする。

非平和・暴力勢力と名指しされた共産党は対抗手段に出る。『アカハタ』一〇月七日付「今明日開く　新党結成準備会」は黒田派の新党結成の動きを報じ、同日付「正統派議員団の新党問題　方向をあやまるな」で、野坂は黒田派が社会党内に残留して闘争を続行しないのは「純正左派の弱さ」であり、脱党するのなら「なぜ日本共産党に入らないか理解に苦しむ、われわれはこれらの諸君が大量的に共産党に入党されることを歓迎する」とコメントした。八日付「新党の性格　世話人会で意見一致」に次いで、九日付「党名は『労働者農民党』　正統派の新党準備会ひらく」は、党名が労働者農民党に決定した旨を報じ、同じく九日付「八百長の応酬　社党中央委員会」は、西尾除名問題に関して大沢久明が執行部批判をし、乱闘騒ぎになったことを報じている。

『アカハタ』一〇月一四日付に中央委員会政治局名で「来るべき総選挙の意義」を、一五・一六日付に同じく政治局名で「総選挙に備えよ（上・下）」を発表した共産党は、二四日に第四回中央委員会を開き、総選挙方針として、労農党との関係では「批判と協力とを具体的な地方事情に応じて正しく結合し党の指導性を明確にすること」、また「擁護同盟等の民主戦線の中に党を解消する傾向を戒め共同斗争における実際の行動を通じて党の正しさを大衆に判断させる」ことを決めた[1]。

前段は同月初めの野坂コメントとくらべるといくらか各地の実情に合わせてトーンを下げていた。後段については一一月一二日付党生活欄の野坂「二つの偏向を克服せよ」が詳述している。二つの偏向とは極左的傾向と右翼的傾向であり、前者は①小ブルジョア的ヒステリー・無政府主義的傾向、②少数精鋭主義、③大衆引廻し主義、④突破主義・闘争激発主義・猪突主義、⑤冒険主義、⑥大衆行動重視傾向、⑦共産党単独主義で、背景は革命前夜という幻想だった。後者は①敗北主義・内外情勢依存傾向、②妥協主義、③経済主義・組合主義・改良主義、④議会主義、⑤解党主義であり、社会民主主義的傾向・「民同」思想の党内への「密輸入」とされた。両偏向はいまだ「萌芽状態」「無意識的な状態」だが、解決は緊急を要した。四中委があげる「擁護同盟等の民主戦線の中に党を解消する傾向を戒め云々」は右翼的傾向の⑤「党の独自性と指導性とを確保しようとしない解党主義」だった[2]。

共産党の新党への接近

左右の日和見主義が共産党を挟撃する中、『アカハタ』に二つの象徴的記事が載る。一つは一一月五日付主張「労働者の勝利　トルーマンの当選」である。同二日に投票が行われた米国大統領選挙は当初の予想をくつがえして、現職の民主党ハリー・S・トルーマンが共和党トマス・E・デューイに勝利した。主張はこう述べる。トルーマンは「労働者の支持によって勝利した」のであり、「階級斗争のささやかながらの勝利」「労働者階級の奮斗」であった、「中共の勝利のごとく強烈なものではないにしても、学ぶべき一つのものである」、日本においても労働者が「自らの人民民主主義革命における指導者たる任務を果すべきときがきた」、「全人民の戦線を統一し、人民民主主義革命の唯一の指導党であるわが共産党の勝利を目指さなければならない」と。占領下の〈奴隷の言葉〉だったことは否めないが[3]、アメリカ民主党になぞらえて、共産党の確固たる位置を確認している点が重要で

図３　『アカハタ』1948年11月７日付「偉大なる十月革命31周年万歳！」

ある。

もう一つは一一月七日付「偉大なる十月革命31周年万歳！」である。一面を前年四七年にモスクワで開かれた革命記念日のパレード写真が飾った（図３）。グレゴリオ暦の一一月七日はユリウス暦では一七年のロシア一〇月革命がおこった一〇月二五日に当たる。前衛党の強烈なアピールであった。

一一月七日という日付は前掲『民主民族戦線と共産党』の発行日でもある。本論の執筆時期は四八年七月上旬であり、まえがきは八月末までの政治動向にふれている。『民主民族戦線と共産党』に社共合同を匂わす箇所は「民主民族戦線と社会党」の唯一か所である。社会党を批判する中で、「純正左派」に期待して、「われわれは、これらの人たちが民主民族戦線に入ってくることを歓迎し、こういう社会党員が、日とともに多くなることによって、社会党が真の社会党として、人民の信頼をとりもどし、全体的に、われわれと共同する日のくることを、かたく信じ、また欲しているのです」と述べ、それこそが東欧で形成された「社共共同戦線」であると論じた（五一頁）。

この時点で共産党が接近したのは、社会党総体や社会党左派ではなく、労農党結成をめざす旧社会党左派黒田グループおよび社会党最左派だった。一一月一六日に共産党が労農党準備委員会・日本農民党と第二次吉田内閣不信任案の共同提出を決定したのに対して、社会党は民主党と同調して不信任案反対の立場をとった。[4] 来るべき総選挙をにらんで『アカハタ』は「政党批判特集」を連載するが、社会党を取り上げた回（上・中・下、一一月一九・二〇・二一日付）では、西尾問題も手伝ってその金権体質が批判され、民主党を取り上げた回でも社会党は「番犬」と名指しされた（民主党・中、二七日付）。一一月二八日付「救国スローガンの理解のために」は、自由・民主・国民協同三党とともに、社会党を「日本の民主主義をしめ殺すファシズムに道をひらくのに協力してきた反動政治家どもの集団」と規定している（執筆者は紺野与次郎）。社会党総体は共産党の共闘＝合同の対象から完全に排除された。

〈社共合同〉〈社共労合同〉の開始

そして「社共合同」の開始である。一一月後半から一二月初めにかけて、「社共合同」の言葉が堰を切って登場してくる。『新しい世界』（共産党出版部）一二月号に伊藤律「共・社合同と党のボルシェヴィキ化」が掲載される。冒頭で伊藤は青森県の社共合同にふれ、反共保守派となれ合う社会党が共産党と共同綱領・規約を作り全面合同することなど「夢みたいな話」だが、青森県の場合は「社会党から共産党えの大量入党」であり、「合同ともよべるほどの規模と内容」を持っていると説明している。ここに大きな意味があった。社会党を全否定したうえでの社共合同とは、社会党容共派の吸収以外の何ものでもなかった。

『アカハタ』への「社共合同」の初登場は一二月一日付「大沢久明前代議士入党　青森県下社共合同へ　保守陣営の打撃甚大」である（第七章第1節参照）。大沢以前にも社会党から共産党に移動した日農の指導者として秋田県の三浦雷太郎や鈴木清らがいたが（第一二章第3節参照）、やはり元代議士の入党はインパクトが違った。一時は労農党入党が有力視されていた大沢は同記事で心境をこう語っている。

　われわれは初めから本当の民主戦線の結成のために斗つてきたが、その成果は果して予期していたようなものをあげることができなかつた。われわれは日本共産党の力を強めることなしには民主戦線の確立、革命の遂行も不可能であることをさとるとともに、腐敗と人民の裏切りは社会民主主義の本質であることを身にしみて感じた。中間的な新党なども革命の真の原動力である共産党へ進むことを偽まん〔欺瞞〕し後退させるものであることはあきらかである。従つて今ここでわれわれは大衆の大きな要望に答えて決然日本共産党に入党すべきときであると決定した。われわれは全国の同志に訴え一日も早く実現をはかりたい。

労農新党の結成大会は一二月一・二日に予定されていた。大沢の共産党入りはその出鼻を挫いた。二日付「共社合同を支持す　青森日農県連大会満場一致で決議」、三日付「北から勝利への新道標　勤労大衆歓呼の中　共社合同実現へ」、五日付「共社合同・各地に波及の形勢」といずれも一面に社共合同の活字が浮かび、以後も関連記事が紙面に踊る（青森県社共合同の経緯は第二部参照）。

こうして合同＝吸収の対象は、社会党最左派大沢グループと旧社会党左派黒田グループへ広がり、黒田グループの労働者農民党との合同へ拡大していった[5]。労農党結党大会に出席した野坂は、「将来は一つの党になるべきではないか」と呼びかけ、それに応じて労農党員が続々と共産党に合流したという[6]。『アカハタ』一二月五日付は前出「共社合同・各地に波及の形勢」の記事の横に野坂が労農党結党大会で行った来賓挨拶「勤労階級の党は一つ」を掲載している。

新聞の人から新党の規約、綱領をしめされて、これは共産党とどうちがうのかと質問された、なるほど会場に掲げられたスローガンを見ても共産党と大体一致している、これなら私たちときん密〔緊密〕にていけい〔提携〕してゆきたい、〔中略〕勤労階級の党は一つであつていいのではないか、ヨ〔ー〕ロッパの例をみても無産政党には二つある、労働団体を基礎にしてできた英国の労働党の今日までたどつた道は改良主義的な行き方であり、革命的な政党にはなり得なかつた、もう一つは科学的な社会主義をかかげた政党すなわち共産党あるいはドイツにみるような統一社会党がある、共産党は小児病、新党はそうでないという人があるいはあるかも分らない、しかし共産党は成長している、われわれは小児病的政策をとつているのではない（笑声）第二の区別、共産党は前衛党、新党は大衆党というかもわからない、これはおかしい、共産党は第二回選挙で百万人の支持をえている、だから前衛の小〔ママ〕数党とはいえない、最近の労働者の大攻勢も共産党があつたからこそだ、新党の中には反共の人もまじつている、われわれの党にはこのようなことはない（大笑声）将来は一つの党になるべきではないか

ユーモアを交えながら野坂は共労合同を呼びかけた。野坂の記事の下には青森の「新党を解消」、長野の「労農党から脱党」、そして「北海道も動揺」などの記事が見える。七日付一面にも「青森『共社合同』いよいよ発足」「青森の教訓　共産党を強めること　これこそ民主民族戦線への発展」「長野日農も決議す　共社両党の合同要望」、二面には出隆、森田草平、内田巌の三人の顔写真を載せた入党文化人の茶話会や、日本青年会議主催の地方青年共同闘争組織代表者会議が「青森の共社合同に学ぼう」と決議したことなどを報じている。勢いは続く。八日付一面には全逓委員長の土橋一吉の入党記事、[7]「新潟でも共社合同　岩船郡連あげて入党へ」が掲載されている。

社共合同は共産党の主要闘争課題であった。一〇日付主張「党の拡大と強化」は、「『共社合同』は手品ではない。党の諸決定や方針を忠実に実行するところにのみ、大きな成功が生まれる」と述べている。社共合同はまさに王道だった。

社共合同カンパニア

黒田労農新党結成に対抗して、社共合同カンパニアが全国に広まる。四八年末の共産党の基本方針を示すのが、一二月六日付各地方・府県委員会宛中央委員会書記局指令「共社合同の大方向について」[8]である。社共合同の背景と影響を次のように整理している。

（一）保守反動政党とともに連立内閣に参加した社会党政策が次々に破綻したこと
（二）民主、民自、国協三党の腐敗不正事件に社会党左派幹部までも巻きこまれていること
（三）共産党のこれら四党に対する政治攻勢によって、大衆と良心的社会党員が革命化の方向に動いていること
（四）新労農党が立党宣言で反共を明らかにし地方の民主勢力を大きく失望させていること
（五）共産党の純潔と政策と革命的実践の正しさ、とくに民族の独立のために戦う力強さと権力との戦いの中に鍛え上げられた大衆の圧力の結果であり、地方各級党機関が忠実に中央委員会の政策の下に戦つている限り、何処にも起らなければならぬ筈だからである。そのためには
（一）更に一層、広汎にして内容豊かな人民闘争の中で党の政策をもちこむこと（アカハタ十二月三日付主張）
（二）大衆が共産党と良心的な社会党との統一を要望していることについて確信をもつこと
（三）党は幹部や先輩党員のものではなく大衆のものであることを全党員が確認し、社会党、新労農党その他の良心的な幹部と大衆に同志愛とボルシェヴィク〔ママ〕的謙虚さを以て、同時に親切にマルクス・レーニン主義を以て批判し、共産党へ大衆的に入党をすすめることが彼等に対する最も親切な態度であること
（四）民主民族戦線の重要性と級階〔ママ〕的統一の重要性を精力的に宣伝し、すべての大衆団体と良心的な幹部、大衆をこの戦列に参加させるように上下から努力すること
（五）社会党と共産党の下部機関、支部と細胞、地区委員会との合同に重点をおき、幹部の入党を契機とし、又下部の合同の圧力で良心的幹部の日和見主義を克服すること。社会党から共産党へ流入す

る幹部級が良きボルシェヴィクになるかどうかは下での新しい大細胞が真にボルシェヴィキ的にかつどうするかどうかにかかつていること

（六）　合同の形をとる大量入党と社会党等の分解傾向こそ、わが党のとりつつある最大の政治攻勢であり、これを一切の党機関があらゆる場所で大衆にもちこむ。これこそ最大の選挙斗争である。同時に合同とは、その本質において党のマルクス＝レーニン主義の勝利であることを忘れてはならぬ。

即ち他党の顔役の入党に気をとられず大衆との結合および大量入党が中心である。

なお具体的条件は各府県地区でそれぞれ違うから、その対策もそれぞれ具体的でなければならず、他県委員会の成果の単なる模ほうであってはならない。重要なポイントに就ては中央委員会と打合わせることが必要である。

重要な点は「下部の合同の圧力で良心的幹部の日和見主義を克服すること」（（五）の（五））というように、地域レベルでの社共合同を強め、社会党県連、さらには社会党本部を動かしていく戦略だったことである。まさに地域人民闘争であった。

社共合同の具体的方針

一二月七日に社共合同に関する中央委員会政治局声明が出る(9)。

政治局声明

青森の共社合同にはじまり、全国各地に、また労農団体の中に、わが党への大衆的参加がひろがつている。民族を売る腐つた四党と闘わねばならぬ人民大衆の中に、マルクス・レーニン主義の党日本共産党は巨大な発展の時期を迎えた。

わが党への決然たる参加こそ、まじめな社会党員、労農党員およびあらゆる民主主義者、さらに全人民にとり、輝かしい前進である。この偉大な革命的前進を、わが党は心から人民大衆に訴える。これこそ、平和と人民民主主義と民族独立への大道である。

先に青森県における大沢氏ら社会党をあげての合流があり、今また全逓四十万の意志を代表する土橋全逓労組委員長の入党は、人民大衆にたいし、何をなすべきかを明白にさし示している。

迫りくる総選挙を前に、人民の勝利への偉大な巨歩にそなえ、伊藤律政治局員は東京第七区立候補予定をとりやめ、党中央部の指導を一層強化することとなつた。

一九四八年十二月七日

日本共産党中央委員会政治局

要点は、社共合同の開始をふまえたうえで、全逓委員長土橋一吉の入党にともない、東京第七区選挙区の候補者を伊藤律から土橋に変更するということであった。社共合同方針の実体化としては、一二月一四日付指令「共・社・労農のボルシェヴィキ的合同運動を拡大強化せよ」[10]が重要である。

一、青森に始まる共社合同運動は、現在に於ける一つの大きな政治的攻勢である。

1、共社合同は革命化したプロレタリアートと農民、市民との革命的な結合である。どこに於いて？　党に於いて。

2、従って党中央の方針、地域的な人民斗争の一大発展こそその基盤であり、具体的内容である。

3、保守権力の足場を崩し、社会党をこちらの側にとり、不正と腐敗の徹底的摘発により大きく保守をゆさぶる。青森県ではこれによって社会党を手先にして来た民主党がこの点で村に至るまで動揺している。

4、されぱこれは党の攻勢であるばかりでなく、党の指導下に於ける大衆の政治攻勢である。党各級機関は丁度八月、北海道に於ける国鉄職場放棄の情報を感激を以て捉えた。それ以上の政治的感覚をもってこの感激を握ることが必要である。

二、不正摘発にあらわれている通り、苦しい生活問題を私的にヤミで解決しないで革命的に斗う決意を社会党員が固めたことが党外大衆に勇気と決意をきめさせ、党に近よらせている。

大衆の中の社会党に愛憎をつかし、政党に絶望している部分、そしてや、ともするとアナキー〔ママ〕になろうとする部分、これを新しい入党者の実践具体的な行動を以って勇気づけ、道を示すことである。

これを党が大衆的なカンパとして組織しなければならぬ。大衆の現在の気分と、敵の最も恐れている一点を見出し、大衆の中にこれをもちこみ、大衆の力を組織する。かゝる観点で共社合同をつかみこれを推進すること。

三、かくして合同は結局党のボルシェヴィキ化、各党員の政治的向上を鋭く要求し、またこれこそ問題の中心的な意義となる。

四、長野、栃木など労農新党からこちらに流入して来る勢力には、彼らから黒田の中央部と各地方に合流を勧告せしめ、又社会党及び青年部はそれぞれの本部と地方に大きく呼びかけ、かくして運動を全国的にひろめること。

労働組合に於いても、同志土橋、同志村越、同志工藤等から、又全逓、国鉄その他のグループから大きく労働者大衆に呼びかけさせること。

五、そしてこれを具体的な大衆斗争の組織と展開を忘れずにこの合同斗争と結合して強化すること。職場斗争、部落の斗争を基礎とする腐った四党に投票するなの一大宣伝戦の中で、同志大沢の叫び、同志伊藤富雄の訴え、同志土橋の宣言を大衆に浸透すること、こゝで日常経済斗争とこの政治攻勢を結合して発展させることこそ、現在の斗争の勝利の鍵である。

共産・社会・労農三党による合同路線が定められ、社会党と同様に、労農党に対しても地域人民闘争としての合同運動の展開が求められた。さらに伊藤律は前掲指令「共社合同の大方向について」を受けて、『アカハタ』一二月二一・二二日付「『共社合同』の闘争について　上・下」で、社共合同は「最大の選挙闘争」と位置づけ、「分解傾向」にある社会党支持者をいかに共産党に合流させるかが問題だと論じている。伊藤は社共合同が進展した青森・長野をとりあげて、「これを青森や長野の特産物として、リンゴのごとく考えるなら、それは誤りである。あらゆる地方、県、地区、郡、細胞、グループの問題でなければならない」とも述べた。中央委員の紺野与次郎も『アカハタ』一二月二三・二四日付党生活欄「岩手県における三党合同の教訓（上・下）」で、岩手県の社共合同（第一二章第2節参照）を論評し、「青いリンゴを急速に熟させた」と表現して、三党の合同が、岩手県固有の「地方的可能性」ではなく、全国的な「一般的可能性」のもとで実現したと高く評価した。

選挙方針としての社共合同

社共合同は総選挙方針の最重要課題だった。中央委員会書記局から各地方・府県・地区委員会宛の一二月二三日付「衆議院解散に当り緊急に指令す」[11]は、「共・社合同の運動を、あらゆる地方の末端までテッ底〔徹底〕させることは、最大の選挙戦であることをしっかりとつかみ、そのための統一運動、一大宣伝戦を不屈の力でやらなければならない。そして、これこそ『法定選挙戦』外の一大政治戦として戦えるのである」と発破をかけている。『アカハタ』一二月二五日付「飛躍的勝利へ—確信をもつて活動せよ」は、「共・社合同運動の全国的発展の中で、総選挙戦が開始された」と述べ、二六日付主張「共社合同攻勢で総選挙を」も、来るべき「総選挙における中心戦術は、共社合同攻勢である」と断言した[12]。

しかし、党内の認識が一致していたわけではない。相変わらず社共合同を「特殊なニュース」や「ある地方の特別な事件」とみなす傾向があり、社会党左派や労農党を排除するセクト主義も強かった。共産党中央は社共合同が共産党の「ボリシェヴィキ化」闘争であることを重ねて強調する必要があったのである。

第2節　一九四八・一九四九年の社会党

『社会思潮』と『社会主義』

共産党の動きを社会党はどう見ていただろう。社会党機関誌『社会思潮』一九四八年一一月号は特集「日本共産党を批判する」を組み、米窪満亮（片山内閣労働大臣）「日本共産党批判」、鍋山貞親（戦前共産党指導者、獄中転向）「共産党に対する序論的批判」、吉川末次郎（参議院議員）「共産主義と社会民主主義」、野田福雄（森戸辰男の弟子）「人民的民主主義とは何か」を掲載し、同一二月号も原彪（衆議院議員）「言葉の魔術―日本共産党の選挙戦術―」を掲載している。しかし、どこにも「社共合同」に関する記述は見られない[13]。

一方、社会党の政調会的存在であった社会主義政治経済研究所の理論機関誌『社会主義』[14]は社共合同を警戒していた。『社会主義』は四六年一〇月に創刊され、四九年一月に廃刊するが、廃刊直前の四八年一一月号に掲載された座談会「日本の現状と社会主義政党を語る」は興味深い。出席者は細谷松太（元産別会議事務局次長、共産党離党後に産別民主化同盟を組織、四九年三月社会党入党）および社会主義政治経済研究所理事の岡田宗司（代議士、左派）・鈴木安蔵（元憲法研究会）・伊藤好道（のち代議士、左派）の四人で、岡田と細谷のやりとりは社会党サイドの見方を示している。

岡田　各国の共産党が、第二次大戦後各国が平和革命の方式をとり、あるいは連立内閣に加つたといふことは、つまり、ソ連とアメリカの対立がまだ激化していない。そしてある程度の均衡がとれていて、その点から平和的な途があるのではないかという場合に、そういう方式をとれと、各国の共産党に対してソ連が言つていただけだと思います。そのソ連自体があゝいう拡張政策をとつて来て、アメリカ、イギリスと衝突するということになると、もうその方式はソ連にとつて用をなさないからそれを否定し、こんどはコミンホルムによつて世界の経済復興反対ということになり、経済混乱を導いて暴力革命を実現する、その際に共産党が主になり、もしほかの労働者政党があるならばそれを吸収してしまつて実質的な共産党の一党独裁を打ち立てるという、前のコミンテルンの方針にもとづいていると言つていゝと思います。

細谷　完全にその通りだと思います。―大体に於て日本なんかの共産党では盛んに人民民主主義ということを言つたわけであります。東ヨーロッパに於ける人民民主主義もあゝいうふうに成功を宣伝していたわけだ。ところが一挙に変化してしまつた。そうするとこんどは、人民民主主義というようなものを破壊し、かなぐり捨てゝ、共産党独裁の方に行つた。社会党と共産党が一しよ〔一緒〕になつて……というが調べてもらつたところによると、合同ではなくて、共産党が武力的な威迫を以て社会党を併呑し、つぶしてしまう、そういうところから始つているようであります。

岡田　党としての労働党とか、統一社会党とか、ドイツ社会党とか、いろ〳〵現実の価値を見つめると、全部ソ連の影響下にあるということなんです。そしてそれらの政党とは一対一の合併ではない。必ず反対の党派は力で追つ払つて、一方をかり取つて自己の勢力下に包含している。こういう形式でやつているのであります。

細谷　だから、平和的な革命の一つの目標としての人民民主主義というものは、完全に追っ払ってしまった。いわゆる鉄のカーテンをおろしてやってしまった。大体、日本なんかでは、人民民主主義を経験せずに済んでしまった。瞬間的にも経験していないわけであります。そういう点で、や、その気分の出ていたのは、吉田内閣の倒閣運動の時くらいだったと思う。ところが瞬く間に破れてしまったわけであります。日本ではこれまでに人民戦線運動というものを文化的にも経験しておりませんし、こんどの人民民主主義も経験していないわけであります。

人民民主主義論の変容

要約すれば、序章でふれた人民民主主義に関する議論であり、人民民主主義の過渡期性を指摘したうえで、「共産党独裁」への強行突破を危惧している。日本における平和革命論としての人民民主主義の行く末を示唆した注目すべき発言だが、社会党にとって社共合同は「威迫」そのものだった。乗らなかったのも当然である。座談会の基調は序章でふれたような、四九年四月の社会党第四回全国大会方針に見られる人民民主主義論へと向かっていく。

一方、共産党は社会党の動きを引き続き分裂状態と見た。『アカハタ』一二月一一日付「社会党に分裂の危機」は、社会党内に民同を基盤にした新党構想が二つあり、一つは「解党」グループ（稲村順三を中心に辻井民之助・上林与一郎・菊池重作・高津正道・岡田宗司・佐々木更三ら）、もう一つは「新党」グループ（山川均・荒畑寒村・小堀甚二ら）であると報じ[15]、さらに「第二の黒田派」グループ（田中稔男・和田敏明・境一雄・山中日露史・足立梅市・鈴木雄二ら）の存在も指摘している。なお、同日付『アカハタ』は大沢久明の「黒田寿男氏への手紙」（第八章第1節参照）を掲載している。

第3節　一九四九年一月一日

徳田球一・野坂参三・志賀義雄の社共合同論

ここまで社共合同の推進者、伊藤律の議論を見てきたが、共産党のトップスリーである徳田球一・野坂参三・志賀義雄ははたして社共合同をどう語っていただろう。『アカハタ』一九四九年元旦号に三人の論説が掲載されている。

徳田「年頭に際して―全党員ならびに同情者諸君に訴う―」（同情者とはシンパサイザー、俗にシンパと呼ばれた）は、「人民の要求こそが嵐のごときいきおいをもつて、全国的に共・社・労農の合同、すなわち人民勢力の統一戦線を要求しているのである。そしてそれは、労働組合、農民組合などの指導者ならびに、社会党、労農党準備会の革命的指導者、青年活動分子のわが党への参加によつて実現しつつある。これは、民主人民政権の樹立をめざす大結集の画期的飛躍である」と訴え、克服すべき点として、①理論拘泥主義や押し付け指導、傍観的高踏批評、②オルグ引き回し主義、③統一性ある活動の無視、④経験主義、⑤党員教育の怠慢、をあげている。

野坂「一九四九年の展望」は明確な社共合同論を語ってない。「一九四八年は、民自党と民主党の大ブルジョア的性格と、社会党の小ブルジョア的性格とをバクロすると同時に、共産党が最も信頼しうる革命的プロレタリア政党であることを大衆に教えた。ここに、社会党の影響下にあつた大衆が、大挙して共産党に参加しはじめた客観的条件がある」と見えるだけである。注目すべき点は、四八年は世界的に進歩勢力が優勢になったとして、その指標に中国共産党の「偉大な勝利」、マーシャル・プランの「失敗」、「ソ同盟、東欧諸国の飛躍的発展」と並べて、前述した「米国大統領選挙における進歩的勢力の勝利」をあげている点だろう。トルーマン再選を彼は高く評価した。

志賀「主張　一九四九年のはじめにあたって」は、社会党の「まじめな分子」は共産党に集団入党していると述べたうえで、こう論ずる。「共社合同は大衆の前進、社会党幹部の腐敗ともうひとつ共産党の率直な自己批判と献身によって実現される。それは大衆運動であり、けっして二、三の人人のはなしあいだけで成功するものではない。革命的プロレタリアートの党、共産党の政策と指導が労働者を先頭とする広はんな人民大衆の実際斗争のなかで支持され、広はんな勤労人民大衆の統一が共産党への集団的入党という形で実現される。共産党の大衆化とボリシエヴイキ化が実現されることによって、数百万の大衆を基礎とする民主民族戦線も結成され、日本経済の人民民主主義的な再建も可能となるのである」。

三者三様だが、志賀がもっとも総合的な説明をしているだろう。ただし、「二、三の人人のはなしあい」という点は気になる。これが社共合同をリードした伊藤律や紺野与次郎を牽制していたのか、社共両党の地域指導者の動きを揶揄していたのかはっきりしないが、いずれにせよ志賀は社共合同に直接タッチしていない。翌年の党分裂を考えると興味深い表現であろう。

社共合同運動の広がり

四八年一二月の『アカハタ』紙面は青森県の社共合同で始まり、次いで一〇日付「長野でも共社合同へ」、一二日付「長野全県で共・社・労農の大合流」と長野県の社共労合同運動へ続いた。一二日付にはポーランド労働者党（共産党）とポーランド社会党の合同大会を報じる「ポーランド共社合同へ」も出ている。読者には社共合同は世界的潮流として映ったことだろう。一五日付「共社合同の大波」、一七日付「共・労農・社の合同　岩手県でも具体化」「栃木でも合同すすむ」と全国への波及が報じられた。

年が明けて、四九年一月の紙面は長野県の社共合同がクローズアップされている。一月一日付「長野の共社合同大会ひらかる」は、年末一二月二八日に長野市内で開催された社共合同大会を報じている。長野県では前副知事伊藤富雄をはじめ、青木恵一郎・有賀清巳ら日農幹部が社会党から共産党に転じた。長野の社共合同大会は「第二の合同攻勢」と位置づけられた。

また全国各地の入党者に関する紹介記事も見られ、一月四日付社説は「百万の党をきずけ」と題し、同日付「新春いろどる〝入党〟」は、藤森成吉・岩崎昶・斎藤英雄・山岸外史・関忠亮・杉之原舜一・三上美樹・小松摂郎（第九章第3節参照）・大野敏英（俊秀と誤記）・福井研介・松尾隆・星野芳郎・梅村レイ子らの名前をあげている。一月五日付「隠岐の島にも共社合同の旗」をはじめ、社共合同の全国的拡大が報じられた。[16] 社共合同は一〇〇万人の党員獲得をめざした。

一方、社会党機関紙『社会新聞』一月一三日付は「〝共社合同〟は謀略宣伝」と題して、社共合同は「総選挙にあたつて、労働者農民党の結党により共産党の得票分散が予想されるや、社会党よりの一部脱落分子を、立候補を条件として勧誘入党せしめ、これに和する一時的風潮を誇大に宣伝することにより、最近の諸情勢よりする自らの行詰りを大衆の前にカムフラージユし批判の眼を転化して社会党の動揺混乱を深めさせ支持大衆を奪わんとする共産党一流の宣伝戦術」だという四日の中央執行委員会声明を掲載した。[17] 選挙戦術としての社共合同の側面を鋭くつく分析だった。

第4節　一九四九年一月二三日

第二四回総選挙

第二四回衆議院議員総選挙は一九四八年九月に行われる気配もあったが、結局、四九年一月二三日に実施される。『アカハタ』は一月四〜七日付「躍進する共産党　各地の選挙情勢を見る①〜④」、九日付主張「共社合同で選挙に勝て」、一一日付「働く者はただ一つの党、共産党へ　共社合同の大波」などを掲載して、共産党優勢のキャンペーンを張った。しかし、社共合同路線は引き続き徹底されなかった。「躍進する共産党①」で伊藤律は、社共合同は「ある特定の地域に限られる特殊問題ではない」とくぎを刺している。東北は大方社共合同が進行しているが、独り山形県では「共社合同などは幹部の取引にすぎない」という考えが強いと指摘している。主張「共社合同で選挙に勝て」も、社共合同が選挙戦における「最強の武器」「勝利への大道」であるにもかかわらず、「まだ全面的に活用されていない」と注意を喚起している。ではなにをすべきか。「直ちに共社合同の情勢を、またその地方の具体的な動きを、簡単な形で大規模に整然と大衆の中へ持ち込め。共社合同の空気が職場に、街に満ちあふれる中で、本格的に共社合同斗争を斗え」。しかし、これではあまりに漠然すぎた。「合同運動には一定の型はない」という党中央の見解（前掲伊藤『日本における人民民主主義の展望』）も具体性がなく、混乱の原因となった。

未成熟のまま社共合同は進むが、前掲「働く者はただ一つの党」によれば、社共合同による労組関係入党者は、主要幹部だけで全逓二九名、国労一七名、全石炭一三名、全金属九名、その他一九名に達し、全国での入党者は膨大な数にのぼった[18]。急増した新入党員の対応がのちのち問題となる。

一月二一日付「合同進む三多摩」は一八日に開催された三多摩社共合同促進大会に関する報道だが、大会の席上、伊藤律は「政治の中心地で勤労者の政治意識の高い東京で、一番おくれているといわれる三多摩から社共合同が行われているのは三多摩が東京の中の〝植民地〟であったからだ」と述べたうえで、三多摩民権運動の系譜に触れ、「この伝統をうけつぐのはだれか、東京の〝植民地〟として金権政治の下におかれた三多摩の人民こそが合同闘争でこの血をうけつがねばならない」と力説した[19]。

選挙の前評判はどうだっただろう。社会党の『社会思潮』四九年一月号掲載の座談会「総選挙展望」において、書記長の浅沼稲次郎は一七〇～一八〇議席、選挙対策委員長の伊藤卯四郎（衆議院議員、のち民主社会党）が一五〇議席は堅いと予想している。[20]『社会新聞』も一四〇議席をあげている。[21]社会党は一五〇議席前後の獲得、現状維持と読んでいた。『朝日新聞』一月一三日付「各党の人気をさぐる　本社記者座談会」は、議席数を民主自由党一七〇、社会党一二〇、共産党一一～一五と読み、共産党は「票がふえる割に当選者はふえないかもしらん」「青森の大沢喜代一〔久明〕、秋田の鈴木清、北海道の柄沢とし子も当落すれ〳〵のところにあり、からく見れば三人とも落ちるし、甘く見れば三人とも上るというような状態にある」と予想した。

選挙結果は大きくはずれた。各党の獲得議席数は、**表3**のように、民主自由党二六九、民主党六九、日本社会党四八、国民協同党一四、労働者農民党七、社会革新党五、新自由党二、日本農民党一、その他二〇、そして共産党は約三〇〇万票近くを獲得して、前回の四議席から一挙に三五議席に増加した。[22]選挙後、『朝日新聞』は徳田が当選者数を三八、伊藤が三七と予想し、得票数について伊藤は二〇〇万から二五〇万と踏んでいたと報じた。[23]共産党の票読みの確度はきわめて高かった。

総選挙後の社共対立

四七年四月の第二三回総選挙と比較すると、保守系では四八年三月に民主クラブ（民主党〔総裁芦田均〕内野党）と日本自由党（総裁吉田茂）が合同した民主自由党が圧勝し、革新系では日本社会党が一四三から四八へ一〇〇近く激減した。元首相の片山哲も落選した。[24]『芦田均日記』（第三巻、岩波書店、一九八六年）四九年一月二四日は民主自由党の圧勝、社会党の凋落、共産党の進出に関して、「日本もいよいよ両極の政党が対峙する傾向になつて来たのかも知れぬ」、将来民自党が行き詰ったときはどうするのだ、「日本の政治としては一九二〇年代のWeimar〔ワイマール〕派が敗れて後が共産党と右翼との対立となつたと同じく、中道派の萎縮である」と述べている。支配層にとって、共産党の躍進は大いなる脅威だった。

表３　第二三回衆議院選挙と第二四回衆議院選挙の政党別獲得票数・得票率・議席数

政党名	第二三回衆議院議員選挙 得票数	第二三回衆議院議員選挙 得票率	第二三回衆議院議員選挙 議席数	第二四回衆議院議員選挙 得票数	第二四回衆議院議員選挙 得票率	第二四回衆議院議員選挙 議席数
日本自由党	七、三〇九、〇四五	二六・七一	一三一	—	—	—
民主自由党	—	—	—	一三、五三九、七四八	四四・二五	二六九
民主党	七、一三三、三一〇	二六・〇七	一二六	四、七九一、八三七	一五・六六	六九
日本社会党	七、一九五、八七〇	二六・二九	一四三	四、一三一、五〇七	一三・五〇	四八
国民協同党	一、九一七、四〇八	七・〇〇	三一	一、〇四一、八七九	三・四〇	一四
日本共産党	一、〇〇二、八八三	三・六六	四	二、九八四、六四一	九・七五	三五
日本農民党	二六三、九四五	〇・九六	四	二三二、八九一	〇・七六	一
労働者農民党	—	—	—	六〇三、五七七	一・九七	七
社会革新党	—	—	—	三八七、二一四	一・二六	五
新自由党	—	—	—	一八四、九七七	〇・六〇	二
諸派	一、〇二四、六六一	三・七四	一六	九五二、三四九	三・一一	九
無所属	一、五一四、四六七	五・五三	一一	一、七四一、七〇四	五・六九	一一
合計	二七、三六一、五八九	一〇〇・〇〇	四六六	三〇、五九二、三二四	一〇〇・〇〇	四六六

（出典：『第29回衆議院議員総選挙一覧』衆議院事務局、一九六一年、附録「党派別得票数及び投票率調」「党派別候補者数（新、前、元）調」）

総選挙の結果を『アカハタ』一月二五日付（投票翌日の一月二四日は休刊）はトップ見出し「共産党、輝かしい進出　民主民族戦線樹立へ　人民の革命的高揚著し」で報じたが、同日付主張は「中国人民の勝利」だった。数日前、国民党政府は毛沢東が提示した和平条件を受諾する声明を出していた。躍進をとげた共産党は一月二五日に中央委員会政治局声明「人民の統一提唱　保守反動勢力とたたかうために」(25)を出し、「人民の戦線が革命的に統一されるなら、民自党のごときは、国会の多数を占めるとはいえ結局革命の大波にゆられてたちまち沈む『泥舟』にすぎないであろう」と豪語し、社共労合同のさらなる展開を呼びかけた。同日、徳田は共産党本部で記者会見をもち、「民自党の勝利は、片山、芦田両内閣の失敗によるもので、吉田内閣もやがて片山、芦田内閣と同じような方向をとり一年で崩壊するだろう」と、のちの九月革命説につながる倒閣構想を語っている。(26)共産党は『アカハタ』一月二七日付に主張「革命の前進のために」、二八日付に主張「社会党に訴う」を掲載し、伊藤律らが社会党に共闘を、労農党には合同を申入れた。社会党は「混乱と破壊のコース」を行く共産党とは共闘できないと拒否し、(27)労農党も合同は時期尚早であると答えた。(28)背景には、社共労合同によって党勢を奪われるという不安があったのだろうが、実際には合同策は必ずしも選挙勝利につながってはいなかった。『真相』特集版四九年四月号「共産党はどうして大量進出したか？」は、こう論評していた。

社会党内では「社共合同」という共産党の選挙戦術で、票を喰われたボヤいているが、これは、実際に「社共合同」がさかんに行われた東北地方からは共産党代議士が一人も出ないで、あまり「社共合同」などおきなかつた地方―たとえば関西などの方が非常に好成績をあげているのだから、これはどうも引かれ者の小唄ください。

社共間のすきま風

社共間の距離は、社会党機関誌『社会思潮』四九年四月号「対共戦線特集号」に掲載された志賀義雄と水谷長三郎の対談「一線を劃すべきか」にうかがえる。[29]片山・芦田両内閣時に商工大臣を務めた水谷は右派だったが、前述したように人民戦線論に傾斜したこともあった。議席数が接近したこともあり、志賀は「何も今回のこの三十五名というものが驚異的な進出だなんてジャーナリズムで書かれるほどのものでもなく、むしろ当然のことだろうと思う」と余裕の発言をしているが、雰囲気はかなり険悪であり、対談の最後に志賀が「東ヨーロッパにおいて、共産党と社会民主党が統一して労働党になれるという点も出て来る」と説いたのに対して、水谷は「統一じゃない。併呑だ」と語気を荒げて否定している。[30]

国内的には社会党の方が共産党よりまだ議席数は多かったものの、東欧から社共合同のニュースが舞い込み、アジアにおいてもインドネシアで戦後政権を担った社会党が分裂し、四八年八月末に共産党に合流していた。[31]社会党の危機感は深く、総選挙後、党再建の道を歩む。特徴的なのは国労組合員の大量入党である。『社会新聞』には二月九日付「国鉄大挙入党の気運　党再建へ労働者の圧力」「大量入党始まる　おれたちの社会党をつくろう」、一七日付「まず全国幹部五百名　国鉄民同大量入党進む」、二四日付「続々旗上げする国鉄支部　民同本部入党整理に忙殺」、三月三日付「あとに続く五万の同志　国鉄幹部晴れの第一次入党」などと見える。党存亡の危機に面した社会党は、共産党に対抗するかのごとく大量入党運動を進め、「民同左派」を形成していく。

第五章　社共合同の展開

第1節　総選挙後の社共合同

共産党の選挙総括

開催された日時は不明だが、『前衛』一九四九年三月号に総勢一四名による座談会「総選挙斗争の経験と教訓」が掲載されている。司会は中央委員・政治局員・統制委員会議長の宮本顕治。注目すべきは第二四回総選挙前、党内に緊張が走っていたという事実である。前述したように四七年の第二三回総選挙で共産党はわずか四議席しか獲得できなかった。早くも『アカハタ』四八年八月四日付主張「総選挙にそなえよ」が、「共産党はこんどこそ、衆議院が人民の意志にそつて運営されるところまで大躍進を敢行しなければならない」と檄を飛ばしたのも、むべなるかなである。選挙対策部長の神山利夫（神山茂夫弟、五四年除名）は、同年七月施行の教育委員会法にもとづく同年一〇月の第一回教育委員選挙にも「失敗」(1)したため「自己批判」し、党内に「こんどこそ勝たなければならないという空気があつた」と告白している。背水の陣だった。

中央委員候補・関西地方委員の多田留治も四八年四月の民族教育闘争阪神教育事件への党の対応が「全国の批判の対象」となったうえ、教育委員選挙も失敗したとあって、「どうでもこんどは全党あげて勝たにやならんという気持」が強まったと述べている。統制委員・九州地方派遣の椎野悦郎も、ストライキ闘争をいかに選挙闘争に結合していくか苦心し、「選挙がきらいな連中でかたまつている労働者に、選挙に押してゆくように組み立て替えすることに全精力を注がなければならなかつた」と語っている。全国オルグ・四国地方派遣の塚田大願も「四国でも十月、十一月までは選挙にたいして本当に確信がなかつた」と吐露している。戦後の共産党にあって、第二二回および第二三回総選挙や参院選の結果に明らかな通り、選挙闘争はにがてだった。[2] 山辺健太郎編『党生活』(徳田球一序、日本労農通信社、一九四八年。『アカハタ』党生活欄の記事を集めたもの)も選挙活動に関して、「わが党は、合法的な活動はやつと三年の経験をもつにすぎないので、選挙運動などは最も不得手なものの一つである」と記している(八〇頁)。

中央委員候補・東北地方委員会議長の保坂浩明は、東北地方は極度の窮乏状況にあり、「革命化」が進行していたが、党組織は崩壊し、脱党する党員も増え、活動が沈滞していたところに社共合同がおこり、「はじめて人民全体が革命化しているという自信」が湧いてきた、と回顧している。つまり第二四回総選挙直前の党内状況はかなり厳しく、それを一挙に打開突破する戦術として社共合同が最重点に位置づけられたのである。ひとまず躍進してホッとしたことだろう。

五中総の開会

二月五・六日に第五回中央委員会総会が開かれ、社共合同に応じて入党した大沢久明(青森)、大塚英五郎(青森)、城沢盛男(岩手)、土橋一吉(東京)、深沢義守(山梨)、伊藤富雄(長野)、水上敏英(福岡)の七名が出席した。[3] 議長の志賀義雄が一人一人を紹介するたび大きな拍手がおこり、徳田はとくに大沢に向かい、「三年間の宿意をとげて入党へふみきり、社共合同の大運動の先頭をきつたことにとくべつの敬意を表する」と述べた。「三年間」に注目すれば、大沢の共産党接近は四六年中に始まったことになる。序章でも述べたが、社共合同の範囲・期間を考えるとき、重要である。第二部で詳述したい。
徳田の激励に対し、大沢は「同志徳田は、片山氏がおちて民自党が多く出たことにつき社会党ざまあ見ろというような態度を厳に戒めて共同戦線を主張しているのは余りに感動的である、〔中略〕日本の労働者の党にもスターリンや毛沢東が何人もいるという確信をこの中央委員会で更に強めた」と応えた。たしかに党内には社会党惨敗歓迎論があった。徳田は「一般報告」で次のように述べている。[4]
こんどの総選挙の結果にたいして党内に相当勝利に酔つぱらつた気分が起つていることは、まことに残念である。「社会党ザマをみやがれ！」あるいは「おれの地方では出たぞ、ほかの地方ではダメだ」といつた気分が相当強くあらわれている。これは明らかにまちがつており、社会民主的なものである。われわれの正面の敵、保守反動勢力は、前回にくらべて得票数において十四パーセント、議席数において二十五パーセントを増大して明らかに圧倒的勝利をしめしている。ことに反動中の反動、民主自由党が議席の過半数を占めたことは、決してわれわれが勝利に酔つぱらつておるときではなく、さらに緊張し、一層の奮斗をしなければならないときであることを教えている。それゆえに人民大衆にたいしてとくに謙譲であるばかりでなく、社会党、労働者農民党ならびに人民の民主主義諸団体にたいしては懇切と謙譲とをもつて共同戦線と合同とを成就せしむべきときである。
総選挙の本質的な結果とは、表3が示すように、第一は民主自由党の圧勝（議席数：二六九）であり、第二は社共労三党の大幅後退（議席数：一四七→九〇）である。共産党の躍進は、いわば〈大敗北の中の小勝利〉にすぎなかった。この事実をふまえて、徳田は社会党、労農党、民主団体に対する「謙譲」を強調した。徳田は党内の勝利気分を戒めながら、社共労合同が急務であることを指摘し、「両党が全部解体した後に、白地の上に新党を結成するのかどうかという疑問」が出ているが、いま「闘争の武器」たる政党を解散して、「敵にその虚をつかせる」ことは「自殺的行為」だと批判した。選挙勝利に酔うことなく、細心の配慮をしながら人民民主主義および社共合同を推進する意気込みだった。さらに徳田は「結語」において、社共合同における「謙譲」にふれ、新入党員には敬意を払い、疑いをはさんだり、傷つけたりせぬこと、とくに指導的立場にあった新人党員の影響力は「全人民大衆結集の大きなモメント」なので、注意するよう戒めている。前出の七名の新入党者はそうした「モメント」の象徴であり、〈虎の子〉だった。しかし、こう指摘しなければならなかったということは、社共合同の〈成果〉が党内でいかに軽んじられていたかの証左でもあろう。

社共合同とボリシェヴィキ化

五中総で伊藤は「社共合同闘争と党のボリシェヴィキ化」と題する報告を行っている。伊藤は「合同闘争の中心問題は社会党や労農党から入党者をひきぬくことではなくいかにして立派なボリシエヴイキ党をきたえあげてゆくかという点である」と述べて、自己批判も行っている。また徳田と同様に、解党→新党結成という合同スタイルに対しても批判的検討を加えている。

合同というのは二つの党を解体して一本になることであろうか。世界の人民民主主義勢力と直接結合した国での合同と全人類をふたたび戦争とファシズムにみちびく反動勢力の前での合同とは異ったものでなければならない。われわれの場合、合同は敵の面前で武器を解除することではなく権力とたたかうための合同である。〔中略〕合同は合同という言葉や形式にとらわれたものであってはならない。人民が統一される必要が明かになれば、人民の統一の方法もこゝから生れてこなければならない。

東欧の社共合同＝「世界の人民民主主義勢力と直接結合した国での合同」と日本の社共合同＝「全人類をふたたび戦争とファシズムにみちびく反動勢力の前での合同」は峻別され、後者の戦略的自立が提起された。伊藤の見解は前掲『日本における人民民主主義の展望』に集大成される。

徳田や伊藤の考えと微妙にずれるのが、五中総における野坂「新国会対策に関する報告」である。冒頭からかなりの昂揚感をもって、「現在の内外における革命の客観的、主観的条件が成熟しつつある事実」を指摘し、「民主人民政権の問題はいまや現実の問題」であると述べている。(5) 共産党指導部の社共合同論は必ずしも一致していたわけではないが、総選挙後、政治決戦に向けた書籍が相次いで出版される。

第2節　社共合同と共産党の公然化

『共産党が政権を握ったら』

総選挙からわずか一週間後の一九四九年一月三〇日、共産党宣伝教育部編『共産党が政権を握ったら』（日本労農通信社）が刊行されている。あまりのタイミングの良さに驚く。八部構成で主に経済問題に関する疑問に答えているが、最終第八部「占領下で共産党の政権樹立は可能か」は、占領下で平和革命が成就する可能性・現実性を説明している。ここで登場してくるのが「民主民族戦線に立つ連合政権」であり（一一二頁）、その基盤が民擁同だった。「民主主義擁護同盟、これが要するにわれわれのいう民主民族戦線だ」（一一四頁）。民主民族戦線は「日本民主主義陣営の総動員」であり、その力が強化すれば、「社会党は、こちらのいうことをきくようになるだろう」と楽観視した（一一五頁）。

一年後にコミンフォルムから批判される占領下の平和革命路線は、独り野坂参三のみの理論ではなく、共産党全体の路線だった。

『共社合同と日本共産党の自己批判』

徳田・野坂らの編集になる『共社合同と日本共産党の自己批判』（民主評論社）は三月刊行である。書名から共産党が社共合同を自己批判したかのように思えるが、逆である。社共合同において、「自らの欠陥を認め、誤りを恐れる所なく自己批判し、共産党に対する各種の批判に対して率直に耳を傾ける」書であった（九頁）。社会党や労農党からの大量入党者により共産党が「大衆的革命党」に飛躍しつつある今、大胆な自己批判が必要とされた（六頁）。『アカハタ』などの記事から再構成された本書の目次は以下の通り。

凡ゆる才能を革命に役立たしめよ　徳田球一
組合主義の克服を　長谷川浩
獄内同志の革命的自己批判　鳥取県伯西地区
批判と自己批判―それは勝利の党の力である　アカハタより

徳田球一・野坂参三・長谷川浩らをはじめ、社共合同をオルグした伊藤律・紺野与次郎の主張のほか、青森の大塚英五郎・塩崎要祐、詩人の森田草平（四八年五月入党、同年九月『私の共産主義』〔新星社〕刊行、翌四九年一二月一四日死去、党葬）らの入党の弁を紹介している。

『私はなぜ共産党に入ったか』

土橋一吉・岩間正男編『私はなぜ共産党に入ったか』（解放社）は四月刊行である。本書は四八年から四九年にかけて入党した八名―出隆（東京大学教授）、岩間正男（元日教組協議会闘争委員長・参議院議員）、土橋一吉（前全逓中央執行委員長・衆議院議員）、大沢久明（元社会党中央委員）、河原崎長十郎（前進座）、兼岩伝一（元全日建設技術協会運営委員長・参議院議員）、内田巌（洋画家）、深沢義守（前日本農民組合中央委員・衆議院議員）―の入党談である（肩書は同書）(6)。目次は以下の通り。

序文　野坂参三
無力の哲学から　出隆
教育の危機克服へ　岩間正男
勤労のなかから起ち上って　土橋一吉
社会党から社共合同へ　大沢久明

大衆とともにゆく―おもいでは生きて―　河原崎長十郎
国土復興のために　兼岩伝一
自分の生長の為に　内田巌
農民解放の道を求めて　深沢義守

古代ギリシャ哲学者の出隆は四八年四月に入党した[7]。動機は「知識人といわれるような人のやり方」を嫌い、「煮えきらない日和見的ないやな気持」を清算しようとしたからだったが、直接的には天皇制の問題があった。天皇制を拒否したのは共産党だけだった。社会党は嫌いではなかったが、「下手に独占資本家の御用のようなことをやり出」し、「教会クリスト教的な信仰といったようなものに対するはつきりしたいやな気持が出て来た」ので、共産党に入党したという（三～五頁）。出は党分裂時に国際派に所属したが、六全協後には東京都委員候補者にもなる[8]（六四年除名）。

北原白秋門下の歌人岩間正男は四七年の第一回参院選（全国区）に出馬・当選したが、無所属だったため、「組織なき闘いが、いかに困難であるかを痛感」した（二四頁）。彼は詠む。「一服の清涼剤となるなかれ逞ましき政治力をわが思うときに」（三〇頁）。迷ったあげく、四九年二月に入党した。第二四回総選挙での共産党の躍進は後押しではなく、「最後の障害」であったという。なぜならば、「意識の底には情勢便乗への批難に対する面子がなおかすかにうごいていた」（二七頁）からである。

全逓委員長の土橋一吉は四八年春の賃上げ闘争（全逓三月闘争）を指導し、七月の政令二〇一号による公務員の争議行為禁止という弾圧のなか、一二月六日に入党した[9]。彼自身、「サンジカリストから共産党へ」（五六頁）と述べている。第二四回総選挙では伊藤律に代わり東京七区から出馬・当選した。土橋の入党は労働運動に大きな影響を与えた。

大沢久明は本書の主人公であり、入党の経緯は第七章で、詳細な履歴は第一〇章で見るが、同書の記述をまとめておこう。彼は戦前からの社会運動家だったが、二九年の共産党検挙事件（四・一六事件）で治安維持法違反罪の刑を受け、三四年に非転向で出獄した。その後も治安維持法違反で逮捕されたが、四一年の上京後は運動から離れ「卑怯な態度」（七八頁）を続けていた。それゆえ、大沢は徳田や志賀ら獄中組に「頭が下がる思い」を抱き続けていた（同前）。敗戦直後の四五年九月に青森県で社会党準備会を組織する。理由は、「共産党では日本の大衆は仲々ついて来れまい。まあ、社会党あたりが日本では丁度い、ところであろう。〔中略〕この大衆をつかんだ党をほつておいたならばこの党は西尾氏等によつて益々反動化するであろう。幸にして戦争中人民戦線派の名でやられた鈴木〔茂三郎〕、加藤〔勘十〕、黒田〔寿男〕の諸君がある。これ等の先輩や同志と協力して党内の左翼化を計り共産党との共同戦線を強力に押進める。それを通じてやがては日本にも一つの階級政党に結集する時がくる」（七九～八〇頁）という展望からだった。しかし、片山内閣成立を機に社会党左派が共産党絶縁を声明したため、四七年九月の青森県連大会で連立内閣反対・四党政策協定破棄を決定し、党内で「最初の〔片山内閣〕打倒運動」（九三頁）を開始した。四八年二月の片山内閣総辞職に際して左派待望論が生まれたが、黒田が除名されるに至って、「社会党は駄目だ」（一〇〇頁）と思うようになり、共産党入党に傾斜した。社共合同の契機として、四七年末以来の悪税反対闘争における社会党左派と共産党の共闘の経験をあげている。

歌舞伎役者の河原崎長十郎は四九年三月に前進座の座員らとともに入党した。若いころ、小山内薫や土方与志に私淑し、二八年のソビエト訪問を機にマルクス主義に傾斜する。「すべての方針、私の生きる道も、共産主義へのあこがれから考えられた」（一二四頁）という[10]（六七年、中国派として除名）。

都市計画家の兼岩伝一は岩間正男同様、無所属の参議院議員だったが、しだいに共産党に魅かれ、四八年の「暮から考え抜いた結果、正月になつて、職能代表、無所属という中立的な立場を清算して、日本共産党に入党し、民主革命の一兵卒として挺身することを決意した」（一五八頁）[11]。

内田巌は評論家内田魯庵の長男。四八年暮に入党した。共産党員としての思想的源泉について、「父の持つていたダービニズム的精神と、母親の持つていたクリスチャンニズム」（一六五頁）をあげている。彼は「中間性」やシンパを否定し、「革命を絶対妨害したくない」（一七六頁）という立場から入党したという。彼の入党も周りにさまざまな反響を呼び、坂口安吾は「どうも共産党に入ると芸術家でなくなる人が多いね。内田巌なんかそうだ。彼みたいなのは困るよ。党員の素質が悪いのはたんに末端だけじゃないね」と批判している[12]。

深沢義守は日農山梨県連の指導者だった。彼はもともと右派の平野力三派だったが左派に転じ、四八年の暮も迫った一二月二六日に社会党左派から脱して共産党入党を決意する。直前の社会党左派内部では「社会党再建論」と「社共合同論」が議論されていたという（一八一頁）。四九年一月の総選挙において山梨県全県区で四位当選する（五二年離党）。

『自由の旗の下に──私はなぜ共産党員になつたか──』

似たようなタイトルの『自由の旗の下に──私はなぜ共産党員になつたか──』も労農救援会編で四月刊行である（三一書房）。目次は以下の通り（肩書は同書）。

どうして唯物論者になつたか	東大教授・哲学者	出隆
長い間喘ぎながらようやく	作家	野間宏
民衆に捧げる智識	水戸高校教授・哲学者	梅本克己
青春の歌	画家	内田巌
一彫刻家の入党記録	彫刻家	本郷新

思いつくままに　　　鎌大学長・歴史家　　　服部之總
入党まで　　　山形高校教授・哲学者　　　小松摂郎
トランス・シベリアン　　　作家　　　武林夢想庵
入党の記　　　学術会議々員・地質学者　　　井尻正二
おもいで　　　前進座々主　　　河原崎長十郎
共産党に入るの弁　　　作家　　　森田草平

前出の入党者と重ならぬよう紹介してみよう。作家の野間宏は四八年一一月の頃を振り返っている。「これは丁度、党の共社合同の大きな運動が全国的に展開されているときであつた。日本共産党がはじめて日本の大衆の手の中に、この党をうけとつて下さい、これはもともとあなた方大衆のものなのですとさし出しているときであつた。そして僕にはじつにこの共社合同運動の大きな意味がよくわかつた。それは日本共産党の飛躍を示すものであつたが、それは何よりも日本の大衆の政治的な成長によつて、もたらされたものである。日本の人民の成長は党そのものを根柢から変えはじめたのである」（五三頁）。社共合同の背景に、民衆の「政治的成長」をとらえている点が注目される。

服部之總は戦前から戦後にかけて近代日本史研究を領導した歴史家である。服部の入党については、最近刊行された松尾章一編著『歴史家　服部之總』（日本経済評論社、二〇一六年）もふれているが、四九年一月に戦前来の知り合いだった野坂参三（二七年に服部は野坂が主宰する産業労働調査所員になっている）の勧めで入党した。『アカハタ』四九年一月一五日付は顔写真入りで服部の入党を報じている。[13] しかし、コミンフォルム批判後の五〇年六月に脱党届を提出した。届は受理されず、服部が五六年三月四日に死去するまで、本部直属党員として処遇されていたという（五九二～五九五頁）。

松尾は「戦前から深い交流があり敬愛の情を抱いていた野坂参三からのすすめがあったとはいえ、なぜ、服部が『極左冒険主義』時代の日本共産党にあえて入党し、わずか一年半足らずで『離党』してしまった真の理由はなんであったのか」という疑問を呈しているが（五九五頁）、これは基本的な事実誤認であろう。服部が入党したのは、共産党が総選挙で大幅に議席を増やす直前であり、社共合同論が花盛りだった。服部が入党する環境は十分すぎるほどそろっていた。つまり、共産党が「極左冒険主義」に突入する以前の入党なのである。ただし、言うほど単純な入党ではなかった。前出『アカハタ』記事のなかで、服部は「鍋山〔貞親〕が読売で文化人の入党はバスにのりおくれないためだとデマつているが、今このような時に入党することは、鍋山がいつているようなものでないことはわかりきつている、現在どのような情勢にあるかを知つた上で、しかもなお今入らなければいられないのだ」と述べている。覚悟の入党だった。『自由の旗の下に』の「思いつくままに」でも、「戦争にしないために入党した」と記している（一二〇頁）。そして、五〇年六月に共産党の分裂が明らかになり、服部は脱党届を出す。直接の契機は入党を勧めた野坂がコミンフォルム批判により同年二月に自己批判したことであり、脱党届は五月まで提出されなかったが（五九五頁）、服部ならずとも党から離れるのは自然の流れであっただろう。共産党が「極左冒険主義」に突入するのは以後の事である。この時期の共産党の姿は当時党の活動に従事していた松尾にしても、十分な把握がむずかしいことがうかがわれる(14)。

さて服部「思いつくままに」に戻ると、服部は居住地から主宰していた鎌倉大学の同僚の今野武雄（数学者）が立候補するのを応援するために入党したという。四九年一月の総選挙で今野は当選する。入党歓迎会では作家の藤森成吉と一緒だった（一一三～一一四頁）。

共産党入党者群像

なお、同時期の総合雑誌を見ると、『改造』五月号の「各人各説　共産党と私の立場」が各界の著名人一一名の主張を収めており、大沢「なぜ共産党に入ったか」（序章第1節参照）、河原崎長十郎「家庭革命」、岩間正男「教育復興のために」が掲載されている。

このほか同時期の入党者に、秋田雨雀、白井保春（彫刻家）、南義郎（漫画家）、土方浩平（人形劇団おんどり座）、花田清輝（文芸評論家）、桜田常久（作家・日農南多摩郡町田支部長・町田町社会党顧問）らがいる。秋田については第八章で詳述する。三月には河原崎長十郎・中村翫右衛門以下の前進座六九名、[15] 桑原栄貞（労農党執行委員）ら労組幹部、四月には神戸闘争一周年記念人民大会における金天海共産党政治局員の呼びかけに応えた朴成大朝連兵庫県本部委員長以下三五八名、六月には山口武秀（労農党前代議士・日農中央委員）・菊池重作（社会党前代議士・日農茨城県連委員長・日農主体性派財政委員長）が率いる茨城県常東農民組合一五〇〇名、東京都下の学校教員一三〇名が入党する。

さらには『アカハタ』に「妻を共産党員に―ここにも社共合同」（一月三〇日付党生活欄）、「母も共産党へ」（二月二四日付）と題する記事が出るほど、社共合同の意味は通俗化し、家族主義化さえしていった。

第3節　社共合同の第二段階

社共合同の揺れ

総選挙後、共産党中央の社共合同の評価が必ずしも一致していなかったことは前述した。左派メディアも見解は割れている。日本労農通信社の雑誌『労働者』をとりあげてみよう。一九四九年三月号に斎藤一郎「あたらし

い戦線統一の方向　社共合同の意味するもの」が掲載されている。[16]産別会議事務局員の斎藤は、社共合同とは「合同」ではなく「共産党の全面的な強化と発展」であり、その結果、「社会党の組織はくづれ、社会民主主義は完全に破たんしている」と述べる。社共合同は「単なる共産党の新党員かくとく運動」ではなく、「共産党の質的ならびに量的な成長と発展」を「統一戦線の方向」と結びつけている点に特徴があると指摘している。

翌四月号の加藤閲男「社共合同と戦線統一の方向」は正反対の論旨だった。国労初代委員長で民主化同盟の加藤は言う。社共合同は「新しい政治戦線の統一」ではなく、「大衆の革命化と共産党のボリシエヴィキ化」の推進である。しかし総選挙の結果、「社共合同の発祥地」である青森や長野では敗北した。社共合同とは「当然共産党に属すべきいわゆる人工的な容共社会民主々義が、今まで保身的な都合で他党の籍を名乗っていただけの話」であり、著名人の共産党入党も「日本知識階級の思想的放浪性の所産」にすぎない、共産党に傾斜していた「人工的社会民主々義や、不徹底な社会民主々義」が清算されたのは、戦線統一にとってプラスだったと、手厳しく批判している。

このように社共合同の評価は分かれていたが、共産党中央は引き続き社共合同の正しさを強調した。徳田は第二〇回メーデーに向けて「どうしても吉田民自党内閣を打倒して、人民々主々義革命に一時期を画さねばならない」と宣言し、[17]実際五月一日のメーデー中央集会では「わが共産党は九月までに吉田内閣をぶったおすために大運動を展開している」と演説している。[18]

「九月革命」への道

六月三日付『アカハタ』の一面見出しは革命前夜を思わせる「人民大衆の革命宣言　社・共・労農三党合同の火蓋切らる」で、「まず茨城で千名入党　十日、水戸で合同大会」とある。六月一日に茨城県政治戦線統一委員会が開かれ、一〇日に統一大会が予定された[19]。大会準備委員は山口武秀、菊池重作、日農県連書記長・前労農党の藤枝陸郎、金属茨城県支部委員長の鈴木資生、県議・日教組の須賀昭雄、共産党中央委員候補の遠坂良一、共産党茨城県委員長の中村新太郎らだった[20]。

統一委員会の声明書は次のように述べる。「これらの合同は単なる集合による量の拡大となつてはならぬ、それは人民解放の理想に向い、理論的武装の下に強く結合され、しかも全人民に強き成熟した指導力をもつ質の向上を目標とせねばならない、かくしてこそ吉田買弁内閣を打倒し、産業の荒廃をふせぎ、人民生活を守り、革命への大道をひらき得るであろう」。『アカハタ』六月四日付主張「三党合同攻勢は火ぶたをきった」は、「全国的な規模における合同斗争の火ぶたは、ここに切られた、これは売国吉田内閣に対する、人民大衆の革命宣言である」と訴えた。

四八年一二月から四九年一月の青森・長野両県を先頭とする社共合同が第一段階だったとすれば、六月から七月にかけて茨城県を中心とした「革命」化は社共合同の第二段階である。『アカハタ』六月五日付主張「情勢の評価と革命的立場」は「革命の高揚期」と捉え、「あらゆる危機への防衛戦線の結成、民自党内閣の大衆の間におけるバクロと信頼の失墜にともなう共産党の飛躍的発展、各地における三党合同等は、中国革命の勝利とともに、日本における民主人民政府を近ずけている」との認識を示した。

七日付主張「たゝかいは開始された」は、「口先のみで吉田内閣打倒やストライキを叫ぶ傾向」や「抗議ストの波にうかれ、大衆の要求の取りあげ、斗争目的のしんとう〔浸透?〕も忘れ、がむしやらなスト強行にあせる傾向」を戒め、ふたたび「社共合同攻勢の展開」を叫んでいる。一五～一八日付党生活欄「社会党の運動方針を検討する」は、副題を「ふたゝび社共合同攻勢に際して」としている。

社共合同はこの時期の最高戦略であり、「吉田内閣打倒」論と結合していた。

六月の第一五回拡大中央委員会（六月一八・一九日）で徳田は「民自党吉田内閣を、九月までには倒さなければならない」と訴え[21]、野坂も「吉田内閣を倒せば、われわれが政権をとるのだ、それは共産党、労農党、社会党その他民主的勢力、さらに労働組合、農民組織、その他の大衆団体の代表によつてつくられる人民政府である」[22]と政権構想を明らかにした。社共合同による革命路線が高まる。巷間に流布した「九月革命説」である[23]。七月には『共産党に政権を渡したら』（協友社）と題する共産党批判書も出ている[24]。

第４節　社会党の共産党批判

『社会思潮』の反共論

大幅に後退した社会党は躍進の共産党をどう見ていたか。中央機関誌『社会思潮』をとりあげてみよう。共産党批判としては、一九四八年一一月号の特集「日本共産党を批判する」、四九年四月号の「対共戦線特集号」がある。同誌は従来穏やかな表紙だったが、特集版はまったく異色の紙面である。多くの読者を獲得しようという狙いを感じる。特集版第二号（同年八月号）[25]は「極右極左との闘い」のタイトルで共産党批判を展開している（図4）。見出しは、「極右極左から民族を守ろう」「侠客と政党と　侠客的世界は極左陣営にもある！」「日本再建の敵共産党を抹殺せよ」「座談会　あがく極左勢力」「私はなぜ共産党を去ったか？」（辻井民之助）[26]「第五国会において共産党は何をしたか」「共産党の革命予行演習　東京都電ストの真相」（島上善五郎）[27]「日本共産党の断面」（楠尾久頼）などと凄まじい。「日本共産党の断面」が、民主民族戦線を「非共産党勢力を全て非民主的反動勢力として一掃する態勢」「反ファッショ民主勢力の分裂」ととらえている点が注目される。

前述したように総選挙で大敗した社会党は入党運動を強力に進め、産別民同、国労民同、総同盟から大量入党

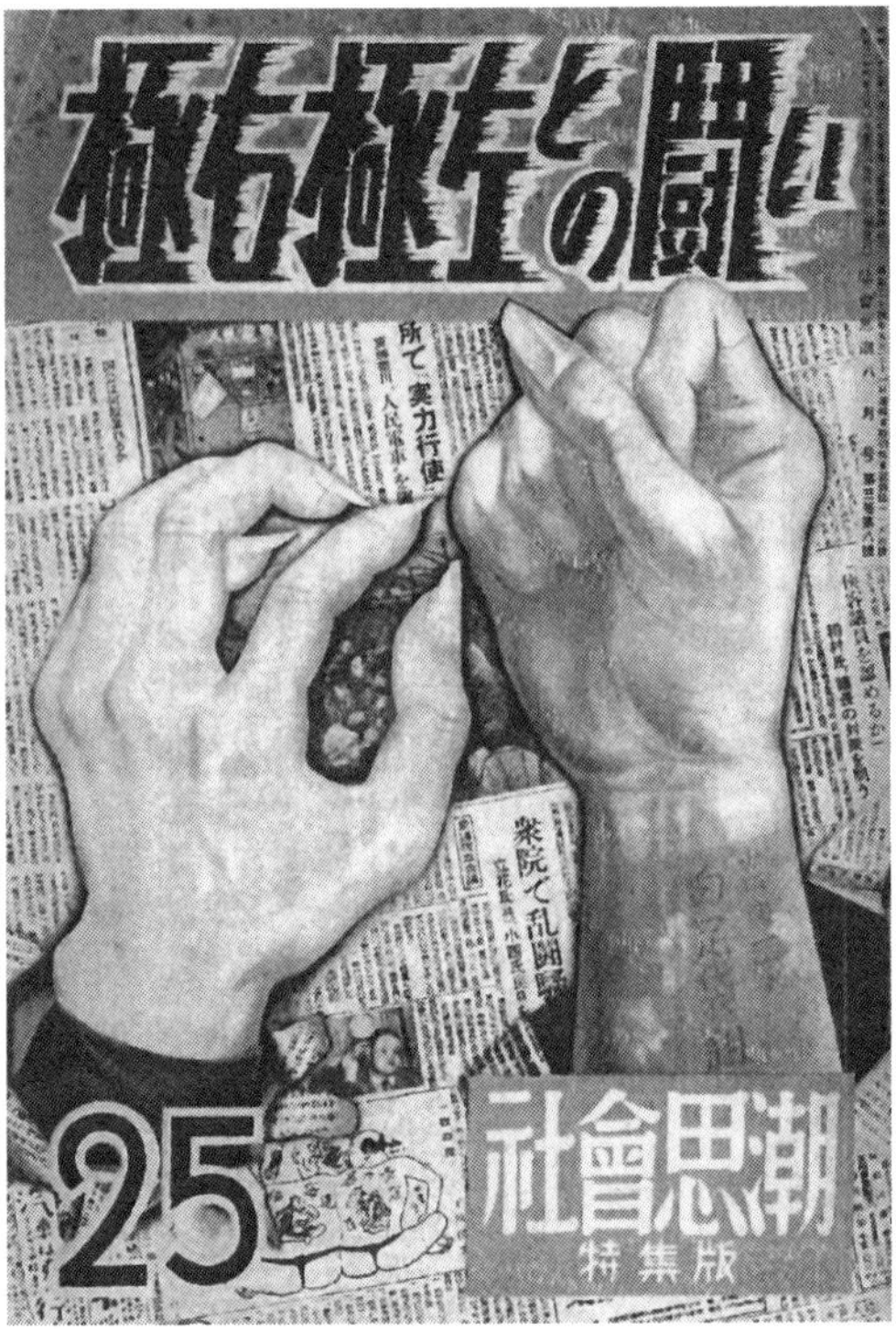

図４　『社会思潮』特集版第２号（1949年８月号）
表紙「極右極左との闘い」

を見た結果、四月の第四回党大会で左派が進出し、鈴木茂三郎が書記長に選出された。しかし、社会党の共産党批判はきわめて厳しいものだった。

特集版第三号[28]も「日本の裏表」と題して、引き続き「共産党のバイブルと暴力革命の裏表」（高津正道[29]）、「何故吉田内閣を打倒しなければならないか？　裏と表の民自・共産」（武蔵木堂）などの論説を掲載している。同年一一月号はふたたび以前の穏やかな紙面に帰り、森戸辰男「マルクス主義と対決する社会民主主義」、浅沼稲次郎「日本社会党組織方針について」、木原実「日本共産党の『偏向』と『断罪』」などが並んでいる。社共共闘に関する浅沼の論点が興味深い。「わが党の主体性が確立せる地区においてわが党の闘争にプラスになる場所においては、党本部の議を経て、場合においては共同闘争に参加するの規定があるが、これはあく迄も地方支部、支部連が単独に行うに非ずして党本部中央執行委員会の指示に従うことが当然である。たゞ最近地方的に問題を処理して党本部に指示を求めざる遺憾なカ所〔箇所〕もある。」つまり、両党の力関係において、社会党がヘゲモニーを掌握できる場合は党本部の指示のもと社共共闘を進めるが、実際には地方党組織が勝手に共産党と共闘しているケースがあるということだった。

『社会新聞』の社共合同批判

機関紙『社会新聞』も見てみよう。総選挙後の社共合同批判記事を追うと、まず二月三日付「『共社合同』の実体」がある。これは東京杉並区において共産党に入党した社会党幹部を、「不良分子」「常習的不正行為者」であったにもかかわらず、「優秀党員」として描き出すことは、社共合同を煽動しようとする「共産党の卑劣なデマ宣伝」だと報じている。一七日付には「ひっくり返る『共社合同』」がある。この間の一一日召集された第五回特別議会で、共産党は労農党とともに、首班指名で社会党書記長の浅沼稲次郎に投票している。議会内の統一行動とは裏腹の社共対決の構図であった。

数ヶ月飛ぶが、六月九日付「危機に便乗するもの　〝社共合同〟の謀略を粉砕せよ」は、茨城県の社共合同を「もっとも悪質な党勢拡張の手段」「階級闘争の展望において破滅への道を急ぐやり方」と批判する鈴木茂三郎書記長の談話である。一六日付「極左暴力主義から労農戦線を守れ！」は、国鉄の人員整理に対する共産党の「極左戦術」の失敗をとりあげ、「九月革命」説を批判している。同日付主張「極左的妄想を粉砕せよ」は、共産党中央は「切迫した革命的情勢」を強調し、「表に倒閣をさけび、内では倒閣以上の革命的情勢の展開を求めつゝ、七月八月とつづく諸情勢の中に、革命的妄想の焦点をあわせようとしていることはたしかなようだ」と観測している。二三日付「『社共合同』蹴散らす」は、茨城県では菊池重作と山口武秀の共産党入党を契機として「社共労統一戦線」の動きが生まれているが、県内では支持されていないと記している。九月一五日付「欺瞞と謀略の〝共社合同〟」も茨城県内の共産党離れを報じている。

しかし、一〇月に入ると民主政党共闘連絡懇談会が結成され、社会党内に共産党との連携を模索する動きがおこる（後述）。中心人物は懇談会世話人の代議士足立梅市（中央委員、前三重県連会長）だった。しかし、足立は批判され[30]、一〇月三〇日に同じく懇談会世話人だった師岡栄一（前埼玉県連会長）とともに除名される[31]。

第５節　社共合同の第三段階

伊藤律の社共合同再論

『前衛』一九四九年七月号の伊藤律「社会民主々義の破産―大会とその後の社会党の批判―」は「社共合同と共産党のやく進（躍進）は、大衆の革命化と社会民主々義の運命に、決定的な示唆をあたえた」と述べ、八月号の増田春雄「地域的勝利の前進―筑豊地方の人民闘争について―」も総選挙における田代文久当選などの筑豊地方の政治攻勢の背景について「全国的な社共合同の発展と、大衆の政治的昂揚」などをあげている。さらに一〇月号の保坂浩明「東北地方における党活動の諸問題―決議の実践のために―」も「社共合同を通じて、東北地方党組織は、明らかに質量的に飛躍的に強化された」と述べている。

社共合同を主導した伊藤律は多数の文献を刊行したが、その一冊に前掲『日本における人民民主主義の展望』がある。「まえがき」の日付は四九年六月二〇日で、本文は全七章からなる。各章のタイトルと発表日を示しておこう。

一　民族をまもる大統一戦線（四九年五月一五日）
二　当面の革命における社共合同の意義と諸問題（四九年三月八日）
三　労働者階級と農民との革命的同盟（四八年一二月）
四　農村における民主主義の発展（四九年二月一日）

五　ファシズムへ急ぐ保守勢力（四八年九月一五日）
六　人民の圧力に動揺を深める保守政権（四九年四月二五日）
七　人民は統一を要求する（四九年五月一五日）

執筆順は、五→三→四→二→六→一・七であり、「社共合同」が出て来るのは総選挙後の「二　当面の革命における社共合同の意義と諸問題」からである。伊藤はまず社共合同の基本条件として、次の五点をあげている。第一は国家的危機、それにともなう革命的状況の到来。第二は保守勢力による軍国主義の復活、新しいファシズム到来の危険。第三は社会党・労農党など社会民主主義の幻想の破綻。「社会民主主義のこの破綻こそ、社共合同を大衆がもちかけた、直接のきっかけである」。第四はアメリカ大統領選挙での民主党トルーマン再選を支えた労働者階級の力と中国革命。第五は共産党の奮闘。伊藤によれば、「民族破滅の危機に対する人民大衆の怒りこそ、社共合同の力」であった。社共合同が展開された青森県は「保守勢力が強く、従つて人民の生活の破綻が著るしく、また保守とたたかう民主戦線も大きく展開されている地方」であり、「東北は日本の『植民地』であり、この傾向がとくに強いだけに、合同闘争も最もはげしかつたといえよう」と述べている。東北＝「植民地」という認識は、のち東北共産主義運動の自己認識に連なるので、記憶しておこう。

伊藤は社共合同の基本的意義についても五点あげている。第一は「大衆のなかに根強く残つている社会民主主義の傾向をなくし、百万のボルシェヴィキ党に結集させる政治攻勢である」。第二は「マルクス・レーニン主義の党への合流は、社会民主主義者にとつて、厳粛な自己批判であり、名誉ある前進である」。第三は「保守反動とファシズムに対する一大政治攻勢である」。第四は「反動権力とたたかうための地域的な権力闘争である」。第五は「合同闘争の最も重要な意義は、党ボルシェヴィキ化である」。

こうした点をふまえて、同時期に前掲『共社合同と日本共産党の自己批判』も出されたのである(32)。

謀略事件と共産党の反攻

四九年七月には下山事件、三鷹事件、八月には松川事件が起こる[33]。この時期、革命的高揚感の中で共産党は攻勢に出ていた。七月二日には全国から七〇〇名の代議員を集めて民擁同結成大会を開いているが[34]、各地でも動きがあった。

六月三〇日には前橋市で政治戦線統一協議会が開催され、共社労合同を申し合わせている。臨席した伊藤律は「保守反動に対し今年中に決定的な打げきを与える新しい人民政治をつくらねばならぬ」と激励した[35]。この結果、七月中旬に社会党統一派は脱党する[36]。

七月九日には労農党福岡県支部長が共社労合同を要望する[37]。一六日には広島市で広島県政治戦線統一懇談会が二五〇名の参加で開催された。共産党中央から徳田が出席したが、次の注目すべき発言をしている。「今や情勢は民自党か共産党かの段階にきている。それは吉田内閣に反対するすべての人民が一大統一へ向いつつある證こだ、しかしわれわれはこれをもつて共産党を拡大するという利己心は一片ももつていない、われわれはより大きな統一、社会党も労農党も含めて統一を企図しているのである、もしその場合その党が直にマルクス・レーニン主義に立脚した人民解放の党であるなれば、共産党の名前をコシツ〔固執〕するものでない、これは東欧諸国、北朝鮮にもみられている」[38]。総選挙後の五中委で新党結成＝自殺行為論を述べた同じ人物とは思えない柔軟で大胆な提起であり、党名変更さえ辞さなかった。海外における統一革命党結成を念頭においた発言であった。

翌一七日には岡山市で岡山県第一回政治戦線統一懇談会が[39]、二一日には福島市で共産党・労農党共催の政治戦線統一懇談会が開催されている[40]。二二日には長野市で県労・日農・共産党・労農党共催の県民代表者会議が開催されている[41]。

八月に入ると、一五日に神奈川県厚木町で厚木地方民主戦線統一協議会の結成大会[42]がもたれたほか、一六日には津市で約五〇〇名が参加した三重農民大会が開かれ、「全国にさきがけてあらゆる農民組織の系統を越えて戦線の統一をかちとる」ことと社共合同が満場一致で決議された。[43]一八日には大津市で労農党・共産党合同大会が開かれ、労農党から地方本部執行委員長はじめ三名が共産党に入党している。[44]二三日には長野第二回県民代表者会議がもたれている。[45]

共産党は一月の総選挙で議席を大幅に増やした。ソ連からの引揚者の大量入党も続いた。[46]引揚者を迎えて、伊藤は「諸君らはよい時に帰つてきた、なぜならば九月までに売国吉田内閣を打倒するからだ」と述べ、徳田も吉田内閣を「九月までに打倒しなければならぬ、諸君はあわてず急いでやつてもらいたい」と発破をかけた。[47]社共合同の掛け声は高まっていた。[48]

夏におこった三大フレームアップ―下山事件・三鷹事件・松川事件（それ以前にも各地で列車妨害事件が頻発し、国労の仕業とのデマが流されていた）―によって共産党への弾圧は強まり、「九月革命」説は「九月暴力革命」説に歪曲捏造され、急速にしぼんでいったかのようだが、[49]必ずしもそうではなかった。さらに共産党の動きを追跡してみよう。

「革命」情勢と吉田内閣打倒統一戦線

党内不一致も報じられる中、[50]八月二一日に開かれた第一六回中央委員会総会で野坂は「わが国の革命条件は、日に成熟しつゝある」と発言している。[51]労農党が共産党をはじめ、社会党、社会革新党、農民新党に吉田内閣打倒の共闘申入れをするなど共闘の動きもおこった。九月六日に共産党本部を訪れた労農党代表に対して、徳田名で受諾を回答している。[52]『アカハタ』九月一四日付には民擁同の大山郁夫「社共労手を握れ」が掲載された。

「革命近し」という認識を支えた国際的背景はやはり中国革命の成功だった。九月二一日に中国人民政治協商会議が新体制を決めたのに次いで、一〇月一日に毛沢東が北京天安門広場で、中華人民共和国の建国を宣言する。『アカハタ』九月二三日付は一面トップで共和国成立を報じ、主張「中華大革命の勝利に際して」と野坂「社会主義の勝利」を掲載している。野坂は末尾で「中国におこつたようなことが日本の中におころうとしている。その斗争が成功するためには共産党の指導が絶対に必要である」と述べている。中国生活が長かった野坂は鼻高々だっただろう。七月中旬の広島での政治戦線統一懇談会において徳田がのべた革命党が統一されたならば共産党の名前に固執しないという見解と微妙なズレがある。ふたたび共産党中心主義が浮上してきた。

九月七日の中央委員会組織活動指導部からの秘密指令三四一号「労農党との共同闘争について[53]」はそれを裏付ける。前述したように前日に労農党代表が共産党本部を訪れ内閣打倒の共闘を申し入れ、共産党は受諾する。共産党の本意は次の四点にあった。

（1）総選挙闘争を中心に推進された共社合同ないし共社労農合同の形態は現段階においては情勢の急展開により望みえざるところであり、かつ望むべきでないこと。

（2）したがって共闘はあくまでも吉田内閣打倒の共闘であつて、合同に発展せしむることは少くとも当面の情勢下においては意識的に避くべきこと。

（3）党の現在意図するところは、民自党吉田一派および鍋山系民同（星加一派を含む）を除く、あらゆる政党政派を統一した吉田内閣打倒戦線の結成であり、民自党、民同といえども良心的なものはこれを参加せしむべきであるとしているのである。

（4）したがつてかゝる広汎な統一戦線結成の一礎石として労農党との共闘は認識されねばならず、これに対する党ならびに全党員の態度は統一戦線結成に重大な影響をおよぼすものである。

要するに社共合同・社共労合同路線の凍結であり、それに代わって保守派をも巻き込んだ吉田内閣打倒に向けた幅広い統一戦線への志向だった。九月二八日に開催された第一七回緊急中央委員会総会は注目すべき国際情勢として、①中華人民共和国の成立、②ソ連の原爆所有（同年八月二九日にセミパラチンスク核実験場で核実験に成功）、③ポンド切り下げに見られる資本主義の一般的危機、を指摘したうえで、「民自党を先頭とするファッショによつて打ちのめされるか、わが党を先頭とする人民民主主義が勝利するかの重大な岐路に立つている」という認識の下、「将来に対する十分なる用意を目指して、真に大衆に根を下ろすこと、行動の質を向上させること」を指示した(54)。

共産党の「九月革命」は本気であったと思われる(55)。それゆえ、幅広い統一戦線志向と実力行使志向(56)のはざまで揺れ動いた。裏返せば、両方の可能性があったればこそ、「九月革命」は実現性が高いと認識された。

一〇月四日、民主政党共闘連絡懇談会が結成される。これは先の労農党の申入れを受けた、労農党、社会党有志、共産党の連携の産物である(57)。懇談会に対して、共産党は低姿勢であった。政治局は次のような声明を出した(58)。

①わが党は「懇談会の方針と決定を忠実にまもり大衆の批判をけんきよ〔謙虚〕にき、つ、、誠実な努力と奮斗を誓う」。②懇談会が今後共闘を発展させることで、実質的な「共同闘争委員会」に成長することを期待する。③これまで共闘を妨げてきた原因を検討・克服し、謙虚に他党の批判も受け止め、改善する。④共闘は主義原則の違いにこだわらず、保守層もふくめて売国権力との闘争に賛同する全勢力を結集する。⑤共闘を「直ちに社共合同と混同したり、その手段とするが如き、利己的な行動はわが党の方針の違反」である。

懇談会と社共合同はしっかり峻別されている。この低姿勢は「九月革命」をめざした幅広い統一戦線論を引き受けたものである。社共合同路線をひとまず保留し、着実に野党連携を深め、保守派をも巻き込んだ幅広い統一戦線結成を狙った。しかし、社会党に対しては、「今日の日本において、売国反動とたたかう人民統一のため、献身しないならば、人民に忠実な民主主義者ということはできないであろう」と厳しい批判を忘れていない。[59]

「新たな火ぶた」

一一月に入ると、社共合同が強かった長野県で日農書記長・労農党中央委員・労農党長野県本部委員長の小原嘉が共産党に入党する。小原は一九日に長野市で開かれていた第三回共産党北陸地方党会議の席上で入党を宣言し、臨席の伊藤は「小原さんの入党は全国の合同斗争、統一戦線、共同斗争の新たな火ぶたとなるであろう」と述べた。[60] 社共合同の第三段階の到来である。『アカハタ』一二月一二・一三日付に徳田球一「ボリシェヴィキ的政治家になること―県並びに地方委員会の緊急任務―」が発表され、末尾で「人民の攻勢は、八月に底をついて、九月からは上向きになりつつある。このことは、あらゆる方面における斗争においてみられ、十二月に入つてからはいよいよ顕著になつてきた」「しばらくは、首をたれて、敵を正視することができなかつた部分までも、はつきり顔をあげて、まともから敵を正視するようになつた」と総括している。前項で見たような九～一〇月の「首をたれた」大統一戦線路線から「敵を正視する」社共労合同路線への再転換・復帰である。

一二月は越年闘争の最中だった。一二月一六日、共産党中央委員会書記局は「当面する労働者階級の斗争について」を発表する。[61] この時期の国際的背景として、コミンフォルム決議がある。コミンフォルムは一一月にハンガリー・ブダペストで第二回会議を開催した。会議の決議は『アカハタ』一二月六日付「平和擁護と戦争放火者との斗い」、一二月一四日付「労働者階級の統一と共産党・労働者党の諸任務」、一二月二〇日付「殺人者とスパイの支配下にあるユーゴ共産党」の三回に分けて掲載された。六日付は右翼社会主義分裂者や労働運動の破壊者との断乎たる闘争を課題としてあげて、「共産党と労働者党は下級組織との、また社会党の平党員との行動の統一と協力を全面的に強化し、発展させ、反動的右翼指導者の政策の有害であることを明らかにしながら、そのなかのまじめな分子を支持することが必要である」と論じている。一四日付も「右翼社会主義者の裏切り」「労働者階級統一の斗争」を見出しにあげ、「労働者階級の統一と民主勢力の結集の為の斗争が今後成功するか否かは、共産党と労働者党のすべての組織的思想的な活動の改善にかゝつている」と述べている。

この時点でコミンフォルムの方針と日本共産党のそれに差異はない。翌年一月早々におこった日本共産党に対するコミンフォルム批判を思う時、驚きである。また、この時代では当然のことだが、一二月二一日のスターリンの誕生日（七〇歳）に合わせて、『アカハタ』紙面は祝賀に溢れた。

さらなる嵐の前夜

『前衛』一二月号に掲載された伊藤律「一歩さがって二歩前え―深まる政治危機とわが党の課題―」はこう述べる。「昨年からこの春にかけ、全国各地に展開された社共合同の運動は、わが国の社会民主主義の破産を、大衆的に宣告した。さらに、四月の社会党大会の反共方針にもかかわらず、その後も、全国十数県にわたり、共同斗争がすすめられてきた。そして、十月、社会党内の正義派は、労農党とともに、わが党との協力を、全国に呼びかけた。これは同党内のみでなく、広く大衆の間に、全国的な反響をよびおこし、統一戦線を大きく促進してきた。」かくして伊藤はこう結ぶ。「一九四九年が、表面的にいつて『一歩後退』の年であつたとすれば、きたるべき一九五〇年は、『二歩前進』して敵を倒し、人民勝利の年となるであろう。」

伊藤はまた『アカハタ』一二月三一日付にも「嵐の一九四九年を送る」を書いている。伊藤は一年をふりかえって、「独立か奴れい〔奴隷〕か、平和か戦争か、ファシズムか人民民主主義か、人民生活の安定向上か破かい〔破壊〕かの、たゝかい」だった、「きたるべき一九五〇年におけるこの斗いの勝敗が、わが民族の運命を決する」と述べた。しかし、五〇年早々、日本共産党は大混乱に陥る。コミンフォルム批判（第一三章参照）である。

第二部　社共合同の地域的構築

大間町
風間浦村
佐井村
むつ市
東通村
外ヶ浜町
今別町
中泊町
五所川原市
外ヶ浜町
中泊町
蓬田村
横浜町
六ヶ所村
平内町
野辺地町
五所川原市
つがる市
東北町
鶴田町
青森市
七戸町
板柳町
鰺ヶ沢町
三沢市
藤崎町
田舎館村
六戸町
弘前市
黒石市
おいらせ町
深浦町
十和田市
西目屋村
五戸町
八戸市
大鰐町
平川市
新郷村
南部町
階上町
三戸町
田子町

青森県地図

第六章　青森県社共合同前夜

第1節　社会党県連の創立

「最左翼の人々」

敗戦直後の青森県における社会党の動きを示すのが、一九四五年九月二一日付の青森県警察部長の内偵史料である[1]。それによれば県内の旧無産党派に最初に接触したのは旧社会民衆党の賀川豊彦で、九月中旬に上北郡浦野館村（現・東北町）に住む農民運動家の米内山義一郎に上京するよう呼びかけている。内偵史料は賀川―米内山ラインを「プチブル層」によって担われる「微温的社会主義」と位置づけ、それに対して大沢久明を筆頭とする「一部極左分子」が地方支部結成を画策し、選挙準備も開始していると記している。ただし、大沢らは賀川や川俣清音ら右派とも連絡を取っていたという。左派右派の区別は単純ではない。

その後の動きをみると[2]、四五年一〇月三日に大沢久明（青森市）、淡谷悠蔵（東津軽郡）、柴田久次郎（南津軽郡）、米内山義一郎（上北郡）、西村菊次郎（八戸市）の呼びかけで社会党青森県支部設立準備懇談会が開かれている[3]。五人の呼びかけ人のほか、来賓の秋田雨雀（黒石町〔現・黒石市〕）・岩淵謙一（八戸市）に加えて、大塚英五郎・平沢鉄男・石館直三・堀江彦蔵・釜萢喜助・関谷貞範・佐藤義男・奈良岡末造（以上、青森市）・杉沼秀七・島口重次郎（以上、弘前市）・内山勇・福田英三・岸谷俊雄（以上、南津軽郡）・山田勇（五所川原町〔現・五所

川原市」）が出席した。半数以上が治安維持法によって弾圧を受けた者だった。(4)

秋田の日記（尾崎宏次編『秋田雨雀日記Ⅳ』未来社、一九六六年）によれば、設立準備会は敗戦直前の空襲で廃墟と化した青森市内でもたれ、大テントを張りその中で大沢を議長に活発な議論が行われた。秋田が「敗戦前までは最左翼の人々」と呼んだ参加者のうち、内山や岸谷は翌四六年一月に共産党青森県委員会を結成する。後述するように社会党はこの段階では社会主義者の大同団結の体をなしていた。新聞が報じる申し合わせによれば、「我等は中央における民主々義的新党創立運動を支持し之に合流するために」社会党県支部を結成し、「本県は由来全国に有名な封建的、官僚主義的支配の横行する地方」なので、旧指導者の一掃と県政民主化を緊要の課題とするとした。

一〇月七日に社会党県支部創立準備委員名（淡谷悠蔵・西村菊次郎・米内山義一郎・大沢久明・柴田久次郎・堀江彦蔵・石館直三・平沢鉄男・大塚英五郎・佐藤義男・藤山健吉）で県内各地に配布された発起人推薦状は、一〇月二五日に第一回発起人会（県下各地区準備会代表者会議）開催を予告している。(5)

社会党県支部連合会の創立は一一月一五日だが、それに先駆けて一一月一〇日には八戸市を中心とする三八支部の結成式が行われ、支部長に久保沢政吉（農民組合）、書記長に相馬寒六郎（海員組合）が選出され、西村菊次郎と岩淵謙一が顧問に就いている。(6)一一月一五日の社会党青森県支部連合会創立大会では、委員長大沢、書記長堀江、会計部長平沢、組織宣伝部長西村、教育部長相馬、青年部長大塚、婦人部長淡谷ナオ（淡谷悠蔵夫人）、商工部長佐藤、選挙対策部長島口、戦災対策部長石館が選出され、顧問に岩淵謙一が就いた。占領軍（青森軍政府）の将校も同席している。(7)二五日には弘前市と中津軽郡を区域とする中弘支部も結成され、支部長に島口、副支部長に杉沼と田村文雄が選ばれた。(8)二八日には黒石町で南郡支部が結成され、支部長に柴田、書記長に内山が選ばれている。(9)一二月一四日には県連第一回執行委員会が開かれ、来るべき総選挙の候補二名のうち、第一候補を大沢とし、第二候補は常任委員会に一任することとした。[10]一九日には青森市を中心とする東青支部が結成され、支部長に石館、書記長に大塚が選ばれている。[11]

社会党と共産グループ

大沢は統一戦線メディアとして、一二月二五日に『週刊自由』を創刊する。編集同人は大沢をはじめ、秋田雨雀・淡谷悠蔵・岩淵謙一・内山勇・上田進・柴田久次郎・田村文雄・鳴海静蔵・津川武一・堀江彦蔵・米内山義一郎という社共両党の一二名だった。[12]最近のヨーロッパ革命運動史が諸勢力の中間や環境の意味で用いる「ミリュー（milieu）」的空間だったといえよう。次節でのべるように青森県共産党の正式結成は四六年一月だが、四五年一一月一四日には再建会議が弘前市内の津川宅で開かれ、よく知られているように、当時北津軽郡金木町（現・五所川原市）の実家に疎開中だった作家の太宰治も顔を出した。[13]太宰は津川と旧制弘前高校の同期で、知られているように東京帝大時代は非合法活動に参加していた。『週刊自由』創刊の翌二六日付の『東奥日報』は「注目される県共産党動向」と題して、総選挙候補として田村と津川の名前を報じている。

後年のことだが、大沢とともに社会党県連指導者の一人であった淡谷は旧友の竹内俊吉（第六〜九代青森県知事）との対談で、「もちろんいまの社会党や共産党とは違う。ボクらはとにかく無産政党を再建しようっていうことで、戦前から（労農運動を）やってた連中が一緒になってつくったの。だから、（社会党県連の）結成には面倒ないきさつはなかったんだけども、それからいまのように、社会党と共産党がこう分かれてきたんです[14]」と述べている。

第2節　一九四六年

青森県人民解放連盟

一九四六年は忙しく始まった。まず一月一〇日に日本農民組合青森県連合会が結成される。会長は淡谷、書記長は内山、会計は中村勳だった(15)。翌一一日には青森県労働組合地方協議会が結成されるとともに(16)、全国にさきがけて青森県人民解放連盟が組織された(17)。連盟は共産党の「小児病的傾向」と社会党の「選挙第一主義的退嬰性」を排して社共共闘をめざし、「中央に魁けて青森県に於ては堂々と民主主義的団結が成立して巨大なる闘争は開始せられた」と自負した(18)。しかし、連盟は県西部の津軽地方では受け入れられたものの、県東部の南部地方では反発が強かった。一月下旬に連盟八戸支部が社会党の岩淵・相馬、共産党の林徳右衛門（旧制弘高で津川の一年後輩）らによって結成されるが(19)、社会党右派は日本農民組合青森県南支部（会長西村、書記長米内山）の名で共産党との共闘を拒否した(20)。理由は共産党の「過激」主義であった。

青森県人民解放連盟の結成が全国的に見てきわめて先駆的だったのには理由がある。共産党書記長の徳田球一が直接指導したからである。徳田は北海道遊説の帰途、四五年一二月二七日に青森に立ち寄り、大沢・津川と協議して社共共闘を支持し、社会党県連内での大沢の活動をサポートするため共産党本部員二名の派遣さえ約束した(21)。つまり青森県社共合同の実質的な開始は四八年暮ではなく、四五年暮までさかのぼることになる。第五章第1節で述べたように、四九年の第二四回総選挙後、二月に開催された第五回中央委員会総会において、徳田は出席した大沢を「三年間の宿意をとげて入党へふみき」ったと紹介している。時間的には符合する。

人民解放連盟結成をきっかけとする青森県の社共合同の背景には、青森県が共産党中央がある東京と炭鉱労働者を先頭に労働運動が盛んだった北海道の中間地点であり、海陸交通の要衝、つまり必ず下車・乗船、下船・乗車し、一泊もするという地政学的な条件があっただろう。

社会党左派と共産党

社共共闘の結果かどうかは不明だが、第一章第1節でもふれたように社会党青森県連執行委員会は青森県人民解放連盟結成以前に、党本部批判声明を出している。『赤旗』四六年一月一日付「本部の方針に反対し　共同闘争決議」によれば、前年一二月一四日の社会党青森県連執行委員会は「天皇制並に共産党との共同闘争」に関する党本部指示に反対した。このニュースを共産党は一月一〇日の記者会見で発表した[22]。

日本社会党青森県支部連合会執行委員会の日本社会党本部常任委員に対する通牒

一、天皇制に関してはその重大性に鑑み、騒々〔ママ〕とこれを確定するが如きは極力避くべし。しかも現常任委員会は、創立当時止むなく一時的便法による選挙によつて選出せられたるものなるが故に、特にこの点に留意し全党員の声に聞くべし。

二、共産党と雖も将又自由党と雖も、日本民主主義体制の確立といふ大原則の前にはすべからく大乗的見地に立つて封建的残滓の一掃に協力すべきものとす。よつてわが支部は支部連合会創立当日の宣言に基き重ねて党本部の再考を促す。

社会党青森県連は党本部を過渡的・仮設的指導部として受け止めていたのであり、政治情況はいまだ星雲状態にあった。

一月一三日には津川武一・原克・唐牛進・山鹿守一・一戸（名不詳）・石岡修一・落合直文・福士庄之助・五味宣雄・中村八十吉・林徳右衛門により共産党結成が準備され[23]、一五日に数百名が参加して共産党青森地方委員会結党大会が開かれる[24]。準備会メンバーの多くも治安維持法で検挙された経験を持つ[25]。二月一一日には三八地区委員会も組織された[26]。

全国的な統一戦線結成の気運は、第一章で述べたように四六年一月の野坂参三帰国により大きく膨らむ。野坂は民主人民戦線結成を主張し、四月には山川均提唱の民主人民連盟が結成される（四七年五月解散）。社会党本部は否定的だったが、大沢は社共共闘を志向した。『読売新聞』四六年一月一六日付「時は来た民主戦線」の中に、「期待を裏切らなかつた野坂」と題する大沢発言が見られる。

民主戦線結成はもはや地方の一致した議論である。民主々義勢力を結集する以外に日本を救ひ日本を再建することは不可能だからだ、さういふ意味で野坂氏の帰国にわれわれは非常な期待をかけてゐたが、彼はその期待を裏切らなかつた、従来共産党と社会党の喰ひ違ひは天皇制問題にあつたが、こんどの共同声明で非常に接近したと思ふ、他の政策においては最低の線で妥協し各党が友愛の精神で結んでその独自性を認めていくといふ共産党の態度が具体的にこの通りになれば、もはや共同戦線を阻むものは何もないといへる、具体的な問題で共産党がその線で進んでくれることを期待すると同時に、社会党本部もこれを機会に一歩前進してほしいと思ふ

大沢は野坂の天皇制容認を入り口に、社共共闘戦線が可能になると見た。さらに三月には、「共産党の有する高い指導性を理解」し、社会党本部に巣食う「右翼幹部追放の全国的運動」を起こすとの声明を発表した[27]。社共共闘の新しい姿が大沢の中でイメージされつつあった。

戦後青森県史では、三月二二日に開催された社会党県連主催の労農大会を「社共統一運動の嚆矢」と位置づけている[28]。社会党県連は自由・進歩連立内閣への条件付き参加を声明した党本部を批判し、社会・共産・協同三党の連立内閣以外を認めなかった[29]。青森県社会党の親共性は明らかだった。

社共合同の復活メーデー

四月二〇日の第二二回総選挙によって情況は動く。第一党は日本自由党（総裁鳩山一郎）一四一議席、第二党は日本進歩党（総裁町田忠治）九四議席、第三党は社会党（書記長片山哲）九三議席だった。共産党はわずか五議席にとどまる。全県一区（定員七名・連記制）であった青森県では、大沢が約三万五〇〇〇票を獲得して、五位当選。社会党の他候補柴田久次郎・西村菊次郎、共産党の津川武一・山鹿守一は、山鹿を除いて一万票以上を得たが、全員落選した。

社共の議席数の開きは以後の両党の離間を予想させたが、青森県では引き続き社共共闘が進められた。総選挙直後の戦後最初のメーデーでは、青森県選挙区で当選した大沢久明を中心に社共両党の指導のもと復活メーデーが開催された。小雨が降る中、青森市中央部の柳町通りに約一万人が集まり、メーデー実行委員長の大沢は「国敗れて山河ありというが、いまわれわれの前には、国敗れて餓死ありの状態である」「働く民衆を飢ゑしめ、労働者の自由を束縛するものは封建的な古い力である。本県の農、また一般勤労労働階級は力を結集してこの古い力を破壊しなければならない。けふはその巨歩を始める日でもある」と訴え、続いて登壇した津川の演説には「異状なほどの反響と拍手、歓声」があがったという[30]。決議文には「民主戦線の統一と社会党中心内閣即時結成」と見える。社共共闘による社会党中心内閣結成がめざされた。

一方、五月一一日の社会党代議士会において森戸辰男が救国民主連盟を提唱する（第二章第1節参照）。大沢は『週刊自由』五月一五日付「機熟す民主戦線　右派ダラ幹は厳重監視　大沢久明代議士帰青談」で右派批判をするが、内容からして執筆時期は復活メーデー以後、一一日の代議士会以前と思われる。「保守戦線とそれに合流を意図してゐる社会党右翼と、社共合同で行かうとする民主戦線」という対抗図式を描き、初めて「社共合同」の用語を使っている。

大沢と共産党の近さは衆目の一致するところでもあった。『月刊東奥』四六年四月号「新代議士の横顔」は大沢について、「本来共産党員であるべき彼がなぜに合法時代になつて今更社会党などに入つたか、諒解に苦しむ進歩的分子もあるやうだが、彼には彼の目算があるにちがひない」と評している。この点は県内の社会党員の思いにつながっていたと思われる(31)。

八戸における民主戦線

さて、のちに青森県社共合同の中心人物となる社会党の大沢久明と共産党の津川武一はともに津軽出身で、社共合同の幕開けとなる四八年一一月の日農青森県連大会も津軽の中心地弘前市で開かれた。こう考えると社共合同の発祥の地は津軽のように見えるが、その前史は南部の八戸市長選挙にあった。

功刀俊洋の研究(32)によれば、四六年七月の八戸市長選挙に向けて、社共両党は八戸人民民主同盟を結成し、医師の岩淵謙一を統一候補に擁立するが、固辞され破談になりかけた。そこに共産党県委員会委員長で同じく医者であった津川が急遽八戸入りし、あらたに八戸民主人民連盟を結成することで岩淵擁立を実現させる(33)。岩淵と津川はともに医療民主化をかかげた巡回労農実費診療同盟の発起人という間柄でもあった(34)。しかし、候補者擁立が共産党主導で進められ、社会党三八支部書記長の相馬寒六郎が共産党入り（四八年県議補選で八戸選挙区候補者）したこともあって、選挙後に社会党三八支部は分裂し、社共は対立することとなる。

青森県救国民主連盟

これと並行して社会党県連は人民解放連盟・民主人民連盟を継承する形で救国民主連盟の結成を共産党青森県委員会に申し入れる。社会党県連会長は大沢久明であり、共産党県委員会委員長は津川武一である。大沢と津川の見解は社共共闘の方針で一致していた[35]。中央での救国民主連盟は最終的に共産党を排除するが、青森県は社共共闘を進めた。六月一一日に救国民主連盟青森県支部結成準備会が開かれ、社会党（大塚英五郎県連書記長）、共産党（津川武一県委員長）、労働・農民・消費・文化各団体代表のほか青森県民党（桜田昌義）も参加した。

八戸市長選での民主派統一候補擁立と八戸人民民主連盟結成は、全県下での民主戦線結成を促進し、北日本青年党（江渡誠一）、農村建設同盟（仁尾勝男、協同党系）など地方政党や、中立系県会議員候補、弘前高校教授会など広範囲な団体も救国民主連盟に結集するものと予想された。しかし、八戸では市長選のしこりがあり、社会党三八支部の反共姿勢は深化していた。

青森県救国民主連盟（第一〇章第3節参照）は七月七日に結成される。社共両党をはじめ、三五労働組合、一七農民組合、三消費組合、二漁業組合、二文化団体から約一三〇名が参加し、委員長に大沢、副委員長に津川・岩淵、書記長に大塚を選出した[36]。共産党中央は八戸市長選以降の社共共闘を高く評価し、『前衛』四六年一一月号の中央委員会政治局「地方選挙闘争の一般方針」は、「青森八戸市長選のごとく共産党・社会党・労農団体等からなる民主戦線を基礎にした共同闘争によつて、遂に進歩党・自由党に肉薄し、保守陣営の顔と情実の地盤を下から相当切り崩してしまつたのである。かゝる情勢は今や全国的にあらはれてゐる」と、民主戦線の共闘モデルとして八戸の社共共闘を高く位置づけた[37]。

社会党県連も党本部の統制を離れ、独自の動きを見せていた。連盟書記長に選ばれた大塚英五郎は社共共闘によって救国民主連盟を北海道東北六県に拡大し、東北北海道民主戦線懇談会の結成さえ計画していた[38]。『日本社会新聞』八月一四日付「吉田反動内閣を倒せ」によれば、社会党と日農の共催で東北北海道協議会が四日に開かれている。同記事は、救国民主連盟に関して青森県のほか、岩手・宮城両県でも共同闘争が行われ、とくに「青森県の場合は共同闘争の発足が比較的早く、凡ゆる労農運動が社共共同で行はれたため共産党を除外した民主戦線は成立しえない事情にあることは注目される」と報じている。社会党本部においても青森県の社共共闘は無視できなかった。(39)

津川も救国民主連盟の結成に向けて次のように論じた。(40)

　来る七月一日に計画されてゐる救国民主連盟の食糧メーデーの持つ意義であるが、本県における救国民主連盟は中央に於ける方針を一応汲みつゝも、これを真に「われら」のものにするべく、議会部を中心とせんとする中央の方針よりも更に一歩をすすめ広く勤労大衆に根を置いて発足することになり、社共の両政党は勿論のこと、労働組合、農民組合、消費組合及び文化団体等九つの政党、労農、消費者団体を平等の立場と平等の権利に於いて協力することに決定し、日本の民主戦線の本来の正しい在り方に対して代表的例示をなし、日本の民主戦線に本州の北から先づ方向を与へんとしてゐる青森県勤労大衆の野心的努力である。

人民解放連盟の結成時、「中央に魁けて青森県に於ては堂々と民主主義的団結が成立して巨大なる闘争は開始せられた」と先駆性を誇示したように、救国民主連盟結成に際しても、「中央の方針よりも更に一歩をすすめ」「日本の民主戦線の本来の正しい在り方に対して代表的例示をなし、日本の民主戦線に本州の北から先づ方向を与へんとしてゐる青森県勤労大衆の野心的努力」と自賛している。社会主義者・共産主義者としての先駆者意識には目を見張るものがあるだろう。この点は第一〇章第3節で述べる『前衛』四六年一一月号の津川武一「青森県における民主戦線」にも明確に表れている。

大沢久明の反本部方針

大沢は党本部の憲法改正案に反対して、共産党寄りの姿勢を示し、(41)社会党代議士会では社共共闘路線を主張して、大いにもめた。(42)全国で救国民主連盟をめぐるさまざまな対応が見られた中、(43)青森県はきわめて急進的だった。

しかし、社会党県連も一枚岩だったわけではない。淡谷によれば青森県救国民主連盟結成の陰で大沢外しが進められ、「反共戦線」が台頭しつつあったという。(44) 大沢がそうした動きに気づいていたかどうかは不明だが、引き続き共産党との共闘をめざしていた。それは青森県内に限らず、議会内でも徳田や志賀らと共同戦線を組んだ。(45)

戦線統一をめぐって社会党の左右両派が衝突したのは、九月末の第二回党大会である。森戸が提出した救国民主連盟結成促進緊急動議に対して、大沢をはじめ左派代議員は共産党との連携を主張し、議場は大混乱となった（第一章第4節参照）。一一月の社会党県連第二回大会で大沢は委員長に再選されているので、青森県内では大沢派の勢力はいまだ強固であったと思われるが、一二月に入ると、三八支部が容共派と反共派に分裂する。(46) 支部指導部は党本部の意向に沿って救国民主連盟支部を結成しようとし、社共共闘派はこれに抵抗した。

第3節　一九四七年

社共共闘の確立

南部での反目があったが、青森県全体では引き続き社共共闘が維持された。一九四七年一月一五日に青森市で社会党県連と共産党県委員会をはじめ各労組の主催による「生活を守る市民大会」が約二〇〇〇名の参加で開かれている。(47) 二・一ゼネストの中止を機に青森県労働運動の中心は青森県労働組合地方協議会から新設の青森県全労働組合会議に移り、大沢や津川らは第一線から退くことになるが、(48) 来るべき総選挙に向けて民主戦線統一の動きは活発化する。

まず三月三日に日農県連（会長岩淵謙二郎）が社共両党と労農代表を集めて選挙共同闘争委員会を開催し、民主戦線統一を提唱する。(49) 社会党青森市支部も「社会党中心の民主内閣樹立」「右派幹部の責任追及と党臨時大会の要望」を決議し、左派主導の選挙戦を訴えた。[50] 一一日には民主戦線選挙闘争委員会において社会党案の「主なる県政対策」が決定され、「一、封建青森県の無血民主革命断行」には次の項目が列挙された。「①悪徳官公吏、警察官吏等の総追放　②官公吏の生活権確保と官紀の徹底的粛正　③官公署の徹底的民主化　④人材抜擢の徹底化　⑤教育行政の民主化　⑥農村封建性の一掃と新文化の建設　⑦労農各組合民主的団体等の徹底的支援と一体的協力による封建制反動性の一掃」。[51] 同日に民主戦線南部地区（南津軽郡）委員会も結成され、「労農社共の緊密なる提携を確約し民主戦線の必勝を期する」ことを決議し、県議候補者に社会党の柴田久次郎（黒石町）・山口森蔵（浪岡町〔現・青森市〕）、共産党の西谷末七（尾上町〔現・平川市〕）・内山勇（浅瀬石村〔現・黒石市〕）を選んだ。[52] 一八日には北郡下労農関係者選挙懇談会が来る二一日に北郡民主戦線選挙対策委員会を組織することを決めている。[53]

社共共闘の強固さを報じる記事が『アカハタ』四月八日付特派員記事「仲よく坐つて　ある夜のアオモリ行列車」である。三月二五日の上野発青森行の夜行列車内の雑踏の様子を伝えるものだが、興味深いのは車中で集めた民主戦線選挙資金カンパ約二六〇円を青森到着後、まず社会党大沢久明事務所に届け、その後社共両党で折半したと伝えている点である。青森県の社共共闘体制の中心に大沢が位置していたことを物語っていよう。

社共共闘の後退

ところが、選挙戦術・候補者擁立をめぐる対立、四月の第二三回総選挙の協定破綻により、社共共闘は後退する。[54]『社会新聞』四月一四日付「社共戦線解消」は、「青森県連は民主戦線結成については県連の中で特異な地位をこれまで占めてきたが、四月七日共産党から共同戦線解消を申入れてきた、執行委員会では之を受諾することに決定し、こゝに長い間の社共の共同戦線は解消した」と報じ、さらに同二一日付「青森の民主戦線共闘解体の真相」はこう記す。

二・一ゼネストを期に共産党の一部分子は社会党の積極的支援の態度にもかゝわらず、かつてに県全労会議の結成を目論み、在来の労組協議会を解体するの挙に出で、このために各労組は脱退加入をめぐつて対立、共産党内にも非難の声があがり脱党者を出すに到つた、また一方農村方面においても強制発動反対を中心に共同闘争が行われたが、県社会党は食糧事情のひつ迫〔逼迫〕とともに各地にさかんに行われた市民大会の消費者の声を積極的にとりあげ、強権発動一歩前で救国供米促進運動にのり出したために依然として反対を叫びつゞける共産党の非難するところとなり、かえつて保守陣営側の社会党えのデマ宣伝のキツカケを与えるに到つた

同記事は、社共間の軋轢が総選挙直前の選挙共闘（知事選：大沢久明、参議院選：秋田雨雀）を破壊し、総選挙も分裂選挙になったと述べている。これは指導部間の対立（第二章第3節参照）が反映したものと考えられるが、詳細は不明である。ともあれ、社共共闘派にとって、四七年四月二五日の第二三回総選挙の結果は打撃だった。社会党は一四三議席を獲得して第一党、自由党は一三一議席で第二党、民主党は一二六議席で第三党、共産党は議席を減らしてわずか四議席だった。青森県第二区から出馬した社共共闘派のリーダー大沢がわずか九一票差で落選したことも痛かった。大沢は総選挙直前四月五日の第一回県知事選にも出馬していた。六万票余りを獲得したが、三位落選だった（当選は津島文治、太宰治の兄）。選挙戦としてはあまりに無謀だったが、これにはわけがある。当初は社会党から淡谷悠蔵が出馬するはずだったが、選挙間近になって戦時中に東亜連盟に関係していたため公職追放となった。[55] そこで急遽大沢が代理出馬をしたのである。淡谷は四月七日の日記にこう記している。「知事落選の大沢を代議士戦へ乗換えさす為に大塚書記長の苦労、傍で見る眼にも気の毒なり。」

県知事選の四月五日という日も重要である。同日、共産党中央委員の袴田里見から社会党県連委員長の大沢に

選挙提携破棄の申し入れがあった[56]。理由は「候補者の選考、戦線整備等矛盾する面がある」ということだった。これにより総選挙は社共の分裂選挙となり、大沢は惜敗した。第二区での大沢の得票数は一万六八二七票、津川の得票数は八一五五票。社共共闘が成立していれば二万票は固かった。直前の県知事選での大沢の得票数も考えれば、三万票近くまで行ったかもしれない。第二区の最下位当選者は外崎千代吉（社会革新党）で得票数は一万六九一八票だった。社共が統一していれば十分勝てた選挙だった。この敗北から青森県の社共両党が大きく学んだことは間違いない。

大沢指導部の弱体化

社会党が第一党に躍り出たことで、社会党左派も共産党との絶縁を表明し、社共統一戦線の道は消えた。片山哲を首班とする社会党・民主党・国民協同党などの連立内閣が五月二四日に成立する。並行して党本部は反本部的姿勢を貫いていた大沢への圧力を強める。「偽装共産党[57]」と言われた青森県連への指導に乗り出し、次の改善指示をだした[58]。

一、県連は結成当初より共産党と共同戦線を展開したため県民大衆の認識を誤らしめたことに対し最も厳正に批判反省すること

二、今回共産党より民主戦線解体の申入れを受けたるを機とし今後一切の党活動は党独自の方針で進むこと

三、県連今後の活動基本は第二回党大会に於て決定した救国民主連盟の線で行動すること

〔下略〕

大沢は五月二七日の北津軽郡連合支部結成大会の席上、「社、共従来通りの提携に困難性があるところから、今後社会党に独自の立場で政治活動をする」と述べざるをえなかった。県連の方針に異議がある場合、支部が直

接党本部に連携することも認められた。明らかに、党本部の方針に反して社共共闘をめざす大沢執行部に対する下からの牽制・批判であった。日農などから共産党の指導者を排除することも決められた。(59)この間の五月一日、公職追放となった淡谷悠蔵は「去年のあの感激に満ちあの勢いに溢れたメーデーを思う。民主戦線破れ、われ追われ――」と悲痛な思いを吐露している。(60)

第４節　社共共闘の継続

社共共闘の模索と復活

片山内閣の成立後、社共関係は悪化した。一九四七年七月初めに共産党が主導する産別会議の議長聴涛克己が来県している。このとき聴涛は「われわれ労働者支援によって生れた筈の社会党内閣が取った今度の政策は明かに社会主義政策のへんりん〔片鱗〕もない資本攻勢である。これによると労働組合の基本条件である団体交渉権及び罷業権の事実上の抹殺でもあり、社会主義の資本家への敗滅を意味する」と演説している。(61)これは前月に公務員の争議行為の禁止などをうたったフーバー勧告を片山内閣が受け入れたことへの批判だった。フーバー勧告は国家公務員法の制定を経て、翌四八年七月の政令二〇一号となり、公務員の労働基本権は大きく制限される。

しかし聴涛とて社会党政権打倒を提起したわけではない。社会党の「本来の姿」への回帰を希望したのである。全国的な政治情況といい、大沢の苦渋の路線転換といい、青森県内の社共共闘路線は行き詰まったかのように見えるが、社共提携は切れずに、しぶとく持続した。四七年六月に野坂参三が来県した際、大沢らは「野坂代議士を囲む座談会」を開き、野坂も「社会党激励講演会」に出席している。(62)翌七月に開かれた共産党第五回青森地方委員会では、「国民生活安定のため社会党内閣を激励し広範な国民運動を展開する」ことを決めている。(63)

翌四八年三月一〇日、行政整理絶対反対・労働法規改悪反対などをスローガンに青森駅前広場において青森県労働組合共同闘争委員会主催の人民大会が開催され、各労組、農民組合、引揚連盟、社共両党および一般市民約一五〇〇名が参加した。挨拶に立った大沢久明は大会決議を全面支持し「我々社会党左派は社会党右派の幹部が反対しても断乎として闘争するものである」と訴え、共産党の落合直文は「今大沢氏が言った事が本当であれば自分の言ふことがなくなった」と応えている。社共共闘の復活は明らかだった[64]。

大沢久明と津川武一の共闘

同二二日、弘前商工会議所での中弘地区農民大会も社共共闘の高まりのなか開かれた。その情景を記録したのが、沙和宋一「ルポルタージュ　津軽野―青森県社共合同報告書―」[65]である。それによれば、津川武一がリンゴ箱の上に乗って農村の危機を訴えていたところ、大沢久明が会場にたどり着いたとのアナウンスが流れ、津川は急遽演説をやめた。以下、この時期の社共共闘を生々しく実況している文章である。

おくれてきた社会党県連委員長大沢は、警備班の若い共産党員に擁されながら、階段も、入口も、身動きならぬ会場に入つた。満場の拍手にかれは迎えられた。ようやく中央の席についたかれの浅黒い顔が、常になく紅潮していた。おちつきなさそうにさえ見えた。左翼社会民主主義者としてのかれの自信が、剛毅な外貌にも拘らず、その瞬間、ゆさぶられているかに見えた。かれが恐らく高を括つていたにちがいない。未熟で、経験あさい若い共産党員の力で、県未曾有の農民大会が、眼のまえにもたれているのだ。大会は税務署へのデモに移つた。〔中略〕デモは、街をうねつてゆく。先頭に、手をくむ共産党の津川と、社会党の大沢。くろい列のなかには、自分自身に呆気にとられているような百姓の顔もみえた。例年古城の花見の人出で、眼八分に馴れた弘前の商人たちは、大通りにつゞく百姓の大行列を一万と見積つた。これは弥次馬をいれての勘定かも知れない。日農地区で四千名といつているこの農民大衆が、共産党と社会党の結びつきをいつそうつよめた。

同年四月には、共産党南郡支部主催の反税農民大会に社会党南郡支部が参加するという光景も見られた(66)。ただし、社共共闘に対する反発もあり、この年のメーデーは社共共闘の県全労会議系と反対派の県地方産業労組系の分裂開催となっている。

第5節　片山内閣から芦田内閣、第二次吉田内閣へ

芦田内閣論

片山内閣は党内右派の平野力三農林大臣の公職追放、平野派の脱党＝社会革新党結成、党内左派の造反などにより四八年二月一〇日総辞職し、翌三月に芦田均を首班とする連立内閣が成立する。

この間の事情について、社会党県連書記長だった大塚英五郎は次のように語っている。「政変の責任が社会党左派にあると一般に言いふらされているが、今度の予算問題にしても左派は党最高会議の決議に基づいて行動し勤労大衆の基盤に立つ社会党本来の姿に立ちかえつたまでの話である、さかのぼつて考えると責任はむしろ党を売るような行動をあえてとつた一部党幹部と与党幹部にあると思う、ともかく今度の内閣によつて県下の勤労大衆は寄合世帯の弱さをはつきりつかんだ、今後進むべき道はたゞ一つあるのみの決意を強固にした、後継内閣は常識論としては野党たる自由党に持つてゆくべきだろうが、現下の客観情勢から見てそれは無理で結局社会党単独内閣か挙国的連立内閣でなければならぬ、もしそれが出来ないならば解散して国民に指示してもらうのが正しい行方であろう(67)」。

成立した芦田内閣に対して大沢久明と藤田五郎（青森市職組執行委員長）は次のように述べている。[68]「具体的危機突破政策を出したはずの我党五月会〔社会党左派〕の大半がこんどはそれを後まわしにして芦田氏に合流したというのは腑におちない、第三次農地改革とインフレ対策への態度をわれ〳〵は極めて注目して見守る」（大沢）、「今度の芦田内閣も民、社、国の三党連立で政策は前内閣と同じものだ、この点ではわれ〳〵はある意味で失望を感じている、たゞ社会党左派が強く打込んだ政策をどこまで反映させるかに希望をもつているが、この際党利を超越し前内閣当時に失つた勤労大衆の信を挽回するようやつてもらいたい」（藤田）。

社会党青森県連の芦田連立内閣への反発は明らかだった。一方、共産党の津川も『アカハタ』に県内の農民状況を報じて、農民運動の展開をめざした。[69]

社会党県連の左右対立

共産党中央は民主民族戦線の方針を決定し、三月に社会党に戦線結成を申し入れる。さらに西尾末広の献金問題、社会党最左派の黒田寿男グループの造反などもおこり、社会党県連の社共共闘派は再攻勢に出る。七月に入り、県連執行委員会は西尾追放と黒田除名反対を決め、党本部に伝えた。[70] 結局、西尾は居残り、黒田グループが除名されるが（黒田らは一二月に労働者農民党を結成）、弘前市を中心とする中弘支部や八戸支部は県連執行部の反本部的姿勢を批判した。[71] とくに中弘支部は来る総選挙における候補者公認問題もあって、大沢を推す左派と島口重次郎を推す右派が鋭く対立し、[72] 八月に分裂した。[73]

社会党内の左右対立状況の中で、青森県連の位置は際立っていたといえよう。『社会新聞』八月一八日付「十字路に立つ日農戦線」は日農第三回全国大会を前にして、日農青森県連の状況をこう報じている。

大沢〔久明〕氏は黒田氏らが脱党に動いたとき三段飛びをやつたといわれている、地元では大沢が少しでも動いたら切つてしまおうという空気も相当ある、殊にこんど選挙区の問題で下部の農民が相当憤激していることもあるし、万一黒田氏の線で日農が分裂すれば、岩淵謙次郎氏や大塚英五郎氏らは組織の大半をもつて本部派を支持しようといつているそうだ

この記事で注目されるのは社会党県連書記長の大塚英五郎の立場である。最終的に大塚は大沢と社会党脱党・共産党入党の線を進むが、夏の時点では大沢との距離が確認できる。『社会新聞』同日付「青森県連を色目でみるな」の大塚の次の発言からも、県連をまとめていこうと努力している姿がうかがえる。

黒田問題については、党の統制を乱す行為には厳罰をもつて処すべきであることは、県連の一致した意見であるが、とくに階級的良心から出た行動であるから、除名はあまり酷であると思う、西尾氏の処分とくらべるとさらにその感が深い、日農の正統派同志会には反対である、また労農新党をつくることには絶対に反対で、一部では大沢久明氏が新党に参加するかのように伝えられているようだが、大沢氏も県連の一員である以上、全県連の意向に反して、一人で新党に行くようなことはありえない、県連として現在本部に最も要望したいことは、青森県連を特別扱いにするなということである、さきの委員長の東北遊説のときも青森県連にはよらない日程であつた、青森県連を色目でみることは絶対にやめてもらいたい

社会党内において青森県連は鬼子的存在であった[74]。八月に来県した社会党左派（「現実左派」と呼ばれた）の野溝勝国務相は日農青森県連主催の農民大会に出席して、次のような共産党批判・県連批判を行っている[75]。

日農内のフラクシヨン活動は正しい農民運動を進めて行くために絶対停止しなければならぬことだ、われ〳〵は今この線を堅持して戦つている農民運動でも労働運動でも容共政策をとつていたのでは発展がないし、われ〳〵自らが墓穴を掘るような結果になり、容共統一派の指導下にある青森県の農民運動もこの辺で切替えなければならない、正しい日本の農民運動からおきざりを食うことになるだろう、県下の指導者は自

らの政治野心を達するため沢山の農民を犠牲にする不心得を一日も早く清算すべきだろう党本部の要請は、日農県連の「容共統一派」「不心得」、すなわち社会党青森県連を率いる大沢グループに決断を迫るものだった。

左派指導下の社会党県連

共産党中央にとっても、北海道・東北地方の政治情勢は見逃すわけにはいかなかった。四八年夏の遊説を終えた伊藤律は、両地域の「大衆の革命的な憤激を燃え立たせ、これを闘争において組織する能力がわれわれにまだ不足している」と反省している[76]。

芦田内閣は昭和電工事件で総辞職し、一〇月一五日に民主自由党を与党とする第二次吉田内閣が成立する。各政党は解散総選挙をにらんで準備を進め、社会党青森県連は一一月三日に定期大会を開き、候補者の選定をした。一区に米内山義一郎、二区に大沢久明を推す左派と、一区に西村菊次郎、二区に島口重次郎を推す右派が激突し、結果的に右派が退場することで、左派の候補者に決定した。大沢は委員長を降り、新委員長に柴田久次郎、副委員長に岩淵謙二郎、書記長に大塚英五郎が選ばれ、社共共闘派が県連執行部の多数派となった。大沢は岩淵謙一とともに顧問に就く[77]。

しかし、この時点で大沢を筆頭とする左派グループは、共産党ではなく、黒田派の労働者農民党に向かうものと思われていた。淡谷悠蔵は「大沢、大塚達は労農新党へ転身する為に身内の代議員をあつめて遮二無二切り抜けようとした大会丈に無理が見えて仕方がなかった」と記しているが[78]、一般報道も大方そのように見ていた[79]。大沢が選挙後に労農党に入党する「腹を固めた」と報じる新聞さえあった[80]。

しかし、大沢が県連大会で二区候補者に選定されたにもかかわらず、労農党に移れば、島口が社会党候補として出てくるだろうし、共産党の津川も出馬することにもなろう。よって左派の票を当てにする大沢と津川は共倒れになる公算が大であると報じられた(81)。前年実施の第二三回総選挙の結果からして当然の予想だった。大沢の労農党入党は微妙となる。すでに労農党結成に向かう社会党からの脱党者も出ており、委員長予定者として工藤海門（国労）の名前もあがり、労農党青森支部の結成大会も一二月二日に予定されていたが、大沢の心境は「動揺」しており、最終決断はまだ着いてないといわれた(82)。労農党とは別の新党結成さえ想定されていた。

この時点で、大沢は①左派系指導部のもとで社会党県連残留、②社会党脱党派とともに労農党入党、③第三の新党結成のいずれかに向かうだろうと見られていた。③の新党が「社共合同」を意味したのかもしれない。南津軽郡浪岡町の社会党青年部長が脱党し、労農党と共産党で迷ったうえ共産党に入党するという出来事もおこっていた(83)。大沢たちに先駆けて、社会党の下部組織は動きつつあった。しかし、大沢の共産党入党や来るべき総選挙における社共共闘候補者の一本化の話はまだ表面化しない。それが一挙に浮上するのが一一月二八日農青森県連大会である(84)。

第七章　青森県社共合同の誕生

第1節　日農青森県連大会

日農と青森県

革新政党の対立が農民運動の抗争と連動していたことは、第三章でも触れた。日本農民組合（日農、会長・須永好）の中央再建は一九四六年二月九日のことだが、青森県連の結成はそれよりも一ヵ月早い一月一〇日のことである。会長は淡谷悠蔵、書記長は内山勇（黒石町）、会計は中村勲（東青）が選ばれている。(1) 翌四七年二月一二日の日農第二回大会では反共産党の平野力三派が退場して日農刷新同盟を組織し、同年夏に全国農民組合（全農、議長・賀川豊彦）を結成する（全農青森県連は九月四日に結成。会長は社会党の西村菊次郎。南部中心に勢力を広げた）。その後、日農（委員長・黒田寿男）は社会党右派、社会党左派、共産党の鼎立状態となり、主導権争いが強まる。社会党右派は日農主体性派、社会党左派・共産党は日農統一派を形成していく。この時期の農民運動の主要課題は、強権的な米供出および過重な税金への反対運動である。(2)

青森県農民運動の指導者は共産党県委員長の津川武一だった。(3) 津川は四八年八月一九日の国鉄弘前機関区員の職場離脱(4)を煽動した疑いで公務員の争議行為を禁止した政令二〇一号違反で逮捕状が出ていたが、(5) 一〇月八日、弘前税務署前の約一〇〇〇人が参加した農民大会に、若者たちに守られて一か月ぶりに姿を現した。津川は大会終了後六〇〇名の農民を率いて市中をデモ行進し、青森地検弘前支部前で憲法擁護人民大会を開き、その後自宅に帰ったところ身柄を拘束される。[6] 大沢は津川の公判闘争を支援し、津川は大沢を特別弁護人に申請した。[7]

この裁判闘争は社共合同へはずみとなるが、社共合同の立役者はこれまで述べてきたように共産党農民部長の伊藤律であった。伊藤は農民運動の直接的経験はなかったが、農家出身で、[8] 三〇年代後半に東京帝国大学経済学部の土屋喬雄研究室や全国購買組合東京支所を通じて農業経済史の研究や農村調査に従事していた。当初は農民組合否定論・農民委員会結成路線に立っていた共産党は、方針を変えて四六年二月九日の日農再建大会に参加する。[9] 伊藤はすでに東北地方をオルグで回っていたが、[10] 四七年一二月下旬の第六回党大会後、政治局員の地方オルグ担当が決められ、伊藤は正式に福島県を除く東北のオルグとなる。[11] この点も東北に社共合同が広まった要因の一つである。第六回党大会直前および四八年春に伊藤は東北を回り、その様子は『アカハタ』四七年一二月三～五日付「東北の旅から（上・中・下）」、同四八年三月一九・二〇日付「春雪の東北から」で報じられている。また四八年夏の北海道・東北オルグについては同八月四日付「当面の闘争の意義と方針　伊藤中央委員帰京談」が報じ、政治煽動の必要性を強調している。

大沢脱党に関する報道

社共合同後のことであるが、津川は『アカハタ』四八年一二月一六日付党生活欄「青森の共社合同はどうしてうまれたか（下）」で、同年七月に県委員会が伊藤律を迎え、「大衆の要請に応じて下からのと上からの民主民族戦線を展開すること、共産党を大衆にしん透〔浸透〕させてきたる総選挙には大衆からおされた単一候補として共産党が選ばれるようにすること」を決定し、その延長上に憲法擁護民主連盟を組織したと記している。青森県委員会に対する伊藤律の選挙指導が早期に始まっていたことを示す注目すべき事実だろう。

「憲法擁護民主連盟」（あるいは憲法擁護同盟）について述べておこう。同連盟は八月六日に青森市内で社共両党をはじめ、国労・全逓・電産・全財・日通・教組・機器・地労委組織・農地委員会組織・農業団体従組・日農・朝連青年同盟県本部などの参加で結成された。また憲法蹂躙反対委員会も組織し、選挙共闘実行委員会の設置も決めた[12]。同時期に準備会をスタートさせた民主主義擁護同盟の地方組織としては、全国でも早い例である。九月五日には青森市内で約二〇〇名が集まって国際青年デーが開かれ、不当弾圧反対・青年民主民族戦線結成・芦田内閣打倒を掲げ、青年行動隊の組織、憲法擁護民主連盟青年行動隊への結集を決議した[13]。

さて、一一月二八日の日農青森県連大会に向けて、伊藤は二六日夜半に弘前入りし[14]、二八日に弘前市の日農県連大会に乗り込む。伊藤が眼を光らせる中、大沢は最終決断を迫られる。大会の最大の問題は、来るべき総選挙の二区候補者を誰にするか、大沢か津川かということだった。すでに社会党県連は一区米内山義一郎、二区大沢久明を決め、反大沢は少数派だった[15]。結果的に日農県連大会は二区の大沢擁立を決め、大沢は共産党に入党することになるが、そのプロセスを『陸奥新報』・『東奥日報』・『朝日新聞』青森版・『毎日新聞』青森版・『読売新聞』青森版（以上、青森県立図書館所蔵）および『アカハタ』の順に見ていこう。

①『陸奥新報』

一一月二九日付「二区の民主陣営提携成る　社共合同大沢氏を推す　日農大会で選挙対策決る」によれば、大会議長は柴田久次郎。伊藤律、工藤海門（憲法擁護民主連盟）、津川武一、大塚英五郎の祝辞、日農本部常任委員をつとめる大沢久明の経過報告、内山勇の県連報告、会計報告が行われ、役員改選で委員長大沢、書記長内山、会計平沢鉄男、顧問岩淵謙二郎（前委員長）を決め、選挙対策では「民主、民自、国協、社会の四党は絶対支持せず、社共合同を前提として大沢久明氏一本で進むこと」を満場一致で可決し、大沢も受諾した。

しかし、同記事によれば、大沢は大会の席上では入党宣言していない。それは大会終了後の記者会見の出来事だった。大沢の発言は次の通りである。

問、社共合同して新党を作るのか、それとも共産党に入るか。

答、共産党に入る。今日の大会では県内の社会党と共産党がこれを契機に合同せよという空気が強かつた。共産党はこれに対し双手をあげて賛成するだろうが、社会党がそこまで行けるかどうか疑問だ。私個人としては組織（同志）と共に大きく展開したい。従つて今日の大会の決議に従い社会党県連をあげてその実現に進みたい。

問、十二月二日結成される労農新党との関係はどうか。

答、無関係である。ただそれも大きな立場から社共合同の線で進んでもらいたいと思う。

問、右派が反対すると思うが……。

答、確実である。しかし、私は行動を共にする同志と一緒に入党するのだ。

問、入党は選挙の前か、後か。

答、選挙前に、しかも出来るだけ早く。

問、共産党は二区の候補者に津川氏を決めているが、それと諒解があるのか。

答、ない。しかし共産党も今日の大会決議には賛成すると確信する。

問、二区には右派から島口重次郎氏の立候補が予想されているが、自信はあるか。

答、自信はある。前の選挙では私の得票が一万六千、津川氏が八千あつたが、その大半を獲得出来ると思う。島口氏が出てもわれわれの地盤に喰い込む余地がないと思う。


この会見記事から、第一に大沢は全面的組織的な社共合同と共産党への集団入党を区別しており、後者を先行させたこと、第二に労働者農民党への参加を見送ったこと、第三に二区候補者の大沢一本化は未確定であったこと、がうかがえる。

②『東奥日報』

『陸奥新報』と同様、一一月二九日付「大沢氏、共産党入党表明　弘前の日農県連大会で」によれば、選挙対策に関して「民自、民主、社会、国協の四党には投票せず、あくまでも農民のために働く共産党を支持すること」を決議すると共に、大沢の社会党脱党・共産党入党の動議が可決された。大沢の共産党入党宣言は大会終了後の記者会見でおこなわれ、彼はこう述べている。

自分は日農大会の今日の決議に従つて急速に社共合同に乗り出すつもりだ。自分は選挙のため十二月上旬ころ共産党に入党することになろう。また十二月誕生する労農新党は無関係である。

この記事では、大沢は「社共合同」を「共産党入党」の意味で語っているが、組織的合同ではない。三〇日付「大沢氏共産党へ入党せば　転換せん労農運動　社党県連の主導権は中間派へ」は、大沢の共産党入党の背景として、第一に社会党本部が右派に主導されたことで、県連と本部の関係が「切断」され、県連の「孤立」化が進んだこと、第二に黒田の労働者農民党が予想に反してそれほど党内左派を結集しえないことをあげ、出口を失った大沢が勢い共産党へ向かったと論じている。この時点で社会党から共産党入りするのは約一割、せいぜい三割と見られ、大塚英五郎の去就が注目された。

③『朝日新聞』青森版

一一月二五日付「日農県連大会　二八日弘前市で」によると、この時点で社共間の協議はなされておらず、大会は「社、共両系農組の間にはげしい論争がひろげられる」と予想された。三〇日付「選挙対策協議　共産党県大会」は二七日開催の県大会（『陸奥新報』二七日付「共産党員会議」によれば、弘前地区全党員会議）で伊藤律の指導の下、「社会党と憲法擁護民主々義連盟の両団体から申し入れのあつた労農組と社会共産両党を一丸とした民主戦線結成と民主戦線から各区候補者一名ずつに調整しようとの戦線提携」について話し合い、「党の政策を承認する」ことを条件に候補者の一本化を認めたとする。津川を降ろして大沢を擁立する可能性が生じたということだろう。同じく三〇日付「大沢久明氏共産党へ　第三回日農県連大会で言明」が報じる選挙対策は、『陸奥新報』『東奥日報』と同様である。柴田・大塚の入党も明示されている。

④『毎日新聞』青森版

三〇日付「大沢氏近く共産党へ　日農大会で言明　労農陣営に新分野」は、選挙対策について「民主、民自、国協、社会の四党を排撃し社共合同を前提に大沢氏一本やりで進むこと」になったと報じる。大沢は社会党本部から公認されない恐れがあったため出馬断念も考えたが、津川票と合わせれば当選可能なので、共産党入党を決意したと見ている。寸前まで労働者農民党入党が予想されたが、それでは分裂が増幅するので、労農党を切ったと読んでいる。一二月二日付「大沢氏極左転回と民主陣営　苦境の〝左派〟を脱出　日農、社党の分裂へ拍車」は、大沢の共産党入党は彼が「とるべき唯一の道」だったと述べる。

⑤『読売新聞』青森版

三〇日付「大沢氏、共産入り表明」は、大沢は「労農党入りを決意していた」が、一一月初めの社会党県連大会で委員長を降り、後任を柴田久次郎に譲った時点で共産党入党を決意していたと見ている。一二月一日付「左右両派の抗争」は、後述する同五日開催予定の社会党県連常任執行委員会を次のように予想した。

柴田委員長を中心とする左派は第二区から公認することになつていた大沢氏が共産党入りをしてもこれに代る候補者を出さず社共戦線統一の立場から大沢氏を応援する意向に対し、右派の島口重次郎氏らは再び島口氏公認を迫り目下両派は腹の探り合いをしているようだが、勢力の強い左派では右派の要求を強引に押切る作戦も考えており成行きは注目される以上①から⑤の報道をまとめるならば、第一に一一月二八日の日農県連大会に向けて、社共間で二区の候補者擁立をめぐって綱引きがあった。第二に前日二七日の共産党会議で政策協定の上、大沢への一本化の道が開けた。第三に前回第二三回総選挙で九一票差の惜敗に泣いた大沢は津川票の吸収を前提に共産党入党を決意した。第四に大沢の共産党入党声明は『陸奥新報』『東奥日報』によれば、大会終了後になされた。第五にその結果当初予想されていた労農党入党の線が消えた、ということである。

これらの報道に対して、『アカハタ』はどうだっただろう。

⑥『アカハタ』

まず一二月一日付「憲擁同の決定」が注目される。一一月二四日に開かれた護憲民主連盟代表者会議は総選挙での社共共闘を確認し、次の四点を決定したという。

一、当面のすべての活動目標を選挙におく
一、同盟〔連盟〕参加の各労農団体は独自の候補を立てない
一、公務員法改悪反対など人民の生活の安定と民族の独立のために闘うものを支持し、亡国予算に賛成するなど人民をふみにじつたものと闘う
一、この選挙闘争をつうじて民主戦線を拡大強化する

この報道の意味の大きさを示すのが、同日付「大沢久明前代議士入党　青森県下社共合同へ　保守陣営の打撃甚大」である（図５）。共産党は護憲民主連盟を「全県下の唯一の民主戦線組織」と評価した。連盟の責任者は社会党の工藤海門である。彼は最終的に共産党に入党するが、この時点では労働者農民党県委員長就任が取りざたされていた。つまり、一一月二四日の護憲民主連盟代表者会議において、社会党左派・労農党・共産党の各勢力間で選挙協力が合意されていたということになる。いわば社共労合同の確認である。ただし、具体的な候補者

図５　『アカハタ』1948年12月１日付「大沢久明前代議士入党」

名は報じられてない。

　護憲民主連盟代表者会議をステップに二七日に共産党は県党員総会を開催するが、その様子について同記事は注目すべき内容を記している。「夜に至り社会党大沢久明氏が拍手に迎えられて姿をみせ、インターの歌声の中で伊藤律中央委員と固い握手をかわした」というのである。大沢は「今こそ私は大衆の命ずるままに今までのあやまちを自己批判し諸君の同志となる決意をはっきりつげたい」と述べ、伊藤も「党に入ることこそ何にもまさるきびしい自己批判である。ただ今の決意をきいて涙なきをえない」と答えた。つまり、大沢の共産党入党の公式宣言は一一月二八日の日農県連大会終了後だったが、前日二七日の夜すでに大沢から共産党側に表明されていたのである。この点はのちに伊藤律も証言している[16]。同記事は今後の行方を「全く社会党青森県支部がなくなるほどの大量入党者がある見透しが強く、下部組織ではすでに細胞への入党申込があいつぎ、少くとも下部組織と活動的な幹部は全部入党するものとみられている」と楽観視している。

　一二月二日付「共社合同を支持す　青森日農県連大会満場一致で決議」によれば、一一月二八日の日農県連大会の席上、社会党県連書記長大塚英五郎が「社共のていけい〔提携〕こそ真に農民のために必要だ」と述べたのち、共産党伊藤律農民部長が政治局を代表して、次のような挨拶をしている。

選挙対策にはいってから農民代表はこもごも立って「税金で首をしめた四党に投票するな」と叫び、とくに「共産党だけが農民の味方だ」という声が多く、「本県では真面目な社会党員も共産党も同じだ、社会党は共産党に入れ」という声が圧倒的になつた中で、大沢久明氏は「社会党は腐敗した、共産党だけが人民の党だ、青森県連の諸君、柴田会長、大塚書記長らとも打合せ社共合同し共産党を強めたいと思う、これをなしとげるものは皆さんの下からのもりあがりだ」とのべた〔中略〕第三回日農大会はせまつた。日農を分裂させる野溝君ら社会党右派の手あいは農民を裏切り、日本の独立と働くものの生活をふみにじるものであることは皆さんの知る通りである。私は共産党を代表して皆さんがこの大会でこの陰謀をうちこわす力となることをお願いする。今や国家公務員法、作付統制令など新しいファシズムが起つているがこれをぶちこわすためにはマルクス・レーニン主義にもとずいて共社が合同することが必要であり、これをおしすすめるものも皆さんである。この成否は平和かファシズムかのわかれ目である。

伊藤は一一月七日に共産党中央委員会政治局声明「共社合同に関して」をまとめていた。日農青森県連大会は共産党の社共合同路線が最初に試された場だったのである。[17] 日農県連大会は社共合同を採択し、来るべき総選挙では第二区で大沢を統一候補とすることを決定した。

大沢脱党の衝撃

青森県の社共合同がいかに華々しかったかは、一二月三日付『アカハタ』のトップを飾ったことからもうかがえる（図6）。タイトルは「北から勝利への新道標　＝青森に人民革命への飛躍的な成果＝」。青森に常駐して運動の経緯を報告していたアカハタ特派員は「共産党の政策の下での共社合同はわが国ではじめてまず青森県で実

北から勝利への新道標
青森に人民革命への飛躍的な成果
勤労大衆歓呼の中
共社合同實現へ
輝くマルクス・レーニン主義
決然たる入黨こそ
民主主義者 最大の榮譽
伊藤律氏談
たゆまぬ献身斗争
農民、黨に結集 この日迎う
青森兩區とも
共産黨から立つ
大澤、大塚兩氏最有力
方途失う民同派

図６　『アカハタ』1948年12月３日付「北から勝利への新道標」

現することとなつた」と記している[18]。

しかし、この時点で大沢・柴田・大塚らが一心同体であったかどうかは疑問である。社共合同後の新聞記事だが、『朝日新聞』一二月一四日付青森版「県政に描く〝大沢旋風〟の波紋」に興味深い記述がある。日農県連大会のあと、社会党左派の柴田・大塚、労農党の工藤海門、共産党の津川武一・内山勇が黒石（柴田宅か）に集まり、相互批判を展開したが、この時「大塚、柴田両氏は本県労農運動の草わけ時代からの大沢氏との縁を切るのはこの際だと結論をつけ社会党に残ろうとの態度だつたが、大沢氏なきあとの社会党と共産主義から出発した戦後社会党員として過ごした闘争経験と大きくゆれる党本部の現状からおして本然の共産主義者に帰るべきだと決意し」たという[19]。これは後年の淡谷悠蔵と竹内俊吉の対談とも合致する[20]。大沢派とても当初から一枚岩ではなかったと思われる。

第2節　社共合同への道

大沢脱党の意味

一般紙の報道を踏まえれば、日農県連大会直前まで大沢の労農新党入りが予想され、共産党入党は想定外だった。しかし結果的に、大沢が戦前共産党員であり、戦後社会党の最左派であったことから、共産党入党は落ち着くところに落ち着いたと受け止められたようだが、経緯は複雑である。

『陸奥新報』一九四八年一二月一日付「大沢氏共産党入党の波紋　後味残る社共合同　社党右派の攻勢が見もの」は、二つの重要な点を述べている。ひとつは大沢入党を共産党側がどう迎えるかという点である。大沢入党は共産党員に葛藤を呼び起こす。指導部が大沢を迎え入れようとしても、一般党員の感情は複雑だった。同記事は大沢入党の要因を①共産党からの強力な働きかけ、②大沢の社会党離れ、③大沢の地盤である西北地域における共産党勢力の台頭をあげ、「大沢氏が徹底した自己反省をし、社会党的イデオロギーを清算しない限り入党を拒絶するだろう」と党内状況を分析している。指導部の了解だけではすまないだろうという認識である。

もうひとつは「ポーランドにおける社共合同問題にみられるように社会党と共産党が妥協的な規約をつくって新党を結成するというのではなく、県社会党の巨頭が同志と共に完全に共産党に吸収されるというところに注目さるべきものがあり、それが成功するか否かは次期選挙において具体的に現われてくるだろう」と述べて、東欧の社共合同とは異なり、日本の社共合同は社会党指導部の共産党への吸収でしかないとしている点である。序章でものべた、看板に偽りありという指摘である。

『毎日新聞』一二月二日付青森版「大沢氏極左転回と民主陣営　苦境の〝左派〟を脱出　日農、社党の分裂へ拍車」は、別の視点から社共合同をシニカルに見ている。大沢擁立が社会党本部の公認を得られそうになく、かといって労農新党では展望がない、折しも政令二〇一号違反で津川が立候補不可能になれば、「共産党へ入党して津川氏の地盤をそのまま譲り受け、加えて社会党左派の票を奪う」戦術で政治生命を保とうとしたというのである。

『毎日新聞』の視点につらなるのが『アカハタ』一二月三日付・伊藤律「雪の東北から」である。同記事は大沢たち左派主導の社会党県連の地盤＝西北地方が農民闘争の進展により、共産党の指導下に入ったことが「社会党指導者を含む大量入党のくさび」になったと見ている。これは前掲『陸奥新報』一二月一日付「大沢氏共産党入党の波紋」に通ずる観測であり、大票田の日農が共産党傘下に入ったことで、社会党左派が共産党入党を決断したと論じている。

伊藤は一一月二六日夜半に青森入りして県委員会に出席し、翌二七日に県党会議を指導し、二八日の日農県連大会の結果を見届けたのち、奥羽本線経由で帰京している。注目したいのは来県直前二四日の護憲民主連盟代表者会議と来県翌日二七日の県党会議である。伊藤は代表者会議において共産党県委員長岸谷俊雄が「候補は当然共産党である」と主張し、参加者の多くがそれに賛同したが、「社会党の大沢さんが共産党で立つてくれゝばなあ」という声が聞かれたという話をとりあげている。

『アカハタ』一二月一六日付党生活欄・津川武一「青森の共社合同はどうしてうまれたか（下）」が記しているように、護憲民主連盟は共産党候補の単一擁立のために組織されたのだから、岸谷の主張はもっともだった。しかし、伊藤の前掲「雪の東北から」が示すように、大沢待望論が出ていたということは、共産党も一枚岩ではなかったことを示唆している。

県党会議においても大沢の共産党入党は確実視されたが、二区の統一候補を津川にするか大沢にするかで議論は沸騰した。伊藤は語る。「権力に対する烈しい共同闘争の中で、共産党津川武一氏を中心に、社会党に対する実践的批判を鋭く展開してきた津軽の諸君は、涙さえ浮かべて主張した。『ここで津川君を下げるなどと言ったら大衆は怒つてしまう』〔中略〕やがて会場にきた大沢氏が『私たちが一兵卒として党に参加したとき、諸君にお願いする。最もか烈きわまる闘いの部署を私共に与えてくれることを』とそのあいさつを結んで私の手をにぎつたとき、多くの同志は泣いてインターを歌つた。」

大沢脱党の瞬間

社共合同成立直前の一一月二七日に開催された県党会議の緊張感を伝える史料をさらに二つ見てみよう。一つは前掲沙和「ルポルタージュ　津軽野—青森県社共合同報告書—」である。沙和が引用する藤田祝（新日本文学会青森支部会員）の小説「淡雪」の一節は大沢擁立に至る間での葛藤を伝える。

猛烈な討論がはじまつた。だんだん場内は、昂奮につつまれて行つた。やつれた顔で、論議の中心になつているT（津川武一）県委員も、髪をかき上げかき上げして、早口でしやべつた。I（伊藤律）委員も、議長！　とい〔う欠ヵ〕ように手を上げては、発言した。「どちらが革命の利益になるか？　大衆は何を求めているか?」と、訴えるように、I委員はみんなにたずねた。〔中略〕「……大衆はこのことを要求している。一しよになつてくれ、と望んでいるのだ。その大衆の声に従わなければならない。何ごとも革命の利益のためから、我々は私心を捨てて考えねばならない！　この青森県に於ける合同が実現したならば、どうか?……それは日本全国だけではない。それは全世界に影響を与えることだ。今度の選挙に於て共産党が勝つたら、どうなるか?　それは世界の運命を変えるということだ。もし、敗れたら、どうなる?　一切の民主勢力はおしつぶされ、人民が戦争とファシズムへ追い込まれることは、眼に見えている。……みんなとして、忍び難い気持もあるだろう。みんながいう気持はよく分る。みんな党を愛すればこそだ。—しかし、我々の党は誰のものか！　人民のものである。自分の気分のままに、革命をやろうとするものは、革命をもてあそぶものだ。それはアナーキストだ。ボルシヴィキは泣いて忍ばねばならぬ時もある。涙なくして、革命は達成されない。進むも、退くも、革命の一歩一歩が、涙でないものはない……」身体を乗り出して、切々と説くI委員の声にも、涙がこもつていた。しーんとなつて、みんなは聞き入つていた。〔中略〕最後まで反対していた人も、頭を垂れて聞いていた。もう、何もいわなくてもよかつた。みんなは、納得したはればれしい顔を上げて、互に見合つた。どの顔も、ふくれ上るような心をつつみかねたよろこびにかがやいていた。鳥打帽をかぶり、赤黒い顔に眼鏡を光らせて、その人―新しい同志！　たつた今決定した新しい我々の候補者、社会党前代議士O氏（大沢久明）―が、たそがれの色ただよう、後の入口に姿をあらわした時。それをふり返つてみんなが見た時、一隅に起つた拍手の音は、次第に大きさを増し、潮のように場内を圧した。（―中略―拍手は鳴りやまなかつた。インターナショナルが歌われる。）彼からは丁度まつすぐな壁際に、O氏と立候補を代つたT（津川武一）委員が、嬉しくてたまらない気持を顔に溢れを〔ママ〕させて歌つていた。（―中略―）「私は、長い間、革命運動に生きてきた者でありますが、これほど、多くの人から、これほど盛んな迎えを受けたことはありません」ようやく拍手がしずまり、口を開いたO氏の低いかすれ声にも、涙はこもつてふるえていた。（―中略―）「同志諸君！　―私は、今はじめて、諸君を同志と呼ぶことができました。……私は、今まで大きな過ちを冒してきました……」（合同する社会党県連を代表して大沢久明は、このあいさつをこう結んだ。「私たちが一兵卒として党に参加したとき、同志諸君にお願いする。最も苛烈きわまる闘いの部署を私共にあたえてくれることを―」）

もう一つは五味宣雄（のち共産党青森県委員会常任委員）「二区全員集会（メモ）[21]」である。

講堂一杯に集った同志等は情勢の発展を喜びながらも、津川必勝、大沢はダメと苦労しながら長年津川と共に闘って来た農村の同志が多いので、様々の質問が出て大沢への不信も出た。別の場所で待機していた大沢から再三「行ってもいいか?」という連絡が来るが、仲々割切れない同志もいる。やがて略々落ちついたところで大沢の出席を求めた。大沢が現れると、今迄、不信を述べていた同志も含めて一斉に拍手で迎えた。ここで、大沢は、これまでの活動を具体的に述べ一々自己批判を行った。それまで、我々の間には自己批判と云う言葉はあったが、この様に大衆的に具体的に行われたことはなかった。全党は感激をもって大沢必勝を決意した。

この間の経緯をまとめると、①一一月二四日の護憲民主連盟代表者会議で社共の選挙協力が決まるが、候補者は共産党から出す方向だった、②二六日に共産党中央委員の伊藤律が弘前入りし、翌二七日の県党員総会に向けた県委員会に出席する、③二七日の県党員総会には大沢も出席し、伊藤と握手を交わしたうえ入党を決断する、④二八日の日農県連大会での大沢への候補者一本化、大会終了後の共産党入党声明、という流れである。

伊藤の来県により、②の段階で共産党候補擁立から統一候補擁立へ戦術が変更され、③の会議で激論のすえ大沢擁立が決まったと思われるが、民主団体における①の決定が動かせないならば、大沢に共産党に入ってもらうしかなかった。共産党入党を宣言した翌二九日、大沢はその心境を『週刊自由』に寄せている。同誌一二月六日付に「共産党入党の弁―これを私の同志に―」と題して掲載されたが[22]、冒頭「昔の家に帰つた訳だ」と述べている。前述したように彼は二九年に非合法共産党に入党していた。

護憲民主連盟

日農県連大会翌日の一一月二九日、ふたたび護憲民主連盟代表者会議が開催される。会議資料[23]によれば、確認された選挙方針は次のようであった。

イ　総選挙闘争に最重点を置く
ロ　立候補者は国家公務員法を始めとし各組合の要求に基づいて闘う者を当選させるために闘う
ハ　民連は独自の候補者を立てない
ニ　此の選挙闘争を通じて民主戦線の一層の強化を計る
ホ　日本共産党青森県委員会、日本社会党青森県連合会に対しての申入
①　現在の労農階級を中心にする民主的勢力の現状から社共両党の候補者を共に当選させることが不可能なばかりではなく、共同戦線の提携は困難である
②　日農、国鉄等民主連盟が大同団結、各区共候補者一名にして当選確実を期せられたい
右二項を共産党は承認、社会党は、十二月五日の大会に計つて決める予定
〔下略〕

前述した一一月二四日の代表者会議と比べると、憲法擁護民主連盟は揺れているようだが、要するに候補者擁立には口をはさまないということであり（ハ）、社共共闘が困難ならば、両党の両立状態から単立状態、つまり「社共合同」へ移行しようではないかという論理である（ホ①）。この段階で共産党の腹は決まった。残るは社会党の決断であった。

第３節　『週刊自由』の報道

社会党の反撃

年が明けて四九年一月三日付の共産党系『週刊自由』に興味深い記事が載っている。「手痛い人沢旋風」と題

する記事は、四八年一二月二一日の社会党県連の声明「共社合同の真相」を紹介している。

（一）既に公表したようにわが県連から去つた者は十三名であり、共産党はこれを社共が「合同」したと「万才」を叫んでいる。我党は県下に数千の党員を有し益々結束をかため来る総選挙にも独自の候補をたてゝ戦うもので共産党はどこの社会党を合同したのかを怪しむ

（二）青森支部責任委員会は共産党との合同を決議したと発表されたがこれは四、五人の党員を前に大沢派が反対があつたにもかゝわらず強引に決議し、かつ欺瞞的に脱党の決議を敢行し一方的な怪文を流布し新聞社におくつた

（三）十一〔十二ヵ〕月八日に東京世田カ谷奥沢八幡小学校で開かれた共産党演説会では徳田球一、岩田英一の諸君が「青森の大沢君は四万の党員をつれて共産党に入党した」と演説し、わが党県連の山口森蔵君から「事実は大沢外六名である」と抗議せられ、徳田氏は「あるいは情報の間違いがあつたかも知れない」と謝罪した。

（四）十一月廿七日弘前市で日本農民組合大会があつた時、大沢久明君は万雷の拍手に迎えられて社会党を攻撃し共産党入党を声明し、更に一派の者を使つて一般農民があ然としているうちに日本農民組合は共産党を支持するという決議を通してしまつた。政党支持の自由を叫んだ選手の大沢君も共産党も自分の都合のためにはさつさと共産党支持に早変りした。これは彼等の芝居である。

（五）大沢派は県内をまわつて同志一人ずつ勧誘に回り、「共産党に入党出来ぬなら社会党を脱党してくれ」と歩いた上、渋川、堀江、岩淵君らが共産党に入つたとデマをとばしたのは暗殺政治そのままで民主政治を毒するものである。

（六）かくて鳴り物入りの「合同」大会となつたが、彼らによれば政治は攻撃であり果しなき斗争でさ〔マ

マ」り、混乱を激成し斗争を激発するとは常に擱ぐるところである。しかも昨日まで自分が責任の一部をもつていた社会党の破壊にむけられたとあつては彼らのスパイ的行為をあわれまざるを得ない。

われわれはこの腐敗狂乱した陰謀から農民組合、労働組合を守り、人民の生活を防衛しなければならない。

あらゆる場合に彼らのギマンを暴き、彼らをして行動の余地なからしめ彼らを蒼白なる脱落者として沈黙せしめるであろう。

一九四八・十二・廿一

日本社会党青森支部連合会

第四項に見られる「十一月廿七日」の日農大会とは一一月二八日の誤記である。社会党は日農大会の席上で大沢は共産党入党を声明したと認識しているが、上記したように大沢の公式の共産党入党声明は厳密には日農大会終了後の記者会見の場であった。

日農県連大会の真相

この点について、日農県連書記長の内山勇（共）は同日付『週刊自由』「〝嘘八百のデマ〟」において、県連大会席上では大沢は入党声明をしていないと反論している。確かにそうである。間違いない。しかし、この時差を以て社会党県連の誤りを声高に指摘するのは大人気なかっただろう。注目すべき点は、内山が大沢擁立に関して、共産党の強引な策動ではなく、「事実は今社会党の書記長になつている宇野栄二君が共社合同によつて、大沢君を推せんしたい旨を述べ、それが結論となつて採決をとつたのは、これまた社会党に踏止つた成田幸男君が議長席についてやつたことである」と説明していることである。つまり、日農県連大会における大沢擁立がまさに社共合同で決定されたと述べている点である。

『陸奥新報』の報道によれば、当日の議長は柴田久次郎だった。内山が述べるような議長交代があったかどうかは不明である。内山は大沢擁立の責任の一半を社会党に押し付けようとしたのかもしれないが、この説明が事実だとすれば、日農県連大会における大沢擁立は、社会党候補者大沢に対して共産党が津川を降ろすという一定の譲歩をしたことを意味し、社会党にとっては好ましいことだった。すなわち、社会党県連執行部が推進する社共合同を大義名分にして大沢への候補者一本化が決まれば、社会党は名を捨てて実を取ったことになる。いうなれば、社会党主導の「社共合同」である。この時点で二区での「社会党候補大沢」の勝利は保証された。右派の宇野や成田ら社会党幹部はそう見たとも考えられる。彼らにとってギリギリの妥協点だっただろう。

日農県連大会時には、社共合同はまさに候補者擁立をめぐる「合同」であって、それ以上でもそれ以下でもなかった。それがどんでん返しとなるのは大会終了後である。大沢は記者会見において共産党入党を声明した。水面下で大沢入党が日農県連大会前夜の共産党県党員総会の席上で決まっていたとするならば、社会党県連は大沢の隠密的行動をまったく察知していなかったことになる。

第４節　社会党県連支部拡大執行委員会

社会党県連の内情

この後、労働者農民党が結成され、青森県でも同党県連結成の動きが再燃するが、結局、県内では共産党へ合流する。日農県連大会から一週間後の一九四八年一二月五日に社会党県連拡大執行委員会が予定されていた。大沢らは一挙に県連丸ごと共産党に合流する組織的な社共合同を決議しようと動く。まず一二月二日に南津軽郡支部で執行委員会を開くが（柴田宅）、意外なことに大沢派の地盤であったにもかかわらず社共合同は簡単に決まらなかった。書記長の鳴海静蔵が共産党入党を宣言し、柴田も入党を臭わしたが、多くの執行委員は自重を求め、もし柴田が共産党に入党すれば、南郡社会党は壊滅すると反対した。おおよその見立ては共産党入党が「十数名」、残留派も「十数名」、どちらにも組しないが「百二、三十名」ということだった。(24)

翌三日には社会党青森市支部常任執行委員会が開催され、社共合同派によって「①日本社会党は今や完全にブルジョア第三党であって労働者の政党ではない。②我々は社共両党の即時合同を承認する。③周囲の事情により新しい共産党に直ちに入党し得ない者は社会党を脱党する」ことが決議された。(25) 大沢や大塚ら社共合同派はその勢いで共産党青森地区党会議に出席し、インターナショナルを合唱した。席上、大塚は「私どもは本当の同志のもとにかえつてきた。多くのあやまちを自己批判し、われわれのもとにある労農組織をひきいて働くもののただ一つの党にかえつてきた」と流れおちる涙をぬぐいながら切々と語ったという。(26)

翌四日、大沢は地盤である南津軽郡の共産党員総会に出席し、社共合同について抱負を語っている。(27) 大沢は共産党との連携を深めながら、翌五日の社会党県連支部拡大執行委員会で多数派を形成して、県連あげて社共合同・共産党入党を決めようと意気込んでいた。実際、二日から三日にかけて柴田久次郎・大塚英五郎らの共産党入党が報じられ、執行部の七割、県連全体では六割が共産党に動くと見られていた。(28)

大沢らは、社共合同反対派は少数であり、結局は抗しきれず脱党するだろうと読んだ。つまり社会党が「社共合同」党の結成（実際は共産党入党）に向うことで、社会党から反対派が抜け落ち、社会党自体が消滅するとにらんだ。

大沢派追放

社会・労農・共産三党の合同の動きも報じられた。(29) 一二月五日の社会党県連拡大執行委員会では社共合同派が多数を占め、県内党員の六割、約六〇〇名が共産党入りするだろうと予想された(30)。しかし事態は正反対の方向に進む。参集した各支部代表約一〇〇名の多くが社共合同に反対したのである。大沢らの読みは完全にはずれた。逆に大沢派は孤立し、退場せざるをえなかった。その際、反対（残留）派の雨森卓三郎（太宰治の従兄、戦前は共産青年同盟中央委員）と脱党派の大沢は互いに訣別の辞を交し合い、社共合同反対派は拍手で大沢らを送ったという(31)。大沢派の思わぬ敗退は、翌年一月総選挙の敗北を予告するものだった。

社会党県連の新執行部は同月一三日予定の臨時大会で選出するとし、それまでは米内山義一郎が書記長代理を務めることになった。つまり、この日の社会党県連拡大執行委員会の結果、①社共合同反対の右派が県連多数派となり、②左派残留組の米内山が指導部に入り、③大沢・柴田・大塚ら県連指導部を筆頭とする社共合同派は党内攪乱により除名されたのである(32)。

一二月五日の社会党県連拡大執行委員会に関する一般報道とかなり異なるのが『アカハタ』である。一二月七日付「青森『共社合同』いよいよ発足」は、「五日社会党青森県連はマルクス・レーニン主義にもとずき日本共産党の綱領、規約を確認した上での共社合同申入れを全面的に承諾した」と記す。一般紙は大沢派が県連大会会場から退場したと記しているが、『アカハタ』は大沢ら「執行部の多数派」が「席をかえて」社共合同声明を発表したと報じている。つまり、大沢らの社会党県連執行部の多数派は退場後に別室で社共合同を声明したという報道である。この記事の重要な点は社共合同の具体的イメージとして、「共、社両党より同数の準備委員をあげて合同大会を準備し役員のせんこう〔選考〕などを定める」と報じている点である。これが実際どうであったかは後述する。

第5節　青森県内外の波紋

社共合同派の苦境

大沢・柴田・大塚ら社会党旧指導部に対して『東奥日報』は「転向派」、『デーリー東北』は「極左」というレッテルを貼った(33)。同時に左派が去った社会党県連への地元有力者たちの入党が噂された(34)。

大沢らの読みは大きくはずれた。社共合同の動きに県内の社会党員はどう反応していただろう。南津軽郡の場合を見てみよう。**表4**は地元の左派系新聞『黒石民報』（プランゲ文庫）一九四八年一二月七日付「どの政党を支持するか！――社会党は最高で四〇パーセント――」による政党別支持率である。調査主体は尾上町追子野木青年革新連盟という青年団体であり、同町在住の一〇〇名に尋ねた世代別の支持率である。回答者は八九名ということで、サンプル数は少ないが、社会党支持率の高さがわかる。平均で四割、二〇代では過半数であり、政権与党（第二次吉田茂内閣）の民主自由党よりも高かった。共産党の支持は全世代通じて低く、二〇代でも民自党に負けていた。

表4「◇あなたは総選挙が行われるとどの政党を支持するか」

	二〇代	三〇代	四〇代以上	平均
民自党	一四	三六	四二	三二
民主党	三	九	一〇	七
社会党	五三	三六	三二	四〇
国協党	六	〇	〇	二
共産党	一二	〇	五	六
農民党	三	〇	五	三
其の他	九	一九	六	一一

社会党への高い支持率のもと、前述したように一二月二日、社会党南郡支部は執行委員会を開いている。南郡の指導者柴田久次郎は「柴久」の愛称で呼ばれる社会党県連委員長であり、県議・日農南郡協議会会長・南郡農地委員会協議

会会長を務めていたが、彼をめぐる党内世論は複雑だった。[35]『黒石新報』一二月一〇日付「社会党郡支部四分五裂」は「柴田・鳴海氏らぞく〳〵共産党入り」との副題を付して、次のように報じている（適宜句読点を付した）。

大沢久明氏の共産党入りに伴つて社会党各郡の動きが注目の的となつていたが、黒石支部では支部長柴田久次郎氏、書記長鳴海静蔵氏等党の幹部相ついで正式に共産党に転し、党勢は一変した。支部では柴久、鳴海氏のいない社党は、空党とみきりをつける脱党組が続出。六日青年部長藤田秀美智他四十名の青年部の脱党をきつかけに百四十名の党員中七十名の脱党が予想され、社党黒石支部は文字通り混乱をきわめている。脱党組の動きを探れば、青年部は民主連盟クラブを結成。他の脱党組と協力し、側面より共産党を支持する強い傾向がみられる。残りの党員はどうであるか今後の動きが注目される。

しかし翌一一日付の『陸奥新報』「大沢氏脱党と南部支部」は、正反対の報道をしている。[36]五日の県連支部拡大執行委員会に出席した南郡支部党員の談話として、さほどの動揺は見られず、かえって「共産党くさい社会党」から脱皮がはかられたと歓迎の声を紹介している。社共合同派が地盤と頼んだ南津軽郡ですら、情況は楽観を許さなかった。

社共合同後の情勢

『週刊自由』一二月六日付「大沢氏（共産）入党と労農戦線　社共の比重転倒す　浮上る労農新党に深刻な打撃」は、津軽地帯では南津軽郡・北津軽郡・中弘地方は大沢派が多い、西津軽郡は岩淵謙二郎の勢力下だが、「出精、館岡、車力、稲垣、水元、舞戸、中村、柏等」は大沢派へ合流する形勢にあり、青森市内では労組関係で動きがあるかもしれない、南部地帯では上北郡七戸・大深内等の青年部員や反社会党的な組合幹部、下北郡の青年部員や大湊地方の労組関係、三八方面では岩淵謙一を始め、労組・農組関係が動き出すことが予想されるとしている。

同記事は左派が去った社会党県連は「民主党左派的な市民政党化」し、社会党左派の入党によって巨大化する共産党との主導権争いが熾烈になると論じている。

しかし、これまた正反対論が『デーリー東北』一二月三日付「大沢氏の脱党　津川氏との接触に興味深し」に見られる。「偽装を解いた大沢氏が隠し看板のない共産党員として新運動を如何に展開するかは津川武一氏の率いる生え抜きの共産党員と如何にマッチするかにかかっているが、本県共産党の政治的勢力が大沢氏等の新参加を得て急激に著しい膨脹を来たすものとは予想されず、殊に選挙の場合かりに旧平の大沢氏の支持層がそのまま百％の意志表示をするかははなはだ疑わしいものと見なければならず、大沢氏がこれをどのように胸算用して共産党入りしたかは興味あるところである」。否定的評価であった。

一方、県外への影響はどうだっただろうか。一一月二八日の日農県連大会以降の状況を『アカハタ』は「北から勝利への新道標　＝青森に人民革命への飛躍的な成果＝」（一二月三日付）、「青森の教訓」（一二月七日付）などで報じ、一二月初めに東京で開かれた地方青年共同闘争組織代表者会議でも青森の社共合同の成果をとりあげている[(37)]。全国的にも社共合同の動きが起こってきた（詳細は第一一章参照）。

第八章　青森県社共合同の拡大

第1節　社共分裂

社共間のつなひき

『東奥日報』は①一九四八年一二月八日付に社会党県連の広告「大沢久明等除名に関する声明書」、②一〇日付に社共合同準備委員会の広告「社共両党員に檄す」、③一一日付に社会党県連の広告「日本社会党青森県連合会臨時大会」を掲載した。①と③の社会党県連は大沢派が去った県連であるが、②は「迫り来る産業崩壊と民族の奴隷化とファシズムの脅威と闘うため真に労農市民大衆の利益を守る日本共産党青森県委員会及日本社会党青森県連合会は大衆の切なる要望に応えて合同を決意、次の如く合同祝意大会を開催する」と記している。この場合の社会党県連は大沢派県連である。社会党県連から除名されていたが、引き続き県連を名乗り、正統性を訴えていた。

社共合同大会を前にして、大沢は労働者農民党を結成した黒田寿男に宛てた一二月一日付書簡「黒田寿男氏への手紙」を『アカハタ』一二月一一日付に掲載している。大沢は黒田との思い出を語りながら、共産党入党にともなう苦悩を告白している。大沢はそれを黒田たちへの「裏切」と詫びながら、「ひと足お先にふみ切つてしまつた」と先駆性を誇っている。同時に「あまりの少数なのにいささか自信を失いかけた」とも吐露している。しかし大沢を奮い立たせたのは南郡浪岡の青年部や農民組合・国労の支持であった。最終的には社会党を除名され、共産党に入る柴田や大塚も、当初「私達への批判組」であったと述べ、さらに続ける。「私自身は、今日まで共産党に入ると投票が落ちて代議士になれないという利己的な懸念が断ち切れなかった」。そうした「反階級的なエゴイズム」が敗戦後に社会党に入った「動機」だと振り返っている。厳しい自己批判だが、「共産党に入ると投票が落ち」るという点は、微妙である。津川の票と合わせると当選が見込めると考えていたからである（第七章第1節参照）。

大塚も『アカハタ』二月一日付「すべて党へ任せて　大塚氏夫妻感激に泣く」で入党の心境を記している。大塚は当初から社共合同論に立っていたと述べるが、これまで見てきたことから推すと、後付け的説明である。また、総選挙前に動くと選挙目当てではないかと疑われるのでなかなか踏み切れなかったという。大沢との意思疎通は必ずしも密だったわけではない。現に大沢は前述の通り、大塚を「私達への批判組」と呼んでいた。大塚は一二月九日に共産党本部を訪問し、徳田書記長、伊藤律・袴田里見両中央委員と会見している。

筆者は二〇一七年一一月三〇日に大塚英五郎の子息英明氏に話をうかがう機会を得た。前掲大塚「平和運動五十年の思い出」、前掲小森『治安維持法検挙者の記録』、山岸一章『相沢良の青春』（新日本出版社、一九八四年）などと合せると、大塚英五郎は次のような道を歩んだ。

一九〇八年六月五日生れの大塚と一九〇一年一二月一五日生れの大沢のそもそもの出会いは、大塚が青森中学時代に大沢の演説を聞いて感動した時にさかのぼる。大塚は大沢に私淑し、社会運動の道をめざした。二九年一一月には「青森無産青年同盟（無産青年同盟青森県本部）」を再建して委員長となり、三〇年八月に「無産者新聞（無産青年新聞？）」青森支局設置の廉で検挙され、治安維持法違反で起訴される。三一年一一月に懲役二年執行猶予五年で釈放。その一〇年後の四一年一月にも予防拘禁で検挙され、同年九月に起訴猶予となっている。

戦時中は青森市柳町通りで「大塚屋」の看板で薪炭業を営み、薪炭商業組合や燃料統制組合などに関わった。四八年の共産党入党後、大沢が表舞台を歩いたのに対して、大塚はどちらかといえば地味な活動に専念し、大沢のように東北地方委員会や中央に出ていくことはなかった。入党後の生活は苦しく、「青森大衆飲食店組合」を作り、ノンキ屋という名の屋台の焼鳥屋も営んだ。同じ青森県出身の袴田里見から「焼鳥屋！」と侮蔑的に呼ばれたこともあったという。五一年と五五年には青森市長選挙、五八年には衆議院議員総選挙（青森一区）に出馬するが落選続きで、英明氏は学友から「大塚石鹸よく落ちる」と冷やかされたという。生活が安定したのは青森市議（五九年）、青森県議（六三年）になってからだった。大塚は大沢とともに全国的な社共合同の象徴的人物として名をはせたが、党内では「反主流」であり続けたのではないかと英明氏は語っている。繰り返すようだが、大塚と大沢の意見は必ずしも一致していたわけでもない。微妙な隙間があったと思われる（第一四章第3節参照）。

『アカハタ』は青森県内の社共合同が着実に拡大していると報じたが、揶揄する向きもあった。左派系の『黒石民報』に見落とすような小記事だが、「社会党県連大混乱×大沢、柴久、大塚等幹部ぞく〳〵〝除名処分×親父が嫁に追い出されたかたち×色気あり過ぎる親父も困つたものサと専らの噂」と見える（四八年一二月一三日付「民報春秋」）。きわめて冷たい視線であり、嘲笑とも言える。

社会党県連大会と社共合同大会

社会党県連臨時大会は一二月一三日午前一〇時から青森市橋本二丁目の商工会館ホールで約一〇〇名の代議員を集めて開かれた。社会党本部からは森戸辰男と島清（参議院議員）が出席した。[1] 共産党との関係を清算して、主体性を確立することを決め、一区の候補者に米内山義一郎・西村菊次郎、二区の候補者に島口重次郎を決定した。[2] 当日の大会宣言は次のようなものだった。[3]

従来わが県連は、明確な行動方針を欠き、共産党と提携して、機械的国際革命主義の空疎なる理論に走るものと、広汎なる大衆的協力の上に、祖国の復興の道を平和に求め、それの主導権を確立することを念願とするものとの間に根本的な意見の一致がなく、県連の幹部は恰も共産党フラクション的色彩濃厚なため、人をして偽装共産党と呼ばしめた。今それらの共産派は本来の帰属たる日本共産党の旗を守り、その栄光を防衛する同志によってかためられた。我等は天下の公党の面目を以てあらゆる進歩的革新的意見をひろく取入れ政治、経済、文化の民主化の徹底を通じて、社会主義えの道を正しく拓き、新たなる勤労者的基盤の上に、日本の平和的復興を実現せんとする堂々の陣を進めねばならない。そのため、従来の偏狭な思想団体的結合を打破して、党内民主主義を充分に強めて討議の自由を確保し、働く人民の声がわ〔ママ〕がこの道によってはじめて強大な祖国復興の力となることを期待する。今や我党は陸続として入党し来る新しい同志諸君を迎え、如何なる策動にも乗ぜられず如何なる撹乱にも崩れぬ確固たる組織を確立し、また高い理想に貫かれた行動方針を決定することが出来た。今日からわが県連は、社会党本来の姿を明かにし、公然の舞台に新生第一歩を踏み出したことを宣言する。前進の旗は高く掲げられた。

『社会新聞』四八年一二月二三日付「発展の道ひらく　青森県連再建大会」は森戸の参加記である。森戸はこう整理している。

共産党では社共合同とか、社会党員の大量入党を大げさに宣伝しているがそういう事実は全然ない、大沢氏以下個人的な関係のある人が六名離党したにとどまり、党あるいは労働組合として大きく大沢氏と共同行動をとつたものはない、大沢氏は労働者農民党に入るつもりであつたのが、それができなくなつて社会党にも戻れず共産党に入つたというのが事情のようだ

一方、社共合同大会は同時刻より青森市東部を流れる堤川の西端、堤町の東部劇場（もと「浦部劇場」、のち

けている。

「国際劇場」）で約一〇〇〇名を集めて開かれた[4]。開催を呼びかける大沢と大塚の連名のビラ[5]は次のように呼びか

働くものは一つの政党へ

共社合同大会に集れ！

日本は今非常に危い状態に在る。

民主自由党も、民主党も、社会党も、国民協同党も大会社と役人の手先となつて、労働者には安い賃金とポ政令、労働法の改悪。農民には安い米価と天下り事前割当、農地改革のサボ。地方産業には金づまりと資材難。青少年には教育文化の予算を取り上げて不良化し、その上重い税金を取立てゝ数千億もの金を大会社に渡しその分け前で国を亡して迄私腹を太らせてゐる。民主自由党は暴力団やゴロツキの巣で有り、社会党は民主党と同じことをやり乍ら勤労者の味方の様な嘘を云ふサギ師である。

この様な腐つた四政党に政治を預けて居たら日本は亡びて失ふ。日本を救ふ為に工、農、商、凡て働く人達は一つの政党に固つて働く人民の民主制度を作らう。

真面目な社会党員は皆共産党と合同する。

何の党えも入れなかつた愛国者、勤労者は皆来い。

十二月十三日午前九時

東部劇場で

共産党と社会党の合同祝賀大会え

一九四八・一二

大塚英五郎

大沢久明

県内から集まった参加者は市西部の青森駅から隊列を組み、東部劇場までインターナショナルを歌いながら約二キロ行進し、途中、社会党県連臨時大会会場の商工会館ホールに立ち寄り、あらためて社共合同を申し込んで

青森共社合同の歴史的大会
全勤労人民が祝福
平和と獨立擁護へ輝く發足
新縣委員会
盛大な祝賀会
百萬人の黨今や可能
伊藤律中央委員挨拶
大塚氏あいさつ

図７　『アカハタ』1948年12月16日付「青森共社合同の歴史的大会」

全市にひびく喜びのインター
青森共社合同大會の日
大會場へ軒昂の列
同志・かわす決意もはれやかに
引揚者も飛入り
再建組苦しい返事
黒山の入党受付所
荒木氏最高點
勞農黨へ

図８　『アカハタ』1948年12月17日付「全市にひびく喜びのインター」

いる(6)。

社共合同大会には共産党中央から伊藤律が出席した。『アカハタ』一二月一六日付「青森共社合同の歴史的大会」（図7）によれば、伊藤は本書冒頭で記したように、「今日は日本民族の歴史、人類の歴史で記念すべき新しい出発の日である。今こそ平和と民主主義を自ら守る力をマルクス・レーニン主義の党共産党を先頭としてわが国の勤労大衆がにぎる日である」と訴えた。新県委員会は、元社会党の柴田久次郎・大塚英五郎・塩崎要祐・鳴海静蔵・大沢久明の五名、共産党は林徳右衛門・小笠原鉄彦・津川武一・五味寅雄・内山勇五名の

図９　『週刊自由』1948年12月20日「民主戦線へ　十二月十三日共社合同大会」
演説する大沢久明、議長席の柴田久次郎

計一〇名であり、内山が委員長に就いた。この点に限り、組織論的には公平な「社共合同」であった。

その後、同所で第八回青森県党会議をもち、伊藤は「本日一九四八年十二月十三日は永久に記念されるべき日となるであろう」と演説した。党会議終了後、夕方より同所で祝賀会が開かれ、約二〇〇〇人が参加した。詩人の川崎むつを(7)はこの日の社共合同大会を次のように詠んでいる。「よく帰つてくれた　同志大沢，塩崎　旧い友の手をしつかり握る　湧き上る感げきのなみだ　新しい同志と腕を組み　高く歌うインター」(8)

合同大会の決議文は以下の通りであった。(9)

全国の労働者ならびに勤労大衆に訴う

全国の労働者ならびに勤労者諸君は働くものの政党は一つであることを要求している。全国の勤労者は働くもののためマルクス・レーニン主義による政党の拡大強化を要求すること切である。青森県における共産党は働くもののこの声に応じ、社会党の大衆諸君に共社合同を提議した。労働者諸君とともに斗つてきた青森県の良心的、行動的社会党の幹部と社会党の大衆も、労農大衆の意のあるところにしたがつて労働者、農民、市民と討議のうえ、敢然としかも大量に共社ごうどう〔合同〕のカンパをして本日その栄ある共社合同の大会を斗いとつた。

　この合同は共産党の綱領と規約に従うものであり、マルクス・レーニン主義の偉大な勝利であり、廿七年にわたる日本共産党の奮斗の巨大な発展である。いまなお社会党や労働者農民党のもとにある全国の労働者勤労大衆諸君、われわれは人民の生活の安定と民族の独立のために諸君が諸君をとりまいている社会党、労農党の人に要求し、働くもののただ一つの政党、日本共産党に合同してくることを提案し、その日の一日も早からんことを期す。

　一九四八年十二月十三日　　青森県共社合同大会

この日、青森市は戦後革命運動のスパークが飛び交う一日だった（図８・図９）。

社共合同以後

合同大会後の動きを追ってみよう。『アカハタ』一二月一五・一六日付党生活欄に津川武一は「青森の共社合同はどうしてうまれたか（上・下）」を発表し、青森の社共合同について四つの要因をあげている。第一は「国際国内的および社会党内の事情」、第二は「青森県の社会党の人々はいわゆる容共左派、行動左派であつたこと」、第三は「大衆が、県社会党と共産党の共同闘争と下からの大衆自身の民主民族戦線を要求したこと」、第四は「共産党自身の実践」である。

同一九日付には大塚と塩崎が連名で「社会党の青年同志諸君に訴う」を掲載し、社会党青年部へ共産党入党を呼びかけた[10]。大塚は社会党本部青年部顧問を務め、塩崎も社会党全国常任委員だった[11]。これを受けて、前社会党青年部全国委員・政務調査会書記の佐藤昭二が入党している[12]。

県内の動向に目を転じると、一二月一八日付に無線細胞機関紙『電波の仲間』[13]は、「マルクス主義の勝利　社共合同する　働くものは一つの政党へ‼」と題して、日農県連大会の社共合同支持は「革命化されている農業プロレタリヤの必然的結論」であると論じ、『週刊自由』二〇日付は「歴史的社共合同へ！（十四日現在調査）　南郡社会党総くづれ　各地に拡大する合同の波紋」「北郡の日農　村長以下合同　嘉瀬　高橋郡協議会長も支持」「西部各地も同調　月永徹氏らも合同支持」などを載せ、津軽での雪崩的な社共合同の動きを報じている。『アカハタ』二一日付「村の旗・町の旗　党員一万名獲得へ　青森県弘前地区党会議」は前例のない自薦制で地区委員会が構成されたことを伝えている。『東奥日報』二四日付「労農党県支部結成準備委員会解散す」は、標題の通り、労農党県支部結成の頓挫を報じている。

『みなみ新報』二八日付は翌日開催予定の「日農南郡地区大会」と「共社合同大会」の広告「郡下労農大衆に檄す」を南郡共社大会準備会の名で載せている。そこには「日本を救う道はただ一つであります。即ち工、農、商、すべて働く人達は一つの政党に固つて働く人民の勢力を中心とした民主政府をつくることです。働くものは一つの政党え！」と見える。『アカハタ』四九年一月六日付「二百名一挙に入党　南津軽郡の共社合同大会」はこれと関連して、一二月二八・二九日に黒石町（現・黒石市）で開催された共社合同懇談会と南郡地区共社合同大会の様子を記している[14]。

「さっぱりしたじゃ」

年末年始にかけて合同をめぐり社共両党の対立が激化したことは、『東奥日報』の紙面からもうかがえる。一二月二九日の南津軽郡共社合同大会では社会党を脱党して共産党に入党する者が約二〇〇名出たと報じられ[15]、四九年一月七日付には次の広告「声明書　社会党脱党について」が掲載されている。

我々は現在まで社会党員として、社会党こそが人民の解放のために働く党として□□〔不明〕て来たが、社会党は民主党のようなくさつた政党とグルになり、勤労人民に対する悪税を決め、生産費を割つた米価を決定し、中小商工業者の生活をハタン〔破綻〕に導き、民族の独立をおくらせ、独占資本家の手先としての役割しか果して来なかつた。我々社会党員は、このくさつた民自党、民主党、国協党と同様の社会党のシユク正〔粛正〕のために現在まで動いて来たが、日本社会党は何んの改心もなく、益々勤労人民をふり捨てて来ている。我々は南郡下に於ける共社合同大会と同時に「働くものは一つの政党へ」の労働者農民大衆の要求にこたえて社会党を脱党し、日本共産党に入党するものである。右声明す。

一九四八年十二月二十九日　〔下略〕

一二月三〇日付にも次のような広告「社共合同決定声明　社会党中弘第一支部」が見える。

今まで同党の為闘つて来たわれわれは今やブルジヨア第三党に転落した、日本社会党には愛想がつきましたのでわれ等支部党員百四十名を代表して十二月二十五日拡大執行委員会を開き社共合同に決定しました、但し直ちに共産党へ入党するか否かに就ては同志個人は拘束しませんが選挙戦に対しては民主戦線で闘うことを確認しました

〔下略〕

この広告は年が明けてから反論を受けた。一月六日付に社会党員七〇名余の広告「共社合同声明に対する反駁」が載る。「社会党中弘第一支部」の党員一四〇名が社共合同に賛成して脱党したとの広告が出たが、そんな覚えはない。第一、「中弘第一支部」なる支部は存在しない。大沢に同調したのは数名にすぎない。「奇怪な詐術」「ペテン師の陰謀」だと激しく非難した。(16)『人民評論』四九年三月号に掲載された工藤武雄「統一の旗は進む・共社合同の村から　林檎と税金―青森から―」には印象的な表現が見える（三一頁）。

共社合同はこのような農民の革命性の昂揚の中に実現された。津軽の野は岩木山麓まで社会党の影響下にあつた農民が幹部といつしよに合流し始めておりなお続くだろう。社会党の人々は異口同音に言う。「これでさつぱりしたじや」

「これでさつぱりしたじや」。社共合同の結果、共産党合流組も社会党残留組も同じ思いであっただろう。敗戦後から続いていた社共関係は、「大沢個人でも津川個人でもない、ただ一つの革命政党が必要である」（三一頁）という段階に止揚された。革命党の〈純化〉であり、戦後青森県政治史は第二幕へと進んでいく。

第2節　津軽野を行く

「共社合同の村を行く」

一九四九年一月一日から七日にかけて『アカハタ』に「共社合同の村を行く①～⑤」と題する記事が連載される。青森県下の村レベルでの社共合同の情況を報じたもので、①の写真には「共社合同の春にあけた津軽ののずら、朝焼けの空にくつきりと白い津軽富士をゆるがしてインターが流れる、党と組みの真紅の旗をおしたて、がつちり腕を組んで大会場にいそぐデモの先頭は中央大沢久明氏、その右は津川武一氏、つずくは青森の農民と労働者」というキャプションが付けられている。全国に先駆けて誕生した社共合同以降、青森県内のミクロではあるがリアルな現場ではどのような動きがあったのか。同連載記事から見ていこう。

西津軽郡水元村（現・鶴田町）では一二月一九日に村民大会と社共合同公開細胞会議が開かれている。同村では以前より社共両党が強力な税金闘争を取り組んでいた。それより先の四八年八月には社会党の大沢と共産党の津川が手を取り合って村に乗り込んでいる。

①は記す。「この村の農民たちは、この共社の両指導者をどかりとみんなの前にならべてすわらせ、『なんとかひとつになれないものか』とぐいぐいとつめよつた。『あの時の村の人の目のギヨロギヨロを思い出すとね』と大沢さんは、大がらなからだ〔を欠ヵ〕きゆくつ〔窮屈〕そうにちぢめて言つた。」共産党中央が推進する社共合同とは別に、地域から両党の合同を求める声があったことがうかがえる。社共合同後はこうだ。「公開細胞会議の日、冬の東北にしては極上の〝共社合同日和〟—青森ではこの冬すばらしい天気が十数年ぶりにつずき、だれというとなくこれを〝共社合同日和〟とよんでいる。いまは晴れて一つになつた大沢久明氏と津川武一氏がこの朝また村の大会にやつてきた。『ええ夫婦だぞ』たちまちはじけるようなヤジがとんだ。」

村民大会後の社共合同公開細胞会議には共産党員、社会党員、日農組合員ら四〇名余りが出席し、日農支部長は「みなさん、私達はこの八月この畳の上で大沢さんと津川さんにもろはだぬいで〝なんとか一つになれ〟とつめよつた。私は私達のあのねがいをいれてくれた二人に当然つずくべきだといまここに決意しました」と述べて、共産党入党を宣言した。入党者が相次いだ。

②は公開細胞会議の様子を伝える。村民の多くにとってそれまで共産党の存在は不気味なものだった。「なあんと共産党だば、たこも喰わねいといつてる人もあるけどもネシ」との声に一同笑う。往診から戻ってきた津川も加わって、細胞会議は夜遅くまで続けられた。会議の終わりには「共産党の細胞つてものはおもしろいもんだネシ、またぜいいくべ」との感想も飛び出た。

③は戦後地域社会の変動を描いており、興味深い。中津軽郡清水村（現・弘前市）の七一歳の老人の話である。彼は入党申込みのために弘前の中弘委員会までやってきた。日清戦争に従軍し金鵄勲章をもらった老兵の彼は「赤ぎらい」で知られていたが、税金闘争に参加するなかで共産党贔屓となり、津川ファンとなった。来るべき総選挙に向けて「ツガワ」とやっと筆が動くようになった矢先、今度は社共合同で候補者が大沢に変わる。頑

固な彼は「まいね、まいね（だめだだめだ）」と同意しなかったが、地区委員会の説得を受けてようやく候補者変更を受入れた。「『これでエエスか（よいですか）』ブルブル小きざみにふるえるふしくれだつてひからびた手が差し出す西洋紙、キチツと十文字に折りたたまれたおり目のまんなかに象形文字のようにミミズがはいたくるオオサワの四字が幾重にもさざなみを立ている。」そして「『ンだスナ（さうですね）ワ（私）も共産党に入らねばまえね』と親が死んだ時にも流さなかつた大きな涙をポトリと入党申込書ににじませた。」

④は東津軽郡新城村（現・青森市）の「ワイどこ（私の所）の赤え村長さん」と呼ばれた共産党員村長中村勲の話である。中村は一九〇七年新城村下町（現・青森市）に生れ、青森中学校では大塚英五郎と同級で、早稲田大学入学後、社会主義思想に目覚めた。(17) 四七年四月の村長選挙で当選する（五一年四月まで在任）。新城村は青森市近郊に位置し、中富農層が多く、村議の多数は保守派だった。彼が当選できたのは、保守派が分裂したからである。共産党員は少なくなかったが、細胞への結集は弱かった。そこに社共合同がおこる。「中村村長の家の白かべに墨の色も濃く『共社合同万歳』『働く者は一つの政党へ』の文字がくつきり書きだされた。朝日にてりはえるその大文字は細胞員を『おい、しつかりしろ』とどなりつけていた」。以後、公開細胞会議が開かれるようになり、共産党への入党申込みも続いた。しかし、一方では共産村政の悪しき実態も指摘され、(18) 村内外からの批判も見られた。(19)

⑤も北津軽郡小阿弥村（現・板柳町）の公開細胞会議の様子である。会議の出席者は「にしめたようによごれたほほつかむり、黒、赤、ブチとせなか（背中）にしよつたいろとりどりの犬の皮、カーキー色の兵隊服、オガさん（お母さん）たちやメラハンダ（娘たち）をあごまでつつむ黒や赤の角巻、はてはドサまわりの三文歌手はだしの気取つたリーゼントスタイルの黒眼鏡」を身に着けた者たちだった。細胞キャップの若者が口を開いた。「『おめえがた（貴方達）、ワ（私）達共産党何と思つてるかきかしてけねべか』共社合同のこと、もつと細胞が

大きくなつて村人のために働きたいので公開細胞会議をひらいたことなどをだれにでもわかるようにやさしく話してゆく」。部屋の後ろから「一生けんめい〔懸命〕にだばやってるしな」との声が上がった。そのうち「『そえだばンだシナ（それはそうだ）』後をふりかえったり、となりに話しかけたり座をざわざわさせてみなが同意だとうなずく」。津川の指導も入り、反税闘争の方針が具体的に決まっていった。小阿弥村は北津軽郡共産党の拠点となり(20)、社共合同にも大きな役割を果たした。

連載記事「共社合同の村を行く」は津軽地方における社共合同の様子を写真入りで伝えている。津軽弁をふんだんに駆使した臨場感あふれる報道は全国の読者に好感をもって受け止められたことだろう。

メディアと社共合同

青森県内のメディアは社共合同後の政治状況をどう報じたか。『黒石民報』四九年元旦付「勤労者諸君を救うもの　それは社会主義」が興味深い。執筆者は社会党県連常任執行委員竹嶋儀助（南津軽郡藤崎村〔現・藤崎町〕、リンゴ生産業者）。竹嶋は社会党を中心に全国情勢は動いているとして、その理由に「共産勢力増大という条件は反動ファッショの跋扈となり、第二、第三の東条が出現して再び日本を滅亡に導く危険」に向かうことであり、これまで社会党青森県連は「偽装社会党」と言われたが、今後は共産党との間に明確な一線を引き「ハッキリ主体性を確立」しなければならないと宣言する。竹嶋は社共合同に言及して、「合同とは両党を解党して新しく綱領政策を樹てて合することであるが、今回の合同は社会党をダラクして共産党へゆく人々の花道を飾る寒椿であり、又共産党は深く社会党へ食い入ってその動脈硬化をねらつて居る」とその陰謀性を指摘した。

これに対して共産党系の『週刊自由』一月三日付「展望一九四九年の県政界　保守内紛いよいよ激化、伸びる共、悩みの社」は、社会党幹部の入党で「共産党は政策的に人的に拡大」しており、労働運動では「社会党が根をもっていた地方産業の労働組合と共産党と行動を共にすることの多い官公労働組合も共社合同で共同戦線をはる事態」が生まれ、農民運動でも「貧農層を主なる地盤とした共産党と中農層に組織を持つ社会党との合同から県下農村民運動は戦線が拡大」し、多面性とゆとりを持ちはじめたと述べている。

もつれる社共両党

第1節でもふれたが、地元メディアには社会党脱党者の声明やそれへの反論などが散見できる。一月中に確認できる二つの事例をあげておこう。まず『黒石民報』一三日付「脱党声明書」である。

日本社会党は一昨年の総選挙に全勤労大衆の輿望を負うて第一党となるや、その公約を無視し自制を失い徒に政権慾にかられ、資本主義党と妥協野合し、私利私駅のため同志相はみ党内相争ひ、最高幹部相次いでどく職〔瀆職〕の罪を敢てし、醜態を天下に暴露した。彼等は最早や、救国政党の資格を完全に喪失した。われ〳〵は幾度かその反省を求めたが、何等介意する色がない、茲にわれ〳〵は政治的良心に従い、涙を呑んで日本社会党と訣別することを声明する。

昭和二十四年一月八日

黒石町〔下略〕

彼らは社会党を脱党したものの、共産党に即入党したわけではない。「不偏不党」をうたった政治経済研究団体「南郡民衆倶楽部」を結成している。次は『東奥日報』二〇日付「社共合同声明」である。

私達立党以来闘つて来た社会党県連は今や一部の反動幹部によつて完全に反共ファッショの徒党と化した。ここにおくればせながら全支部党は同志と共に社共合同に賛し本日以後光栄ある純血の党日本共産党に入党する

一九四九・一・一二
日本社会党青森県西郡支部協議会長　〔略〕
同北郡支部協議会長　〔略〕
同副会長　〔略〕

社共の綱引き状態は総選挙闘争へともつれていく。年末の調査だが、ある農機工場の労働者の政党別支持率は、民自三・七％、民主一・二％、社会二〇・七％、国協九・八％、共産四二・七％、その他一・二％、わからない一〇・九％だった(21)。局所的ではあろうが、共産党の人気は高まっていた。

第3節　「青森における社共合同について」

箱崎満寿雄の分析

青森県の社共合同の展開を考えるとき、『前衛』一九四九年二月号の箱崎満寿雄「青森における社共合同について」が詳細な分析をしており、重要である(22)。

「一　青森の社共合同闘争」では、青森県社共合同は次の四点から労働者農民大衆に画期的勝利をもたらしたと整理する。第一は人民闘争の新たな「突破口」を切り開いた点、第二は「人民的民主政治」の何たるかを教え、選挙闘争の重要性を教えた点、第三は経済復興の解決策として「重要産業・金融機関の国営人民管理方式」を提示した点、第四は中国革命の勝利を日本の「人民的民主革命」に反映させ、民主民族戦線結成を強力に推進させた点である。箱崎は青森の闘争を「マルクス・レーニン主義の勝利」と評価している。

「二　その勢力配置」では、青森県政の構図を「上北、三戸の地主富農地帯はヤミとインフレの本尊である自由党を支持し、民主党は青森、弘前、八戸等都市小ブルジョア層を地盤とし、国協党は中農富農地帯に票を得、社会党左派は都市労働者及び富農までを入れた中農層を地盤とし、左派及び共産党は都市労働者の一部と中農層を獲得したに過ぎない」と整理したうえで、四七年の第二三回総選挙で大沢が僅差で敗北したことに関して、あるエピソードを紹介している。

南津軽郡中郷村の日農青年部三百名は、この選挙で社、共いずれをえらぶべきか討論した。唯一人いた青年の共産党員は共産党を支持すべきことを要望し、日農幹部を多数占める社会党青年部員は、社党支持を主張して譲らず、結局選択は各自の自主性に任せ、全体として支持を決議することは止め、政党支持の自由を確めた上、世論調査だけをした。その時の結果は、共産党二百対社会党百であった。だから大沢久明が百票の差で落選したのはこの村の青年が共産党を百名余計に支持したからだと開票後「自己批判」したそうである。箱崎はこれこそが「社共合同の階級的基盤」だと論じる。合同していれば勝利していたのだ、という主張である。

「三　県委員会の活動方向」も社共提携・人民戦線の実績を紹介し、青森県の地域闘争は「日本の全党機関における人民闘争の合言葉」であり、「共社合同の主戦場は、実はこの農民斗争のなかにある」と労農同盟の重要性をのべている。「四　農村事情」は、「寒冷地こそ、今回の社共合同の地盤」と指摘し、「五　人民斗争の展開」で「広般に、大量に、農民を行動にかり立て得た党組織の積極的な指導と大衆掌握力は、まさに全国的にも稀なものと言わねばならない」と述べて、空白地域の克服を課題にあげている。

その空白地域こそ西津軽郡と北津軽郡だった。箱崎はこう述べる。「空白地帯とは明かに支配権力の現実的基盤であり、即ち民自、民主、国協党の地盤であるとともに、同時に社会党の地盤でもあった。今回、青森県委がとくに空白地帯として、攻撃の方向を指向した西北津軽郡における党と社党との関係を見よう。〔中略〕ここを掌握することが人民の党のその本来の使命を達成することであり、人民を味方にすることであった。しかもここが社会党大沢久明氏のはえ抜きの地盤であったのである」。箱崎の弁は揺るがない。「党のこの空白地帯えの進出は、即ち社会党の拠点えの直接の攻撃であった」とさえ述べている。党中央から「同志深谷と同志田沢」が乗り込んだ。「同志深谷」とはのちに農民・漁民部長になる深谷進（終章第1節参照）のことだろう[23]。彼らは北津軽郡の中心地五所川原で農民運動を指導し、四八年八月に党西北地区委員会を確立した。

大沢脱党の背景

共産党の進出により西北郡の社会党勢力は動揺し、内部対立が激化する。箱崎は一〇月に行われた県教育委員選挙についてもふれている。当選した六名は民主党・民主自由党・国民協同党に所属する保守系であり、県教組や青森市教組から立った四人は全員落選した。党派別では民主党が一〇万票以上、次いで国協党が八万弱、民自党が六万強を獲得し、社会党は二万票、共産党と労働組合による民主戦線派（候補者は国鉄労組青森支部長の工藤海門）は一万票だった。ここで箱崎が強調している点は、社会党の二万票の内訳は右派が約一万三〇〇〇、左派が約七七〇〇であり、左派の票が民主戦線派よりも少なかったことである。ここから「労働者農民は、共産党を排除した社党左派よりも、共産党を入れた民主戦線を要望していることを示すものであった」との分析結果を導き出している。

共産党はアドバンテージを覚えていた。ゆえに社会党左派の大沢が共産党県委員長の内山に選挙共闘を持ちかけた時、内山は「拒絶」することができた。大沢の苦悩も深かったが、ここから大沢は変化する。その契機は津川公判であった。箱崎の弁を聞こう。

大沢氏はこの弁護のなかで、党の斗士を防衛し、党の労働者的、農民的、民主的諸政策を解明し、党の組織の強化のために弁明している自分自身をはじめて意識した。党を防衛し、強化し、拡大せしめることのみが、民主戦線の結成であり強化であることが、この法廷斗争のなかで自覚された。自ら一線を画し、超えることを怖れていた、自らの枠を踏み切つて党のために斗つている自分自身の発見、それは偉人なる大沢氏の飛躍だつた。

文中の「党」とは共産党のことである。いまだ社会党員であった大沢はこうして大きく自己転回をとげ、四八年一一月一〇日に農地委員全国協議会出席のため出京した際、共産党本部を訪れ、共産党中央委員会も「確乎たる確信をもつて」大沢と面会したという。

一一月一〇日：大沢の共産党中央訪問→一一月二八日：日農青森県連大会→一二月一三日：社共合同大会、というように筋が通るようにも思えるが、一一月一〇日の共産党本部で何が話されたかは傍証がない。しかし、箱崎が青森県の社共合同を「労働者・農民の完全な提携」「上からと下からの統一の見事な結合」と評価し、「地域闘争の最も完成した形態」と絶賛している点は、序章でのべたように、社共合同が地域人民闘争として展開されたことを示唆している。

第４節　第二四回総選挙

第二四回総選挙

共産党は一九四九年一月二三日投票の第二四回総選挙に青森一区からは大塚英五郎、青森二区からは大沢久明を出馬させた。元代議士の大沢が出馬した二区は激戦が予想された。『週刊自由』一月一〇日付は一月五日現在の情勢を「全国稀な激戦地二区　最高は笹森か大沢か　残るは日東・奈良他三氏の争い」と分析している。『東奥日報』一月一五日付も「選挙事務所めぐり7　大沢喜代一候補　事務所を移動『西北郡が基盤』」と題して、大沢事務所が弘前市内から北郡五所川原町（現・五所川市）へ移転したのは西北地方重視の表れとし、「三万二千票で、まず当選確実」と自信を示す津川武一の言葉を紹介している。『週刊自由』一月一七日付「分裂する西北社党」によれば、同地方における社会党勢力は社共合同派へ傾斜していた。

県全体としては社共両党の軋轢は強かったが、候補統一の動きがまったくなかったわけではない。一月一五日、青森県全労働組合会議（全労）は声明を発し[24]、「民自党、民主党、国協党および社会党の一部右翼候補者を叩き落し、真に勤労大衆の味方となつて闘える政党、闘う人を議会に送らねばならぬ」と宣言し、社共労三党に候補統一の申入れを行っている。これに対して、社会党は統一困難と応じなかったが、共産党は「大衆が真に望んでいるのであれば何時でも統一する考えである。引込めと云えば固執しない。引込める用意はある」と答えている。労農党は三党全候補の当選をめざすとのべた。選挙戦も終盤にさしかかっていたので、どれほど現実性があったかは疑わしいが、共産党は大沢擁立にこだわっていたわけではない[25]。

総選挙後の『アカハタ』二月三日付「青森再建社党も合同せん　岩淵委員長脱党を宣言」によれば、共産党県委員会は投票日当日にも社会党県連に対して民主戦線統一の申入れを行っている。これも実効性が疑われ、単なるポーズだったかもしれないが、共産党の社会党への歩み寄りが注目される。

しかし、候補一本化はならず、投票となる。大沢の当落予想、得票数予想はどうであっただろう。『弘前新聞』一月二二日付「各候補入乱れて攻防戦　愈々明日ゴールイン」は二万一〇〇〇票（中弘八〇〇〇、西北八〇〇〇、南郡五〇〇〇）。この数字はほぼ選挙結果を言い当てたものである。『週刊自由』同日付「〝混沌〟の情勢　見方で変る当落予想」は、演説会で大沢人気は抜群だが、まったく予断を許さず「最高当選説と危機説」が共存していると報じている。投票当日付の『東奥日報』「夢みる当確　各候補皮算用」では、大沢自身が三万と予想して

表5　第二四回衆議院議員総選挙：青森県第二区

当落	候補者名	所属党派	新旧	得票数	得票率
当	奈良治二	民主自由党	新	二五、〇三七	一二・八
当	笹森順造	国民協同党	前	二三、五三六	一二・〇
当	清藤唯七	民主党	新	二三、二一〇	一一・八
	木村文男	民主自由党	新	二二、三〇九	一一・四
	大沢喜代一	日本共産党	元	二〇、九七七	一〇・七
	工藤鉄男	民主自由党	前	二〇、四〇六	一〇・四
	外崎千代吉	社会革新党	前	一五、七一六	八・〇
	森田キヨ	無所属	新	一五、五〇三	七・九
	三和精一	民主党	新	一四、九一〇	七・六
	島口重次郎	日本社会党	新	八、〇八九	四・一
	仁尾勝男	無所属	新	六、二一七	三・二
	川瀬謙	新自由党	新	二五一	〇・一

（出典：衆議院事務局『第二四回衆議院議員総選挙一覧』衆議院事務局、三一一頁）

いる。内訳は南津軽郡一万一〇〇〇、北津軽郡六〇〇〇、中津軽郡六〇〇〇、西津軽郡五〇〇〇、弘前市二〇〇〇で当選確実と読んだ(26)。当時は開票に時間がかかったが、投票翌日の一月二四日付『弘前新聞』「各事務所得票胸算用」も、大沢陣営が予想得票数を中津軽郡四五〇〇、弘前市三五〇〇、南郡津軽郡九〇〇〇、西北両津軽郡八〇〇〇の計二万六〇〇〇票と読んでいることを伝えている。

選挙結果は表5のようだった。

総選挙結果

第一区の大塚は前回の岸谷俊雄の二八五九票を五倍以上に増やした。文字通り「社共合同」がなっていれば、社会党の得票と合わせて、当選していただろう。一方、大沢の得票数は第二三回の大沢票一万六八二七票と津川票八一五五票の合計二万四九八二票に大きく届かなかった。原因はなんだろう。第二三回で大沢を僅差で負かした外崎千代吉（社会革新党）の得票数にはあまり変動が見られない。となるとやはり社会党から出馬した島口重次郎が八〇八九票獲得したことが大きいだろう。その半分でも大沢に流れていたならば、三位当選は堅かった。

一月二五日付『弘前新聞』は第二区候補者の地域別得票数を載せているが、大沢の票数は、弘前市二〇八七、中津軽郡四四九六、南津軽郡八六二九、北郡三〇五四、西郡二七一四だった。投票直前の予想得票数通りだったのは弘前市のみで、ほかの郡部の票は軒並み予想に届かなかった。これを一九四七年の第二三回総選挙における大沢および津川の得票数と比較してみよう。

表6から言えることは、①大沢陣営の予想を超えたのは弘前市のみだが、それさえ第二三回総選挙時の大沢と津川の合計票数にははるかに届かなかった。②郡部では南郡が強かった。しかし、大沢・津川の実績から一万票台を期待したのだろうが、実際は第二三回総選挙に及ばなかった。③第二三回総選挙時より得票を増やしたのは中郡のみである。奈良の七〇一三票、清藤の六五四二票に次いで三番目の得票数だった。④事務所を移動するほ

表6　第二三・二四回衆議院議員総選挙における大沢・津川の地域別得票数

		弘前市	中津軽郡	南津軽郡	北津軽郡	西津軽郡	合計
二四	大沢久明	二、〇八七	四、四九六	八、六二九	三、〇五四	二、七一四	二〇、九七六
	大沢の予想	二、〇〇〇	六、〇〇〇	一一、〇〇〇	六、〇〇〇	五、〇〇〇	三〇、〇〇〇
二三	大沢＋津川	二、九七三	二、六五七	一〇、四二三	四、六〇〇	四、三二九	二四、九八二
	大沢久明	一、五八九	一、六二一	六、三九一	三、七五九	三、四六七	一六、八二七
	津川武一	一、三八四	一、〇三六	四、〇三二	八四一	八六二	八、一五五

（出典：第二三回に関しては、箱崎満寿雄「青森における社共合同について」『前衛』一九四九年二月号。第二四回に関しては、『東奥日報』一九四九年一月二三日付「夢みる当確　各候補皮算用」、『弘前新聞』一九四九年一月二五日付）

どテコ入れをした西北両郡で予想の半分しか得票できなかったのは、両郡を基盤とする二人の新人、三和精一と森田キヨが出馬した影響が大きいだろう。前述したように島口の出馬も大沢陣営の目算を大きく狂わせた。選挙戦終盤に青森県全労働組合会議から提示された社共間での候補者一本化の要請に対して、共産党は拒否しなかったのは、こうした不利な情勢を察知していたことも手伝っていたのではなかろうか。

敗因としての歴史性

大沢が勝利するためには第二三回総選挙時の大沢と津川の得票合計数を獲得しなければならなかった。さらに社共合同ブームで農村部における他陣営から票が流れてくることを期待して、当選の方程式を立てていた。ところがそうならなかったのは、やはり社会党票が大きく逃げたからである。津川票の固定票八〇〇〇票余りはほとんど大沢に投じられたと考えられるから、大沢の固定票一万七〇〇〇票近くのうち、四分の一が逃げたことになる。

大沢の落選は共産党には打撃だった。社会党県連のまるごと共産党入党がかなわなかったことから、この結果はある程度予測されていたと思われるが、敗因が十分検討された形跡はない。『週刊自由』二月一日付「不動の保守党と共産党の躍進」は、大塚の躍進は保守層や社会党右派に脅威だと評価した。その一方で、前回第二三回総選挙の社会党圧勝時にも青森県では社会党議員は生まれず、今回の共産党躍進でも一人の所属代議士も誕生させられなかったことは「『共社合同』発しよう〔発祥〕の地としてはいい知れぬさびしさを感ずる」と同時に、「東北地方の偉大なる封建性と政治的無感覚」に驚くと記している。つまり大沢敗北は東北の〈封建性〉と〈政治的無感覚〉という後進性に起因するものとされてしまった。

この視点は党中央も同様である。第九章第2節でのべるように、二月中旬に徳田が来県する。その際、徳田は東北をはじめ四国・九州・北海道は共産党員の闘争意識は旺盛だが、政治的雰囲気は「低調」であり、「封建性が強く、民族的な自覚が乏しい」とのべている。(27) 社共合同の成否は地域の歴史的段階規定に直結されてしまい、敗北の具体的分析には向かわなかった。

第5節　総選挙後の状況

選挙の余韻

『アカハタ』一九四九年二月三日付「青森再建社党も合同せん　岩淵委員長脱党を宣言」は、社会党県連委員長岩淵謙一の社会党脱党を報じている。『週刊自由』二月七日付「岩淵委員長脱党の真相　再建社会党県連何処へ行く」によれば、一月二七日に開かれた社会党県連拡大執行委員会で岩淵委員長の脱党が問題となった。原因は社会党が第一区で米内山と西村の二名を立てたことだった。岩淵は本来左派だったので、同じく八戸を基盤とする西村ではなく米内山を応援した。これが西村派の怒りを買い、岩淵は西村への応援を強要された。岩淵は党内対立に嫌気をさして一月二〇日に脱党届を提出したという。

社会党内は選挙戦敗北の責任論や来るべき県議選の候補者選定などでも混乱した。『週刊自由』二月一四日付「右派再建は至難　委員長をめぐつて　社県連の暗流」も、県連の左右対立の激化を予想している。

秋田雨雀の入党

共産党サイドで注目される動きは、劇作家・小説家・詩人として知られ、青森県地方労働委員会初代会長なども務めていた秋田雨雀（本名徳三、一八八三〜一九六二）の入党である。雨雀は四五年一〇月三日の社会党青森県支部設立にも参加し、四七年四月の戦後最初の参院選に社会党公認で出馬（落選）したこともある社会党員であったが、元来共産党寄りだった。前掲尾崎編『秋田雨雀日記Ⅳ』を読むと、四九年一月一日に「入党を承諾して入党申込書を書いた」とあり、入党理由として「世界的状勢、国内事情、郷里青森の若い連中の動き」の三つをあげている。三日には「青森の共社合同は全国的な問題になっている」と記し、第二四回総選挙の結果が出た二四日には「青森の大沢は落選、やはり青森はまだまだ保守陣営が強い。大沢の心境が思いやられる。しかしこんなことで失望してはいけない。大沢に激励の手紙を出しておこう」と見える。

なお総選挙投票当日二三日付の『アカハタ』には秋田の「入党の喜び」（一月一五日付）が載っている。冒頭で、「私は去年の暮に郷里の若い同志諸君が社共合同運動に成功し、郷里の労、農、勤労大衆とともに圧倒的に入党したという喜びを聞き、また多くの尊敬する文学者や画家たちの入党の知らせを得、長く閉じこもっていたインテリゲンチヤの『精神独立』の謬見を払いのけて、いま諸君とともにこの喜びをわかち得たことを特別に喜ぶものである」と告白している。

雨雀の共産党入党を促した要因が大沢たちの一連の行動であったことは明らかだろう。前掲尾崎編『秋田雨雀日記Ⅳ』にも「入党宣言下書」[28]の「昭和二十三年―テントの中に集った人々の活動―地方政界の動き―大沢―共社合同大会―大沢久明、大塚英五郎、柴田久次郎、鳴海、これらの歴史的現実が自分の入党を決意させた」と記されている。[29]秋田の入党は『週刊自由』一月一七日付「秋田雨雀氏共産党入り」でいち早く青森県内に報じられた。[30]

もう一人共産党入党が話題となったのは、国労青森支部書記長・日本労農救援会青森支部事務局長・憲法擁護民主連盟事務局長の工藤海門である。工藤は労働者農民党青森県支部結成の中心人物と目されていたが、国労青森支部機関誌『組合通報』一月二一日付第二四二号は「工藤海門氏　共産党に入党す!!　親愛なる組合員各位え工藤海門」と報じ、『アカハタ』は二月三日付文化欄に「秋田雨雀先生へ　工藤海門」を載せている。工藤は秋田の入党に影響を受けた[31]。工藤は一月一三日に入党するが、前年一一月二八日の日農県連大会で伊藤律から「無言」で握手を求められたという。伊藤の深謀遠慮に驚く。

二月六日付『組合通報』（プランゲ文庫）第二四八号には「津川、大沢へ続こう」という秋田からの書簡が見える。

　私はけさ（元旦）の新聞で「闘い進む百万人」という見出しの写真を見て強い感激を受けています。津川大沢二君の元気な顔に並んで農民の一婦人が赤旗をかつぎ、そのあとに無数の農民が進行をつづけている写真です。共産党、社会党二つの力が歩みよつて故郷の農民労働者勤労大衆がたつた一つの汚れない共産党に入党しているこの偉大な発展を私は自分の生涯のよろこびとしています。私は大衆の一隊に動かされて日本共産党へ入党いたしました。そしてはるかに故郷の労働者、農民、勤労大衆ことに私と同じようにインテリゲンチヤの層として知識と技術の保持者を自認している人々に対して、津川武一、大沢久明、内山勇、大塚英五郎、柴田久次郎の後につづけと心から呼びかけます。いまこそ私の郷里の人々は、人民のための政府の樹立、民族の独立、民主主義文化の創造のために、民主革命に参加しなければなりません。私は諸君の勇敢な決意と奮闘を切望してやみません。

　一九四九年元旦

　東京都豊島区池袋二の一一三四　　秋田雨雀

第九章　青森県社共合同の行方

第1節　新たな動向

共産党の動向

総選挙で勝利はしなかったが、青森共産党の勢力は拡大した。『週刊自由』一九四八年二月七日付「党員増加50％　共産党第二区会議」によれば、選挙直後の一月二七日の共産党第二区細胞代表者会議で、選対委員長の津川は総選挙の結果に「敗北感」を抱くのは誤りであり、中弘・南・西北地方で党員は平均六割増加しており、社共合同は下から盛上っていると報告している。二月一三日には青森地区党会議が開かれ[1]、来る一七・一八日の県党会議に向けて、中小企業資本家との提携を決め、地区委員長に入党間もない工藤海門を選んだ。

県党会議に出席するため徳田が来県する[2]。徳田は二月一六日に青森入りし、同日は浅虫で記者会見、一七・一八両日は県党会議出席、一七日夜は青森市東部劇場で演説会、一九日は商工会館で中小業者との座談会、青森駅前での街頭演説会など精力的に日程をこなした。浅虫での記者会見で、徳田は吉田内閣の政策は四カ月で破綻すると述べている。全逓青森県地区本部機関誌『地区速報』（プランゲ文庫）二月一九日付第九号「民族の危機を訴へる」は、一七日夜の徳田球一演説会の様子を報じ、演説終了後に入党希望者が続出したことを伝えている（同組合は社共合同を支持）。

此の演説会で十数名の人々が入党したが、特に木材会社の社長、搾油会社の社長さんの入党が人目をひいた。中でも奥さんと共に入党した搾油会社のS〔原文では実名〕さんは入党の決意を「革命の為には全財産をなげうって悔いない」と言って多大の感銘を与へた。

また青森県全労働組合会議機関誌『県全労』（プランゲ文庫）三月一五日付第四号「革命？　人民の生活を安定させることだ　徳田球一氏を囲む懇談会」によれば、徳田は一九日に持たれた中小商工業者や労組代表者との懇談会の席上、吉田内閣は「五月頃には内部的に大きい亀裂を生ずる」、人民の不平不満が「爆発すれば何時でも崩壊させることが出来る」と予想している。県内は革命ムードに覆われたことだろう。

この間、二月五・六日の共産党第五回中央委員会総会に大沢と大塚が出席し（第五章第1節参照）、二六日には国労支部が戦線統一懇談会を開いている。(3) 懇談会への参加者は社会党の島口重次郎、共産党の大塚英五郎・塩崎要祐をはじめ、国労、全労、労農救援会の二〇名であり、労組からの批判に対して、島口は戦線統一に努めることを約束した。しかし、三月に入ると国鉄民主化同盟が社会党に集団入党し、(4) 日農の分裂もおこり、社共対立が進む。

社共の衝突は三月二七日に南津軽郡藤崎町で開かれた日農主体性確立同盟青森県支部結成大会で顕在化した。大会に反対する大沢派約五〇名が会場に乱入しようとしたが、逆に追い返されてしまう事件がおこる。主体性確立同盟支部は、大沢委員長の日農県連を解体することを日農本部に要求した。(5)

これに関して、『陸奥新報』四月四日付社説「農民組合運動の在り方」はこう述べている。社共合同を謳ってきた日農県連は今や完全に分裂状態になった、これまで敗戦後の情勢に対応して「戦前の小作人組合的性格を脱却し、新なる、しかも重大なる農民組合運動の任務を身につける方向に進んで来たか、どうかは甚だ疑わしい」、旧来の小作人組合的性格のままに「共産党ないし社会党の党勢拡張の足場」「日農の名に於ける共産党ないし社会党の運動」でしかなかったのではないか、今求められているのは「共産党のための日農でもなくまた社会党のための日農でもなく、日農のための日農という真の主体性の確立」であり、「新日本建設の基礎となる農業革命、農村革新の前衛」である、主体性確立同盟が「共産党の勢力に対する社会党の選挙地盤擁護拡張」であってはならない。日農があいかわらず社共の草刈り場だったことに対する批判だった。

社会党の動向

大沢と旧知の仲だった竹内俊吉と淡谷悠蔵は、社共合同をめぐって、後年こう回顧している。[6]

竹内　大沢なんかが（社会党を離党して）共産党に行ったのは、その時（同二十三年）だろ？

淡谷　そうそう。そこからいまみたいに社共が分離してきたわけよ。それまで西村〔菊次郎〕たちとも一緒にやってきたこともあって、大沢なんかもいっぺんに脱党して、分離することはできにくかったから、社共合同論を出したんだろうな。

竹内　しかし、大沢は戦前も共産党でやってたんだからね。

淡谷　彼は旗振ったら、ああなるのもわかるな。して、社共合同は是か非かでもめた時、「（社会党を）出て行きたいやつは出て行け」って、大沢追い出しの先頭に立ったのが宇野栄二（前民社党県連委員長）だろうね。「大沢たちは邪魔になってしようがないから、出ていかせたらいいじゃないか」ってさ。そんなことで、柴田も最後まで（社会党離党を）渋ってたんだけども、大沢と一緒に行っちまって……。

社会党県連は分離すべくして分離したともいえる。四月二六日、社会党県連は島口重次郎書記長名で県連の立場と今後の運動方針を「反共左派」であると発表した。[7]七月七日の県連青森支部準備大会を経て、同一〇・一一日に県連再建大会を開き、「労働組合民主化運動を支援し組織的に共産フラクと対抗する。また新中産階級を広く糾合し、青年婦人の間における特殊な訓練、青年集会、婦人集会を組織する」という一般運動方針を決定した。委員長には佐藤義男、書記長には米内山義一郎を選んだ。[8]また、この直前の三月には全労に対して、前年八月から準備を進めていた社会党系の青森県地方産業労働組合会議（地産労）が結成されている。[9]

第2節　「ルポルタージュ　一九四九年五月一日」

一九四九年のメーデー

一九四九年七月に発刊された『青鉄文芸』（国労青森支部文化部）第六・七合併号（プランゲ文庫）に「一九四九年五月一日」と題するルポルタージュが載っている。無署名だが、執筆者は文中に登場する国労文化部長の吉田嘉志雄だった。[10]ルポは共産党が国会で進出した四九年のメーデーの朝から始まる。青森市のメーデーは市役所横の広場に約五〇〇〇名を集めて、「郷土産業防衛市民大会」としても開かれた。[11]二年ぶりの統一メーデーだった。

吉田は祝辞のトップに共産党の大塚が立ったことに「気が〻り」を感じた。「これまでおおかた社会党が共産党の前にやつてるのが常套だ、もつとも青森県では社共合同の嵐ののちに、ほとんど社会党という存在は大衆の頭の中に消えかけてはいた、それにしても、質的にも変つてきた共産党が、大人になればなるほど、さあ、どうぞとゆずつた方がこゝでは戦線統一の上で気のきいたはなしなのだ」。共産党は躍進したが、衆議院の議席数は社会党四八議席、共産党三五議席。社会党が一〇議席以上多かった。おそらく、社会党の来賓佐藤義男よりも、共産党の来賓大塚の方が旧社会党でのランクが上だったからであろう。

大塚に次いで社会党の佐藤義男が立った。「吉田買弁内閣をぶつたおせとも、青森県の産業を守れとも、平和を擁護せよともいわなかつた。大衆はそのことが意識あるなしにかゝわらず、叫ばれないことがへんに感じられた。社会党は何故それをかき叫ばないのだろう。それは共産党の一家言で専売特許だからか。いや大衆はそんなことは思つてはいなかつた。社共の感情など問題ではなかつた。大衆ははるかに社会党のこだわりを超えていたのである」。佐藤の演説が終わると大塚よりも大きい拍手がおこった。「大衆はその拍手に一つのねがいと同情をこめて心から迎えていたのである。社会党よ、起ち上れ！」不当な解雇・馘首が増えるなか、それが多くの労働者や市民の気持だった。

労働者の連帯

デモ行進が始まった。合唱隊は労働歌を唄い始めたが、参加者はついてこない。歌を知らなかったのだ。ところが「伊豆の山々♬」となって、にわかに参加者の眼が輝いた。前年四八年にヒットした近江俊郎の「湯の街エレジー」だ。当時の労働者の心境がうかがえる興味深い光景である。その後市役所横の広場で開かれたのど自慢大会でも青年共産同盟が歌うロシア民謡「バイカル湖のほとり」（四八年のソ連映画『シベリア物語』副主題歌「夢に見た理想は♬」）などは不人気だった。「来合せていた共産党の人々や一寸意識のある労働者はやたらに手を叩いたが、人民の手はならなかつた。なぜなら人民の胸は流行歌とこのうたとのはつきりした矛盾にあつていたからである。そしてそのうたはおしいことに人々の多くしらぬうたであつたゝめである」。

夜には東宝劇場で封切直後の映画「春の戯れ」（四九年四月公開、高峰秀子主演・山本嘉次郎監督）の無料上映とのど自慢の決勝戦がおこなわれたが、開演前に全労議長猪股市太郎と地産労議長佐藤七郎治がステージ上で握手をし、場内は大きな拍手で溢れた。「誰一人として打つていないものはないくらいな呼吸のあつた、はげしい拍手。それは、全労傘下の労働者、地産労傘下の労働者が一つになつたという喜びの拍手なのだ」。吉田も痛いくらい手を叩いたことだろう。
四九年のメーデー時点で、社共合同が拡大する可能性は存在していた。その背景には労働者や市民らの社共間の対等な共闘への願いがあった。

第3節　弘前高校関戸教授事件──社共合同とレッド・パージ──

レッド・パージ論

この時期の革命待望を象徴する事件として、弘前高校（旧制）レッド・パージ事件がある。[12] 明神勲『戦後史の汚点　レッド・パージ』（大月書店、二〇一三年）は、レッド・パージを次のように定義している。

レッド・パージとは、冷戦の激化と占領政策の転換を背景に、占領後期の一九四九年七月から五一年九月にかけ、GHQの督励・示唆のもとに、日本政府、企業が共産主義者および同調者とみなした者を「政府機構の破壊者」、「生産阻害者・企業破壊者」「社会の危険分子」「アカ」等の名のもとに民間企業や官公庁等から約三万名の公務員・労働者・労働組合幹部・共産党幹部・在日朝鮮人団体幹部等を一斉に追放（罷免・解雇）した反共攻勢であり、「思想・良心の自由」（憲法第一九条）を蹂躙した戦後最大の思想弾圧事件である。（五〇頁）

さらに明神はレッド・パージを次の五つに整理している。

①四九年七月〜一二月　「行政整理」「企業整備」で数千名以上の共産党員・同調者とみなした者の追放＝大量の人員整理の中に共産党員・同調者を含めた事実上のレッド・パージ
②四九年九月〜五〇年三月　初等中等学校教員レッド・パージで約一一〇〇〜一二〇〇名を追放＝「不適格教員

整理」の名目によるレッド・パージ

③四九年九月～五〇年三月　イールズ声明を起点とするCIE主導の大学教員のレッド・パージ＝旧制高校・専門学校から新制大学の移行に際し共産党員と見なした者を排除した事実上のレッド・パージ

④五〇年六月～一二月　マッカーサー書簡による共産党中央委員の公職追放を起点に、新聞、放送から全企業に拡大したレッド・パージ＝公然とした文字どおりのレッド・パージ

⑤四九年九月～五一年九月　公職追放によるレッド・パージ

しかし、平田哲男『レッド・パージの史的究明』（新日本出版社、二〇〇二年）によれば、レッド・パージを考えるにあたって、四九年四月の団規令（団体等規正令、政令第六四号。五二年に破壊活動防止法制定で廃止）による共産党員の登録リスト（第七条）を重視すべきだという（一二～一三頁）。レッド・パージの始点は団規令であり、それ抜きにレッド・パージ理解はありえぬという見解である。ではなぜ共産党は党員リストを提出したのか。団規令によって反社会的結社とみなされないためには、党の公然化が必要であり、四八年に始まった社共合同を拡大するためにも党活動の公然化を進めたからである。[13] 共産党は団規令に反対したが、結果的には一〇万人以上の党員登録名簿を政府に提出した。共産党は党員に〈逃げも隠れもせぬ〉ことを求めたのである。それは権力を前にした自主的な武装解除であり、公然化・大衆化を急ぐあまりのギャンブルだった。その象徴が、第五章第2節でとりあげた四九年前半の数多くの入党記である。

③の時期ではイールズ事件（イールズ闘争[14]）が知られるが、本章の関係でいえば、すでに四九年春頃より始まっていた、旧制から新制への移行にともなう大学・高等学校教員の追放が重要である。[15]

忘れられたレッド・パージ

平田の研究によれば、この時期に新聞報道された大学・高等学校教員の「辞職勧告」「不任用」は約四〇例以上を数え、うち半数近くの一八名が不任用となっている[16]。代表的な事例が、水戸高校（現・茨城大学）の梅本克己、山形高校（現・山形高校）の小松摂郎、彦根高等商業学校（現・滋賀大学）の亘理俊雄[17]、および以下に述べる弘前高校（現・弘前大学）の関戸嘉光である。

小松と関戸の交流は確認できる。小松は東京帝大文学部哲学科で関戸の数年先輩だった。小松が勤めていた山形高校は新制にともない、一時は仙台の二高と合併して東北大学に包括される方向で動いていたが、結局山形師範学校、山形青年師範学校、米沢工業専門学校、山形県立農林専門学校とともに、山形大学になる。小松はこの過程で中心的役割をはたすが、神戸大学から教授招聘の話があり、神戸行きを決める。いったん神戸経済大学（旧神戸商業大学）予科教授として赴任し、五〇年の新制神戸大学開学時に移るということだったが、共産党員を理由に神戸大学任用を拒否される[18]。

「摂郎日記」[19]によれば、小松は四八年の暮もおし迫った一二月二七日、同僚の大野敏英（ドイツ語）と一緒に共産党に入党した。三〇日には「終戦後余わ〔ママ〕二回自己革命を経た。一回は観念論をすて、マルクス主義に到達したこと。二回は入党したこと。哲学上においても終戦後今迄の発展を一応決算すべき時に際会した」と見える。明けて四九年一月一一日には水戸の梅本克己が入党したことを記し、一三日は「共社合同統一懇談会」が開催され、共産党中央から伊藤律が参加している。小松は山形県社共合同運動の渦中にいた。一四日には山高講堂で大野と入党記念講演会を行い、入党を公然化した。関戸ものちに同様の行動に出る。一七日には「関戸嘉光入党」と見える。関戸教授事件は翌二月におこるが、関戸自身の入党は一月中旬だったようだ[20]。

旧制弘前高等学校の生徒たち

事件に関しては道又健治郎「旧制弘前高校関戸教授事件と労働調査と：回顧と提言」（『北海道大学教育学部紀要』第六〇号、一九九三年）およびハンス・マーティン・クレーマ「だれが『逆コース』をもたらしたのか―占領期の高等教育機関におけるレッド・パージ―」（2005 ISS-OUP Prize 授賞論文、『社会科学研究』第五九巻第一号、二〇〇七年）が詳しい[21]。道又論文は事件を「50年レッド・パージの先駆けをなす記憶さるべき出来事」と位置づけている。

戦後、旧制高校は四八年に最後の入学式を行い、四九年に新制大学に包括され、五〇年に閉校となる。事件がおこった四九年は過渡期にあたる年だった。弘前高校では四八年四月に自治会が結成された（委員長道又健治郎）。全国的な動向をみると、同年六月に教育復興学生決起大会が開かれ、その後、全国官公立大学高等自治会連盟が結成される。九月には全国国公立大学高等代表者会議が開かれ、全日本学生自治会総連合（全学連）が生まれる。

弘高自治会は六月に全国的な授業料値上げ反対ゼネストに合流するなど積極的な運動を展開し、学校側は学生を厳罰に処した。学生側も負けていない。一〇月には「学生国会」（模擬国会）を開き、新しい時代に対応する動きを見せた。『陸奥新報』同月二五日「学生国会開く　議会記者席より　排せ政治の堕落　議場圧す若き情熱の討論」にその様子をうかがってみよう。

学生国会（弘前学生模擬国会）は「学生の政治意識の高揚と議会形式の練習」のために弘前高校、青森医学専門学校、青森師範学校、東北女子専門学校（現・東北女子大学）、弘前女子厚生専門学校（現・弘前厚生学院）から男女学生一五〇名が出席して九月二四日弘高講堂（七二年解体）で開催された。場内は傍聴席も含めてほぼ満員。中央壇上に議長席、その右側に事務総長席が置かれ、一段下に演壇、その両側に内閣総理大臣始め各省大臣に扮した学生たちの席が設けられた。明比達朗弘高教授[22]から「諸君の真面目さに信頼し現実に徹した政治を行うことを希望する」との挨拶があり、学生国会は開始された。議席数は模擬社会党六九名、理想社会党三一名、人民共産党三二名、無所属五名とされ、模擬社会党が単独内閣を構成し、理想社会党が閣外協力という形をとった。道又健治郎は人民共産党委員長、事件で放校処分となる中畑惣三郎は同書記長という役割だった。終了後明比教授と社会党の雨森卓三郎からコメントがあり、ともに共産党系学生を「学生らしくない」と批判している。

関戸教授事件の発生

さて明けて四九年二月九日に弘高講師の関戸嘉光が共産党入党を宣言する。第一章でもふれたが、四八年から四九年にかけて大学教授や文化人の共産党入党が相次いだ。関戸の恩師、東大教授の出隆の入党は四八年四月のことである。関戸が大きく影響されたことは間違いないが[23]、共産党への傾斜は四六年に始まっていた。同年一月に中国から野坂参三が帰国し、「愛される共産党」を唱えるが、関戸は共産党の新しい動きを見出し、渡辺一夫訳のシャルル・ヴィルドラック『新しいロシヤ』（酣灯社）に希望を抱き、次のような夢を描いたと後年述べている[24]。

渡辺一夫―ヴィルドラック―野坂の「愛される共産党」、こうつなげて、私は新しい時代の幕がいま揚ると感じた。それは、自由主義・民主主義と一体化した新しい社会主義・共産主義であるはずだ、と思った。あの鉄の規律を聖化するソ連型共産党支配ではなく、豊かな個性の開花を大きく抱き育てる共産党、支配ではなく奉仕する共産党、そんな共産党が夢ではなくなった。

関戸の友人たちも共産党に入党した。「お前のような鋼鉄の意志とはほど遠い者でも、平和と民主主義を志向するかぎり、党員の資格十分だと勧誘されて、義理にも入党せざるを得なくなった」という[25]。推薦人は細川嘉六

（四七年四月の第一回参院選で当選）だった。理由は近所だったからだという。

関戸と同様に共産党入党を宣言し、やがて学園から追放される東大出身の哲学者が前述の小松摂郎であり、梅本克己である。二人は関戸の先輩にあたる。事件を新聞報道[26]などから再現してみよう[27]。

関戸は二月九日の入党祝賀記念講演会で入党を宣言した。当初、講演会は博物学教室を会場にして、関戸を囲んで共産党問題を討論する学術集会のはずだったが、直前になって会場を講堂に移すこととなり、学校側も許可した。主催団体については①民主学生同盟と共産党弘高細胞、②民主学生同盟と青年共産同盟（戦前の共産青年同盟の後身）、③民主学生同盟と共産党弘高細胞と社会科学研究会の三説がある。民主学生同盟は民主主義学生同盟（民学同）を指すだろう。民主主義学生同盟は社共合同支持だった[28]。民学同青森支部は北溟寮内に置かれ[29]、学校も公認していた。ただし、事件当時の民学同は青年共産同盟（青共）・全日本民主青年同盟（全民青）と合同して、民主青年合同委員会を結成していた[30]。弘前高校でも民学同は青共、社会主義青年同盟（社青）と統一を模索していた[31]。

ともあれ、いずれの説にも共通の主催団体は民学同と共産党弘高細胞であるが、中心は共産党細胞だったと思われる。

市内に「関戸講師共産党入党の弁」「共産党入党記念講演会」と書かれたポスターが貼られたため、二〇〇名の参加者には一般市民も少なからず見られた。弁士は関戸をはじめ、共産党県委員の津川武一、東北女子専門学校の杉山一郎教授、弘前市議補選の共産党候補者曾根銀次（戦前は労農党所属、函館一般労働組合常任、四・一六事件で起訴）の四人が予定されていたが、さすがに曾根の演説は学校側に断られた。入党祝辞として津川が三〇分ほど演説したのに対し、関戸の話は約五分と短かった。すなわち、「私に何故共産党に入ったかはきく方がやぼ［野暮］である。現代の真面目な知識人であれば、共産党に入らないのが不思議である。私は普通のことをしたればこそ共産党に入党したのである。それについて私は共産党の中央機関紙アカハタに一つ注文がある。アカハタは著名な文化人が相つずいて入党していると報じているが、それは逆である。知識人は共産党に入つて始めて文化人になるのであつて、私も共産党に入党することによつて、今始〔ママ〕めて文化人になつたのである」とか、「①何をぐずぐずして共産党に入党しないのかというのなら解るが、何故入党したかを質問されるのは意外である。②文化人なら共産党に入党するのが当然で、入党して初めて真の文化人となるのである。③日本には本当の意味でのインテリゲンチャはいない。あるいはゲンチャの切れたものばかりだ。④弘高の共産党員はだらしがない。自分が入党したからはこれを新たにしたい。⑤共産党の欠点の一つは党員の少いことである。これを是正したい」などと報じられた。

関戸追放

栗原一男校長[32]は関戸の演説を「自己の弁護と一種の宣伝」ととらえ、教育基本法（四七年三月三一日、法律第二五号）第八条第二項「法律に定める学校は、特定の政党を支持し、又はこれに反対するための政治教育その他政治的活動をしてはならない」に抵触するとして、年度内の自主退職を求めた。当時、栗原は「リベラリスト」とみなされ、校内外で「圧倒的な人気」を誇っていたという[33]。関戸は栗原の求めを拒否した。新年度に入り四月二九日の教授会で栗原校長は関戸に辞職勧告した。弘前高校厚生補導係『厚生補導日誌』[34]の同日項に「一、午後一時から緊急教官会議開催六時半終了（過日行われた関戸講師・講演会に関する件）」と見え、翌三〇日に職員向けに事情が説明されている。

教授のほとんどは校長の辞職勧告に同意した。追放派の先頭には前年一〇月の「学生国会」に関わった明比達朗が立っていた。道又論文によれば、明比は上原専禄を尊敬していたという。明比は社会党にも関係していた[35]。

ほかに生徒課長で哲学の田代秀徳[36]、日本史の宮崎道生[37]なども校長派として関戸追放に賛成した。ドイツ語の小島尚[38]のように校長提案に疑義をもつ教授もいたが、公然と反対の声をあげたのは若き英語教師、野崎孝だけだった。勇敢な野崎については後述しよう。関戸が辞職勧告を拒否したため、栗原校長は五月二日に出京し、文部省に事実経過を報告した。

関戸は生徒たちに人気があり、知的尊敬を集めていた。生徒側はすかさず反撃に出た。教授会の翌三〇日には生徒大会を開き、校長に事情を尋ねた。さらに翌五月一日のメーデーには多数の寮生が国際学連（国際学生連盟）の歌「学生の歌声に♬」と寮歌「都も遠し」を歌いながら、「関戸教授追放反対」のプラカードを掲げて市中をデモ行進した。五月七日には生徒会を開き、圧倒的多数で辞職勧告撤回を決議し、決議文を文部省への事情説明から帰ってきた栗原校長に提出した。一四日には在校生一二三〇名中一一三〇名が参加して生徒会（闘争委員会）が開かれ、辞職勧告撤回を要求するとともに、圧倒的多数で一六・一七日のストライキ（同盟休校）を決定した。生徒会終了後、代表者二名が栗原校長に面会し、①関戸講師の馘首絶対反対、②大学法案反対、②自治会公認、④三者（生徒、職員、組合）協議会設置の四項目の要求書を手交し、ストライキ決行を宣言した。これに対し、栗原校長は政治活動とみなして断固取り締まる態度を示した。同日には青森県教職員組合定時大会も開かれており、そこでも「関戸事件をとりあげよ」との動議が採択されている[39]。

新聞報道によると、学校側の対応を支持する生徒の声も載っており、必ずしも生徒会が一致団結して関戸擁護に回っていたわけではない。また上記したように、関戸講演会が予定通り学術集会として行われていたならば、ここまで事態は深刻化しただろうか。共産党細胞や共産党地区委員会の政治主義が前面に出なかったら、事件はおこらなかったとも考えられる。きわめて微妙な問題であるが、情況としては、全国的な共産党の躍進と大学教授・文化人の共産党入党が進む中、かつて東京控訴院判事をつとめたこともある栗原校長が強権的に共産党員の関戸を排除したということだろう。栗原は関戸講演会の講堂使用を認めていた。いわば、栗原は関戸をサポートする共産党細胞の「政治的活動」を引き出して、問題化することで、関戸をはじめとした左翼勢力を校内から一掃しようとしたのではないかとさえ推測できる。

「六月革命」の敗北

学校側はストライキ二日目の五月一七日に生徒処分を決め、二名を放校、八名を無期停学とした。この一〇名のうち四名は闘争委員会委員であり、道又論文によれば、放校の二人は道又健治郎と中畑惣三郎だった。しかし生徒側も反撃に出て、全校生徒二二〇名中一九八名が出席した闘争員会で圧倒的多数でストライキ続行を決めた。その後両者の対立は深まり、学校側はさらに無期停学一六名、その他九名の大量処分を行う。ストライキは長期化した。(40)

闘争戦術はその後同盟登校に変わったが、弾圧は弱まらず、六月一二日には二六名の処分が追加された。生徒側は一三日に大会を開き、①一四日からの同盟登校、②被処分生徒の受講を認めぬ授業のボイコット、③関戸の講義再開、④処分撤回と関戸講師解雇撤回を求めて、栗原校長と団交することを決めた。(41) しかし、同窓会が調停に乗り出したり、生徒内部でスト反対論が増加したりで態勢は崩れ、六月一八日に闘争委員会解体、スト解除を決めることで、一か月半におよぶ関戸追放反対闘争は終結した。前掲『厚生補導日誌』の同日項には「一、関戸問題に関して学校側に反対闘争を行うため組織された生徒側闘争委員会は本日限り解散された」と見える。処分された生徒たちも九月から一〇月にかけて処分解除となる。この間の六月一日、関戸は自然退職となった。(42)

青春の真っ只中に味わった敗北感は、その後の人生にどう引き継がれていっただろう。ここに七九年に刊行された写真集『弘前高等学校写真集　大鵬われらの徽章とかざす』（旧官立弘前高等学校同窓会）がある。関戸闘争から三〇年後、当時の旧制弘前高校生たちも五〇歳前後になっていた。働き盛りの彼らの胸に去来したのは、やはりあの熱く苦々しい日々だった。写真集は「関戸事件　戦後の大ストライキ」との見出しで、闘争の様子を伝える四枚の写真を掲載している。いずれも彼らが居住した寮（北溟寮）内の壁に墨でなぐり書きされた檄文、落書きを撮ったものである。

一枚目には「学生運動史上に貴重なる一頁を加へる千九百四十九年五月十六日よりの弘高関戸事件」、「ファッシズムは諸氏の週〔周〕辺にある良心的なあまりに良心的な心の中に存在する執念深くつきまとふ自己保存の観」「弘高生にして良心の無い者の居ると云う事は弘高生の恥だ、しかしてそれは事実だ、良心のある者ならば進むべき道は一つなのだ!!」と見える。

二枚目は「千九百四十九年弘高六月革命記念室」、「弘高ファッシズム斗争本部」と記された部屋の入り口を写している。小さく「栗原狸親爺」ともある。

三枚目には「一九四九年六月革命」と記された横に「六月革命犠牲者」二五名の名前が列記されている。その上には「放校三、無期停二十三、戒飭九、計三十五」とある。犠牲者名は四枚目に続くが、注意して見ると、「日和見主義」「裏切者」と付記されてもいる。闘争が長引く中で脱落していったのだろう。それもまた青春というべきか。事件当時、三月に三年生は卒業して旧制大学に進み、四月に二年生になるはずだった旧　年生は一年修了で新制大学へ入学していた。在籍していたのは新三年生のみ約二〇〇名。うち二割近くが処分を受けたことになる。ほかに「汚辱腐敗堕落」「一九四九年六月革命　斗争死」「悠然渾如水」とも記されている。

四枚目は廊下の突き当りの壁である。「栗原一男追放せよ」「Kampf und Recht〔闘いと権利〕」「日本共産党」「栗原退陣」「1949年6月革命敗戦ス」「人民ノ勝利ヘノ道トシ貴重ナル我等ノ今度ノ運動ヲ見ヨ！」「恥を知れ」そして「八ツ裂刑」として、栗原以下、校長派の教員の名前をあげている。

学生寮に落書きはつきものだ。関戸も生徒らと寮内で寝起きしていたというから、こうしたメッセージを目にしていたことだろう。野崎の場合はわからない。しかし、二人とも教え子たちの熱気、殺気、怒り、嘆きを共有していたに違いない。四枚の写真から、ほとんどの文字は六月の処分以降、いわば〈革命敗北〉後に怒りに任せて殴り書きされたことがうかがえる。その表現からいかに学生たちの思いが強かったかが伝わってくる。

哲学者関戸嘉光

この間の五月三一日に新制弘前大学が開学し、人事院規則により関戸は自然退職となった。この事件は旧制から新制への高等教育の再編に際しておこった共産党系教師に対する差別弾圧の先駆的事件だが、占領政策との関連も濃厚である。関戸の入党が問題となったのは講演会が開かれた二月九日時点ではない。それからしばらく経過した二月下旬のことである。ＧＨＱ下の民間情報教育局（ＣＩＥ、その高等教育担当顧問がイールズ）の士官が関戸の許を訪れた[43]。その時の会見では「共産党員であっても大学の教授であることは、これは一向差し支えない」とされたが、後日、新年度における関戸の講義続行が地方軍政部で問題となる。こうした地方軍政部の判断により栗原校長は関戸追放に乗りだし、四月二九日の教授会に辞職勧告を提案したのである。

あらためて関戸の経歴を見ておこう[44]。関戸は一四年一〇月七日に京城（現・ソウル）に生まれ、京城日出小学校、京城中学校、東京府立四中（現・都立戸山高校）、第一高等学校（現・東京大学教養学部）を経て、四〇年東京帝国大学文学部哲学科を卒業した。同期にフォイエルバッハ研究の暉峻凌三、唯物論哲学の湯川和夫がいる[45]。大学では出隆から古代中世哲学を、吉満義彦からカトリック哲学を、渡辺一夫からフランス・ユマニスムを学んだ。三七年一〇月には帝大セツルメント読書会に関わり検挙され、翌三八年五月にも共産主義研究会開催で捕まるが起訴猶予となっている[46]。

卒業後は東大哲学研究室副手、日本大学医学部予科講師を務めるが、この間の四一年九月、関戸の姉千代の夫であった京都帝大人文科学研究所助教授大上末広が満鉄調査部事件（第一次）に連坐し、満洲に連行された後、四四年三月に新京（現・長春）監獄未決監にて発疹チブスに罹り、新京千早病院にて病死するという悲劇がおこっている。(47)

四七年一〇月、弘高講師となり、(48)「フランス革命とドイツ観念論」（『哲学雑誌』第六四四・六四五・六四六号、一九四〇年）、「近代の運命とパスカル」（『理想』第一五六号、一九四四年）、「近代市民」（出隆編『哲学の基礎問題』中巻、実業之日本社、一九四八年）、「カトリック世界と近代市民的意識」（山崎正一・串田孫一共編『近代精神』、第三書房、一九四九年）などの研究がある。

退職の際、大阪市大から招聘の話もあったというが、(49)その後は岩波書店辞典部勤務を経て、六八年に本州大学（現・長野大学）教授となる。実に二〇年ぶりの教壇復帰だった（八七年退職）。関戸は明神勲とクレーマのインタビューも受けているが（二〇〇二年）、自伝的な論考二本は、(50)いずれも事件について語ってない。この間、辞職直後の五〇年から五一年にかけて『レーニン選集―戦略・戦術―』（全三巻六分冊、暁明社）を経済学者の平田清明らと、(51)五六年にはジョルジュ・ポリツェルほかの『講座哲学』（全四巻、大月書店）を竹内良知らと、八五年にはアラン・フルニエ『ル・グラン・モーヌ』（明治書院）をそれぞれ共訳出版している。政治的には六〇年代に志賀義雄らの「日本のこえ」派に接近し、六五年にはベ平連（ベトナムに平和を！市民連合）にも参加している。東大時代の先輩串田孫一との交流も確認できる。(52)八五年には帝銀事件平沢貞通死刑囚の時効を求める声明の賛同人になっており、(53)晩年の八八年一二月に東京で開催された「フォーラム　新しい社会の創造をめざして」のよびかけ人にもなっている（同パンフレットによる）。

勇者野崎孝

さて勇者野崎孝について述べよう。野崎はのちにＪ・Ｄ・サリンジャーの『ライ麦畑でつかまえて』をはじめとして、数多くのアメリカ文学の翻訳で知られる野崎孝である。野崎は一七年に青森県弘前市に生まれた（九五年没）。旧制弘前中学校（現・青森県立弘前高等学校）から四修で旧制弘前高等学校に入り[54]、三七年に東京帝国大学文学部英吉利文学科に進み、中野好夫に師事した。卒業後は都内の商業学校教師となるが、応召で中国戦線に向かう。復員後、四六年八月に弘前高等学校講師となり、四九年に事件に遭遇する。前述したように、野崎は教授会で関戸追放に公然と反対した。これが栗原校長の怒りを買った。野崎は翌五〇年から一橋大学に移ることが内定していた。しかし、最終的な転出承諾書に栗原校長が「本人は過激不穏分子なり」と記したため、異動が白紙となった。

ここからがきわめて興味深い。進退窮まった野崎を救ったのは、なんと関戸その人だった。関戸は東大時代の先輩であった中央大学の今泉三良[55]に頼み、野崎を中央大学文学部（五一年開設）に採用してもらう。中央大学に移った野崎はのちに名訳『ライ麦畑でつかまえて』を世に出すが、処女翻訳は五三年のキャサリン・マンスフィールド『入り江にて』（早川書房、ウェルテル文庫）である。マンスフィールドはニュージーランド出身の女性作家でブリテンを拠点に活躍した。野崎の恩師中野好夫はイギリス文学の専門家だった。その影響があったのだろうか。中央大学に移ってからグレアム・グリーンの翻訳などを手がけるが、六〇年に『ヘミングウェイ』（研究社出版）を出して以降、アメリカ文学にシフトし、六四年に『ライ麦畑でつかまえて』（白水社）を刊行する。七〇年に中央大学から東京都立大学へ転じ、最後は帝京大学教授をつとめた。

事件が野崎の研究に与えた影響はあらためて分析しなければならないが、五一年に *Hiroshima*（アルフレッド・ノップ社、一九四六年）を赴任早々の中央大学でテキストとして採用した点が注目される。『朝日新聞』五一年五月二三日付朝刊「〝ヒロシマ〟教科書に」によれば、野崎は「生きた現代アメリカ語を教え、これにより平和をみつめたい気持ちから」同書を採用したと語っている。この時『ヒロシマ』を採用したのは中央大学や広島大学など八大学に過ぎず、東京教育大学は「この講義は約一年かゝり、空襲で人が殺されるのを毎時間教えるのは辛いという教授の意見が多かった」（福原麟太郎の説明）ため不採用とした。『ヒロシマ』は四五年に*A Bell for Adano*でピュリッツァー賞を受賞したジョン・ハーシーの作品である。六人の被爆者について歴史的体験を語ってもらったもので、原爆投下から一年が経った四六年八月に『ニューヨーカー』誌に掲載され、「二〇世紀アメリカ・ジャーナリズムの業績トップ一〇〇」の第一位に選ばれた。[56]この点からも、野崎の平和志向、反骨精神が推測できよう。

弘高での関戸嘉光の職階は講師のまま終わった。しかし、彼は教授と呼ばれるに値する研究業績を持ち合わせていた。道又論文は「在校生も理解できなかった校長の不当行為を認めるわけにはいかない」「事件にかかわった旧制弘前高校生、なかんずく当時の北溟寮生の心意気を重んじた」との理由で関戸教授と呼んでいる。本書もこの点をリスペクトして、関戸教授と記した。

第４節　一九四九年夏以降の情況

反政府共闘の成立

一九四九年五月三一日、政令二〇一号違反に問われていた津川武一の最終公判が開かれ、懲役六か月の実刑が下された。四九年夏も社共連携の動きが続く。六月九日には青森市内で共産党中央委員金天海を迎えて在日朝鮮人連盟主催の歓迎懇談会が開かれ、約一三〇名の在日朝鮮人が参加した。[57]うち九〇名が入党を申込み、十数名が入党申込書を持ち帰ったという。

六月二四日には全労主催の公安条例反対人民大会が青森市の県会議事堂前で開かれ、共産党から大沢・大塚、社会党から岩淵謙二郎・佐藤義男、さらに民主党県議の山内啓助が出席している[58]。社会党県議の岩淵・佐藤両名は「社会党本部の反共方針を一擲」し、民主党の山内も共闘関係の構築を訴え、反民自内閣の広範な民主戦線が展開された。人民大会には岩間正男参院議員も参加し、「今や吉田内閣は弘前高等学校に対し不当弾圧を加えているので参議院より真相を調べにきた。青森の勤労大衆諸君が真に革命的斗争の先頭に立ち民族独立の斗いに献身せられている勇姿を拝見、心から尊敬にたえません」と挨拶した。弘高への不当弾圧とは、いうまでもなく関戸教授事件を指す[59]。

七月四日付『週刊自由』の主張「飯詰村選挙の教訓　地域権力を人民の手に」によれば、北津軽郡飯詰村（現・五所川原市）の村政改革をめぐり、社共民と労組の共同戦線が作られ、まるで革命前夜のごとき熱気に包まれたという。「市政も県政も人民の手に握れ。それが革命である」「飯詰の農民は共産党を中心として既に政権奪取の前進を開始したではないか」と高揚感を露わにしている。

社共の離反

しかし、前述した七月の社会党県連再建大会以降、一転して社共の溝は深まる。七月二〇日に社会党県連が設置した不当首切り反対委員会は国鉄再建共闘協議会設置について話し合い、同協議会を産業再建共同闘争会議と改称し、共産党を除く各種労農団体に参加を呼びかけた[60]。趣意書中には「天下り行政整理は勢い労組活動の非合法化を招来し日本共産党の破壊戦術と相俟って幾多の不詳事件を既に惹起している」と見える。不祥事件とは直前におこった下山事件（六日）、三鷹事件（一五日）をさしているだろうが、国鉄弘前機関区機関庫内でも一三日に列車妨害・機関車転覆事件がおこっていた(61)。

七月二九日に開かれた産業再建共同闘争会議は大会基本原則の一つに「共産党の破壊戦術から産業を守れ」を掲げている(62)。参加者中には共産党関係者もおり、全労選出の猪俣市太郎はこの点に疑義をはさんだ。趣意書を説明した米内山は猪俣に対して、「言わなくとも解っていると思うが共産党は今まで建設的な事を一つとしてやって来ていないばかりでなく日本再建に対しプラスになることなくマイナスの行動を取って来ているのでそれから守るという事である」と答えている。「言わなくとも解っていると思う」という言い方はかなり傲慢に聞こえたのだろう、国労選出の鈴木兵司（民主党）は次のように社会党に厳しい注文をしている。

社会党は眼をつむっているその間に共産党はめざましい発展を遂げている。今社会党が真剣にこの問題を取り上げて戦って行かなければ、共産党は暴力革命に挺進して各職場内に入り情報の提供、助言、街頭の宣伝ビラの貼布、基金カンパ等積極的に支持している。これに対し社会党は傍観して来ている。今真剣にならなかったら社会党はつぶれるばかりか労働者は不幸を見る。共産党の様に社会党も進出して来て貰いたい。国鉄には幾多の共産党がいて組合指導しているが同調できないので今日まで来た。必ず社会党の進出を望む

鈴木の発言は当時の社共両党の力関係を描いている。「九月革命」も見すえている。共産党の勢力は優勢だった。そのことは八月下旬に来県した社会党本部書記長鈴木茂三郎の談話からもうかがえる(63)。「社会党の二正面作戦が云々されているが、党としてはあくまでも全面作戦で民自党を倒すはもちろん、われわれはこの闘争を妨害し、ことに党内にフラクをつくってかく乱〔攪乱〕しスパイ的役割を演ぜんとする共産党に対しても断固闘わねばならぬ、とくに共産党は来年の参議院議員選挙には選挙費丸抱えをもって再び引抜きを策するだろうが、社共合同で問題を起した青森、長野県の如きはその動きを警戒せねばならぬ」。社会党本部にとって社共合同の先進県であった青森県や長野県の動きを封じることは至上命題だった。

労働戦線をめぐる対立

この後、情況は共産党にとって悪化する。国労や全逓の指導部が民同や正統派によって占められ[64]、青森県全労働組合会議（全労）が解消する。全労解消は一〇月一一日のことだった。この日全労第二回定期大会が開かれ、全労解消・新全労結成が決まった。全労議長だった共産党系の猪股市太郎は後年、全労解散は「民同派の計画的非労働者的策謀」だったと回顧しているが[65]、注目すべきは来賓として出席した共産党の大塚英五郎の次の挨拶である。「国鉄解雇者が最近社会党に入党しているのはおめでたいことである。社会党と共産党が農民組合の奪いあいをしている状態はお互いに考えなければならない。〔中略〕組合運動を窮極に追いこんだのもすべて共産党の責任である。今後は皆さんと共に党として協力することを誓う」。「国鉄三大ミステリー事件」と言われる下山事件・三鷹事件・松川事件が起こる中で、労働運動における共産党の信頼は低下していった。そうした状況下で大塚はきわめて低姿勢、自己批判的な挨拶をしたのである[66]。その意味で、これは共産党が後退した形での新たな社共共闘の提起であった。

全労解散の翌一二日には新組織結成世話人会が開催され、さらに一三日には各労働組合宛に「青森県民主的労働戦線統一懇談会準備会開催について」が発送される[67]。同懇談会世話人は国労・全逓・全金属・電産・全日通・県地方産業労組であった。準備会趣意書は、労働戦線統一についてこう書いている。

労働戦線の統一が容易にならない原因は決して一、二に止まらないが、最も強く指摘されねばならない点は吾々組合大衆が具体的生活条件の直接的な而も現実的な解決を求めているに拘らず之に便乗利用して極左的政治権力闘争を主とする地域人民闘争を強行し遂には一般大衆の信頼と支持を失う如き結果を生ぜしめ、又、組合員大衆は民主的労働組合の確立を熱望しているに拘らず、一部勢力により陰に陽に特定政党の支配下に置かんとするが如き策謀が行われるに至り斯くては遂に益々戦線の統一は困難となり、更には分裂的傾向さえ生ぜしめるに至ったのであります。

趣意書はこうのべて、「全国的大単産の闘争の際の動員部隊化せしめられておった地方中小企業の労働組合中心の活動方針を樹立し強力な運動を展開」しようと呼びかけた。共産党＝産別路線からの明確な離脱であった。新全労＝青森県労働組合会議は一一月一九・二〇日に結成大会を開催した[68]。基調は反共であり、綱領に「吾々は一切の暴力革命的闘争方式に反対し、一般勤労大衆の支持の下に平和的合法的闘争方式により吾々の目的達成を期す」ことがあげられた。来賓挨拶した共産党代表も「共産党はあらゆるいきがかりを捨てて、皆様に協力して行きたいと思っている。どうか組織労働者が一日も早く結集してくれることを熱望してやまない。万難を敢然と切りひらいてくれることをのぞむと共にわれわれも共に闘って行くことを誓うものである」と言わざるを得なかった。閉会にあたり、準備会趣意書と同内容の声明書が宣言され、ここに民同主導の組合員数約一万名の青森県労働組合会議が誕生した。

のちに第二代会長となる千葉民蔵は、全労は「当初はあまり思想的対立は見られなかった」が、社共合同が行われてから「内部対立」が強まり、「結局共産フラクに対抗する形」となり、全労解散論が浮上してきたと回顧している[69]。

第一〇章　青森県社共合同の思想

本節であらためて社共合同の中心人物である大沢久明と津川武一の生い立ちを見ていこう[1]。

第1節　大沢久明と津川武一

大沢久明の歩み

大沢久明（本名喜代一）は二〇世紀最初の年一九〇一年一二月一五日に青森市古茶屋町（現・茶屋町）の農家に父兵助・母ゆうの長男として生まれた（八五年三月一一日死去）。家業を継ぐのを嫌い、青森市立商業学校（現・青森県立商業高等学校）に進み、卒業した一九年に東京の市ヶ谷刑務所（東京監獄）用度課事務員となる[2]。この時、入監中のアナキスト和田久太郎宛に差し入れられた書籍を読み、大逆事件の幸徳秋水らの死刑について知ることで社会主義に目覚め、回覧雑誌を発行したため解雇される。和田が堺利彦主宰の売文社のメンバーだったことから[3]、大沢はその後、堺主宰の無産社[4]に出入りし、翌二〇年の最初の検挙によりかつての勤め先市ヶ谷監獄に収監される。二一年の帰郷後、文芸雑誌『交響』『郷土運動』を発行し、二二年に東京の無産社にならい青森無産社を結成した。青森無産社はタブロイド紙『新しい時代』を刊行するが、治安警察法違反で検挙される。青森市内の荒川監獄に未決囚として服役中、弁護士事務所の傭人だった若き日の棟方志功と出会う。志功との交流は戦後復活する（第一四章第3節参照）。同年一〇月には青森県最初の社会主義結社北部無産社を弘前市で結成し、一二月に同志のアナキスト野呂衛が歩兵第五二連隊に入営する際、「弔入営野呂衛君」と書いた赤旗と黒旗をなびかせて反戦デモを敢行した。

二三年四月から六月にかけては日魯漁業株式会社（現・ニチロ）のカムチャッカ漁場で働き、出稼ぎ者を組織して津軽懇談会を結成し、ストライキを企てている。(5) 夏には秋田雨雀が黒石で開催した夏季大学(6)へ参加し、秋田労農社との交流から、秋田県の小坂鉱山ストライキを支援している。(7) 北部無産社を中心に青森青年同盟も結成した。(8)

北部無産社は二四年に解散するが、同年五月の函館市無産青年同盟発会式にかけつけ、演説をしている。(9) 九月には青森県最初の農民組合である西津軽郡車力村小作組合と長泥農民組合の設立に参画する。車力村の農民運動では淡谷悠蔵やのちの「武装共産党」指導者田中清玄と一緒だった。(10) 二五年八月には青森港の沖仲士や金属労働者を中心に青森合同労働組合を結成し、最左翼の日本労働組合評議会に加盟（東北では最初の加盟）するものの、創立総会で検束解散となる。ついで九月に無産政党青森県本部準備委員会を開催し、さらに一一月には黒石で県無産政党建設準備評議会をもち、農民労働党（浅沼稲次郎ほか）に結集しようとしたが、同党は一二月に結成即結社禁止された。以上は大沢がいまだ二〇代前半での活動である。同時期には千田末吉のペンネームで詩人福士幸次郎と地方主義・伝統主義論争もくりひろげている。(11)

二六年二月に青森合同労組は東北労働組合会議結成を呼びかけ、九月には労働農民党（同年三月結党、委員長杉山元治郎）の青森県連合会準備会に参加し、二七年四月に労農党青森県連合会を発足させる。労農党は当初の右翼社会民主主義政党から二六年暮には共産党と左翼社会民主主義者の共同戦線党に改組され、大山郁夫が委員長になった。しかし二八年の三・一五事件により労農党が解散させられたのち、大沢は大山らの新党組織準備会に結集し、一〇月の全国代表者会議に山本宣治らとともに出席している。この動きは労働者農民党に結実するが、一二月の結成大会直後に同党は解散命令を受ける。その後、合法政党の結成は放棄され、大沢は非合法の共産党が指導する政治的自由獲得労農同盟の青森県連合会委員長となり、二九年の一月、共産党に入党した。

同年の四・一六事件で検挙され、三〇年一二月に懲役五年（求刑六年）の判決が確定する。前後するが、二八年頃には弘前でプロレタリア文芸雑誌『前哨戦』を刊行し、創刊期（二九年創刊）の県内総合文芸誌『座標』に労働争議や獄中生活を詠んだ短歌を寄稿している。(12) 三二年二月の第一八回衆議院議員選挙には獄中から出馬し、一夜にして「共産党公認大沢久明に一票を！」と記したポスターが張り巡らされたという。(13)

三四年九月に非転向のまま出獄した後に凶作救援準備会を組織するが、一一月に全農（全国農民組合）左派検挙で新婚間もない妻勝子（かつ）らとともに逮捕された。(14) 三五年四月には『青森日報』の編集長に就くが、一一月に治安維持法違反で検挙。三九年九月には県会議員、四〇年四月には青森市会議員に当選する。当時の肩書は、青森薪炭商組副理事・青森購買組長・青森市農会長・浪打農会長・経済警察専門部協議員である。(15) 四一年一月には満洲開拓地赤化陰謀事件により治安維持法違反で検挙され、議員辞職を強制される。転向して大政翼賛会に賛同するが、「一部の間には昔社会思想を持った者はどうとか斯うとか言って万民帰一の運動に吝をつける者もある」「社会思想やマルクスを学んだものは其の門に入るべからずなぞとは日本の思想の発展史を無視し、己の無知無学を棚にあげて万民翼賛の途を阻む大馬鹿者」だと論じている。(16) 四二年秋の上京後、敗戦までの動向は不明な点が多い。四五年八月の青森空襲・敗戦前には青森に戻ってきている。(17)

敗戦後の経歴を列挙しておこう。注目されるのは四五年九月に東京で結成された「新民主主義同盟」への加盟である。新民主主義同盟という名称は毛沢東の新民主主義論から採ったもので、「左翼の隠れ蓑」と呼ばれた理研の竹村悌三郎、日本建設協会の柏原実・坂田政二・田中操吉（のち共産党長野県委員長）のほか、正木ひろし

（弁護士）、折村完一、三戸信人らがおり、「合法左翼における労働農民党の系統」「人民戦線支持派」として半年ほど続いた。[18]

その後、一〇月に社会党青森県支部設立準備懇談会議長に就いたのをはじめ、青森県農事開発株式会社社長（一〇月）、青森一般労働組合再建協議会委員（一〇月）、日本社会党県支部準備会代表（一〇月）、青森土建労働組合長（一一月）、青森消費組合創立準備委員（一二月）、『週刊自由』主筆（一二月）、四六年には青森県労働組合地方協議会議長（一月）、日本労働組合総同盟中央委員（一月）、青森木材産業労働組合長（一月）、日本通運青森支店労組組合長（二月）、青森県地方労働委員会労働委員（三月）、青森県隠匿物資緊急処理諮問委員会幹事（三月）、第二二回総選挙当選（四月）、青森県救国民主連盟委員長（七月）、四七年日農県連顧問（九月）、四八年青森県農業復興会議長（三月）、労農救援会青森県支部長（九月）、日農青森県連委員長（一一月）と目まぐるしく活躍し、一貫して青森県労農運動を指導した。

敗戦直後の大沢の発言として注目されるのが、『東奥日報』四五年一一月九日付「建直す青森県」である。大沢は郷土の歴史をふりかえり、「本県は日本中で一番貧乏で、従つて一番文化の遅れてゐる地」「旧い日本にとつては金の卵を生む鶏のやうな、そして体のい丶植民地みたいな地方」だったと述べ、「正直者の一徹見たいなもので騙されたなァといふ声は恐らくこれ亦日本国中本県民は一番大きいのではないか」と語っている。〈辺境〉意識は大沢の生涯を一貫して流れる通奏低音だった。

四六年四月の第二二回総選挙（大日本帝国憲法下最後の衆議院議員総選挙）では青森県全県（定員七名・連記制）で五位当選。五月一六日の衆議院副議長選挙では大沢に五票入り[19]、それらは共産党所属の柄沢とし子・野坂参三・徳田球一・高倉輝・志賀義雄の五人の票だった。[20] 六月には衆議院本会議に上程された憲法改正案の審議延期を求める共産党の動議に賛成したため、社会党本部から党議違反として謹慎を命ぜられると共に、院内役員

（議場内交渉係）を退任させられた[21]。

以後、大沢は共産党への傾斜を強める。四七年一月二四日に東京皇居前広場で開かれた労組青年部・青共などが主催した青年大会（青年行動隊要求貫徹促進大会）において、社会党から「オウサワ氏」が登壇し、社会「党右翼のインボウ〔陰謀〕を諸君ら大衆の力によって倒そう」と訴えた。この「オウサワ氏」は大沢久明である[22]。その直後の四月の第二三回衆議院議員総選挙では、青森県第二区（定員三名）から出馬し、九一票差で落選した（第八章第4節）。

津川武一の歩み

津川武一は一九一〇年八月二日に南津軽郡五郷村吉内（浪岡町を経て現・青森市）の農家に父文八郎・母イトの長男として生まれた（八八年九月四日死去）。五郷村立本郷尋常小学校（現・青森市立本郷小学校）から弘前中学校に進み、二七年四月に官立弘前高等学校入学。同期に津島修治こと、のちの作家太宰治がいた。弘高卒業後、三〇年四月に東京帝国大学医学部入学。翌三一年一二月にデモ行進中、治安維持法違反容疑で初めて検挙され、拘留。三二年に日本共産青年同盟（共青）に加入し、四月に共産党に入党し、東大党細胞長となる。六月に治安維持法違反で逮捕され、二年間未決で拘留。三三年一二月に東京帝国大学医学部退学処分となり、翌三四年二月懲役二年・執行猶予三年の判決を受け、豊多摩刑務所を出獄する。

以後、実家に戻り農業を手伝う。このとき最初の小説「二十代」（未発表、原稿不詳）を執筆する。三五年一月青森歩兵第五連隊に入隊し、翌三六年七月に除隊。三七年には東京帝国大学医学部に復学し、三九年三月の卒業後、四月から同医学部精神医学教室副手となる。この頃、弘高同期の石上玄一郎（本名上田重彦）に医局の内情を知らせ、それをもとに石上は『中央公論』四二年一〇月号に小説「精神病学教室」を発表する[23]。

四一年八月に召集されるが、その前後に精力的な調査を行い、以下の研究結果を発表している。①「精神分裂病の遺伝研究」[24]、②「血族結婚と精神分裂病の遺伝」[25]、③「東京府下三宅島住民の比較精神医学的並に遺伝病理学的研究」[26]、④「大都市に於ける精神疾患頻度に関する調査」[27]、⑤「白児の二大家系」[28]。②によれば津川は厚生省優生課所属となっている。③と同じく三宅島を調査地とした⑤は単著論文で、末尾に厚生省研究所（戦後、国立公衆衛生院を経て、国立保健医療科学院に改組）民族衛生科主任の川上理一の指導を受け、厚生省予防課主任の青木延春の校閲を経たと記している。川上は遺伝学、青木は優生学で著名な研究者だった[29]。

軍歴は弘前市北部第一六部隊、山形市北部第一八部隊山形陸軍病院を勤務後、弘前陸軍病院で敗戦を迎える。敗戦は八月一二日に知っていた[30]。

四五年一〇月末に共産党本部を訪れた際に青森県党の再建を要請され、一一月の共産党第一回全国協議会に出席する。津川の回想によれば、東大の研究室に残るべく党本部に寄ったところ、青森では党再建活動を期待していた面々が社会党を結成してしまったので人がいない、研究室に戻るのを先延ばしにして党再建を手伝ってくれないかと依頼され、地元とのコンタクトが全くない中、ゼロから活動を開始したという[31]。

一一月二五日に共産党青森地方委員会準備会を弘前市内の津川の自宅で開く。出席者は津川のほか、杉浦茂・唐牛進・原克・内山勇・山鹿守一・田村文雄・石岡修一・雨森卓三郎。疎開中の太宰も出席したが、一言も発せず中座した[32]。一二月には弘前市住吉町の厚生診療所で診療を始める。この時の同僚（眼科医）がのち詩集『まるめろ』を発表して方言詩人と呼ばれた高木恭造である。同じころ、八戸の林徳右衛門に党再建を呼びかけている。四六年一月一五日に青森市蓮華寺で共産党青森地方委員会結成大会を開催し、委員長に選出される[33]。当時の津川の政治姿勢は、『月刊東奥』（東奥日報社）に掲載された、①四五年一一月号論説「資本主義体制揺がず　戦後国民経済の方向」、②四六年二月号誌上座談会「青森県における封建性を暴く」、③四六年一一・一二月合併号「世相雑感」、④四七年二月号「新戦術」にうかがえる。

①は、敗戦がもたらしたのは、「天皇の名の下に於ける軍隊並に労働者の鎮撫、東久邇宮内閣に依る資本家的戦後処理、強力な平和の保障者であるアメリカ軍の進駐、革命の主体となるべき労働者党の欠如」という「革命と変革には縁遠い状態」「平穏裡」であり、「社会党の結成や共産党員の釈放が喧伝されても、資本主義を転覆せしむるに足る主体的権力はまだ形成されて居ない」、資本主義体制は依然揺るぎないと指摘している。経済復興は農業生産ではなく、工業生産であると結論付けている点も興味深い。

②には津川（弘前社会科学研究会）の他、淡谷ナオ（青森県農民組合準備委員長淡谷悠蔵氏夫人）、瀬戸義久（青森放送局長）、石坂洋次郎（日本文壇の大家）が出席している（肩書は原文）。この座談会における各自の発言はとても興味深いものだが、津川は次のような総論的発言をしている。敗戦直後の彼の考えが明確に示されている。

東北は日本に於いて最も封建的な所と言つた。それは東北地方の近代化に遅れた為めである。近代的工業資源に恵まれない東北は封建性から脱却する経済的根拠を持たなかつた。青森県を民主々義化することは封建性を除くことでもあるが、聯合軍の進駐以来嵐の如く吹きまくつてゐる日本の民主主義化運動は一つの文化運動として、啓蒙運動として、政治として強大なる力を県民の上に及ぼしつつはあるが、真性の民主主義化は民主主義と自由主義の発生すべき経済的事態を作る以外には期待出来ないのである。即ち第一には近代的産業を持つこと、第二には働かざる貴族である地主を消滅させることが基本であり、この上に教育的啓蒙的文化的活動が協力せねばならない。

津川の認識は前述の大沢のそれと共通する。津川の目標は青森県から封建性を除去して民主化することにあり、地主階級を打倒して産業を近代化することだった。津川は同年四月の第二二回総選挙および翌四七年四月の第二三回総選挙に出馬するがいずれも落選。同年六月弘前市代官町に津川診療所を開設し、診療所を拠点に津軽地方の労働運動と農民運動を組織して行く。

③は津川が見た戦後の地域社会である。戦時中に徴兵忌避をし「戦争精神病」に罹った男性が、戦後は農民運動に参加することで健康を回復した例や、津川を解放者・神・天皇と崇める「妄想性痴呆患者」について論じている。

④は市町村長公選に関する発言だが、きわめて興味深い。津川は、中央政権では保守と民主の並存はありえないが、地方選挙では「保守と民主が並べられ、民主町村と保守町村が具体的に人民の目と耳でその何れが人民のためになるかが実験される」から、市町村長公選は民主陣営にとって「関ケ原」なのだと述べる。だから、これまでの民主陣営にはなかった「新しく大胆な態度と戦術」、保守陣営にとって「驚天動地の新手であり奇襲」が求められる。どこの政党のスローガンであっても差別排除せず、市町村住民が欲しているスローガンを採用する。津川の立場は鮮明だった。「社会党や共産党にもこの政策面では利己主義は許させない。大衆の困つている事を大衆の政策として大衆自身に決定させる」。教条主義的要素はまったく見られない。問題はここからである。スローガン実現のためには誰がいいのか、これもまた大衆自身に決定させよう。徹底した民主主義と幅広イズムに立って、津川はこう提案する。

この推される人の所属政党は問うところではない。社共でも中立でも誰でもよい、大衆が自分たちで定めた政策を実現してゆくに最も適当な人であれば、社共も何も区別ない、大衆の候補として推薦もし応援もする。

津川はこれこそが「民主陣営の新しい戦術」であり、古い世代やなりたがり屋にとっては「青天の霹靂」であろうと宣言した。のちの社共合同を支えた理念であり、六〇年代以降の革新統一への願いにつながる津川の選挙戦術の柔軟さと大胆さには驚くほかない。

津川について、『アカハタ』四八年一一月四日付「あすの国会へ●たたかう指導者●」が、「弾圧病にも名医逮捕状付きで公然と斗争」と題してとりあげている。津川の人柄を示すのは次の一節である。「津軽の農村で津川氏が有名なのは、税金斗争や土地斗争の先頭にたつているからだけではない、もともと精神科の医者だが、内科や神経病にかけてもなかなかの評判で、税金斗争などを夢中になつてアジつていると『先生、税金の話はそのくらいにして、からだのぐあいをちよつとみていたゞきたいので……』などと話の腰をおられることがある」。津川は国鉄弘前機関区職場放棄煽動の疑いで逮捕されるが、身柄不拘束のまま労働運動や農民運動を指導し続けた。

敗戦後の津川の活動として、従来まったく語られてこなかったことに、青年組織との関係がある。戦前に共青に加入していた津川は、その後継組織である日本青年共産同盟（青共）の中央機関紙『青年ノ旗』の四七年九月から一〇月にかけて「医学は誰のものか」を三回連載している[34]。さらに四九年一月九日付第一一六号には「赤いリンゴ」と題した詩を寄せている。

赤いリンゴは　朝日に浸つている　赤いリンゴは　不枯野のルビーだ
赤いリンゴを　もぐ頬は笑う　だが　赤いリンゴは　経費を割つてきた
赤いリンゴの　農家は壁がおちる　赤いリンゴは　農民の心をえぐる

この間の四八年六月、青共中央機関誌『われらの仲間』創刊号に「青森地方の青年たち」と題して県内の青年運動の状況を報じ、共産党青森県委員会の常任委員七名中五名が二五歳未満、弘前地区委員会の常任書記六名中五名が二五歳以下で委員長は二〇歳であることを「一驚」と伝えている。これには我々も驚かざるを得ないが、同年一二月の社共合同の結果、共産党県委員は一〇名となる。五〇年九月頃作成と思われる史料[35]は青森県委員会の八名の人名と年齢を挙げているが、平均年齢は四〇歳弱である。社共合同は運動指導部の高齢化につながったともいえる。

第2節　大沢久明『社共時代の思い出』

敗戦直後の大沢

後年の一九七三年、大沢は『社共時代の思い出』と題する小冊子を発行している(36)（図10）。五〇年から七〇年まで二〇年間にわたって務めた共産党青森県委員会委員長(37)の座を降りて数年が経っていた。大沢の総指揮のもと、六九年の第三二回総選挙で東北初の共産党代議士として当選した津川も、七二年の第三三回総選挙で再選を果していた。大沢は感慨にふけっていたのかもしれない。しばらく『社共時代の思い出』の頁をめくろう。

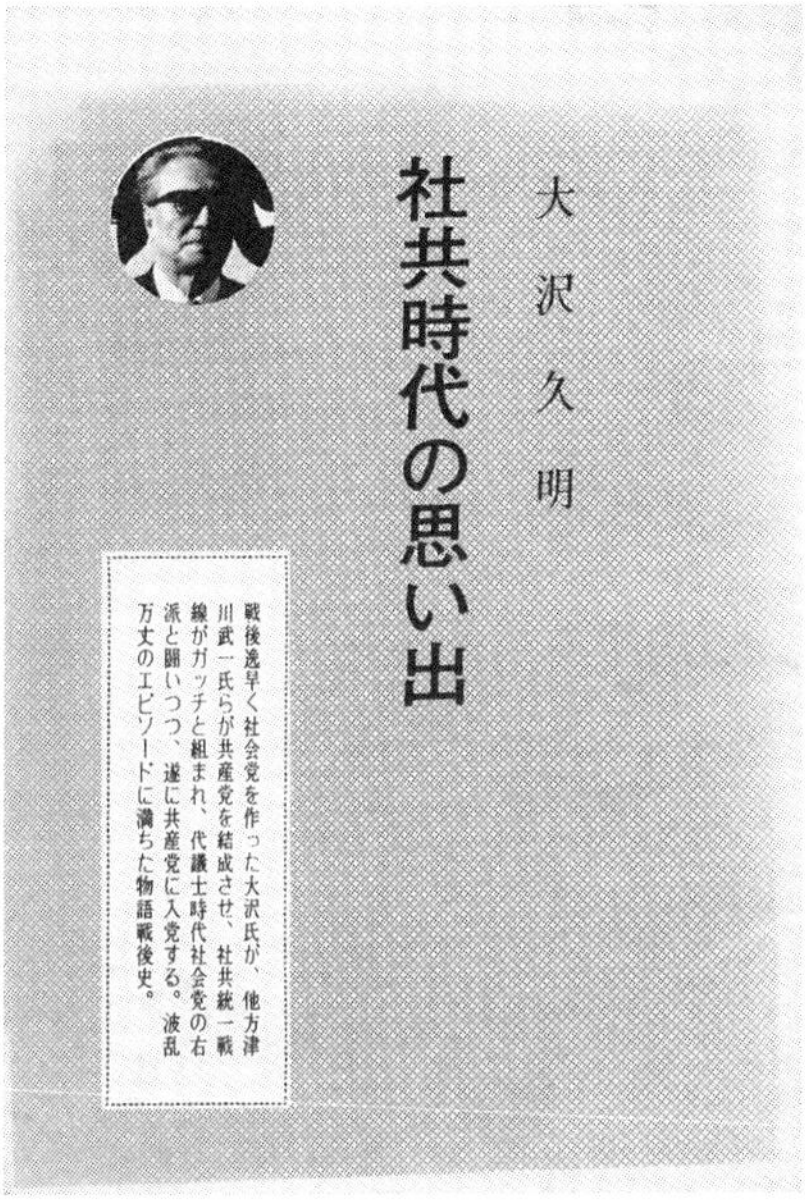

図10　『社共時代の思い出』（青森文学会、1973年）表紙

『社共時代の思い出』は敗戦の日、四五年八月一五日の描写から始まる。その日、大沢は陸奥湾を東に見る東津軽郡蓬田村瀬辺地にいた。彼の自宅は青森市内の茶屋町にあったが、七月一八日の青森空襲で全焼したため、市外の幸畑に疎開し農業に従事していた。特高の目から逃れる目的もあった。そのうち蓬田の知人から瀬辺地の開拓を依頼された。農村生活に入る前、大沢は前述したように治安維持法違反容疑で検挙され、不起訴となったものの青森では仕事が見つからず、上京し青森に戻ったのは敗戦の二ケ月ほど前のことだった。そこで青森空襲に遭い、茶屋町の自宅は全焼した。

一〇月三日、大沢らが中心となって社会党青森県支部設立準備懇談会が開催された。翌四日、GHQは政治的・民事的・宗教的自由に対する制限撤廃の覚書（天皇に関する自由討議、政治犯釈放、思想警察全廃、内相・特高警察全員の罷免、統制法規廃止など）を出す。五日、東久邇宮稔彦内閣は総辞職し、九日に幣原喜重郎内閣が成立する。一〇日には政治犯約五〇〇名が釈放される。大沢は釈放された徳田球一宛に「出獄万歳、健康のため、大鰐温泉（弘前市近郊の温泉街）に暫く湯治されたし」と祝電を打った。

敗戦直後に大沢が行ったのは軍の隠匿物資摘発である。「隠匿物資糺察隊」をつくり、県当局と団交し、一〇月三一日には戦災市民大会を青森市の善知鳥神社境内で開き、ムシロ旗を掲げて市内をデモ行進した。大沢の旧友、歌人の松岡辰雄の歌集『新生に題す』（人民短歌叢書、新興出版社、一九四六年）に見える「わが久明健在なりと聞くからに訪なふ山の朝空晴るる」「中止なき壇上に吐く火の言葉大沢久明まぼろしに見ゆ」「二十余年苦節に堪へし大沢よ柴田（久次郎）よ誰か君を忘ぜむ」などは当時の大沢の姿を描いている。(38)

前述したように、青森県の社会党と共産党はきわめて近い関係にあった。共産党再建グループの一人落合直文は、大沢に会った際、大沢から「いずれは必らず共産党に入党するが、いまの情勢は、社共統一戦線が重大であるから、その点を理解してほしい」と言われたと記している。大沢も「本県の最大の特徴は出発点から共産党との兄弟的統一を基本にしていた」ことをあげている。社会党県連事務所は『赤旗』販売まで手掛けていたという。ミリュー的空間（第六章第1節参照）である。

そうした状況下、徳田球一がやってきた。第六章第2節で述べたように、徳田は四五年一一月二六日に北海道遊説からの帰り青森に寄った。山鹿守一の堀江彦蔵宛書簡は同夜、徳田と大沢の水入らずの会談が深更まで続き、「社共合同の端緒」となったと記しているが、大沢は「『社共合同』の討議ではなかった。入党の問題であった」と訂正している。いずれにせよ、これが本当ならば、四八年暮の大沢の共産党入りは三年も前に決められていたことになる。序章第1節の記述を思い出してもらいたい。また第二四回総選挙後の四九年二月開催の共産党第五回中央委員会で、徳田は大沢に向かって「三年間の宿意をとげて入党へふみきり、社共合同の大運動の先頭をきつたことにとくべつの敬意を表する」と述べている（第五章第1節参照）。符号が合う。[39]

社共合同と大沢

『社共時代の思い出』の末尾（裏表紙返し）も興味深い。大沢は前掲『日本共産党の五十年』から「……党は『社共合同』のスローガンをかかげて社会党の良心的な幹部や下部組織に共産党への入党をよびかけた。（中略）……統一戦線政策のうえでも、共・社両党間の関係の原則的な基礎を破壊する二重の誤りであった」という一節の引用し、その下に四八年の社共合同時に配布した印刷物の文面を掲げている。文面は第八章第1節で挙げておいたので、参照されたいが、大沢の真意はどこにあったのだろう。社共合同が政策的に誤りであったことの確認だったのだろうか、それとも社共合同の歴史的成果の確認だったのだろうか。

第3節　社共合同の思想

大沢・津川の社共合同論

大沢久明と津川武一はいかなる社共合同論を持っていたのか見てみよう。

大沢は東奥日報社が出していた『月刊東奥』一九四六年五月号に「救国民主戦線と青森県」を寄せている。[40]それによれば、大沢は社会党左派を社共統一の基軸＝「進んだ層」として考えていた。共産党は「進みすぎて本隊から遊離する尖兵隊」で「危険」だが、「進んだ層に身をおいて、遅れた層を引上げよう〔と欠カ〕」はせず、遅れた層を以てこれが真実の大衆の声である」とする西尾末広・河野密・松岡駒吉・平野力三ら社会党右派はそれ以上に「困りもの」だと述べる。「社党をヌキにする統一戦線をつくらうとする一部の傾向はやめねばならん。それは共産党をヌキにした統一戦線がない以上にあり得べからざることだ」というように社共統一戦線の立場を堅持していたことは明らかだが、その要はあくまでも社会党左派であった。と同時に「本県の場合は、昨年来の実際的な経験に基いて、他府県よりもずつと民主戦線がやり易い」というように青森県が全国的な社共統一の先陣を切らなければならないという使命感も抱いていた。なぜならば、他県では共産党が「ウルトラで、他党の悪口ばかり言」い、社会党もこれへの応酬で「共同闘争することを本質的に怖れてゐる」からだった。大沢は全国的にも社会党左派の中心人物とみなされ、敗戦以来、青森県で津川武一を相手に社共共闘の経験を積んできた。大沢は社共統一戦線の全国的象徴として自己を位置づけていた。

津川は『前衛』四六年一一月号に長文の「青森県における民主戦線」（執筆は八月二〇日）を載せている。冒頭で津川は社会党本部が提唱する救国民主連盟が政党組織や経済団体を対象にしているのに対して、青森県では「進歩的個人の政治家と中小業主」にまで呼びかけていると門戸の広さを強調している。社会党本部の提唱とは違うことを示すために、名称も救国民主連盟青森県支部ではなく、「青森県における正しい民主戦線」という意味で青森県救国民主連盟とし、「日本における正しい民主戦線結成の模範」「全国的規模の民主戦線」を意図したと述べる。津川は背景に労働運動と農民運動の統一をあげる。前者は産別会議（全日本産業別労働組合会議）系の青森県労働組合地方協議会であり、後者は日農（日本農民組合）である。こうした労農運動の統一は社共指導部の協調性によってさらに深まった。

津川はこう述べる。「県社会党の支部長大沢久明、書記長堀江彦蔵、青年部長大塚英五郎、南部支部書記長内山勇、弘前支部長島口重次郎らの諸氏はみな昔の共産主義者であり、四・一六の被告である。この人たちは昨年十月社会党に結集したが、おくれて十二月発足〔正式な結成は四六年一月〕した共産党にたいしては同情的であり、兄貴分であり、援助的であつた。おくれて発足した共産党の同志たちはこれ等社会党に結集したかつての共産主義者を敵とは見ずに、むしろ先輩として見る向きさへあつた」。

社共合同と人民戦線

二人に共通するのは、全国的な民主戦線の最先端に青森県の社共が立っているという自覚である。しかし、これは共産党内部の議論と微妙に交差した。横関至の論文「日本農民組合の再建と社会党・共産党（上）」[41]によれば、四五年一二月の第四回大会で中央委員の志賀義雄は「党内においても地方で労農政党、社会党支部などを作る同志はまだ十分に人民戦線戦術を正確に運用できない誤謬を犯している」と指摘している（二二頁）。横関は、「『地方で労農政党、社会党支部などを作る同志』がいるということは、中央幹部の進めてきた独自政党としての共産党を建設するという基本方針に対する根本的な批判が共産党内部に存在したことを示している。さらに、『社会党の中において共産主義運動を展開すべきことを主張』する者が共産党内部に存在したことは、中央指導部の推進していた共産党再建策や社会党との共闘策が批判の対象にされていたことを示しており、注目に値する」（同前）と述べている。

となれば、大沢と津川の社共統一路線は、両党の共存・同盟という蜜月段階から、共産党主導による社会党統合＝〈社共合同〉段階に高められなければならない。敗戦後の星雲状況のなかで、社会党と共産党が共闘関係を結んでいた時代は終わりを告げ、国政選挙の不振、社会党との格差を前にして、共産党は党勢拡大に向けて〈社共合同〉に踏み出していかざるをえなかった。青森県の社共共闘はそうした客観的条件の下にあったのである。

全面的合同は到底無理でも、大沢グループの先行的入党は社共合同の突破口たりえた。また社共合同は新たな社共統一戦線であったばかりでなく、労働者と農民の統一戦線でもあった。津川は『アカハタ』四八年一〇月二六日付党生活欄「農民党的偏向を克服せよ」で、「労働者（特に基幹産業の労働者）との結合」が忘れられていると批判し、「農民の党員からどうすれば共産党の党員になれるか」という問題を提起している。この指摘は青森社共合同大会に共産党中央を代表して出席した伊藤律が、社共合同を「労、農の結婚式」と称したことに連なるだろう。[42]この点でも青森県の革命運動は新段階への飛躍が求められていた。

第４節　大沢久明の国会論戦

反戦・反官僚

大沢は一九四六年四月一〇日投票の第二二回総選挙で青森県選挙区から選出された（定員七名中五位）。この選挙は大日本帝国憲法下での最後の総選挙だったが、婦人参政・大選挙区制・制限連記制などによる普通選挙法が初めて施行されている。大沢は衆議院議員として、第九〇臨時帝国議会（四六年六月二〇日～一〇月一一日）・第九一臨時帝国議会（四六年一一月二六日～一二月二五日）・第九二通常帝国議会（四六年一二月二八日～四七年三月三一日）に出席するが、この間の彼の発言をみておこう。[43]

大沢は「東京都制の一部を改正する法律案外三件委員」「自作農創設特別措置法案外一件委員」「増加所得税法案委員」「建議委員」「参議院議員選挙法案委員」を務めるが、発言を見るまえに、注目すべき出来事をひとつだけあげておこう。

四六年六月に帝国議会への憲法改正案の上程に対して、改正案反対の共産党[44]が審議延期の動議を出す。大沢は党の方針に反して賛成した。これが問題となり、七月一日の社会党院内役員会議は統制を乱したとして大沢に譴慎を命ずるとともに、院内役員（議場内交渉係）を解任した(45)。『アカハタ』七月九日付「オーサワ代議士懲罰問題　マ司令部でも注目」によれば、大沢を尋問したGHQ政治部のハリー・エマソン・ワイルズ博士は、社会党本部の処分に関して、「いかなる党といへども国会議員にたいし院内における発言の自由を禁ずるがごときは許さるべからず、なぜならば社会党の選出した代議士ではなく人民の選出した代議士であるから」と答えたという(46)。

大沢の真骨頂は、戦争批判と農村擁護である。戦争批判は同時に官僚批判だった。四六年七月二六日の「東京都制の一部を改正する法律案外三件委員会」において、「今度の戦争と云ふものは兎も角国際的にも国内的にもはつきり言はれて居りますやうに、軍閥官僚の所謂侵略戦争だ、而も敗戦の責任も是等の人達が負はなければならぬのだと云ふやうなことは分かつて居ります、是は一致した輿論であります」と断言している。官僚は「半世紀以上に亙つて、日本の支配階級の非常に忠実な善吏として、思想的にもはつきりと武装して来て居る」とも指摘する。さらに厳しく糾弾する。「過去の天皇の日本の官吏の一大悪害は、所謂天皇の為ならば、仮令如何なる自由主義者、如何なる政党でもどんな強手段を用ひて叩いても一向何でもない、日本の天皇の軍隊が外国に於て残虐の限りを盡したやうに、日本の天皇の官吏、天皇の警察官と云ふものは、如何にひどいことをしたかと云ふことは、先程私が二、三申上げたことでも御分りだと思ふ」。

八月五日の「東京都制の一部を改正する法律案外三件委員会」でも官吏批判を続けている。「戦争中非常に反民主的な行動をして、別に事務上には支障を来さなかつたが、さう云ふ傾向の露骨な官吏が今日沢山中央にも地方にも居ります、さう云ふやうなことは、党派とか政治とか云ふ観念を離れて、所謂地方の真の民主化と云ふ点から行きますと、相当是等の人事に対しては大鉈を揮はなければならぬのではないかと私は考へて居るのでありますす」。大沢は日本の政治をもっと若い世代にゆだねるべきだという考えだった。こうも述べている。「日本に於ては〔中略〕長い間枢密院だとか、貴族院だとか、色々年齢閥と申しますか、特に年齢の多い者を尊重し過ぎる、猫の喧嘩ではないが、どうも年の多い者を尊重し過ぎると云ふことが、日本の民主政治を阻碍した一つの大きな原因になつて居ると思ふ」。なお、大沢の問答相手となる政府委員は内務省地方局行政課長の鈴木俊一だった。のちの東京都知事である。

学生・農村擁護

大沢の戦争批判は戦争の犠牲となった若者への哀惜でもあった。四六年九月一八日の「自作農創設特別措置法案外一件委員会」において、学生の政治活動を学生の本分や年齢的未熟さをもって否定的にとらえる文部大臣田中耕太郎に対して、彼はこう論じた。「由来東西古今の歴史を見ましても、文部大臣や大学教授が皆人格者で、学生が人格未完成で、そこで国が栄えたと云ふ例は少しもない、寧ろあべこべだと思ふ、例へば日本の戦争の状態を見ても、あの当時一番戦争に反対した青年の中に学生が沢山あつた、却て当局の態度を受入れて、帝国主義的戦争の前衛となり、色々な悪い思想を振廻して国をどん底に陥れた者の大半は大学教授であり、或は大臣であつた、若し我々から言はせれば、過去に於ける日本の青年学徒の政治運動と云ふものをもつともつと伸張させたならば、今度のやうな敗戦日本は或はなかつたかも知れない」。

前述したように大沢は青森市立商業学校の出身であり、高等学校（旧制）や大学を経験していない。[47]にもかかわらず、否、だからこそ、高等教育機関に対する幻想を抱いていない。「何も学校へ行つて碌でもない教授の学問だけ聴くのが、必ずしも学問を完成させる途だとは、今日誰も考へて居ない」。戦時中の大沢の行跡は完全無垢ではなかった。戦争協力もした。[48]それゆえ、厭戦・非戦の思いは強かった。こうも述べている。「若し日本の学生に対するあなた方の思ひやりと云ふもの、国家の本当の考へ方と云ふものが、もう少し大きく正しいものであつたならば、繰返して言ふやうですが、日本帝国主義戦争は起らなかつた」「我々は今日大学当局なり文部当局なりが、心を空しくして、過去のさうした学生に対して御詫びしなければならぬと思ふ、あなた方があゝ云ふ態度を執らなかつたならば、もつと日本は良くなつて居つた」。

では今後戦争を避ける方策はどこにあるのか。それは農村擁護だった。九月二〇日の「自作農創設特別措置法案外一件委員会」では、「旧い封建的な色彩の濃い所の『君が代』は、国歌として廃めさせて、農村の子弟が喜んで明るい気持で歌はれるやうな国歌が制定さるべきではないか」と農村の封建性を一掃することを主張するとともに、商業人口五〇〇万人回復政策(49)を批判して、都市集中の弊害を糾弾している。「商業人口と云ふものは一番都会に集中するものである、日本の都会と云ふものは東京を初めとして殆ど荒廃に帰して居る、五箇年後に於てどうして五百万を吸収出来るか、それは不可能だと云ふだけではない、日本の経済の将来のあり方に対する非常な大きな問題である、我々は農民の立場として考へると、従来の日本の農村が、如何に都会に於ける所の此の厖大なる商業人口の為に搾取されて居つたか」。

農村の民主化にあたっては天皇制も視野に入っていた。大沢は皇室財産の存在に目をつけている。「日本の農村の封建勢力、而も此の地主的封建勢力の支柱となつたものの中に、少くとも国有林、国有財産、皇室財産、是等のものがあることはもう争ふべからざる事実なのです」「日本の封建性を土地問題から払拭する為には、どうしても此の御料地の問題、国有林の問題をはつきり解決しなければならない、是は日本の癌なのであります」。

大沢の農村擁護の極めつけが四六年一〇月一一日の本会議にかけられた「東北農民に対する不法弾圧と人権蹂躙等に関する質問主意書」（提出は九月二五日）である。ここで大沢は青森県内の農村において官憲の暴力と人権抑圧のもとで供米が強制されている事実をとりあげて、「封建的、警察専制政治の風潮」の一掃を求めた。

地域振興

しかし、大沢は学生や農民の味方だけであったわけではない。広く地域の抱える問題を青森県選出の他の議員たちとともに解決しようと試みた。彼が同僚議員（夏堀源三郎・苫米地義三・津島文治・山崎岩男・笹森順造・小笠原八十美ら）とともに紹介議員となった建議・請願は次の通りである（提出日）。「東北本線を八戸市経由に変更の請願」（四六年一〇月一一日）、「津軽環状線速成の請願」（同）、「大間鉄道速成の請願」（同）、「大間港修築速成の請願」（同）、「青森県林檎生産状況視察の為係官派遣の請願」（同）、「林檎の価格改訂に関する請願」（同）、「青森医学専門学校を医科大学に昇格の上青森市に存置に関する建議案」（一二月一七日）、「小湊港一般用岸壁並びに船溜等工事施行に関する請願」（四七年三月三一日）。

以上のような戦争批判と農村擁護、そして地域振興を主張した大沢の国会論戦のなかで、注目すべきは戦犯・公職追放に関する発言であろう。彼は四六年七月二六日の「東京都制の一部を改正する法律案外三件委員会」において、戦時中に東方会や東亜連盟に参加していた者のうち、反戦活動や治安維持法に抵触した者もいる。そうした者まで公職追放するのはいかがなものかと疑念を発している。これは淡谷悠蔵の公職追放[50]を念頭に置いた発言であった。敗戦直後に社会党に結集した者の中にそうした経歴の持ち主は少なからずいた。大沢の対応は厳しさに欠けていたかもしれないが、そうした者たちの救済を求めた。彼らを放逐しては地域の民主化は容易に進まないという思いでもあっただろう。しかし、四七年四月に淡谷は公職追放となる。このことがその後の大沢の戦後史を大きく変えていく。

第三部

社共合同の彼方

第一一章　社共合同の全国的展開

今全国的に動きを見せている共社合同の波は大島郡にもあらわれはじめた。日農あるいわ電産という処にいまゝで社会党わくさつているが、共産党はどうもと云つていた人々までが「共産党こそ日本を救い再建する唯一の党だ、働く者わ一つの政党に結集しなければならない。」と云い出し、現在日農山口県連幹部の内三人が入党を申込んで来た。十二月から一月にかけて大きく青年部、あるいわ他の面にまでひろがる模様である。

これは青森県とは地理的に対極に位置する本州西端の山口県周防大島における社共合同を伝える記事である[1]。全国津々浦々に社共合同は見られたが、従来、研究されてきたのは長野県と香川県にとどまり、自治体史では『新編埼玉県史』（資料編20、近代・現代2　政治・行政2、一九八七年）や『青森県史』（資料編近現代5、二〇〇九年）が関連資料を掲載するくらいだった。本章では長野・香川両県および青森県との関係が強かった北海道における社共合同、および青年戦線における状況を見ていこう。

第1節　長野県

革新長野

長野県は戦後の一時期、八人（全国では一一人）もの「共産党村長」を輩出して「革新県長野」を誇った。北信の長野市に長野自由懇話会、南信の下伊那郡に農村問題研究会準備会・下伊那人民党が結成されたのに続き、社会民主主義系を中心にした社会党長野県支部、旧共産党員・旧労農党員・旧全国農民組合全国会議派による共産党長野地方委員会が組織された。(2)一九四六年の初めに社共の連携・共同の動きがおこり、各地に「名称なき民主戦線」が成立した。(3)二月に結成された長野県地方労働組合協議会も綱領に「われらは強固なる民主人民戦線の結成を促進し、以て反動的諸勢力を打破し、民主主義的新日本を建設し、国際的地位の確立を期す」を掲げた。(4)組織農民七万余戸のうち九割が日農に所属した農民運動においても、民主人民戦線への志向は強かった。(5)

長野県の社共合同について、横関至は論文「日本農民組合の分裂と社会党・共産党─日農民主化運動と『社共合同運動』」(6)でふれ、当事者の一人小林勝太郎の回想録から、「社共合同運動は、全国的に一般化した運動ではなく、青森とか茨城とか長野、山梨その他二、三の地方で進展したにすぎなかったし、長野県でも諏訪、中信、北信の一部で発展したにすぎなかった」という一節を引いている。(7)

その後、横関は論文「一九四〇年代後半における社会党と共産党の共闘─社共共闘により社会党員知事が誕生した長野県を事例として」(8)を発表する。それによれば、長野県は四七年四月に実施された戦後初の民選知事選挙において、長野県民主団体共同闘争協議会（民協）を基盤に、「社会党と共産党が共同して候補者をたて選挙に臨んで勝利した唯一の県」であった（五五頁）。その背景には社共提携のもと日農が民主戦線統一を追求してきたことがあったが、やがて全国的な社共対立のなか、同年一一月の社会党県連大会が共産党との断絶を表明する。翌四八年に入ると社会党県連は反共路線を明確にし、対抗して共産党は社共合同を組織する。対象は元社会党県連委員長の棚橋小虎、副知事・元社会党県連委員長の伊藤富雄、社会党県連執行委員・部長で除名処分された青木恵一郎、農民組合指導者の小原嘉らであった。

四九年一月の総選挙では共産党の議席獲得が期待されたが、当選は第三区の林百郎だけだった。選挙時の県党会議で社共合同をめぐり疑問も出たが、引き続きその有効性が強調され、「第二次の合同攻勢」をめざした（六七頁）。その結果、日農書記長・県連委員長で労農党中央委員・県委員長の小原嘉が入党する。

長野県において社共関係は共闘から対立へ転換するが、横関は共闘の背景として、①「地元在住の戦前以来の活動歴を持つ人々が戦後の運動を指導しており、政党幹部も労働組合・農民組合幹部も戦前の知人であったため、戦前・戦中の対立を継承しつつも、敵対関係にはならず、政治的条件によっては、共闘が可能であった」、②「労働運動も、農民運動も、要求実現のために共闘を求めており、共闘推進のための組織が結成されていた」、③「社会党・共産党の県指導部が地元の政治情勢に応じた判断を下し政党中央指導部の方針と異なる方針を実施した」の三点をあげている（六七頁）。青森県とほぼ同様である。

一方、対立の原因に、①「共闘を実現させた共産党県指導部が交代し、長野県の運動とは無縁の人物が県指導部の中枢を占め、本部方針に基づいて社会党への攻撃が基本方針となった」、②「共闘を可能にした労働組合、農民組合が、共産党の社会党排撃方針と社会党による『民主化運動』により分裂した」、③「社会党においても中央指導部の方針と異なる方針を実施することへの締め付けが強化された」の三点をあげている（六七～六八頁）。

横関は結論的に、「長野県での独自の取り組みであった共闘関係は、共産党の社会党攻撃、社会党の共産党認識の変化により終息した。共産党指導部は、共闘によって成立した社会党員知事の県政を打倒の対象に据え、『社共合同』によって社会党の切り崩しを狙った。社会党県連指導部は、『共産党と一線を画する』という段階を経て、『反共』へと方針を転換した」と述べる（六八頁）。社共関係は地域の論理ではなく、中央・全国の論理によって変容させられたわけである。

社共合同運動の発生

この間の経緯を『アカハタ』『信濃毎日新聞』『夕刊信州』や棚橋小虎日記（法政大学大原社会問題研究所所蔵棚橋小虎関係文書「昭和22年9月16日―23年12月27日」「昭和23年12月27日―24年11月14日」日記）で再検証してみよう。棚橋日記によれば、四八年一〇月下旬ころには長野県社会党内には「党内純化」をめざす動きがあったが、労農党に連なる「新党結成参加」は見送られていた。四八年一一月二七・二八日に社会党県連大会が開かれ、共産党主導の民主主義擁護同盟への不参加を決め、[9]青木恵一郎の除名問題や棚橋の「左派的立場」も槍玉にあげられ、青木は除名となる。一二月二・三日に長野市で開かれた日農県連執行委員会は正統派主導で社共合同要望を決議した。[10]同六・七日に開かれた全逓長野地区委員会も社共合同要求を決議し、翌八日に共産党長野県員会に申し入れた。[11]同日に開かれた上田地区労委員会も社共合同要望決議をあげるとともに、「高倉テル氏を守る会」の強化を訴えた。[12]

高倉テル（輝）は戦前、上田市を中心とする自由大学の活動家であり、劇作家・小説家として知られ、戦後は共産党中央委員であった。[13]四六年の第二二回総選挙、五〇年の第二回参院選で当選している。高倉は四八年一一月二〇日に長野県南佐久郡田口村（現・佐久市）での演説が占領政策違反に問われ、北佐久郡中込町（同前）の国鉄中込機関区で懇談中に逮捕、上田署に留置された。年末に釈放されるが、「守る会」はこの事件を機に社共合同を側面から進めていった。

こうした動きは社会党や結成を準備していた労農党にも影響を及ぼし、一二月七日に社会党県連執行委員長の羽生三七が社共提携を宣言（党内には反発もあった）し、八日に上小支部青年部の六〇名以上が共産党入党を決意表明する。[14]九日には共産党県委員会が社共合同に関する声明書を発表した。[15]

この延長上に共社労農三党合同大会が一五日に開かれるが、[16]直前の九日には社会党前長野県副知事伊藤富雄の共産党入党があり（伊藤富雄は六日に県民擁同準備委員長に就任）、一〇日には伊藤律が来県している。一三日に予定されていた青森県共社合同大会出席を控えての来県だった。棚橋日記によれば、一二月一一日に共産党の村上（由）・遠坂（寛）より「社共合同申込」があり、翌一二日には東筑支部執行委員会が拒否している。しかし、一三日に村上・遠坂らが再度合同申込にやって来た。長野県は労農党の拠点でもあり、黒田も来県したが、労農党県支部準備委員長・統制委員であった伊藤富雄の共産党入党により、労農党指導者に動揺が走り、同中央委員青木恵一郎、同書記長・日農中央委員有賀清巳も入党を決意したため、労農党は解党の危機に瀕する。社会党でも諏訪・上田・松本・東筑摩各地区の地方幹部の入党や、全逓、国鉄、日農などからも入党者が続出した(17)。

伊藤富雄の入党

各県の社共合同には象徴的人物がいる。青森県は大沢久明、香川県は平野市太郎、そして長野県は伊藤富雄である。伊藤は諏訪郡中洲村（現・諏訪市）出身で旧制諏訪中学（現・諏訪青陵高校）を退学後、家業の農業に従事。中洲実業補習学校雇、同助教諭心得を経て、中洲村村会議員となる。戦後の四七年に長野県副知事となる。諏訪神社の研究など諏訪地方の歴史研究に従事した(18)。

一二月一二日付の『アカハタ』に「私心のない共産党　伊藤富雄氏入党懇談会の席上　副知事時代の経験談」と題する記事が載っている。九日に共産党入党を決めた伊藤のもとを一〇日朝、急遽東京から夜行で伊藤律が駆けつけた。入党決意までの経過や今後の活動について話し合ったのち、夕方から入党懇談会が労組関係者も交えて開かれ、その際、伊藤富雄はこう挨拶をしている。

　私ははじめから最後は共産党だと思つていたが、日本の大衆がおくれているためそれらを共産党に引き込むために社会党へ入党したが、入つてみて社会党は勤労大衆の味方でないことを知つて、せめて余生を勤労階級のためにとの決意で入党することにした。私が副知事在任中他の四党の人々がすべて個人の判〔利〕益のために私を訪れたが、共産党の人々だけはみな貧乏だが他人の利益のためだけで私を訪れた。これこそ真に働く者の味方がだれであるかを明らかにした。共産党を中心とする民主民族戦線結成のため私は率先模範を示したのである。[19]

この後「共社合同記念講演会」が開かれている。参加者は五〇〇名に及び、伊藤律の講演「内外の政情と共社合同について」、伊藤富雄の「私の心境を語る」と題する入党決意表明がおこなわれ、会場で二〇名が入党申込みをした。[20] 一六日にも伊藤富雄の入党記念講演会が開かれるが、青木恵一郎の入党宣言が行われたので、途中から社共合同大会に切り替わった。[21]

暮れも押し迫った一二月二八日には長野市で社共合同大会が開催される。[22] 参加者は約四〇〇名、大会準備委員長伊藤富雄の司会で大会は進行した。この日も東京から伊藤律が駆けつけ、社共合同の意味について演説している。

第一は広汎な大衆を革命化し一つに結集する。これは運命と生死をかけた真の結合であり、社会民主主義には失望したが共産党へはまだ入れぬ大衆が多数を占めているという事実を直感し、敵の攻撃を前にしてこの大衆を結集して闘う途が共社合同である。人民の分裂をのぞむものは反動であり、統一こそ勝利である。第二は共産党は主として労働者に支持されて来た。共社合同は労働者、農民が革命的労働者階級の立場において固く手を結ぶことであり、労働者農民がはなれがたく結合したときこそ革命は達成される。この戦略任務を押し進めるのは共社合同である。第三は革命的プロレタリアートの立場、すなわちマルクス・レーニン主義の勝利である。たとえば伊藤前副知事はその椅子をなげすてて自ら踏み切つて社会党を去り共産党へ入党された。この姿こそマルクス・レーニズムの実践であり、党の決定に従つて人民の統一のため立候補をやめ黙々と闘いつづける高山洋吉氏〔翻訳家〕の姿こそ革命的プロレタリアートの真の姿である。死をとして闘いぬかれた同志高倉の行動こそその精ずい〔精髄〕である。最後に合同は民族を売り、平和を脅かす輩にたいする最大の攻撃である。大衆は統一を望んでおり、共産党も熱望している。共社合同は真に民族を守り国を愛するわが党が徹底的な自己批判を行つてこそ成しとげられるのであり、公然たる自己批判をおそれる党は大衆から見はなされ堕落するのである。われわれのどこが悪いかを率直に大衆にきき、周囲に来ていながら踏み切れない大衆を自己批判を通じて結集し必死となつて共社合同をはかることこそ、人民大衆の当面最大の問題となつている選挙戦にも勝利を得ることになるのである。

大会は社共労三党統一を宣言して閉会した。

社会党の社共合同批判

長野県の社共合同を社会党はどう見たか。『社会新聞』四八年一二月三〇日付「とんだ茶番劇『共社合同』」は、伊藤富雄が労農党に入党しかけていたところ、急遽伊藤律が説得に入って共産党に入党させたのだと述べ、一二月一五日付の社会党長野県連の声明を掲載している。

一、社共合同は共産党の一方的宣伝である＝日本共産党は選挙戦術として社共合同説を流布しているが、これは真実をワイ曲〔歪曲〕する二十世紀の茶番である、共産党の非常識を表明する以外の何ものではない

二、わが党の基本的態度は不動である＝かかる彼らのゲリラ的挑戦には党の基本的態度および党組織は微動だにもせず、党の結束強化のために全党員を奮い立たせる

三、共産党分解阻止のための謀略である＝共産党は従来より党内外から極左偏向についての強い批判が生じていたが、労農新党の出現により周章狼狽し、党員の大量脱党を未然に防ぎ自党の崩壊を阻止し、新党を

潰滅せしめるための独善的謀略である

四、飛躍し強くなる社会党＝わが党から伊藤、有賀氏等が僅かに入党したというが、これらの人物はすでに党活動を停止していたものであり、党主流には何らの影響なきものであって、むしろ共産党戦術に利用された人々として同情を禁じ得ない

わが党とは従来支持関係にあつた全逓、電産、国鉄等の職場から日に日に大量の組合員が逆に流入してきている、われわれは赤色ファッシズムの挑戦を斥ぞけ、民自党を中心とするファッシズムを粉砕して社会民主々義の大道を前進して行くものである

『社会新聞』は社共合同を「赤色ファシズム」と呼び、『信濃毎日新聞』は「赤色革命」と呼んだ。[23] 一二月二八日の社共合同大会に対しても、「党から脱落した一部の者が社会党を潜〔僭〕称して合同をとなえている」[24]と非難したが、長野県の社共合同が社会党にとって十分すぎるほど脅威であったことは、四九年一月の第二四回総選挙の結果からも明らかだった。第二三回総選挙では第一区で本藤恒松、第三区で野溝勝が当選していたが、第二四回総選挙では本藤が最下位落選、野溝は次点落選に終わった。[25]『信濃毎日新聞』は「姿ひそむ社党」と報じている。[26]

長野県社共合同の意味

共産党中央は長野県を社共合同の重点県としたが、第二四回総選挙では、第三区（定員四名）で前職の林百郎がトップ当選を果たしたものの、他の三つの選挙区では議席を得られなかった（表7）。

皮算用だが、社共労の三党統一候補の擁立あるいは票割が巧くいってたならば、第一区では青木恵一郎、第二区では田中操吉、第三区では林百郎と野溝勝、第四区では棚橋小虎が当選し、全一三議席中五名を獲得していただろう。

表7　一九四九年第二四回衆議院議員総選挙長野県選挙区の結果

選挙区	候補者（○は当選者）	得票数
第一区	○小坂善太郎（民主）	五五、一九五
	○田中重弥（民自）	四二、三二二
	○倉石忠雄（民自）	三八、三五四
	青木恵一郎（共産）	二九、五八九
	中沢茂一（国協）	二四、〇六三
	丸山邦雄（民自）	一三、七八〇
	長命保（無）	七、三四三
	渡辺万作（諸派）	六、一二五
	坂口登（社会）	六、〇五四
	本藤恒松（社革）	二、六〇三
第二区	○黒沢富次郎（民自）	三七、〇〇五
	○小林運美（民主）	三五、八四六
	○井出一太郎（国協）	三〇、九四八
	勝俣稔（民主）	二九、二七四
	田中操吉（共産）	二三、九〇六
	唐木田藤五郎（国協）	二一、一〇六
	宮下学（社会）	二〇、九二一
	北村貞治（民自）	一四、七一六
第三区	○林百郎（共産）	五二、八六二
	○小川平二（民自）	四六、二三三
	○今村忠助（民自）	四四、四二七
	○吉川久衛（国協）	一八、五四一
	野溝勝（社会）	一八、二六七
	清水八十治（民自）	二七、五五七
	片山均（民自）	二五、一四七
	牧ノ内武人（労農）	七、四六四
第四区	○降旗徳弥（民自）	六二、七一八
	○増田甲子七（民自）	五四、三三七
	○植原悦二郎（民自）	三四、七三九
	棚橋小虎（社会）	三〇、〇一三
	伊藤富雄（共産）	一七、三九二
	久保田由五郎（民主）	二、二九五

（出典：『信濃毎日新聞』一九四九年一月二五日付）

選挙闘争は功を奏さなかったが、長野県社共合同運動の持つ意味は格別だった。[27] それは共産党より社会党の方が深く認識していた。『社会新聞』四九年一月二〇日付「『共社合同』の長野を往く」は、「長野で宣伝されている〝合同〟は共産党が青森に開始した戦術の単なる延長とのみ、同列において考えることは早計だ、それは長野が本州の中央部に占める地理的環境だけではなく、県民の政治的意識の水準が伝統的に非常に高い、悪くいえば先物買いといわれているところだけに信州の動向は、青森のそれよりはるかに大きな影響と示唆を全国に与えるとみられるからである」と危機感を露わにしている。

共産党の徳田が社共合同の成否を地域の歴史的段階規定に直結させた（第八章第4節参照）のに対して、社会党は社共合同を地域住民の「政治的意識」と関連付け、長野県型運動の意味を認識していた。青森県が〈後進〉的あるいは〈例外〉的とみなされたのに対して、長野県は〈先進〉的もしくは〈一般〉的とされ、その差異に基づいて社共合同を分析している。長野県における社共合同の成否は全国的政治動向を左右するとその普遍性が注目されたが、結果的に、そして社会党にとっては幸いなことに、長野県社共合同の失敗は全国的な社共合同の衰退のサインとなった。また選挙前に指摘されていた共産党における「旧党員と新党員〔の〕調和」問題、「党員の増加がかならずしも強化を意味するものではない(28)」という危惧も顕在化した。

第2節　香川県

双生児党としての社共

香川県についても、横関至が『近代農民運動と政党政治―農民運動先進地香川県の分析―』（御茶の水書房、一九九九年）「第七章　戦後初期の社会党・共産党と戦前農民運動」で、「社共両党の区別は、当初の段階では不鮮明であった」と述べている（二六四頁）。社会党県連結成に尽力したのは共産党琴平細胞の青年たちであり、香川郡においては「クジ引割当による社共両党えの割振入党」さえあったという。横関は社会党関係者の回想から、「農民組合を中心とした運動から支持があって社会党が戦後組織された。その段階では香川県で私どもは社会党も共産党も農民組合もあまり区別のないものと考えていました」との一節を引用している（二六四〜二六五頁）。

「割振入党」に象徴されるように香川県の社共は一体であった。背景について、横関はこう記す。「香川県における社共両党は農民組合の組織化の進展を背景として結成され、両党の指導部の中枢には一九二〇年代後半の時期の農民運動を担った人々が位置していた。彼らは、政党幹部としてだけではなく戦後の農民組合、選挙での候補者、農地改革関係の役員として活動していた。それは、戦前・戦中の諸活動の人的側面での継続であった」（二六八頁）。敗戦後の「社共両党の区別不鮮明」状態の理由の一つは、「日農香川県連という同じ組織で共に活動し弾圧下で耐え抜いてきた仲間が両党の中心となっていたことである」（同前）。

香川県は青森県以上に社共両党が密着しており、戦前の農民運動の系譜の上で、兄弟党的というより双生児的関係にあったことがわかる[29]。四六年六月中旬、伊藤律は西日本オルグに回るが、序章第3節で述べたように、政治局宛に香川社会党に対する共産党中央の直接指導を求めた。香川県の社共両党は密接な関係にあり、社会党左派は「我々は中央の方針がどうなろうとも地方においてはあくまで、共産党と提携して日常闘争に邁進すると共に勢〔精ヵ〕力的に勇敢に人民戦線を結成する、これはまた社会党内の右翼分子を撃破するためにも共産党との提携が必要である」という立場であり、日農も八割方が共産党・社会党左派を支持していた[30]。

しかし、四七年四月の最初の公選制による県知事選挙で社共提携派候補の大林千太郎が落選し、総選挙でも社共提携派候補の平野市太郎が落選したことで情況は一変する。社会党指導部の交替（平野が入党させた成田知巳が総選挙で当選）により、戦前農民運動の継承は困難となり、両党の協力関係は転換する。だがそれゆえに、社共合同が意識的政策的に進められたともいえる。

社共合同運動の開始

香川県の社共合同を報ずるのは、『アカハタ』四八年一二月一九日付「共社の合同、西の香川へも」および同三〇日付「人民革命の勝利へ　香川　感激の共社合同大会」「全県に入党相つぐ」である。一六日に共・社・労農合同会議が開かれ、日農県連顧問・元社会党代議士・元同党県連委員長の平野市太郎、日農県連会長・元社会党県連常任委員の大林千太郎、日農県連書記長・県農地委員の山神種一、日農県連常任委員・県農地委員長の福家保、日農県連青年部長の生島義隆が共産党入党を宣言した。このうち、平野はすでに四八年五月に社会党を脱党し、一一月には共産党入りが報じられていた[31]。青森の大沢とは異なり、脱党→入党に約半年要している。

残りの大林・山神・生島の三名は労農新党準備会のメンバーであったが、共産党入党に際して、次の声明を発表している[32]。

社会党は抬頭するファシズムに迎合し独占資本の代弁者となり、その腐敗堕落は打続く幹部の不正によって完全にその本質をばくろした、新労農党もわれわれの意図ならびに同志黒田寿男の良心的な考えに叛いて反共を宣言し民主戦線の分裂を策している、われわれは香川の歴史的伝統を更に発展せしめるためには人民の党である共産党に合同する以外にはいかなる方途も残されていないことを切実にしかも率直に認めざるを得ない、さらに青森、長野、新潟その他の全国の同志先輩の共産党への入党はわれわれに勇気と確信をふかめた、香川の同志諸君並に労働者、農民、市民大衆の絶対的支持を確信し、われわれは労農党の組織活動を停止し、共産党に合流しあくまで斗うことを声明する。

中でも大林の入党決意は固かった。

共産党が勤労者階級のために献身的に働く政党であるということはかねてからわかつていた、ただそのやり方については私としても、多少いいたいことがあつた、しかし、社会党がついに転落してしまい、私は先月脱党した、今日の会合で、共産党こそが、唯一の前衛大衆党であることがはつきりし、選挙を前にして迷つている大衆に方向を与えることが私の義務であると確信するに至つたわけです。

同日、社会党香川県支部連有志、労農党準備委員会有志、共産党県委員会は次の声明を発表して、三党合同を訴えた。(33)

最近の社会党の腐敗だらく〔堕落〕と民自、民主、国協等のブルジヨア諸政党と何ら変りなき売国的反人民政党への転落、ならびに労農新党の立党宣言における悪質なる反人民的性格をみるに及びいまこそわれわれは階級的良心にもとずき働くものの唯一の党マルクス・レーニン主義にもとずく日本共産党に結集することなくしては真の解放と伝統の維持は不可能なりとの結論に達した、よつてわれわれは香川における共社労農合同の第一歩をふみ出すと共に、今後積極的に合同を促進し、以て民主主義と人民生活の安定と向上ならびに民族の独立のための民主民族戦線の広はんな実現のため徹底的にたたかうことを誓うものである。

同二六日に高松市内の国鉄労働会館で開催された共社合同大会には約五〇〇名が参加し、共産党中央委員宮本顕治、全国オルグ塚田大願が出席している。宮本は「いま日本で三つの審判が行われている。一つは戦犯であり、二は国会解散に現れた腐敗政府に対する国民の審判であり、三は共社合同に現われてきた無産政党に対する人民大衆の審判である。くさつた政党に対する大衆の憤激、不満こそ共社合同の基盤である」と訴え、塚田からも「香川における合同闘争は、中国へも九州へも波及しつつあり、今後の闘争の発展も、きびしい自己批判の上にたつて行うことが必要である、共社合同を真に下部からのものとして盛り上げねばならない」との挨拶があった。新入党者を代表して平野市太郎が「敗戦国にヤミはつきものだが、最も悪質なヤミは政治のヤミである、社会党はこのヤミ取引で労農大衆を塗炭の苦しみにおとしいれた、共産党支持の声は農村の隅々にまでみなぎつている、私は廿三日という日を忘れない、入党したのが八月廿三日、戦犯東条らが処刑されたのは十二月二十三日、来年一月の廿三日は保守反動政治家をわれわれの投票によつて断罪しなければならない」と決意を語り、満場に拍手の渦が巻き起こった[34]。

『アカハタ』四九年一月六日付「躍進する共産党　各地の選挙情勢を見る③」は中四国の政治情況をまとめているが、香川県の労農党は「岡山につぐ一番重要な拠点で、岡山に非常に大きな打撃をあたえております」と岡山＝香川ラインを注目している。

香川県社共合同の顛末

少し先走るが、香川県社共合同の意味はなんだっただろう。五〇年の党分裂時、香川県は主流派＝所感派に属したが、同年一二月、共産党四国地方委員会総会はスパイ容疑ならびに規律違反者として前香川県委員長で地方委員会常任委員・財政部長・前統制委員会委任代表だった平島仁を活動停止処分とした。平島は同一〇日付で「自己批判書」を提出しているが、その中で「社共合同を通じて香川の党が量的には飛躍的に拡大されたにもかゝわらず、各細胞、機関の質の向上、ボルシェヴィキ化がともなわず、これに対する適格〔ママ〕にして具体的な指道〔導〕が全く欠けていたゝめ、漸次内部的な崩壊の状況さえでるにいたつた」と香川県社共合同の顛末を記している[35]。こうした党勢の量的拡大と質的低落という整理は、社共合同の典型的な総括である。

第3節　北海道

共同戦線路線

北海道は一九四九年の第二四回総選挙において、第四区で柄沢とし子（前職）が当選している。すでに見てきたように徳田ら党中央は北海道遊説をした後、青森県内で演説や指導を行っていた。また、四八年一二月一三日の青森での共社合同大会には道党指導部の増田格之助が参加している（後述）。以下、北海道共産党の機関紙(36)を通して、社共合同の展開を追ってみよう。

『トラクター』四七年一月一日付に「社会党をどう考えたらいいか」という記事が掲載されている。執筆者は「ヒロヤシュンジ」、北海道地方委員の広谷俊二(37)である。前年四六年一二月一二日に広谷たち党指導部は社会党道連の渡辺惣蔵書記長ら幹部と会談した。この会談は「顔なじみ」の「個人的な資格」による意見交換に過ぎなかったが、広谷は北海道の社共関係は現在離反しているものの、戦前からの系譜もあり、共闘も不可能ではないと述べる。

　現在社会党の中心になつている指導分子は昔から労働運動をやつた事があり、社会主義思想も持つているし、中には以前共産党に入つていた人もある、ただ、共産党員とは政治上の見解でも運動の方針でも、ちがつてをり、その為昔から対立抗争はして来ている、しかし、資本主義に反対している点では一致しているから、共同闘争の可能性は多いし、後に共産党が武力革命とプロ独裁の方針から平和革命と民主人民政府の方針へ変つた現在では、共同戦線を張る事は、むしろ必然の成行である

広谷は社会党からの共産党批判にも耳を傾けながら、次のように今後の展望を示した。

　われ〳〵は二つの党の性格と役割の差を正しく理解した上で、日本民族の為という大きな見地から大胆に誠意を持つて手をにぎり、相互に率直な批判をかわし、大衆の中で正々堂々と両党の主張の差を示して大衆自身に討議させせながら保守反動勢力一掃の為の共同戦線をつくらねばならない。

このような共同戦線路線は、労働者農民党との間で進んだ。四八年一〇月二三日、労農党北海道地方本部第一回結成準備会を開催され、同二八日、労農党代表が共産党道地方委員会を訪ねて、共闘に関する会談をしている。

共産党側からは宮川寅雄（のち美術史家、六七年除名）、服部麦生（中央オルグ）、柄沢とし子が対応し、労農党に部分共闘ではなく「全面的な提携」を要求した(38)。

その後、『北海新報』一一月三〇日付主張「新党をいかに考えるべきか」は労農党に関して、次のように述べている。

当面の政策だけをみれば、わが党のそれと大差のないようにみえる労農新党がどこで共産党と区別されるか、正しい革命の理論で指導されていないという点である、彼等もまた、その行動綱領において平和革命をうたつている、しかも違うところは平和革命という、革命の一つの方式にのみかたくとらわれ、これ以外にないとしている、このことは若しも平和革命を可能とする諸条件が変化すれば、革命にのぞみを失い、これを放棄する以外にないことを物語つている、ここに合法主義者の限界があり、議会主義、漸進主義の名で、ややもすれば大衆の革命化を喰いとめる役割をも演じかねない日和見的改良主義者の本質があるのである

主張は平和革命主義・合法主義・議会主義への批判が色濃いが、東欧やイタリアにおける社共の「合同、統一や、発展的解消」に言及している点が注目される。同紙一二月一〇日付は地方委員会総会で決定された選挙方針を載せている（「救国スローガンを全党あげ大衆の中え」）。労農党対策として、「労農新党にたいしては党利己心をなくして、結合できる斗争では手を結び、大胆な党活動のうえにたち、行動を通じ、きびしい批判をおこない、あくまでも人民大衆の利益を基本として結びつくこと」をあげている。同日付は、社会党青年部全国委員・労農新党北海道地方本部設立準備委員の山崎喜太郎が社会党を脱党して共産党に入党したことも報じている。

社共合同路線への転換

第四章第1節でふれたように、『アカハタ』の「社共合同」の初出は四八年一二月一日付だが、『北海新報』の

初出は一二月一八日付「本道にもたかまる　共社合同の気運　すでに各地で入党者続出」である。これは一二月一三日の青森での共社合同大会に増田格之助が参加したことが大きいだろう。同記事は炭坑労働者を中心に社会党から共産党への入党者が増えていることを報じている。

道党の社共合同路線は同紙一二月二二日付の服部麦生「対労農党工作について」に詳しい。服部は「北海道は労農新党の牙城の一つ」という認識を示したうえで、青森の社共合同の意義は「候補者の決定を人衆にまかせる」ということであり、候補者の交代も辞さないことが「ボリシエヴイキ化」だと訴えている。この点は総選挙時に実行される（後述）。

同紙一二月二六日付「時のことば」には「共社の合同は労働者と農民の結婚である」と見える。これは第一〇章第3節で述べたように、青森社共合同大会に共産党中央を代表して出席した伊藤律が、社共合同を「労、農の結婚式」と称したことを受けたものである。同日付は一面に「本道でも共社合同の機熟す」という大見出しの下、北大教授杉之原舜一の入党を伝えている。二面にも「共社合同に感激　七十余歳の老婆入党　〝体は駄目だがこの口で〟」および増田格之助「共社合同について　大衆の政治的危機を救え」が掲載されている。増田は青森県に始まった社共合同の歴史的意義を強調したが、北海道の場合、共産党が期待する社会党左派は存在していなかった。

翌四九年に入ると、全道各地で共産党への集団入党や社共合同決議などが見られる。十勝地方では元十勝農民同盟委員長・画家、祖父の直寛が龍馬の甥にあたる坂本直行が入党している[39]。また第二四回総選挙での共産党候補者は、第一区広谷俊二、第二区五十嵐久弥（日農北連委員長）、第三区岩崎武雄（国労）、第四区柄沢とし子、第五区荒井英二だったが、道南函館を中心とする第三区では労農党と候補者統一を行い、岩崎が降りている。当選者は炭鉱地帯や室蘭をカバーした第四区の柄沢のみだった。

総選挙直後の一月二六・二七日、道党は第一回拡大地方委員会を開催し、社共合同が不十分だったとして、次のような総括をしている。[40]

主要な欠陥は全国的なカンパニアを青写真的にとりいれていたこと、幹部を個々説得することで事足れりとするやり方が社会民主々義的やり方以外の何物でもないと言葉の上で理解しながら、これを現実に下部のた、かう大衆のもとに浸透させる努力と、当面する諸問題と結合して政治的に発展させる能力を欠いていたこと、労働戦線の統一の立場から政治戦線の統一の問題を考え、また民主民族戦線と共社合同と混同し明確な区分をもち得なかつたような混乱も若干生じた、その結果として、大衆追随主義や解党派的な偏向に通ずる危険な現象さえ現れた

民主民族戦線と社共合同の関係は全国的にも不鮮明だったが、ここでは共産党の主導権が不足していたことが問題とされた。この後、一月下旬には社共労および農民新党の代表者が民主戦線統一に向けた会合を開き、[41] 二月に「北海道民主協議会」が結成され、あらためて社共共闘が模索されていく。[42] 三月に開かれた道党会議では、社共合同を選挙戦術ではなく、「民主民族戦線結成による人民政府樹立えの最大の政治的武器」とすることが強調されている。[43]

北海道社共合同の頓挫

社共合同が盛んだった地域として道北の上川地方、道南の函館地方が指摘されているが、[44]『北海新報』は六月一二日付に「人民大衆の革命宣言　まず上川で百名入党」を報じ、大量の入党者は「人民解放軍」的存在とされた。[45] しかし、同月末に中央委員の志賀義雄および袴田里見、代議士の柄沢とし子が出席して開かれた拡大地方委員会で社共合同が話し合われた形跡はない。[46] 八月の拡大地方委員会でも同様であり、左傾化していた農民新党

（のち農民協同党）へ接近している。[47] この背景には共産党が社会党所属の田中敏文知事（最初の公選知事、任期四七〜五九年）による道政を批判していたことがある。[48] 八月末に社会党の鈴木茂三郎書記長以下、浅沼稲次郎・稲村順三が来道するが、札幌で開かれた社会党道支部代表者会議で前代議士の和田敏明（旭川市、のち社会党再建全国連絡会結成）は共産党との共闘を強く迫った。[49]

さらに一〇月に入ると労農党が社共両党および農民新党に吉田内閣打倒の共闘を申し入れ、共産党が全面協力を約束したのをはじめ、社会党、農民新党も参加の意向を示した。[50] しかし、同月下旬に四党懇談会が相次いで開かれたものの、[51] 社会党の消極的態度により、共闘体制の確立は頓挫し、四党体制は道民主協議会に流れ込む。[52] 状況が一層悪化したのは、社会党が共産党「日鋼爆破計画」というデマを流したことである。[53] 五四年の室蘭日鋼争議は有名だが、四九年にも室蘭日本製鉄所（日本製鉄輪西製鉄所）で首切り反対闘争が起こっており、一一月には武装警官が室蘭日鋼に動員され、共産党による爆破計画が市中に流された。[54] 共産党は社会党の反省を求めたが、[55] 関係回復が困難なまま五〇年を迎える。

第４節　青年戦線の動き

青年共産同盟

社共合同の範囲は広く、青年運動にも及んだ。否、青年運動における合同論は社共合同より早く、社共合同に伴走し続けていたというべきだろう。当時、青年戦線には一九二三年結成の日本共産青年同盟（共青）の後身で四六年二月三日創立の日本青年共産同盟（青共）をはじめ、[56] 民主主義学生同盟（民学同、第九章第３節参照）、全日本民主青年同盟（全民青）、全日本民主主義青年同盟（民青同、労農党系、前身は民主主義青年会議）[57]、社会主義学生同盟、民主主義擁護学生同盟のほか、社会党青年部[58]などがあった。四九年に入り、共産党の指示により青共解散、民学同・全民青・民青同との合同が決まり、「民主青年合同委員会」の設置を経て、日本民主青年団が結成される。

しかし、戦後の青年運動史研究は少なく、その経緯は明らかではない[59]。そこで関係団体の機関紙誌（いずれも国立国会図書館所蔵）から日本民主青年団結成までの歩みを追ってみたい。

青共機関紙『青年ノ旗』四六年六月一〇日付第一二号「小ブル根性を追い出せ」によれば、青共中央常任委員会はやくも青共解体、民主青年組織結成を企図していたようである。執筆者の丸山徳治は、そうした提案は「革命的勤労青年の団体」である青共を「民主々義的青年一パン〔般〕」へすりかえることであり、「共産主義的組織なし」の「民主革命」構想、「小ブル根性のムキダシ」と批判した。青共の革命性を強調した丸山については不詳だが、記事は一面トップに掲載されている。青共中央への批判は極めて強かったと思われる。『青年ノ旗』四六年九月二〇日付第一八号主張「青年の先頭に立て」（執筆者の恩田秀一は中央常任委員、青共解散時には書記長）は、「青共解消論が飛び出したり、青共員は沢山居るが、何をして良いのかわからないと言つてゐる人々が居る」と危機感を露わにしている。

二つの記事からも明らかなように、青共改組の動きは創立期からあった。社会党青年部、民主主義青年会議とともに青年共同闘争委員会を組織して、民主青年準備会から、さらには労働組合青年部協議会を加えて民主戦線促進青年協議会を結成する努力がなされたが[60]、四六年六月に運動は頓挫する。これは民主人民連盟から救国民主連盟へという人民戦線運動の変容が影響している。青共中央には動揺が走り、青共の民主青年連盟への解消案を出すが、「日和見主義」と指弾された[61]。

青共改組はならなかったが、引き続き労働運動や学園民主化のなかで社会党青年部や社会党系の社会主義学生同盟（のちのブント系学生組織とは無関係）との連携を深める。[62]

この後、青共は九月末に中央委員会総会を開き、組織の大衆化をめざす。とくに共産党のぬやま・ひろし（西沢隆二）の指導を受けて、「歌と踊り」路線が持ち込まれた。[63] 基本方針は文化闘争の強化であり、「コーラス隊、演劇隊、ピクニック、スポーツ等の大衆的な闘争」の展開を掲げた。以後の『青年ノ旗』を見ると、四六年一一月五日付第二一号主張「文化活動について」をはじめとして、一二月一五日付第二五号「農村演芸会を準備　ニイガタの青共」、四七年一月二五日付第二九号には文化欄「はたらく者のダンス講習会」、同二月二五日付第三三号には舞踊家邦正美「舞踊ある生活」、同三月五日付第三三号には「赤旗ダンス（写真）」、同九月五日付第五一号には「街でも村でもさあ踊ろう　『ポピュラーダンス』をご紹介」が載っている。この間、四六年一二月二二日に青森県浅虫で青共東北地方協議会が開かれ、次のような明確な「歌と踊り」路線が出されている（一九四七年一月二五日付第二九号「新しい性格を　東北地方協議会」）。

青共は斗争団体ではあるが、ストライキのみを斗争と考えていた、つまりトラックの上でアジ演説を行いテーブルをたたきビラをまくこと、マルクス・レーニンの本のみ読むことを斗争だと思つていた、しかし、運動会も野球も、エンゲキ〔演劇〕も、楽団もそして新しい男女の道徳をつくることも斗争の一つであり、われわれの青共は、その活動の内容が多面的にゆたかになることによつて、はじめて大衆化しうる

運動スタイルのソフト化・通俗化は、社共合同に先んじる大衆化路線の象徴だった。青共は四七年三月の第二回大会で同盟のさらなる大衆化と青年戦線の統一をめざすが、その大きな転機は同年二月一日のゼネスト失敗だったと思われる。『青年ノ旗』四七年二月二五日付第三二号主張「一切の民主的青年勢力を結集せよ」は、二・一ゼネストの教訓として「強固な斗争体形」の必要をあげ、青共は「一切の青年を結集する鉄の環にならねばならない」と訴えている。

青共第二回大会[64]は一般報告で、「日本の民主々義諸運動はそれが平和的に遂行しうるというところに現在の特徴がある」と平和革命路線を明示し、今後の方向として「超党派的一大青年組織」をあげたが、かかる組織は「共産青年のみならず社会主義青年、平和主義的、宗教的、民族革命的青年をも含む真に大衆的なものでなければならぬ」とした。従来の青共活動を次のように自己批判している点も興味深い。「従来は余りにも共産党もほう〔模倣〕に終始し、政治的、経済的斗争のみを重視して、セクト的、機械的、公式主義的で幅のひろい日常的活動、文化斗争を軽んじたこと」「他団体の成員を右翼的なりと一方的に批判したり、あらゆる斗争において青共第一主義を固執する青共エゴイズムが横行したこと[65]」。

日本青年会議

「超党派的一大青年組織」化の動きは、四七年九月の「日本青年会議」（青年会議）の結成へ向かい、青共はその組織作りの一切に責任を持った[66]。一二月には青年会議準備会の地方組織第一号として、神奈川県民主青年連盟が結成される[67]。四八年一月には青年会議主催の「生産復興青年婦人蹶起大会」も東京日比谷公園で開かれている[68]。

ただし、青年会議は共産党ベッタリの組織ではなかった。四八年六月に共産党主催「民主民族戦線懇談会」に出席した青年会議代表は、「共産党は日本人の民族意識を利用したのではないか」「社共はなぜ統一戦線をつくらないのか」などと問い質している[69]。いくつか留保しながら、民主民族戦線路線に合流していったということだろう。

共産党直結ではない青年会議を組織しながら、青共が青年戦線統一に本格的に踏み出すのは、四八年二月のことである。青共の資料によれば、前年四七年一一月に単一青年同盟結成促進会が「全日本民主青年同盟準備会」

として再出発する。四八年二月に同準備会の東京地方結成大会が開かれ、そこで青共は①生産復興ではなく政権獲得、②民主民族戦線実現へむけた共闘、③全青年の統一を提案し、大会は承認した(70)。さらに同年三月の青共七中委では、三〇万人規模の同盟建設、青年団の組織化も決議されている(71)。

しかし、青共側の情報はかなり脚色されている。全日本民主青年同盟準備会機関誌『青年戦線』によれば、第一に「全日本民主青年同盟準備会」は単一青年同盟結成促進会の再結成ではなく、その名の通り、青共に否定的な全日本民主青年同盟（全民青）そのものの準備会だった。東京地方結成大会も東京全民青の結成大会だった(72)。全民青は青共と立場を異にし(73)、機関誌上で青共批判を行っていた(74)。

つまり、敗戦後の青年運動において、必ずしも青共が主導権を握っていたわけではない。青共の早急な単一青年同盟志向路線は、青共それ自体の組織的弱体性の裏返しだったと思われる。たとえば、『青年の旗』四八年五月八日付第八一号は中央委員会「指令」を載せているが、それによれば新年に入って五か月が経過してもなお、全都道府県の過半の二八府県からは一通の定期報告も活動報告も届いてないと述べ、「同盟組織の破壊、革命にたいする裏切り行為にほかならない」、今後も同様の状況が続くならば、「全同盟員によって徹底的に批判する」、と組織内闘争を匂わせた。六月二七日付第八八号の中央財政部「同志諸君に訴う」も、同盟費の未納入府県が一六府県にのぼっていると報じ、「厳重自己批判」を求めている。この一六府県のうち、青森・山形・長野・三重・滋賀・大阪・奈良・兵庫・高知・鳥取・島根・山口の一二府県は上記の報告なし府県であった。つまり、全国の四分の一の組織は青共中央に結集していなかった。その後も『青年の旗』紙上には改善を求める「緊急通達」「警告」が掲載されている。青共は四六年二月の創立以降、財政は恒常的な危機状態にあったのである(75)。

青共主導の青年戦線統一への動きが大きく前進するのは、四八年七月のことである。『青年の旗』七月四日付第八九号は、全国の労組青年部、青年団体、地域青年団に宛てた青共中央委員会「青年民主民族戦線に就ての提案」を掲載している。提案は①青共との統一委員会の設置、②共産党代表を交えた民主民族戦線・青年戦線に関する懇談会の開催、③率直な意見交流、の三点だった。代表者連絡懇談会も開かれ、青年会議への結集、青年民主民族戦線の結成というコースが決められる[76]。連絡会議に出席した各単産の青年部代表が「日本青年会議準備実行委員」になっていることから、青年会議自体は前年に結成されたものの、組織としては形成途中にあったと思われる。『青年の旗』七月二五日付第九二号は主張「日本青年会議の強化」を載せ、翌八月の全国青年婦人代表者会議開催を通知した。

全国青年婦人代表者会議は予定通り開かれたが、青年会議への単線的結集には向かわなかった。『青年の旗』八月二二日付第九六号の主張「全国青婦代表者会議の成果」は、冒頭で「青年民主民族戦線としての日本青年会議の結成とその単一化の方向を圧倒的なふんい気〔雰囲気〕の中で採用した」と述べているが、実際はそう単純ではなかったことを示す文章が見える。「日本青年会議を戦線統一のたんなる旗ふりの機関として形式的に結成することは、かえつて全体の統一運動を妨害することになるであろう」。きわめて重要な点だろう。ここから青年会議の相対化が始まる。

主張はこう続ける。「戦線統一運動の中心的な力は中央地方の青年会議の機関にあるのではなく、実にそれらの基礎をなす地区の共同防衛組織であり、推進隊、工作隊、コーラス隊等の大衆斗争を中心として様々な形をとつてできている組織であることを知らねばならない[77]」。この組織を指導する主体こそ青共であった。それ故、青共の飛躍的な拡大強化が求められた。主張はむすびとして、①「日本青年会議の確立」は青共の「拡大強化と一体となつてのみ成功的に実現」すること、②他青年団体との「革命的統一運動を前進させるための合同」は躊躇なく推進すべきこと、をあげている。つまり、青年会議はいわば青年戦線全体をカバーする協議体的組織であって、個々の青年組織の統合体として位置づけられたわけではなかった。

単一青年同盟結成へ

では青共を基礎とする単一青年同盟の結成はいつ頃具体的に胎動するのか。九月五日に東京日比谷公園で開催された青年会議主催国際青年デー大会のスローガンや大会宣言に「単一民主青年同盟」「単一青年同盟」という表現が見える。[78]しかし、一〇月末から一一月初めにかけた青共第三回大会では目立った議論はされず、逆に「日本青年会議、生活防衛同盟、民主主義学生同盟などの中における日和見主義の克服」が指摘され、青共の指導性の発揮と組織拡大が訴えられている。[79]民学同は一一月一四日の結成大会で青年会議への加入を決議したと報じられたが、[80]民学同機関紙『学生戦線』四八年一一月二四日付第二号「大会特集号」にはそうした記事は見当たらない。民学同において青年会議への結集が唱えられるのは、後述するように翌四九年に入ってからである。

試行錯誤しながらの単一青年同盟結成路線は四九年に入ってから一挙に進む。前年暮より『青年の旗』紙上に社共合同関連記事が目立ってくるが、四九年一月九日付第一一六号の主張は「百万の青共へ　全青年と合作せん」である。いつの間にか目標が三〇万同盟から一〇〇万同盟へと膨らんでいた。同日付には「嵐と進む共社合同の斗い」が載り、各地で社共合同をバネに青年組織が合同していることが報じられている。全民青中央執行委員長で青年会議書記長をつとめていた福山秀夫の共産党入党も伝えられている。[81]

『学生戦線』四九年一月一一日付第四号の主張「統一へ！」も大きく踏み込んで、次の三点を掲げた。

第一に各県の機関は直に他の学生団体、例えば社会主義学生同盟に積極的に合同を呼びかけると共に、自ら進んで青年戦線統一の母体たる日本青年会議の県支部に加盟しなければならない

第二にこれの裏ずけとして、各学校班も学内の団体に呼びかけ、合作工作を進めることが必要である。だが第三に何よりも必要な、そして重大なことは全同盟員が共社合同の意義を全学生に訴え、われわれの進むべき道を明確に示すことによつて未だ日和見をすてきれない人々をわれわれの組織に大きく参加せしめるこ

とであろう。

同号には「共社合同と民主戦線　伊藤律氏との一問一答」を掲載されている。民学同の社共合同路線は明らかであった。この地点から青年会議への結集を訴えたが、政党レベルで労農党の動きが牽制されたように、青年団体レベルでは労農党系の全日本民主主義青年同盟（民青同）が、統一を乱す「分裂組織」視された。ただし、以下に見るように、民青同も単一青年同盟へ合流してくる。

『青年の旗』四九年一月一六日付第一一七号は重要な転機だった。「広はんな青年をまきこみ得ない社共合同はそれ自体の深さの不足を意味する」と述べる伊藤律「全青年よ統一せよ」が一面トップを飾っているほか、主張「全青年の要望に応えよ　一階級・一政党・一青年団体へ」が載っている。主張は青年会議への結集を呼びかけているが、書記長長島茂の「全青年に訴う　〝独立のために共産党を支持し青年戦線を統一せよ〟」は、明確に「社青、全民青、民学同、ならびに日本青年会議、反ファッショ同盟等地域的青年共斗組織、労働組合青年部、日農青年部等との無条件即時合同と合作をよびかけ」ている。

その数日前の一月一三日に開かれた共産党提唱の第一回青年戦線統一懇談会の様子を『青年の旗』一月一三日付第一一八号「第一回統一懇談会ひらく　統一せよ青年戦線」が報じている。[82] それによれば、参加団体は、青年会議、全民青、民学同、全学連、青共、民青同、朝鮮民青（在日朝鮮民主青年同盟）などの青年組織をはじめ、全逓、国労、電産などの計五六団体、参加者は二百数十名に及んだ。懇談会は青年団体の無条件合同を確認し、同一七日に青共、全民青、民学同が先行して合同懇談会を開き、民主青年合同委員会を結成する。[83] 青年会議も同一八日に民主青年合同委員会への合流を決めた。[84]

共産党中央委員会書記局の史料[85]によれば、一月二九・三〇日の民学同中央委員会総会、二月三～六日の全学連大会を前に、一月二八日に民学同グループ会議、二月二日に全学連グループ会議が招集されている。主要な課題は、「共社合同に集中的に表現される人民の統一戦線えの要望を把握して、青年の統一戦線を如何に具体化するか」という点だった。

この間の経緯を青共中央機関誌『われらの仲間』四九年三月・第六号に掲載されている「座談会　青年統一戦線を語る」に見てみよう。『われらの仲間』は四八年六月に創刊され、四九年四月・第七号から民主青年合同委員会の発行となる。座談会は二月七日に開催され、参加者は以下の通り。全日本民主青年同盟委員長・民主青年合同委員会中央常任副委員長福山秀夫、日本青年共産同盟書記長・民主青年合同委員会中央常任委員長島茂、全日本民主青年同盟中央委員・民主青年合同委員会中央常任委員西川隆、全日本造船労働組合青年部成田圀郎、民主主義学生同盟委員・民主青年合同委員会中央常任委員大久保博司、日本青年会議議長・国鉄〔国労〕青年部長岩沢公平、全国官庁職員労働組合協議会全農林職員労働組合青年婦人協議会責任者吉田豊、全日本石炭産業労働組合青年部久保田春義、日本青年会議編集部沢亨。司会は同誌編集部だった。

民主青年合同委員会結成をめぐり、青年団体間で主導権をめぐる駆け引きもあったようだが、社共合同との関連でいえば、民学同の大久保の次の発言が社共合同との共通点とともに相違点をあらわしていると思われる。

〔民主青年〕合同委員会という名前も問題になるんじゃないかな。合同するんだからというんで学校でも校内に民学同の班が青共の班をさがす。班がないときは何もしない。そうじゃないので、今まで民学同や青共に入っていなかつた青年たちを合同委員会にどしどし入ってもらうことが、合同の大きな仕事なんです。

大久保発言に関連して、青年会議の岩沢は、「量が質に転ずるということが必要なんじゃないかね。合同するということが一プラス一じゃなく……」と述べて、合同の幾何級数的意味を指摘している。また、この座談会でも単一青年同盟と青年会議の相違が問題となった。この点でも岩沢は、青年会議は青年同盟の「守役」であるとのべて、卵を例にしてこう説明している。「青年会議はキミ〔黄味〕を守るカラ〔殻〕で、キミである民主青年合同委員会が、やがてカラを破つてヒヨコに生れるまで、そのキミをあたゝめて助成するという役目ですね。だから、全青年が統一された時には青年会議も発展的解消になるわけです。」

このように青年戦線の統一は進められたが、青年戦線の自主性・自立性がめざされたのではなく、社共労合同と同様に共産党の主導性が大前提であった。『青年の旗』一月三〇日付第一一九号主張「統一のために献身せよ」はこう述べる。

　青年運動を指導するもの、それは青共であるというような思い上つた考えをすてねばならない。青年運動を指導するもの、それは全人民の指導党であり、社共労農の大合同によつて飛躍的に強力なものとなつた共産党である。〔中略〕したがつて青共の線で単一同盟をつくるということではないのである。

青年運動版社共合同の悲劇

「単一同盟」を支える青共の役割は急減していった。同年二月の民主青年合同委員会主催「民主青年大合同促進大会」は青共三周年記念と銘打たれ、大会挨拶も民主青年合同委員会と青共の両方からなされたが、それは青共へのレクイエムであった。大会の数日前に青共中央委員会が開かれている。『青年の旗』二月二〇日付第一二二号「特集　青共二中委総会開催　新らしい青年運動へ！」によれば、単一同盟は「青年団的な郷土に深く根を下したもの」であり、組織対象は「（イ）労組青年部学生自治会（ロ）社会党労農党影響下の青年（ハ）農村青年団の青年（ニ）更に反動的青年団体の青年」というように全青年層とされた。青年会議との関係は、こう説明されている。「青年会議はこの新らしく出来る青年の単一組織にふくみえないもっともつと多くの青年をも結集しこれを広はんな統一戦線にきずきあげることを任務とする原則的にあくまでも団体加盟である団体」であり、「新らしい青年の単一組織は、青年会議の中核体として青年会議をますます拡げ、あらゆる地域に地方青年会議をつくつてゆかねばならない」。つまり、青共・全民青・民学同や地域青年団などの個別組織に入っている上記（イ）から（ニ）までの青年たちは新結成される単一青年同盟に個人加盟し、単一青年同盟は上位組織である日本青年会議を支えるという関係である。

青共二中委総会は最後の中央委員会となり、『青年の旗』も四九年二月二七日付第一二三号をもって終刊となった。『青年の旗』の後継が民主青年合同委員会の『民主青年』である。同誌三月一六日付創刊号には「座談会青年戦線統一への道」が掲載されている。民主青年合同委員会は四月に単一青年同盟の「日本民主青年団」準備会となり(86)、機関誌『青年通信』が発行される。同五月一三日付第二号は「明るい農村をきずくために―楽しい青年団―」を掲載し、解散直前の青共が主張した地域青年団の組織化を受け継いでいる点が注目される。日本民主青年団の正式結成の時期は定かではないが、四九年六月には世界民主青年連盟（世界民青連）に加盟しており(87)、八月には共産党書記局が日本民主青年団拡大中央委員会に参加する全国グループを開催している(88)。正式発足は五〇年五月と思われる（五六年に日本民主青年同盟〔民青同盟〕と改称(89)）。

一方、青年会議には、一時、社会党系の社会主義青年同盟（社青同）も合流するかに見えた(90)。たとえば、四九年四月に共産党書記局は青年会議拡大中央委員会グループ会議を招集しているが(91)、総同盟（日本労働組合総同盟）・全農（全国農民組合）・日労会議（日本労働組合会議）など社会党系・右派系をも含む「青年戦線の統一」を方針としていた。

青年会議は五〇年二月から正式結成に向けて準備を進め、四月一一日付『アカハタ』に共産党書記局名で「青年祖国戦線結成を前に　全日本の青年諸君に訴う」が掲載されたのち、四月二一～二三日に日本青年祖国戦線結成大会が開かれている(92)。参加者は六七〇団体、一一〇〇余名と報じられたが、実際の参加団体はそれほど多くはなかったようだ(93)。ただし、すでに『民主青年』四九年八月二一日付第二三号「燃え上がる団結の力　青年祖国戦線結集大会」は、同年八月一四日に「結集大会」を開いているると報じているので、その実質的な結成は四九年夏ごろと思われる[94]。

これら一連の動きは社共合同の青年運動版だった。五〇年以降の共産党分裂下、国際派が強かった全学連中央グループは青年祖国戦線を共産党指導の青年運動の失敗を覆い隠す「ハッタリ」と批判し[95]、同じく国際派の勢力が強かった広島県では青年祖国戦線・民青団の解消と「共産青年同盟」の組織化をめざしたが、当局は青年戦線の混乱状況を党内発行物から引用している。「民青団は社共合同理論による全民青、民青同、民学同、青共の混合体であり、ぬゑ的な存在である。青年祖国戦線は日本青年会議を改名して、戦線統一が強化したようにみせかけた欺瞞的粉飾にしかすぎず四百万を組織すると称しているけれども、その実体はわずか数千名を下まわるものである。そしてこれは所感派の引廻し道具となつている。しかも民青団の中央指導部は青共時代からのセクト主義的近代主義と社共合同にまぎれこんだ社会民主主義とスパイ挑発者の巣くつであり、彼等は全て小ブルジョアルンペンと小ブルジョアインテリである[96]」。

青年戦線の統一化が完全に党主流派＝所感派主導の運動としてとらえられていたことがわかる。山中明は、『社共合同論』から『一階級、一政党、一大衆団体』に発展した大衆青年組織の統一論は、日共の大衆組織に対する無理解と政党指導の引き廻し、画一主義的誤謬の結果、挫折したのである。民主青年同盟〔ママ〕は五〇年に民主青年団となり極左冒険主義のピエロとなってしまった」と述べ[97]、五十嵐仁は、民青団は「共産党の『五〇年問題』に巻き込まれて混乱の渦中に投げ込まれ、その後は弱体化の一途をたどる」と整理している[98]。

各地における青年戦線の統一化が社共合同とどう密着に連関していたのかは、さらに分析されなければならない課題である。

第一二章　社共合同の東北的展開

第1節　共産党東北地方委員会

東北地方委員会の発足

一九四六年二月の共産党第五回大会は党組織に関して、全体（大会・全国協議会・中央委員会）、地方（地方党会議・地方党委員会）、地区（地区党会議・地区委員会）、細胞（一般集会・細胞指導委員会）という系統を定め、地方組織の協同体として地方協議会の設置を決めた。東北地方協議会の発足は四七年八月九・一〇日のことと思われる(1)。

四七年一二月の第六回大会ではさらに細分化され、全体（大会・中央委員会）、地方（地方党会議・地方委員会）、府県（府県党会議・府県委員会）、地区（地区党会議・地区委員会）、細胞群（細胞群会議・細胞群委員会）、細胞（細胞会議・細胞委員会）となる。地方協議会は地方委員会に衣替えした(2)。第一三章第4節で詳述するように党統一後の五六年、東北地方委員会はそれまでの活動を総括するが(3)、東北地方委員会の活動は分裂的であり、最大の誤りは「職場放棄闘争」と「社共合同運動」とされた。別の史料(4)によれば、第二四回総選挙前後、社会党に対しても極めて攻撃的だった。

東北地方委員会会議

四八年四月の「民間諜報局日本共産党特別報告」[5]によれば、東北地方委員会は議長の春日庄次郎[6]以下、地方委員の遠藤忠夫（宮城県、五〇年除名、ウニタ書舗創業者）・橋本節治（福島県）・西岡慶三郎（同）・三羽嘉彦（岩手県）・三浦雷太郎（秋田県）・加賀谷喜一郎（同）・遠藤ユウゾウ（?）・津川武一（青森県）・神谷六郎（宮城県）、地方委員候補の伊藤シネサブロウ（?）・瀬川アキラ（岩手県）・西条嘉六（宮城県）・岸谷俊雄（青森県）・和田与平（山形県）から構成され、常任委員は春日・遠藤（忠夫）・橋本・三羽・西岡だった。各県の委員長は、秋田県は三浦、岩手県は瀬川、宮城県は遠藤（忠夫）、青森県は津川、福島県は橋本だった（山形県は不明）。

このうち経歴がわかる人物を紹介しておこう（津川は第一〇章第1節参照[7]）。橋本節治は一九〇四年福島県相馬郡中村町（現・相馬市）生れ。東京帝国大学理学部卒業後、東北帝国大学理学部助手を経て、生協運動に身を投じる。数回の逮捕歴があり、四四年に福島中学校（現・福島高校）教師。三羽嘉彦は一九〇七年岡山県岡山市生れ。関西大学予科在学中は社会科学研究会に参加し、共産党技術部に所属。共産青年同盟行動隊にも参加した。治安維持法違反で服役後は政治活動から離れたが、四七年の総選挙に立候補（落選）。和田与平は一一年山形県西村山郡谷地町（現・河北町）生れ。工業学校を卒業後、全国農民連盟山形支部・共産青年同盟に関わる。上京後、関東消費組合連盟に参加するも、意見の対立で脱退。四三年以降は山形に戻り、共産党再建に関わっていた。

四八年七月二日開催の東北地方委員会関係史料が残されている[8]。仙台市東三番町のアカハタ分局での東北地方委員会会議には、中央委員会委員の春日庄次郎、統制委員会委員の増田格之助をはじめ、東北地方委員会委員の遠藤忠夫（宮城県）・西条嘉六（宮城県）・和田与平（山形県）・岸谷俊雄（青森県）・加賀谷喜一郎（秋田県）・橋本節治（福島県）、神谷六郎（アカハタ総局）・玉木肇（宮城県委員会）ら十数人が参加している。東北地方委員会議長の春日[9]は治安維持法違反で服役していた宮城刑務所から出獄後、東北地方全般の指導者として君臨していた[10]。会議で春日は労働運動、農民運動、文化運動、青年運動などにおける「ボルシェビキ的方法」を強調しているが、社共合同に関する直接的な言及はない。

東北地方委員会が社共合同の号令を発したのはこれ以降、四八年後半のことと思われ、一二月二三日の第一七回委員会で社共合同が論じられていたことを示す史料がある[11]。「共社合同の発展のために」と題された決議は次のように東北全体の動向を記している。

一、前委員会以后、共産党への大量入党の気運は全東北に拡大している。岩手秋田では、共、労農、社の合同、宮城では社会党員の大量脱党と共産党への合流、福島では職場や町村でのはげしい闘争の中から集団入党が現れ、炭坑防衛同盟の結成等民主民族戦線が下から作られて、上部における政治統一の条件を成熟させているし、山形では著名人の入党が相ついでいる。青森では、合同大会を下におろし各町村や職場に持ち込んで行った結果、全く驚異的な党拡大が起っている。又、各県の党の拡大は、町村会議員、市議、県議等をぞくぞく我党の傘下に収め、当面の選挙状勢も又、大きく変化して、我党候補者の勝利が全選挙区にわたって確実となって来ている。

二、大衆の革命化とくさった四党への不信は、党の弱い場合には、大衆の政治的空白を生じファシズムの足場となる危険を伴っているが、党が公然と大衆の先頭に立って闘っている所では、党への信頼が高まり、大量入党、合同へと飛躍する。現実の東北に於ける情勢は、マルクス・レーニンの途が大衆の救いの途であり、労働者、農民、市民を、大きく党の旗の下に結集する条件が成熟していることを示している。又、中小企業資本家も共に歩まなければハメツ〔破滅〕以外にないことを意味している。共社合同は、革命化しつつある大衆を大きく抱え込む道であることに主要な意義がある。

三、共社合同はボスの取引ではない。大衆が旧い観念にとらわれてふみ切れないでいるとき、人衆に一歩先んじて正しい道を大衆に指し示す所に幹部入党の意義がある。大衆をつかんでいる幹部を説得し決意をうながす闘いは、この意味で重要なのであって、幹部のふみ切りの結果として、その下にあった大衆がナダレ〔雪崩〕の如く大量入党を引き起すのである。

共社合同を大衆かくとく〔獲得〕の正しい方向に発展させるためには、この闘いを党の幹部丈の動きにまかせず、細胞までの全党が正しくこの意義を理解し、日常の人民闘争を勇敢に押し進めることが決定的な意義を持つ。

四、各地で開かれた統一懇談会では、党に対する大衆のいろいろな批判や不満が集中した。党はこの時率直にこの声を受入れて、大胆に自己批判し、左翼社会民主主義の階級的害悪を説き、正しくマルクス・レーニンの途を訴えた。この私心のない党の姿に大衆は感激してみんな入党して来た。大衆が、革命化しているにも拘らず、党が発展することをはばんでいたものは、多くの場合党がもつセクト主義と党利己心と日和見主義であることを教えられたのは貴い経験である。

五、各県にめばえている共社合同を正しく発展させることは、当面の最大の政治的攻勢であることは、くり返し強調されている。

そのためには、共社合同の正しい意義を細胞まで徹底し、下部に於ける活動を強化すること、更に、党内に根強く残っているセクト性を大衆の前にさらけ出して自己批判し、党利己心を捨てること、候補者や機関の地位などについての私心を捨てることが、党の飛躍的発展の途をきりひらくカギとして、キン急の任務であることを強調される。　以上

運動開始期の緊張感がうかがえるとともに、希望的観測というべき情勢分析が見られる。しかし、次節以降で見ていくように、東北各県における社共合同は不均等に発展し、そのことは東北地方委員会も半年後に認識せざ

るをえなかった。四九年六月二七・二八日に秋田市で開催された第二回東北地方党会議の「一般報告と結語」[12]は次のように述べている。この会議には党中央から野坂参三と増田格之助が出席した。

社会〔ママ〕合同のもんだい〔問題〕であるが、東北においては第一次社共合同において多くの社会党の良心的な諸君が入つたが、現在残存しておる社会党の幹部諸君は大体、デマゴーグ的な役割をつとめておるのが実状である。比較的社共合同が弱くおこなわれた宮城、山形その他においては、まだ第二次社共合同の可能性が多いのであるから、どんどん進めて頂きたい。たとえ、社会党の幹部がいなくても、労働者や農民がその階級意識、階級的自覚をもつ初期の段階においては社会党を支持するのであるから、形の上で社会党がなくても、社会党を支持する大衆は依然としてあるということを銘記して、社共合同を社会党のあるなしにかかわらず、ひきつづき強力に展開してもらいたい。

前段では東北内部の社共合同を継続的に展開する必要を示しているが、より注目すべきことは、後段において、社共合同の究極的な目標が、社会党幹部の引き抜きや社会党員の大量脱党というレベルにとどまるのではなく、労働者・農民における社会党支持の「階級意識、階級的自覚」を根絶することに設定されている点である。これは東欧の社共合同が急速に共産党一党化につながっていったことを想起させる戦略ではなかろうか。

次節以降、東北各県の状況を見ていこう。

第2節　岩手県

社共労懇談会

戦後間もなく、岩手県の社共関係は良好で、「両者の連絡は極めて密接で民主戦線に大きな指導力となつてゐる」と報じられた[13]。黒沢尻町（現・北上市）にはマルクス主義教育学会があり、マルクス主義の先進的地域でもあった[14]。労働運動においては、国鉄中心の全岩手官公職員労働組合協議会（労協）と電産中心の岩手県産別会議が結成される一方、「総同盟の力は全くみられ」ず、「労働戦線の統一は労協の結成以来、きわめて順調にす〻み、一九四七年の二・一スト以降、県下の労組を糾合する岩手県全労会議が生まれた[15]。

以下、岩手県の社共合同について、『アカハタ』および『新岩手日報[16]』を素材に見ていこう。

『アカハタ』四八年一二月一七日付の「党公然と自己批判　感激の統一こん談会」と「共・労農・社の合同岩手県でも具体化　廿日前後晴れの大会」によれば、一二日に共産党県委員会が労農党準備会に戦線統一を申し入れ、一三日の社共労三党懇談会で来るべき総選挙の候補者として、一区鈴木東民、二区斎藤龍雄（沢内村〔現・西和賀町〕の医者、のちに共産党岩手県委員会委員長）を決めている。一四日にも懇談会がもたれ、共産党から中央委員の伊藤律と紺野与次郎、東北地方委員会議長の保坂浩明（李浩明）が出席している[17]。率直な意見が交わされ、東民が「年来の主張たる民主戦線の勝利のためには即刻両党〔共・労〕合同を行うべきであり、労農党準備委員は共産党に入党すべきであり、自分は率先入党して選挙戦にのぞむ」と宣言し、懇談会は統一懇談会に切り替わった。

共産党入党者たち

『新岩手日報』にも同様の報道が見られる。一区候補者の鈴木東民は読売争議の指導者として有名で、のち釜石市長となる。鎌田慧『反骨　鈴木東民の生涯』（講談社文庫、一九九二年）によれば、東民には何度も国政選挙出馬の話があり、この時は国労をバックに労農党から立候補する予定だった。共産党は県委員長をたてる予定だったが、「青森に出張して居た徳球の懐刀こと伊藤律が『社共合同』をぶちあげ、社会党左派の大沢久明を入党させて、共産党候補にした。伊藤はその勢いに乗って盛岡に到着、東民の支持者と共産党との合同会議をひらかせ、東民を共産党候補に切り換えさせた」という（三二六頁）。東民はこの直後に共産党に入党し、労農党の第二区候補者城沢盛男も共産党に入る。総選挙の結果については後述する。

一方、社会党県連は独自の候補者選定に出る。『新岩手日報』一二月一五日付「小笠原氏の公認は結局実現化」によれば、右派の社会党県連は本部から森戸辰男を迎えて選挙対策会議を開き、結局、第一区に前職の石川金次郎（県連会長、国家社会主義者石川準十郎の兄）と新人の小笠原二三男、第二区に元職の及川規を立てることとなった。

一六日付の『新岩手日報』「斎藤昌氏ら共産党入り」は、民主戦線の「労農統一懇談会」が一四日に共産党・社会党左派・労農党三党の代表者および共産党中央委員の伊藤律・紺野与次郎が参加して開かれたと報じ、労農党から出馬が予定されていた東民が「現下の政治状勢から労農戦線は分裂すべきではない」と述べ、共産党公認で立候補することを宣言したため、労農党支部結党準備委員会は解消を決め、共産党と合流することとなったと記している。

『新岩手日報』一八日付「民主戦線飛躍へ　注目される県労農党結党準備会」によれば、県内の労農党グループのうち、共産党入党決定者は多田正具（国労副委員長、前県労会議々長）・伊藤信太郎（国鉄施設部、国労中央委員）・菊池源一（釜石労組副委員長）、入党表明者は城沢盛男（国労支部委員長）・田口文三（同書記長）・高橋昌一（同、労農党結党準備委員）・小原春松（同）・鷹木輝夫（同）・高橋晴吉（同）・斎藤昌（日農県連書記長）らであり、ほかに社会党盛岡支部青年部長横田綾二、日農の本山繁男（玉山）、立花勉（彦部、県農地委員）らも入党予定と報じている。

このうち城沢は県議会革新クラブ所属の議員であったため、岩手県議会初の共産党議員が誕生した。一九日付

『新岩手日報』「全逓岩手地区幹部ら共産党入り」は、全逓岩手地区本部闘争委員長佐藤博、副委員長吉田栄一、委員山口博、台川貞吉、書記長成田和子らの幹部の共産党入党を報じている。ただし同日付「社共労三者統一会議へ」は、労農党準備会は三党統一に向けて組織活動を進めるが合同は時期尚早であり、「勤労政党統一のあっせん役」を務めるためにも労農党を結成することとしたと伝える。結成準備委員長に斎藤昌、事務長に田口文三の名前を挙げている点にも情報の流動性がうかがえる。

「青いリンゴ」

岩手県の社共労合同運動について、紺野与次郎は『アカハタ』一二月二三・二四日付党生活欄に「岩手県における三党合同の教訓（上・下）」を掲載している。紺野は岩手県の三党合同は青森・長野両県とは異なり、「現地的条件が少く不完全であるが、全国的、一般的政治条件を強力に運用することによつて、現地条件の不備をおぎなつて、協力にかつ巧みにおしすすめられた点」、いわば「青いリンゴを急速に熟させた」点に特徴があると述べる。

どういうことか。岩手県では共産党よりも社会党左派や労農党の勢力の方が大きかった。それゆえ、「岩手の共産党が大衆の間で活動していないから、青森のようにいま合同することは不可能だ。われわれはまず大衆を労農党に結集し、これを幼稚園とし、やがて共産党の小学校に合流させるのだ」と考えた。しかし、党中央は「二つの党〔共産党・労農党〕指導部」の合同を図り、「青いリンゴを赤く熟させ」ることを求めた。一二月一四日の三党懇談会は三党合同の意義について議論したが、共産党批判が噴出し、共産党の弱体さゆえに即時合同は無理であり、段階を踏んだ組織合同が望ましいという「幼稚園と小学校」論にとどまった。ただし、合同論には消極的であったものの、来るべき総選挙の候補者は共産党の意向通り決定された。

ところが、次いで開かれた政治懇談会で情況は大きく動く。主要民主団体の代表約四〇名が参加したこの会議で、共産党は「公然と選挙戦における統一戦線問題と勤労階級の政治的統一、共、労農、社の合同問題を提議し、これに注意と討論を集中させ、急速に合同への政治的過程をおしすすめた」。議論の焦点は合同如何であった。紺野は会議の緊張感をこう描いている。「この会議は果然しめつけられるように、ジリジリおしに合同の方向へすすみ、これを阻害する弱点、欠陥、障害を公然と明るみに出し、これをおしつぶしてゆく深刻な政治過程『政治闘争』の重苦しいげんしゅく〔厳粛〕な行程となった」。共産党批判、労農党批判が渦巻く中、会議はクライマックスへと向かう。

会議はいきずまる緊張さをもつてジグザグ進行し、分裂の危機を克服し、共産党の欠陥、労農党の弱点をあばき、共産党の公然たる自己批判、利己心なき統一への努力をへて、最後に、統一候補者鈴木東民氏の卒〔率〕先入党による両党合同の呼びかけによつて終り、一座はゲンシユクな感激につつまれた。この最後の一瞬に社会党左派の横田氏の一言「この会議を統一懇談会として継続されたし」は一切に終止符をうつた。政治懇談会はついに白熱的討論をへて共産党への統一懇談会に転化したのである。青い未成熟の合同条件は赤く成熟したのである。人々は政治的に統一されたのだ。

共産党は政治懇談会を力技でねじ伏せた。文中の社会党左派、盛岡支部組織部長の横田綾二は翌一五日に共産党に入党した。

社共労合同

一二月一五日に共産党と労農党は完全合同へ向かい、さらに社会党左派、日農代表、労組代表らの入党へと進んだ。紺野は次のように結んでいる。「岩手県における合同の教訓は共、社合同の全国的、一般的可能性をしつかりとつかむことによつて、あらゆる県において、地方的可能性の正しい分析にもとずき、その条件の成熟、未成熟の度合に応じた正しい戦術と強力な政治工作を行えば、地方的可能性の欠陥をおぎない、これを現実化することができるということである。」つまり、青森県や長野県のような合同の素地がない場合でも、「正しい戦術と強力な政治工作」があれば、社共労合同は一般的に可能だという論である。これは社共合同の成功を特殊視する党内世論を威圧しただろうし、さらにいえば地域の〈歴史的発展段階〉を持ち出す徳田への批判でもありえただろう。社共合同は拙速を避け、詰めさえ誤らなければ、全国どこでも実現可能な戦術とされたのである。

さて、同日には盛岡市内で約六〇〇名の参加で社共労三党統一大会が開かれている。[18] すでに鈴木東民、社党県連横田綾二、労農党準備会委員長齋藤昌らの共産党入党は表明されていた。この日は国労盛岡支部長城沢盛男の入党も宣言され、三党合同が一挙に進む。出席した伊藤律は「共産党は社会党、労農党の地盤を食い党の拡大のみを目的としているのではない、また党は中央部の私有物でもなく大衆を母とする人民の子であり、今こそ党が大衆の前にそのすべてをゆだねているのが三党の合同である」と挨拶した。鈴木東民も「私は大衆の意志にしたがい共産党に入党した。共産党を強化することこそ労農市民の統一であり、いまや県下の一農民、一労働者といえども一階級、一政党の趣旨に反対するものは一人もいない、マルクス・レーニン主義の下における団結は何人といえどもはゞむことはできない」と熱い演説をしている。この社共労三党統一大会について、半月後の『アカハタ』一月一三日付は「第二次社共合同へ」と報じた。

鈴木東民登場

鈴木東民は岩手県社共合同の花形だった。『アカハタ』一二月二八日付「あすの国会へ●たたかう指導者●貫く〝記者の道〟人民の苦痛忘れぬ国際人　鈴木東民氏（岩手）」は、東民の人柄をつぎのように描写している。

▽…トウミン・スズキといえば泣く子もだまる…終戦とともに頭角をあらわした彼が第一次読売新聞争議で戦犯容疑者正力松太郎と四つに組んだ姿は当時海をこえて内外にとどろいたものだつた。だがその鈴木東民氏も太平洋戦争中は、岩手の山の中（和賀郡湯田村〔現・西和賀町〕湯本）で一百姓だつたといえば、だれもホンとにするものはあるまい。あの日本人ばなれのした国際的なツラがまえを、スッポリ手ぬぐいでつつみ、肥オケをせおつた彼は、勤勉そのもので一「貧農」だつたのだ。生れながらの貧農というわけではなかつた。戦争に反対し、あくまで人民の道をまもつた新聞記者の戦時にたどつた当然の運命として、はじめは執筆の制限、ついで一九四四年には東京を追われなければならなかつた。▽…真理はわれにあり、心に確信を秘めた彼の土の生活をだれも涙なしには見なかつた。土に帰るとともに疎開者のための土地獲得闘争をした。この彼の刻苦フン励ぶりには、土地の大地主までが感嘆して彼のために温泉をひくのに骨を折つたというエピソードもある。▽…第二次争議で読売をやめた彼は、再び郷里へかえた。生れ故郷であり、戦時中の苦しい生活の仲間だつた岩手の農民を思うと、矢もタテもたまらずに、再び郷里へかえつつた。こんどは土の牛活ではない。土に苦しむ農民の自由と幸福のために、新しい民主主義郷土をきずく闘いだつた。彼は同志をきゆう合〔糾合〕して、労働者と農民の民主戦線を組織するのに骨をおり、昨年の知事選挙に出馬した。だが、まだ補習の力は人民の上に強くおおいかぶさつていた。彼はやぶれた。▽…だが気をくじく東民さんではない。彼は大衆の中に勇敢に入つていつた。昨年の十二月郷里気仙郡唐丹村〔現・釜石市〕では千七百町歩の山林原野の解放がおこなわれたが、これは知事選挙以来の東民さんのまいた種の収穫だつた。〃ナンというザマだ〃腐敗だらくする国会や内閣を目の前に、涙をながしてフンガイ〔憤慨〕した彼は、経済的にめぐまれない雌伏の生活から、一銭の金もなくして今次選挙に再び立上つた。彼の決意は悲壮以上だ。そしてその決意が彼の共産党入党まで走らせた。知事選挙以来、共社の提携だけを念願として骨をおつてきた彼の、社会党へのフン

激〔憤激〕のこれは当然の行く途であつたのだ。▽…かつて朝日新聞の特派員としてドイツから東ヨーロッパまでまわつて来た国際人である彼。とかくハイカラになりたがるこの種の人々の中で彼だけはいつまでも人民の苦痛をわすれない。東民さんのためと、いま東京では友人たちが選挙費をあつめているときく。そこに彼のやさしい友愛の情もしのばれる。人民の新しい希望、岩手の鈴木東民に栄冠は必ずかがやくだろう。

明けて四九年一月一・四日付『新岩手日報』に「総選挙に何を公約する　本社主催四党代表座談会（上・下）」が掲載されている。東民の発言を紹介しておこう。まず（上）で、東民は強烈な政府批判を展開する。

いま石川〔社会党・石川金次郎〕さんから社会党のやつてきた功績について話がありましたが社会党は片山内閣の時も吉田内閣の場合も社会党本来の政策を行つたものとは思えない、石炭国管でも志賀〔民主党・志賀健次郎〕さんの話だと民主党が原案をほとんど修正してしまつたといつ〔て〕いる、さすれば社会党の政策は実現されたとはいえないですね、したがつて社会民主々義の政策でなく資本主義政党の政策といえる、〔中略〕次に統制ですがこれも緩和されたとは思われないし緩和されても現在の統制ではなんにもならないので官僚統制を改めない限りどうにもなりません、民自党が統制のワクをはずすとよくい丶ますがそうすれば物は金持ちに集中し貧乏者は食えなくなる、米の自由販売などとんでもない、物が不足しているのだから徹底した統制を行い人民管理による国民の九五％を占める勤労者を保護するものでなければなりません

（下）では民主党の志賀健次郎が「議会に入つてびつくりしたんですが、良識と知性に富んだ人が議会に入らないとだめです、私からいうのもへんですが、私みたいなものでも私の党では若干よい方なんです、良識と知性に富んだ人を多く送ることが不信回復の第一の手段ですね、その点わが党ながら不満です」と述べたのに対して、東民は「志賀さん、民主党が不満なら共産党においでなさいよ、共産党はあなたの不満を救つてあげますよ」と応え、一同の笑いを誘っている。元朝日の志賀に対して、元読売の東民の面目躍如といったところか。東民は「挙

国内閣は勤労階級を弾圧するものです、社会党はこの際保守の攻勢に対抗して共産党と合同して統一戦線を結成すべきときです」と主張し、社会党の石川金次郎から「共産党との合同は絶対に反対です」との反論も出たが、東民は次のように持論を展開した。「いま、での政府は占領政策を自分たちの都合のいゝように解釈してきた、われわれは経済九原則を実践する場合あくまでもポツダム宣言受諾の精神を尊重してその線に沿つて受け入れ体制をとらねばならない、だから九原則によつて労働者農民を苦しめてもい、という心構えが間違つています、従つてわれわれは労働者、農民、中小工業者の生活の安定をはかり、これらの向上につとめ、ポツダム宣言の完全実施、民族の独立、祖国再建の大眼目のために闘います、共産党としては大衆課税の撤廃、中小企業の保護、金融機関、配給機構の人民管理が上げられます」。

東民落選

総選挙の結果はどうだったか。一区・二区ともに定員四名で、一区は民主自由党三名が一～三位を占め、社会党の石川金次郎が四位当選だった。鈴木東民は得票数一万九七一八票で、最下位当選の石川に七〇〇〇票ほど届かなかった。盛岡・宮古・釜石の市部では三～四位だったが、郡部の低迷が痛かった。都市型の候補だったのである。二区も民主自由党が一～三位を占め、民主党が最下位当選を果たした。共産党の斎藤龍雄は八〇〇〇票足らずで、最下位当選者の得票数の三分の一にも達しなかった。一区、二区とも惨敗だった。

総選挙後、主要単産であった電産が県労会議指導部の共産党寄りの姿勢を批判して脱退を決めるが[19]、その最中に徳田球一が来盛し、「社会党、労農党との戦線統一は民自、民主両保守戦線が統一されようとしているとき是非必要な課題だ」「買弁的性格をもたない商業資本家とも協力し、民族独立戦線を強力に推進したい」などと所信を表明している[20]。

三月に入ると、労農党主席（委員長）黒田寿男も来盛し、今後党勢は伸びていくと述べ、次のように戦線統一について語っている。[21]

共産党との関係は同じ社会主義を奉ずる党としての存在は同一であるが、たゞ実際面にあたつての戦術や行動面で異つてきている労働組合、農民組合ではその経済的利益の達成のためには党派を超えて団結すべき〔中略〕政党の抗争をそのまゝ組合に持ちこんで混乱させるのはいけない。民主政党の共同闘争においては社会党、共産と共に手を結んでいきたいと考えており、両者の間にあつて共同戦線の役割を果したいと思つている。

労働戦線の右傾化

こうした時、岩手軍政本部は再選されたトルーマン大統領の就任演説「民主主義と共産主義」を発表し、三月一五日付『新岩手日報』が掲載した。一九日には県労に批判的な民同派組合によって、県労働組合民主化協議会が結成され、県労働運動は大きな転機を迎える。[22]同協議会は八月になって岩手県労働組合連合を結成する。岩手県における労働運動の変容は、青森県における全労＝青森県全労働組合会議から県労＝青森県労働組合会議への移行と同様の転回だった。

『新岩手日報』一一月一一日付社説「組合の民主化のために」は、次のように論じている。

最近全般的な空気としては、共産分子による組合の独占化に対する反撃と、組合の自主性確立の運動が活発となつているのであるが、このことは労働者が組合独裁者の奴隷となるのを防ぐことであり、少数者が政治的野望を達成するのを防ぐことでもあつて、ほんとうの労働組合の姿であると思う。民主的な組合の育成というものは、一部の極左分子のいうような組合運動の後退を意味するものでもないし、なんら労働者の権利を捨て去るものでもない。むしろ組合員全体の解放であり、永続的にかつ豊な利益をつかみ得る道が広くなつたと考えられるのであつて、われ〳〵は労働者の幸福を守るために、この方向を支持するものである。

全国的な左派から右派への労働運動の主導権の移行に合わせて、『新岩手日報』も労組「民主化」を支持していた（一〇月九日付「転換した県内労組　左派漸く後退　強まる県労への批判」、一一月一一日付社説「組合の民主化のために」）。

一方、農民運動においても変化が見られた。日農県連の社会党右派の主体性派と共産党・社会党系左派の統一派との対立が激化し、右派の支配力が強まった。『新岩手日報』五月四日付社説「農民運動の正しい育成」は約四万人を擁する日農県連の分裂状況を憂えて、次のように論じている。

本県日農の大宗は主体性派への動きが強い様にみられるが、この動態をそのまゝ本県農民運動に強くおしつけることは本県農民運動を正しく育成するものかどうか検討してみる必要はないだろうか。〔中略〕従来の日農方針たる政党支持の自由が容認されてきているし、県連役員の大半は社会党員であるが、その他の党派を排除しているわけではないのみならず、日農内部にあつてはこれまで思想的、政治的対立が現われたことは皆無といつてよかつた。〔中略〕主体性派の動きは直接、社会党県連の再建方策運動にも結びついているようであり、本県農民運動を社会党の所属に参加させようといつた所がみられる。

社説は日農県連分裂が農民運動のプラスになるかどうか、社会党は検討すべきだし、農民自身も熟考すべきであると論じている。『新岩手日報』はこの後も八月二六日付社説「日農県連に希望す」、一〇月一五日付社説「日農県連はこれでよいか」で日農県連の動きに注文を出している。労働運動とは異なり、農民運動に対しては組織的分裂を極力避けることを求めている。

第3節　秋田県

社会党と共産党

秋田県については、小沢三千雄の二つの編著『万骨のつめあと―秋田から松川事件まで―』（暁民社、一九七四年、以下、万骨と略す）、『秋田県社会運動の百年―その人と年表―』（自家本、一九七七年、みしま書房、一九七八年）[23]および『アカハタ』、『秋田魁新報』、むの・たけじ（武野武治）が四八年二月に横手市で創刊した『週刊たいまつ』の紙面から見ていこう。

敗戦後、三浦雷太郎らの呼びかけで秋田県労農解放同盟が結成されるが、一九四五年一〇月一二日に一五〇名の参加で旧無産各派合同時局懇談会がもたれ、社会党秋田県地方準備会が立ち上り、二九日、五〇〇名の参加で社会党秋田県支部連合会の結成大会が開催された。初代会長には川俣清音（北海道余市町出身、元社会大衆党）が選ばれている。秋田県でも共産党は社会党の後塵を拝すが、共産党の「結成が遅れたのは県内で左翼の人的つながりについてもっとも詳しい三浦雷太郎が、いち早く社会党の結成に参加したことが大きな原因の一つ」だったからである（万骨二三九頁）。

戦前、三浦は日本無産党に関係し、三七年の第一次人民戦線事件で検挙された。[24]秋田県の三浦雷太郎の存在は、青森県の大沢久明のそれに匹敵する。しかし、三浦の動きは大沢より素早い。社会党結成の二か月後の一二月に早くも共産党再建のための全県協議会を秋田市大工町の自宅兼旅館で開き、翌四六年一月二一日に共産党秋田地方委員会を結成した。党中央からは服部麦生や斎藤一郎らがオルグに入った。

三浦はこの期間表向きは社会党県連の中心人物として、つまり二重党員として活動していたようであるが、四月一一日に社会党を脱党して共産党に正式入党し、同党秋田地方委員として政治活動する旨の声明を出す。その後、三浦は四七年・五五年・五八年・六〇年・六三年・六七年の各総選挙、および五九年・六三年の県知事選挙に出馬する（いずれも落選）。

四六年五月一日の戦後最初のメーデーが秋田・能代・大館・花輪・小坂・船川・本荘・横手・増田などで開催され、秋田市ではデモ行進終了後、共産党・社会党・日農・県労協などの代表約二〇〇名の参加により、県記念会館で「秋田民主人民連盟」が結成された。四七年四月五日の戦後初の知事公選では県労協・社共両党を中心に民主団体選挙闘争連絡委員会（民闘）を結成し、統一候補として鈴木清（旭村長、社会党）を推薦する。結果は、現職知事蓮池公咲（最後の官選知事、民主党）の二二万九八三一票に対して二一万八四七五票という僅差で敗けた。鈴木清は四八年三月八日に社会党県連に脱党届を出し、自由な立場から民主人民戦線の結成を呼びかけることになる。

鈴木清（一九〇七〜一九九三）は秋田県平鹿郡旭村（現・横手市）出身[25]。横手中学校から山形高等学校に進み、社会科学研究会に加入。二八年に山高の同盟休校を指導したため、同年七月に紺野与次郎らと共に放校処分を受け、その後上京。東京合同労組書記などを経て東京モスリン亀戸工場に入社し、職工となる。二九年二月、共産党に入党後、四・一六事件に連座逮捕されたのち、三一年に日本プロレタリア作家同盟に加入し、小説「監房細胞」（のち新日本文庫、一九七八年）を発表する。戦前には東北農業研究所や農業問題研究会を主宰する。戦後は旭村村長、横手市議、秋田県議として活動し、前述のように四七年に民闘の統一候補として県知事選挙に出馬し、僅差で敗けた。全日農副会長なども歴任した。旭村村長であった四八年四月、社会党を離党し、古巣の共産党に入った[26]。鈴木も大沢より数か月早い決断だった。五五年の県知事選にも出馬（落選）し、五六年には大沢久明・塩崎要祐とともに『農民運動の反省』を出版している（第一四章第3節参照）。

旭村村長時代の鈴木を描いている文章がある。『月刊さきがけ』四六年六月号の「左翼作家から村長へ　秋田県平鹿郡旭村―村長鈴木清氏訪問記」（斎藤隆勝）である。それによれば、鈴木は村会の満場一致で同年二月に村長に選ばれ、村内で村長・農業会長・農地委員長・健保組合長の肩書を持った他、県から食糧危機突破委員会委員・食糧営団運営委員・農地調整協議会委員・農村文化協会常任委員も委嘱された。斎藤は「氏の青春の精神と肉体を賭けて戦つた主義の正しさが勝利を得そして確認されたのだ」と記している。鈴木の早期の共産党入党を示唆しているのは、斎藤に語った農民委員会支持の弁である。

現在の社会党系の農民組合は、従来は小作料の改定、耕作権の確立、収穫の分配等を中心とした民主々義的経済闘争団体として意義はあつたが、既に農地解放に依る自作農創設とか小作料の金納化及び低下等に依つて小作人組合としての使命は終らうとしてゐるので、今後は共産党の提唱する農民委員会の方向へ進んで農民の自主的民主団体とし、村の経済的問題を自主的に解決するのみならず、村の政治問題も民主的に討議して行政政治機構の機関として村民の意志を村政に反映させてゆかねばいけないこと。

共産党主唱の農民委員会については第三章第2節で述べたが、鈴木はそのよき理解者であったといえよう。

入党ラッシュ

秋田における共産党入党の波は、四八年一二月中旬におこる。『アカハタ』一二月一五日付「秋田　全逓から続々入党」が報じるように、全逓委員長の土橋一吉の入党の影響力は強く、秋田地区本部長藤田徳治をはじめ、郵便局・電話局・貯金局の青年部長などが共産党に入った。二一日付「秋田でも三党合同へ」は、一〇日に民主主義擁護同盟が経営する『秋田新聞』の責任者であり、日農統一協議会事務局長でもあった労農党の松井栄二の共産党支持声明、一三日に雄勝郡院内町町議・農民協議会長・郡市連会長の東海林建の入党、一六日に全逓秋田地区本部委員長の前田徳治の入党があったことを報じ、一七日に入党した県議・地労委労働者側委員の川出雄二郎、県議・日教組中央委員の庫山貫一が同日来県した共産党中央委員伊藤律と会見した旨を伝えている。川出は秋田県鉱山労協前書記長・現顧問で秋田県北部の小坂・花岡・尾去沢の各鉱山労組員一万名の絶対的支持を受け、労農新党の中心人物であったので、今後県下各地における合同の動きは活発化するものと観測している。また庫山の入党は秋田県教組はじめ各労組に大きな影響を与えていると論じている。同日付「三党の合同　全逓秋田地区大会で決議」は、一八・一九日の全逓秋田地区臨時大会が前田委員長の入党宣言を拍手でむかえ、三党合同を決議したと報じている。

その後も共産党への入党者は続き、二五日の共産党県委員会主催政治戦線統一懇談会で総選挙の統一候補の選定協議に入る。(27) しかし、二九日に労農党秋田支部が独自候補の擁立の動きを見せたため、両党協議となり、結局、第一区に労農党公認・共産党推薦の島田健三、第二区に共産党公認の鈴木清を立てることとし、両候補の選挙事務は共産党がおこなうこととなった。(28)

この間の一二月二八日の『秋田魁新報』に掲載された「各党代表座談会　われらは斯く闘う（下）」で社共間の言い争いが見られた。共産党県委員会委員長の渡辺豊治が「組織の末端では社共合同はとっくに出来ている、社会党が大衆の支持を得ようというのならこの点を見なければならない」と述べたのに対して、社会党県連書記長の関山繁之助は「社共合同を現段階で考えるのは痴人の夢」「急進的な共産党に反対する労働者はまだまだ多い」と応えている。これを渡辺は「そんな大衆に迎合ばかりしているから社会党はブルジョア第三党に転落したのだ」と反論している。小さな言い争いのようだが、社共合同が大衆迎合策・ポピュリズムでないことを吐露している点は興味深い。

選挙戦の最中の四九年一月一五日には大曲町（第二区、現・大仙市）で社共労三党統一大会が開催されている。(29) 大会には県内各地より約一五〇〇名が参加し、社会党県連執行委員の長島貫利一郎が「ほんとにオレたちのためやつてくれるんだつたら、いまこゝで三党の代表が手を握つてくれ」と言うや場内は拍手と応援にわき返り、長島は鈴木義雄共産党県委員、堀川労農党地方委員と手を握り、鈴木の提案により「ほんとうにみなさんが握手するために」統一委員会を設けて具体的闘争に入った。大会には伊藤律も出席している。

第二四回総選挙

第二四回総選挙の結果はどうであっただろう。定員四名の第一区は民主自由党と民主党が二議席ずつ取った。統一候補の労農党島田健三の票は一万六五七三票で前回第二三回の共産党の三浦雷太郎の一万二六一票より五割も増やしたが、最下位当選者から一万票以上も離されて八位だった。同じく定員四名の第二区は民主自由党三議席、民主党一議席という結果だった。統一候補の共産党鈴木清の票は三万三一一二票で前回第二三回の共産党大沼はなの八七九四票の四倍近く、無所属で立った鈴木義雄との合計二万四三六〇票よりも一万票近く伸びたが、最下位当選者とわずか四〇票の差で惜敗した。下馬評が高かっただけに、意外な結果とされた[30]。しかし、選挙後も共労合同の動きは続き[31]、二月二〇・二一日には徳田も出席して共産党県党会議が開かれている。

小沢三千雄（七九年除名）はこのとき県委員に選ばれているが[32]、「社共合同は社会党の孤立と分裂を促進するために意識的にとりくまれたとされ、また、一方では大衆団体（日農）の政党支持の自由をあげながら、裏では社共合同を決議し、共産党への入党を実質的に強制するなどして、誠実と信頼を基礎とする民主統一戦線を破壊する結果になったと批判された」と述べている（万骨二六六～二六七頁）。結果的にこの後の社共合同は停滞する[33]。

『週刊たいまつ』と社共合同

社共合同について四八年にむの・たけじが創刊した『週刊たいまつ』はどのような認識をしていただろう。結論からいえばきわめて否定的な評価だった。共産党に対する評価自体が低かった。(34)

共産党も〔中略〕党内の足なみは必ずしも一本になつていない、徳田を中心とする獄内派、野坂を首領とする延安派、敗戦後に復帰した再転向派などあつてそれぞれの物の考えかたには相当のズレがあり、大きくいつてオールド・マルクシストと戦後党員との喰ちがいがある、現在指導権を握つているものは獄内派だ、よかれあしかれ最近十余年日本がなめてきた苦悩を本能的に直覚する素質が彼らには欠けている、だから「民族の独立」を叫び「愛国闘争」の旗をあげても大衆はほんとにしない、本来ならば最もつよく共産派の影響下にあるべき大衆の中に一番根づよい反共気運が流れている事実がそれを物語つている

四九年総選挙の半年後にはソ連からの復員兵の意見として、「内地の共産党はダメである」「選挙のとき党勢拡張のため猫もシヤクシ〔杓子〕も入党させて水ぶくれした結果確固たる信念にもえた謙虚な党員よりも、やたらに共産党をふりまわす党員がふえた」「大衆に最も愛されているはずの共産主義者が反つて大衆に遠ざけられているのではないか」などの声を掲載している。(35)また同年夏におこった前進座公演をめぐるトラブルに関して、次のように述べていることも同紙の共産党観を明確に示すものであろう。(36)

共産党の人々にいいたい。諸君は、さきに「民族の独立」というビラを貼出した。いまは「民族の文化を守れ」というビラを貼出している。だが諸君は複数の階級から成立つている民族の本質乃至は民族全体の幸福といつたことをどこまで真剣に理解し願望しているのか。諸君のいう『民族』とか『民主民族統一戦線』とかは階級闘争の現段階における一変形・一戦術にすぎぬのではないのか。諸君の誠意を疑うことは甚だ失礼な話だが、疑わずにおれない場面にわれわれはつきあたるのだ。

しかし、『週刊たいまつ』は共産党に対して冷静であったが、統一戦線に対して冷笑的だったわけではない。先走るようだが、コミンフォルム批判直後の同紙の主張[37]は人民民主主義のすぐれた論理を示している。「日本革命の課題は、革命するアジアの嵐の中に、その一部として把握されねばならぬ」という位置づけは、民主戦線論における水谷長三郎の視点（第一章第2節）に通ずるだろうし、「第二次世界大戦の前および最中に、各国の革命的勢力がとってきた各階級連合の幅広い民族戦線の方式」という理解は東欧人民民主主義の本質をつかむものだっただろう。そのうえで同紙はこう展望している。[38]

民族内部の諸階級の進歩的勢力を歴史の前進のために余さず結集するという方式は、ある時期ある場所での便宜的な一戦術では決してあり得ない。世界の解放運動が過去一切の経験の集積として、この方式に到達したのだ。

むの・たけじが率いた『週刊たいまつ』は、「連合独裁」としての人民民主主義、あるいは真の意味での社共合同に必ずしも反対していたわけではない。要は日本革命の自立性が確保されるかどうかという問題であった。

第４節　福島県

社共合同の申し入れ

『福島県史』（第一六巻政治二、一九六九年）によれば、一九四五年一〇月二二日に福島市で社会党県支部連合会結成準備会が開催されている。結成準備委員は八百板正（のち衆議院議員）・山内彦二・大井川幸隆・佐伯健・高木松太郎・坂内友八・遠藤一・小島松寿（幹事）であり、会長に遠藤、書記長に八百板が選ばれている。高木はのち共産党へ移った。福島県における社共合同の動きを、『福島民友』『福島民報』[39]および『アカハタ』などから見てみよう。

四八年一二月、社会党代議士八百板正の義弟で前社会党伊達南部書記長の高橋藤祐の入党が注目されたが[40]、同年暮れに県農地委員会副会長・日農県連常任執行委員服部実と県指導農協組連会計主任鈴木六郎が社共両党へ即時合同を申し入れている[42]。

日本の政治情勢は非常にハッキリして来た、腐つた四党か人民のために働いて来た共産党か何れかである、昨年は働く者の政党は二つあつた、一つは社会党であり、一つは共産党である、この社会党が民自、民主、国協党と合同して働く者を裏切つた、政治の腐敗はここから始つた、共産党は然し未だ小さく、この腐敗を食い止め人民の生活と安定を保障するまでに至らなかつた、このように働く者の政党が二つに分裂していることは日本の人民に不利益と不幸をもたらしている、私達は今こそ共産党と社会党が合同するときが来たことを痛感する、この合同のみが日本の産業を保障する唯一つの道であると考える、私達は今ここに共社即時合同を提唱し、共産党に入党を決意し、私達の考えを広く働く人達に訴えるものである

一二月二九日には共産党中央委員紺野与次郎も出席して、合同懇談会が開かれ、社共両党のみならず、労農党・県労会議・日農などの有志約一五〇名によって満場一致で社共合同を決議した[43]。『福島民友』一二月三〇日付は社説「共社合同はなぜ起るか」を掲載し、「〝党員だけの党〟かとさえ思われた本県の共産党に有力な人々がこれに参ずる気配を示したことはたしかに一つの驚きだ」と率直に述べ、背景には社会党片山内閣の誕生が「右でもなく左でもない安全な中道」と国民の多くに期待されたにもかかわらず、「落第政治」に終った失望があると論じた。服部と鈴木は公約通り共産党に入党した[44]。

一方、『福島民報』はかなり異なった報道である。総選挙候補者の選定でもめ、共産党の「入党を前提とする論」と労組の「社共合同といいながら共産党に入れというのはおかしいじゃないか」という意見が衝突したため、

社共合同の結論は一月に持ち越されたと報じるとともに、そもそも社会党は合同懇談会とはまったく無関係で、出席した者もいない、「総選挙中であるのを奇貨とし社共両党が合同して選挙戦にのぞむかの如き感じを一般選挙民に与え一面わが党を傷け他面共産党の立場を有利に導こうとする共産党系分子の悪質選挙戦術で大衆欺まん〔欺瞞〕の謀略的手段に過ぎない、わが党は将来においても社共合同などは考慮していない」と社会党側の共産党批判を掲載している。(45)

『福島民報』は社共合同自体に批判的だった。四八年一二月三一日付「社共合同論　巧妙な呼び掛け」は次のような否定的意見である。「共産党が社会党と合同してその中にフラクションで動くというやり方でなく、社会党内の混迷している分子を奪取しようという積極的な戦法と見てよく、本県では労農新党系の服部氏らがこれに一役買つて出たものだ」「かれら〔入党者たち〕は社会党には失望したが共産党はいやだといった人たちに対しやがて社会党がよくなる時があつたら社会党にもどればよい、社会党をよくするためには現在たつた一つキレイな共産党に入ることが最も正しく効果的だとよびかけている」。

一方、『アカハタ』によれば、労農党と思われていた服部実・鈴木六郎の共産党入りは県下に大きな影響をあたえ、一二月二七日に郡山市で開催された全日本農労組大会が満場一致で社共合同を決議し、入党者も相次いだ。(46)

社会党脱党者たち

社会党からの大物入党者として石城支部長だった大井川幸隆がいる。(47)大井川は常磐礦山労働組合連合会（四六年一月二二日結成、のち日本鉱山労働組合常磐支部連合）の会長であり、(48)四七年の第二三回総選挙に福島三区から立候補している（落選）。大井川は「若い人のように情熱をもつて党の運動をするというわけにはゆかないから一文化人として党の同情者といつた立場をとりたい」と抱負を語ったが、社会党県連は「氏の離党により不明朗だつた気分が一掃されスッキリした同志的な結合が一段と強化され、労働者、農民、一般大衆の正しい政党としてわが党の純化に役立つと思う、社共合同の宣伝は全国的に共産党が中央指令によりあくどく謀略戦術でやつているもので、このような裏口戦術は非合法時代の古い手で政治的に成長しつつある大衆をだますもので共産党に対する逆効果以外のなにものでもない」と厳しい論評を下した。大沢脱党の際の社会党青森県連の対応と同じである。

日農主体性派中央執行委員の山内二郎や大井川などの脱党が続く中、四九年一月一六日に社共合同大会が開かれる[49]。会場の福島市公会堂入口には白地に「共社合同大会」と大書された二本の大角柱が設置され、午前一〇時には数百の労農市民がおしかけ、県労会議議長佐藤一弛氏を議長に伊藤律が経過報告を行った。伊藤は戦前ドイツにおいてカール・リープクネヒトやローザ・ルクセンブルクを裏切ったドイツ社会民主党指導者の例をひき、「いまこそこのにがい教訓に学び人民の革命の政党を統一して民族の危機に当るべきだ」と訴えた。大会は服部実氏以下二八名の合同促進委員を決めて、散会した。二一日にも福島市公会堂で約六〇〇名が参加して共産党講演会がもたれ、統制委員輪田一造（七〇年除名）が「社共合同について」、東北地方委員会議長保坂浩明が「共産党の政策について」をそれぞれ演説した[50]。

社共合同批判と総選挙

四九年一月一八日に共産党県委員会は社会党県連に共闘を申し入れたが、社会党は拒絶する。社会党から共産党への入党者は相次いだが[51]、この間の社共関係を『福島民報』一月二二日付「あぶくま抄」はこう描いている。

社会党の組織に何もつて行かないのに何の共社合同だ、共産党の詐欺的選挙戦術じやないかと郡山の懇談会でも社会党員から指摘されたようだが、まさにその通りである▼共産党にとってはすでに組織の執行機関に入つている社会党の中核なんか初めから問題でなく、一人一人の社会党員もしくは社会党の影響下にあつた大衆によびかけそれとの握手を考えているのだと見ていい▼それでなければ社共の間がらを知つているものにとつてはこのスローガンは見たとたんから、まやかしものだとしか判断されまい、それにしても社会党の影響下にある大衆を動揺させるにはうまい手だ▼この共産党側の打つた手に対し福島で社共懇談があつて一ヵ月にも近くなつて社会党の声明が出され、きようこのごろ、ようやく共社合同の宣伝はデマだとはり紙し出した社会党のスロモーさも、そのおちつきぶりまた見上げたものというべきだ▼うまい手口だとあきれているうちにかわいい子を狼にパクリと食われていることに気がつかぬとは少し人がよすぎるというものだろう。それとも相手にせずと大きくおさまつているならば、はり紙は少しみにくい▼共産党も新党員獲得宣伝に調子づいて社会党でもどうかと思うような手合を引き入れていい気持なのもちよつと乳くさい

この記事によれば社会党県連の動きはかなり鈍かったようである。第二四回総選挙の結果、福島県では一区から三区まで全一二議席中、社会党は三議席を占めたが、社共合同派（共産）は一区の鈴木六郎が前回第二三回高木松太郎の票を五倍増して二万票余を獲得したものの、次々点に泣いた。第二区も竹内七郎が前回渡部房雄の票の四倍近い二万票を獲得したが、最下位当選には五〇〇〇票ほど届かなかった。三区も平田良衛が前回志賀重義の票の六倍近い二万票弱を獲得するが、次々点にとどまった。共産党は県内で一議席獲得を確信していたが、[52]服部や鈴木への批判も強かった[53]。

しかし、全国的退潮もあって、社会党の行く末が案じられた。『福島民友』一月二日付社説「社会党は何処へ」は、社会党は階級的な勤労大衆政党に帰るか、純然たる小ブルジョア政党に向うかの岐路に立っており、前者の道を進むのならば、「社会党は共産党の積極的な動きにまきこまれる公算が大きい。共産党はすでに社会党、労

農党との共同闘争を提唱し、社会党下部組織への活発な活動を開始している。この場合、共産党と一線をかくする態度を堅持している社会党幹部は、相当デリケートな立場におかれるおそれもある」から、後者の道を歩む可能性が高いのではないかと予想している。

『福島民報』二月八日付「会見申入れ拒絶　社会党県連共産党と一線」によれば、社会党は共産党からの共闘申入れを拒否している。労働運動内部での共産党支持は高かった[54]。共産党の攻勢のなか、県労会議は「公式的革命主義者」「極左」の指導下にあると批判して、反共の福島地方労働組合協議会が結成される[55]。

会津と白河

会津と白河の状況を考えたい。社共合同の先進地域である。四九年一月一七日付の共産党会津地区委員会機関紙『会津民主新聞』（プランゲ文庫）創刊号「マルクスレーニン主義の旗は進む　政治戦線の統一近し　全県集団入党の波」は、四八年一二月六日に前社会党代議士八百板正の義弟高橋藤祐が共産党入党を宣言したことを報じ、その後労農新党結成の中心と見られていた服部実や鈴木六郎らが続々と共産党に入党している様子を伝えている。

また「電産民同空中分解　続々共産党に入党」は、配電白河民同が一二月二九日に解散したことで、入党者が続出しているとする。「三百名集団入党　西郷村の開拓団」によれば、竹内七郎[56]が指導していた西白河郡西郷村開拓団団員約三〇〇名が袴田里見を迎えて一二月二六日に集団入党式を行っている。「共社統一の機熟す　会津拍車かける集団入党」によれば、河沼郡日橋村（現・会津若松市）の三菱広田工場労働者、耶麻郡磐梯村（現・磐梯町）の社会党青年部長、耶麻郡山郷村（現・喜多方市）の農民組合長、耶麻郡上野尻村（現・西会津町）の農民組合長、野沢町（現・西会津町）の青年民主クラブ委員長、北会津郡湊村（現・会津若松市）の有力者、大沼郡永井野村（現・会津美里町）の青年団員が入党を決意している。「全逓若郵も共産党支持」も全逓若松での共産党入党者および支持者の急増を報じている。「全県に共社の大合同」は、創刊前日の一月一六日に福島市公会堂で伊藤律を招いて合同大会が開催されたことを報じている。

こうした結果、同紙四九年一月二三日付第二号「汚れなき一つの政党へ　若松で共社合同懇談会」によれば、一九日開催の共社合同懇談会に会津各地から約一〇〇名が参加し、共社合同促進委員会の設置が満場一致で決議された。終了後にはソ連映画「モスクワの音楽娘」（四一年製作・四七年公開）を鑑賞している。総選挙後、共産党から社会党への共闘申入れが続く。(57)

四八年一二月二五日付の白河地区委員会機関紙『人民白河』（プランゲ文庫）創刊号も「マルクス・レーニン主義の旗は進む　全国にまき起る共社合同の大波」と題して社共合同の全国的展開を紹介したうえで、県内各地での共産党入党の様子を報じている。総選挙後の一月三一日には白河で約一〇〇名が参加して共社合同大会がもたれ、九〇名以上が集団入党した。(58)会津と同様、白河でも共産党は社会党に共闘を申し入れている。(59)

第５節　宮城県

共産党県委員会の結成と社共提携

敗戦後の宮城県党の動きを宮城県労働組合評議会編『宮城県労働運動史1』（労働旬報社、一九七九年）に沿って追ってみよう。一九四五年一一月一八日の共産党宮城地方協議会委員会から始まり、次いで宮城地方委員会（のち宮城県委員会）、仙台地区委員会が結成される（二五頁）。

共産党は隠匿物資の摘発に乗り出し、四六年二月に社会党とともに宮城県生活擁護同盟を組織する（二七頁）。

それを基に社共は民主戦線結成に向けて動くことになるが、直前には軋轢があった。一月に共産党東北地方委員会議長の春日庄次郎が日本労働組合総同盟（総同盟）県連委員長の佐々木更三を批判する。その理由の一つは、佐々木が共産党に近寄りながら裏切って社会党に入党したことだった。しかし、これをきっかけに社共は共同闘争に向けた懇談を重ね、前出の宮城県生活擁護同盟を結成する（四一〜四二頁）。

三月の野坂参三来県も民主戦線結成に弾みをつけた。一六日に仙台市内で野坂氏歓迎東北人民大会が開かれ、終了後、野坂は民主戦線懇談会に出席している。三〇日には宮城民主人民連盟が結成される。ただし、社会党はこの段階では入っていない（四三頁）。戦後第一回メーデーは社共の提携で行われ、食糧難打開めざして社共中心の宮城民主戦線共同闘争委員会が開かれている（六〇〜六一頁）。宮城県の労働戦線は産別と総同盟の「微温的」統一が進められていたようだが[60]、次第に社共の対立が深まっていく。

政治戦線統一懇談会

宮城県の社共合同は、四八年一二月一八日の越冬資金獲得人民大会における社共合同要求決議から始まり、全逓関係者や社会党石巻支部の入党が相次いだ[61]。社会党青年部を中心に脱党者が続出し、同二四日には仙台支部会議の席上、県連常任執行委員会青年部長袴田茂らは次の脱党宣言を発表した[62]。

社会党はどこへ行くべきか、われわれはこの問題について徹底的に討論した結果、社会党は民主革命の中心勢力としての存在は失われ、労農新党もまた、その意図とは別に客観的には階級戦線を小分化する以外の何ものでもないとの結論に達した、われわれは今や社共合同の段階にあることを確認し、ここに脱党するものである

同二七日には第一回政治戦線統一懇談会が約三〇〇人の参加により開かれ、共産党と社会党の自己批判・相互

批判を約五時間にわたって行っている。席上、社会党県連常任執行委員・青年部長袴田茂、同常任執行委員・日農県連青年部長片桐広志、石巻市議榊幸蔵ほか約六〇名の共産党入党宣言があった。共産党から中央委員紺野与次郎、青森県委塩崎要祐が出席しているほか、東北大学教授の服部英太郎（経済学）も参加している

この日の様子を『アカハタ』一二月二九日付「宮城でも共社合同」は臨場感溢れる筆致で報じている。まず袴田茂が社会党脱党宣言を朗読し、わき起る拍手の中で脱党した四〇名を一人一人紹介し、ついで民主主義科学者協会、在日本朝鮮人連盟、服部英太郎、地元労組のメッセージがよみあげられた。青森から出席した塩崎は社共合同後の職場の変化を紹介、青森はいま一万名の党員獲得を目指しているとして宮城県に党員獲得の社会主義競争を申入れるなど合同への高まる気運の中で討論に入った。

共産党遠藤忠夫県委員長は「だいたん〔大胆〕率直な批判とこの上にたつ社会党員の大量合流」を要請した。これに対し社会党県連常任執行委員・国労仙管支部副委員長中山佐喜夫は「共社の行くべき道は結局一つであるが目下の情勢では両党は政策協定を結ぶことにより統一戦線をはかるべきである」との提案があった。

社共合同をめぐる論戦は両党の戦略戦術の相違、階級性の問題などについて約三時間激しくたたかわれ、社会党から「共産党は観念的宗教論者であること、人間性にとぼしくセクト的であり、意見の違う相手をすべて反動の刻印をおしていること」など痛烈な批判が出され、これに対して共産党からは、社会党は「現実への妥協と政権欲から勤労大衆の利益を裏切り、すでに階級性は失われている」との反論がなされた。

場内は「感激といきずまるような緊張の空気につつまれた」。国労仙管支部分会長、同仙台地評青年部長、合同労協議長など約二〇名がつぎつぎに共産党入党を声明し、共産党批判・合同反対の立場の中山ら社会党員に同調を求めた。最後に共産党中央委員の紺野が立ち、「一、この討論はわれわれは大衆の一歩前に進むべきことを教えている　一、大衆に教えるとともに絶えず大衆から学ばねばならないこと　一、われわれはつねに新しい道

を創造していくものであり、われわれは廿八年間守り通してきた共産党をいま大衆にあなた方にさらけ出し、すべてを渡しているのが共社合同である」と述べて、中山らに社共合同を強請した。

ここに至り、中山らも「私は今社会党脱党者のとつた道をえらぶか、社会党にとどまつて純化するかの分れ道にたたされている、今晩ゆつくり考えさせてもらいたい」と回答して、紺野らと固い握手を交わした。期せずして労働歌が歌われる中、懇談会は幕を閉じた。

懇談会の席上、県総同盟顧問・全官公宮城地協議長・仙台市役所労組執行委員長の鈴木善蔵も入党を表明している。(63) 鈴木は一九四六年四月の宮城県知事選に左派無産団体の推薦で立候補した弁護士の布施辰治（落選）を応援したため、社会党を除名されていた。

社共合同大会

さらに四九年二月一三日に社共合同政治戦線統一促進大会が仙台市荒町小学校講堂で徳田を迎えて開催されている。参会者は『アカハタ』(64)によれば四〇〇〇名、『河北新報』(65)によれば場内二〇〇〇名、場外一〇〇〇名の計三〇〇〇名に及んだ。前日一二日には河北新報社長や東北大教授ら約一三〇名を交えた懇談会がもたれ、徳田は民族資本擁護を強調している。この勢いが手伝ったのだろう、共産党宮城県員会は吉田内閣も「ここ三、四ヶ月の生命でしよう」と鼻息が荒かった。(66)

社共合同後の共産党県委員会一一名の顔ぶれは、県委員長鈴木善蔵（元社）、県委員大川芳夫（元社）、片桐広志（元社）、小田島森良、西条寛六、川原清秀、袴田茂（元社）、武田貞作（元社）、榊幸造（蔵ヵ、元社）、玉置隆（元社）、神谷六郎だった。(67) 社会党からの入党者が三分の二を占めていた。

第6節　山形県

社共合同の不調

山形県における社共合同の動きは『アカハタ』や『山形新聞』などを見ても、あまり出てこない。しかし、社共共闘の動きがまったくなかったわけではない。

一九四六年の人民戦線ブームのなか、『山形新聞』一九四六年一月二〇日付社説「天皇制と民主戦線」は、本県で天皇制を論じれば「共産主義扱ひ」されてしまうのでそれはさておき、亡国状態打開をめざす民主戦線はたんなる政党運動ではなく、「大いなる生産運動であり、国民生活安定運動である」と訴えている。そうした主張を象徴しているのが同日の共同広告、「祖国を愛し郷土を愛し同胞を愛せよ　平和産業へ　人民戦線へ」というフレーズである。同年五月九日には米沢地方で置賜地区民主人民同盟が結成され[68]、同月には社共中心の救国民主連盟も結成されている[69]。しかし、山形県の救国民主連盟は左に共産党、右に反共の日本主義青年同志会を含む「呉越同舟」連盟であり、結成半年後には「有名無実」化していた[70]。

四七年段階で山形県の労働運動は産別会議の独占、総同盟の不在と指摘されている[71]。そうした不均衡な状況が社共共闘になかなか結び付かなかった原因だったかもしれない。

四八年暮の社共合同の影響を見ると、全逓山形地区本部の委員長や婦人部長らが入党しているほか、西田川郡袖浦村の村議の入党が報じられている[72]。全逓幹部の入党は土橋一吉の入党に感化されたものと思われる。

山形県にも社共合同の波が押し寄せてきたことをうかがわせる記事は、『アカハタ』四九年一月六日付「10日統一懇談会　山形に拡がる共社合同」である。それによれば、全逓山形地区本部委員会と県産別会議の社共合同決議を契機に、山形高校の小松摂郎（第九章第3節参照）・大野敏英、山形新聞の土屋保男、山形疎開中の文芸評論家山岸外史が連名で声明「働く者の政党は一つに」を出し、それに応えて県内労組関係者は社共合同に動き出し、入党者も増え始め、一月一〇日には社共合同統一懇談会の開催が予定された。

その後、四九年一月の総選挙における共産党の議席増をうけて、共産党山形県委員会は社会党山形県連に社共合同を申し入れている(73)。

以上、社共合同は第六章から本章まで論じてきたようなさまざまな地域的展開を見せていたが、同時に東アジアの革命運動とも密接な関連を見せていた。社共合同を単純な選挙戦術に封じ込める政局的理解が、いかにこの革命時代のダイナミクスを見失ってしまうかを次章で論じてみよう。

第一三章　コミンフォルムと党分裂

周知の如く、コミンフォルム批判は、一九五〇年一月六日付のコミンフォルム機関紙『恒久平和と人民民主主義のために（恒久平和のために、人民民主主義のために）』がオブザーバー名による論評「日本の情勢について」を発表して、野坂参三の平和革命論を反民主主義的・反社会主義的・反愛国的・反日本的と全面非難したことに始まる。事態の全体像をおさえるために、まずコミンフォルムと日本共産党の関係から検討を始めよう。なお、コミンフォルムはソ連をはじめとする東欧共産党およびフランス・イタリア両共産党からなり、日本共産党は加盟していない。

第1節　コミンフォルム批判前後の「極東コミンフォルム」

極東コミンフォルムとはなにか

当時のコミンフォルムと日本をはじめとするアジア共産党との関係については、現在のところ、和田春樹『朝鮮戦争全史』（岩波書店、二〇〇二年）の所説が大方の支持を得ているだろう。四九年一〇月の中国革命の成功により、ソ連はアジア政策の再検討を迫られた。日本共産党に対する資金援助も含めた方針は転換され、同年暮に平和革命論から武力革命論への指示が日程に上がってくる。日本革命の非平和的・非和解的路線を求めるコミンフォルム批判は、金日成ら北朝鮮指導部に歓迎され、その後、北朝鮮は武力で国土統一をめざす朝鮮戦争を開始する。

このプロセスは、序章で述べたように極東コミンフォルムの構想過程でもあった。和田『朝鮮戦争全史』によれば、次のような経緯をとる。四九年四月から五月にかけて、北京で北朝鮮指導者と毛沢東ら中国指導者が「東方コミンフォルム」をめぐり議論している。背後にビルマ、マラヤ、インドシナなどの共産党から毛宛の「東方諸国共産党情報局創設提案」があり、毛も中国共産党が中心となるアジア極東コミンフォルムの創設を希望していた。しかし、中国が結びつきをもっていたのはモンゴル、タイ、インドシナ、フィリピン、朝鮮の五ケ国に過ぎず、日本やインドネシアとは直接の関係をもっていなかった（四三～四五頁）。状況が変化するのは、同年末から翌五〇年はじめにかけた毛沢東の訪ソである。[2] 五〇年一月のコミンフォルム機関誌『恒久平和と人民民主主義のために』の野坂批判論文についてもスターリンと毛の間で「議論されたはず」であり、同論文は「秘密の関係」だった日ソ両党の結びつきを公然化し、「ソ連共産党が日本共産党を指導していることを示した」だけではなく、「スターリンが毛沢東の革命の成功を認めて、中国革命の急進路線にしたがってアジアの革命を押し進める方向を、まず日本に対して打ち出したことを意味した」。中国共産党もこれを歓迎（コミンフォルム批判支持の論説を発表）したが、極東コミンフォルム構想は頓挫する（九三、九五頁）。

和田の『朝鮮戦争全史』以後、下斗米伸夫も極東コミンフォルムは構想されたものの、朝鮮戦争の開始で組織されなかったと論じている。[1] 極東コミンフォルム不在説は定着したかのように見えるが、ソ連共産党が中国共産党に東アジア革命のセンター的機能を期待していたことは事実である。[3]

極東コミンフォルム構想の開始はいつか

あらためて前掲荒木義修『占領期における共産主義運動』と前掲福家崇洋「京都民主戦線についての一試論」

から極東コミンフォルム構想の過程を追ってみよう。

荒木は四八年一月五日付『アカハタ』「新民主政府樹立へいまや勝利は不動」に注目して、「極東共産党情報局」結成に関する四七年一二月の中国共産党中央委員会一般報告「現情勢とわれわれの任務」の次の一節を引用している。「毛主席はその報告の中でハルビンで結成大会が行われたという極東共産党情報局の樹立問題に言及『極東各国人民を諸解放運動に協力せしめるためには極東共産党情報局の設立がのぞましい』と極東共産党情報局設立の要を解いた」（一八五頁）。

一般紙も四七年一一月一九日付『朝日新聞』『読売新聞』は上海発ＵＰ電として、中国・朝鮮・日本・モンゴル・インド・フィリピン・インドシナ各国共産党代表が四七年一〇月にウラジオストクで会議を開き、ハルビンに極東コミンフォルムを設立することを決定し、正式設立について中国共産党代表李立三（東北局委員、のち文革で迫害され自殺）が在ハルビンのソビエト領事と交渉中であると報じている。一一月二三日付『読売新聞』は香港発ＡＦＰ電として、極東コミンフォルムがハルビンで一二月二〇日に開催予定であり、中国・朝鮮・モンゴル・インド・フィリピン・インドネシア・マレーシア・仏領インドシナ各国共産党が参加すると報じている。しかし、一二月一日付『読売新聞』は、極東コミンフォルムのハルビン会議はすでに一一月二七日に開催され、中国・朝鮮・モンゴル・インド・フィリピン・インドシナ・ビルマ各国共産党代表三〇〇名以上とソ連のオブザーバー一名が出席し、本部をウラジオストクに設立することを決定したと伝えている。

報道が錯綜しているが、この間、一二月二日付『朝日新聞』は極東コミンフォルム設立を「信じ難い」とする伊藤律のコメントを載せた。翌四八年一月四日付『朝日新聞』『読売新聞』は、四七年一二月二五日の中共中央委員会で毛沢東が極東コミンフォルム設立の意義についてふれたことを報じている。前述『アカハタ』報道と符合する。

荒木は極東コミンフォルムを四七年秋から冬にかけての動きとするが、福家は四九年説をとる。四九年一月の毛沢東とミコヤン（副首相）との会談で「アジア版コミンフォルム」「東アジア情報局」が提案され、四月に毛沢東・周恩来と北朝鮮指導者との間で「東方コミンフォルム」について議論されたとする（一六九頁）。和田説の踏襲である。はたして荒木説と和田・福家説のいずれが妥当な解釈だろうか。柴山太『日本再軍備への道――一九四五～一九五四年――』（ミネルヴァ書房、二〇一〇年）は、荒木同様、四七年秋から翌四八年春にかけてからとする（九二～九四頁）。

検討の余地はあるが、極東コミンフォルム構想は四七年秋以降に開始され、その後、設立の動きは日本共産党が分裂状態の五〇年代まで見え隠れしていたととりあえず整理しておきたい。

ＧＨＱ資料のなかの極東コミンフォルム

こうした動きをアメリカはどう見ていたか。極東軍文書 000.1: General Headquarters G-2, Far East Command, Jan-Dec 1948 に収められている史料から見ていこう。

四八年七月六日付 The Japan Communist Party and the Cominform（日本共産党とコミンフォルム）は、極東共産主義者ブロックについて報じ、コミンフォルムの指示により、民主民族戦線のスローガンのもと、中国・朝鮮・日本の三共産党が解放運動を遂行していると述べている（コマ番号91）。

次いで一〇月一五日付 Far Eastern Cominform Organization（極東コミンフォルム組織）によれば、極東コミンフォルムは極東・アジア（中央）・東南アジアの三ルートを持ち、極東ルートは中国共産党東北行政委員会――朝鮮民主主義人民共和国――南朝鮮労働党――日本共産党と指摘している（コマ番号39～40）。

同じく Japan 1000: Intelligence and Counter-Intelligence, 1949-01 も一一月現在で日本共産党宛の極東コミンフォルム命令を伝えている（コマ番号2）。ただし 000.1: General Headquarters G-2, Far East Command, Jan-

Dec1949の四九年一二月二八日付The Japan Communist Party and the Cominform（日本共産党とコミンフォルム）は、極東コミンフォルムが同年一一月に北京で開催されたアジア・豪州貿易同盟会議の際に設立されたアジア連絡事務所を装って立ち上げられたと記している（コマ番号3）。この会議は世界労連主催のアジア大洋州労働組合会議の誤りと思われる。GHQにおいても極東コミンフォルムの実態は不明だったようである。

一方、一般紙の報道を見ると、四九年一〇月一七日付『読売新聞』「中ソ秘密協定説」は、両国間で結ばれたモスクワ協定に「中国に極東コミンフォルムを設ける」という条項があることを報じ（五〇年一月二九日付でも再信）、一一月三〇日付『朝日新聞』『読売新聞』は、北京放送が伝えたアジア大洋州労働組合会議での劉少奇発言が極東コミンフォルムの役目をしめすものであると分析している。また一二月三日付『読売新聞』「極東コミンフォルム成る」は、アジア大洋州労働組合会議はアジア・コミンフォルム結成の準備であり、世界労連北京支部の設立はその証左であると解説した。

第2節　極東コミンフォルム幻想

日ソ共産党

前掲福家論文が論じる通り、コミンフォルム批判前夜、日ソ両共産党は緊迫関係にあった。GHQ／SCAP文書Nozaka Incident（野坂事件）1950-1に収められている二つの史料を紹介しよう。野坂事件とはもとよりコミンフォルム批判のことである。

A：五〇年一月二五日付Cominform's Criticism against Japan Communist Party（コミンフォルムの日本共産党批判）（コマ番号18〜23）

四九年一一月一四日の日本共産党政治局会議にオブザーバー参加したソ連・タス通信東京支局長キャリオフ（Kyaliov）が闘争方針は戦前段階まで後退していると批判し、運動水準の引上げを求めた。背景には二日後の一一月一六日のロシア革命記念日にソ連副首相マレンコフが初めて「アメリカ帝国主義」「アメリカ世界帝国」と発言したことが示唆するように、冷戦体制への突入がある。

B：五〇年一月〔日不明〕付 News from well-informed quarters in relation to the circumstances of the recent NOSAKA case（最近おこった野坂事件の周辺に関する情報筋からのニュース）（コマ番号24～26）

北朝鮮要人（史料では KIN Ku 金九と記す）がモスクワを訪問し、ソ連首脳に向って、日本共産党は在日本朝鮮人連盟解散（四九年九月）に無責任な態度をとり、三鷹・平・松川事件に対しても日和見主義的で、このままではチトー主義に陥ると伝えている。モスクワから在日ソ連大使館に日本共産党の現況を知らせるよう指令があり、それを受けてソ連大使館は四九年一一月一四日に徳田と野坂を呼び出し、革命戦略を問い質した。野坂は占領下では平和革命しかないことを、徳田は革命闘争の強化をそれぞれ回答した。ソ連大使からは野坂の平和革命論を支持する発言があった。しかし党本部に戻ると徳田は不機嫌となり、野坂に彼自身が中央委員会へ報告することを求めた。徳田の硬化した態度は野坂からソ連大使館に伝えられた。

徳田は野坂派の中西功（党中央批判意見書を提出）の追い出しを図ったが、ソ連大使館は中西除名に関して中央委員会開催を要請し、一二月一二日野坂・徳田・宮本・伊藤（律）・志賀のほか、ソ連大使館からオブザーバー五人が出席して、秘密の中央委員会が開かれた。中西除名問題と党内対立問題が話し合われ、中西除名（五〇年一月一〇日確認）に関して、徳田派は賛成し、野坂は反対した。

この後、タス通信東京支局長キャリオフが同二七日に帰国し、やがて野坂が批判される。

以上、史料Aと史料Bからは、①コミンフォルム批判以前（四九年一一月一四日）に日ソ両党間で革命戦略をめぐり議論があったこと、②しかし、野坂の平和革命論はいまだ否定されていなかったこと、③党内問題では中西功の存在が中心であったこと、④革命戦略および党内問題に関して、日本共産党指導部内も一致していなかったこと、などがうかがえる。

なお、史料Bの末尾に「ソ連が野坂を支持していることは明らかであり、これ〔コミンフォルム批判〕は反米闘争強化のために企図された」と見える。不思議な表現だが、史料Aが伝えるように野坂はソ連と独自の連絡ルートを持っていた。野坂は最晩年の一九九二年にソ連のスパイであったことが発覚して共産党を除名されるが、そうしたコネクションを示唆している表現ではなかろうか。

日本共産党とコミンフォルム

次に共産党分裂時の五一年に作成されたＧＨＱ／ＳＣＡＰ文書 Japan Communist Party and COMINFORM（日本共産党とコミンフォルム）A-100.46 から五点とりあげてみよう。

Ｃ：五〇年八月一六日付 Japan Communist Party's Participation in the Asian Cominform and its Liaison Method, etc.（アジア・コミンフォルムへの日本共産党の参加とその連絡方法ほか）（コマ番号30～33）

五〇年七月二八日、日本共産党はアジア・コミンフォルムに参加し、(4) ①日本共産党は中国共産党の指導下、各国共産党と協力して全面闘争を開始する、②アジア・コミンフォルムに結集する在日の各国共産党員は日本共産党臨時指導部に従い、日本共産党員として活動する、③アジア・コミンフォルムの指導機関を日本国内に設置し、日本共産党員はその指揮に従う、④日本共産党はアジア・コミンフォルムの書記局と指導委員会に代表を派遣する、⑤アジア・コミンフォルムは日本共産党の当面の課題を解決するためにあらゆる協力を惜しまない、⑥アジア・コミンフォルムは「国際派」とは関係をもたない、ことなどが決まった。

共産党代表として徳田が協定に署名し、③のアジア・コミンフォルム指導機関には徳田と志田重男が入った。構成は中国共産党二名、日本共産党二名、朝鮮共産党二名および他共産党三名の計九名である。④の書記局と指導委員会には野坂参三と紺野与次郎が派遣された。そのほか、日本共産党はアジア・コミンフォルムに財政援助を請い、朝鮮と台湾の後方支援に同意した。

同日付の Speech of Mitsugu Terada（寺田貢談話、〔寺田は神山派〕）（コマ番号27〜29）も、八月八日の寺田談話として、①共産党のアジア・コミンフォルムへの正式参加は七月二八日である、②アジア・コミンフォルムへの参加に関して、臨時指導部議長椎野悦郎は八月二日に他の指導部メンバーに報告したと伝えている。

日本共産党とアジア・コミンフォルム

D：五〇年九月四日付 Relations between Japan Communist Party and so-called Asia Cominform（日本共産党とアジア・コミンフォルムの関係）（コマ番号14〜26）

これは分量も多く、詳細な情報である。第一はアジア・コミンフォルム結成の噂である。①噂は五〇年三月初めに日本共産党指導部にもたらされたが、すでに二月末には組織準備が開始されたと思われる。②徳田はアジア・コミンフォルム連絡員候補に鹿地亘・岡田文吉・林元夫の三名を選んだ。③スターリンとの会談を終えて帰国した毛沢東は、アジア各国の共産党にアジア・コミンフォルムの結成を命じた。④しかし、その後日本共産党とアジア・コミンフォルムの関係は途切れた。

第二はアジア・コミンフォルムへの日本共産党の参加についてであり、前出史料Cと重なる点が多い。①六月六日の共産党指導部の追放以降における、アジア・コミンフォルム指導部の下での第二戦線の組織強化・拡大。②七月二八日のアジア・コミンフォルムへの参加。③アジア各国共産党と協力した共産革命の遂行。④アジア・

コミンフォルム指導部メンバーとしての海外共産党員の日本招致。⑤アジア・コミンフォルム書記局・指導部への野坂参三と紺野与次郎の派遣。⑥国内指導部への徳田球一と志田重男の派遣。⑦アジア・コミンフォルムと国際派（志賀派）との無関係。⑧台湾・朝鮮の後方支援の見返りとしての、コミンフォルムによる日本共産党援助。

第三はアジア・コミンフォルムによる日本共産党への第二戦線結成命令の噂である。①コミンフォルム批判後、日本革命戦線統一委員会名の一月二八日付「第一四七号指令」が政治局宛に送られてきた。日本革命戦線統一委員会は北京で開催された世界労連アジア会議の際に結成された。②同指令は「日本共産党およびわが同志に告ぐ」という見出しを持ち、五月末頃までには新聞雑誌を通してゴシップとして広がった。③同指令の真偽は不明だが、香川県委員会をはじめ、四国地方では呼応した動きがみられる。

第四は朝鮮労働党（四九年六月結成）と日本共産党の関係についてである。金日成が率い中国共産党の影響下にある朝鮮労働党は、人民解放軍最高司令官金日成名で五〇年六月二九日に日本国内の朝鮮人機関に書簡を送った。書簡は、朝鮮人共産主義者が日本共産党と協力して活動に着手することを強調している。

E：五〇年一一月一五日付 Movement of the Japan Communist Party after its participation in the Asian Cominform（アジア・コミンフォルム参加後の日本共産党の運動）（コマ番号9〜13）

この史料もアジア・コミンフォルムへの共産党参加を五〇年七月二八日とする。内容は大きく四点に分れ、①アジア・コミンフォルム書記局への日本共産党代表の派遣。野坂参三ほかが派遣されたという噂が流れたが、統制委員の岡田文吉らの話によれば、誰も派遣されていない。今後、福本和夫・堀江邑一・鈴木市蔵らの中から派遣される予定である。②革命対策会議日本革命指導部への派遣。アジア・コミンフォルム内の同指導部は、数名の党指導者および中国・朝鮮人から構成されるが、現時点では誰を派遣するかは未定である。③日本共産党が正式代表をアジア・コミンフォルムに派遣するまで、日本共産党指導部は日本国内に置かれる。この指導部は中国共産党がコントロールし、徳田球一ら日本共産党首脳がその下で指導部を担当する。日本共産党指導部は九名のメンバー、日本共産党二名、中国共産党二名、朝鮮共産党二名、その他三名からなる。議長は中国共産党から出す。日本代表は徳田球一と志田重夫である。④日本国内の外国共産党員数は、中国一三名、朝鮮八九六名、インドネシア二名、インド一一名、ビルマ一名、マレーシア一名、フィリピン一名の計九二五名にのぼる。

極東コミンフォルム会議とコミンフォルム日本委員会

F：五一年一月二五日付 Far Eastern Cominform Convention（極東コミンフォルム会議）（コマ番号7〜8）

この史料は「噂」と前置きして、次のように述べている。①二月中旬に中国の開催される極東コミンフォルム会議には共産党から五人参加する予定である。会議は向こう三年間の計画を立て、その計画に基づいて共産党は八月までに行動綱領を完成する。②五一年から五二年にかけて日本人および朝鮮人の共産党員二〇万人からなるゲリラ部隊が組織され、完成時には共産党が指導部となるが、革命行動は行わない。③すでに北朝鮮人民委員会発給の身分証明書を持った朝鮮人オルグ約二〇〇名が日本に入国し、各地に派遣されている。オルグたちは朝鮮人共産党員の指導だけでなく、共産党との協力を重視する。④朝鮮人共産党員は在日本朝鮮人連盟の再建のために、再建連盟の指導下、民団（在日本朝鮮居留民団）内に偽装組織を形成し、地下活動を行っている。⑤朝鮮人共産主義者の活動や日朝共産主義者の合同会議、朝鮮人オルグの参加などは、共産党の国際的共同闘争として考えられる。(5)

G：五一年四月四日付 Concerning the Establishment of the Japan Committee of the Cominform（コミンフォルム日本委員会の設立について）（コマ番号4〜6）

これによれば、五一年二月に北京でコミンフォルム日本委員会準備委員会が開かれている。日本共産党代表として野坂が出席したが、既定路線に沿って中国共産党員が日本に派遣された。ソ連大使館の対日本共産党関係は不活発で宣伝材料の提供や組織状況・運動実態の報告にとどまり、コミンフォルム日本委員会の設立以降、日本共産党の全活動が同委員会の指揮下に置かれ、ソ連大使館の果す役割は巨大化していった。

五〇年一月のコミンフォルム批判は日本共産党指導者らが考えていたようなマイルドなものではなく、まったく容赦ない（scathing）批判であり、日本における革命運動のセンターを日本共産党からコミンフォルム日本委員会に切り替えるものであった。すなわち、①共産党の急務は米軍を早期撤退させることだったにも拘らず、コミンフォルム批判以後これといった運動をおこさず、②中国共産党のアドバイス[6]にも拘らず、所感派と国際派の対立は決着せず、③日本国内で大きな革命勢力である朝鮮人共産党員との関係も非難されるべき点が多々あるので、日本共産党は革命勢力とは言い難い。

コミンフォルム日本委員会のメンバーは中国・朝鮮・日本の各共産党から選ばれるが、指導権は当然コミンフォルムが持つ。委員会の設立をめぐり、志賀ら国際派はこれを好機ととらえ、巻き返しをはかろうとしている。日本共産党が機能不全に陥っているという声は朝鮮人共産党員間に広くあり、彼らは不満を抱いている。彼らは、日本革命は日本人共産党員ではなく朝鮮人共産党員によって達成されると考え、コミンフォルム日本委員会の設立において優位（金天海〔この時点では北朝鮮在住〕ライン）に立って、日本共産党内で確固たる発言を得ようと考えている。その第一歩が日本共産党内の民族対策部の設置だった。日本における共産主義者の組織は名実ともに国際的になりつつあり、国際共産主義運動に変わりつつあった[7]。

以上に見てきたような動きはさらに戦前における共産党と東アジアの関係までさかのぼって考えなければならないかもしれないが[8]、もはや本書の課題を超える。

ＧＨＱ資料から見た社共合同

史料Ａから史料Ｇに共通している情報は、①極東コミンフォルムへの日本共産党の参加が五〇年七月であったこと、②極東コミンフォルムへの参加は所感派に限られていたこと、③所感派のなかで中心的に動いたのは徳田・志田・野坂・紺野らであったことである。アメリカ側史料なので、バイアスには留意すべきだし、多くが「噂」とされている点にも注意しなければならない。しかし、党分裂下、臨時中央指導部の自立性は絶対的なものではなかった、否、自立性は存在していなかったとさえ推測でき、「日本革命戦線統一委員会」「革命対策会議日本革命指導部」「コミンフォルム日本委員会」などと呼ばれる国際組織によって、この時期の革命運動が指導操作されていた可能性が強い。共産党所感派の海外指導部「北京機関」もその実態はすこぶる怪しくなる。

第３節　コミンフォルム批判

日本の革命運動は朝鮮戦争と連動しながら暴力革命への志向を強め、社会党や労農党を包括する社共合同運動は必然的に消滅していく。前節までで見たような東アジア情勢をふまえて、以下ではあらためてコミンフォルム批判とは何だったのかを検討してみたい。

志賀義雄とプロレタリア国際主義

一九五〇年一月一日付『アカハタ』一面に徳田球一「偉大な勝利めざし全力をあげよう」、野坂参三「一九五〇年の世界政治を語る」、志賀義雄「新しい年とプロレタリア国際主義」の三本の論説が掲載されている。この直後のコミンフォルム批判を考えれば、志賀論説が気になる。第一章でのべたように、四九年暮、『アカハタ』

はコミンフォルムの三本の決議（「平和擁護と戦争放火者との斗い」、「労働者階級の統一と共産党・労働者党の諸任務」、「殺人者とスパイの支配下にあるユーゴ共産党」）を掲載したが、志賀はこう述べる。「一九五〇年のはじめにあたつて、日本共産党が第一に決意すべきことはなにか？　プロレタリア国際主義のたちばをつらぬいて、ブルジョア民族主義を克服することである」。徳田と野坂はプロレタリア国際主義を一顧だにしていない。志賀だけが言及している。彼はコミンフォルムの諸決議が党内で「歴史」的所産と受け止められていることに驚き、「あれはただの歴史ではない。人民民主主義になつた国々の共産党と、フランスやイタリアのような資本主義国のもっともすぐれた共産党とが統一してつくつた決議なのである。世界各国の共産党は、こうした決議が出るごとに、自国の状態と、自党の活動とを吟味して、その活動をただしく発展させている」と論じている。

志賀にとって、プロレタリア国際主義とは最高価値だった。のちに国際派＝反主流派を形成していく素地はあった。

「日本の情勢について」

コミンフォルム批判は、一月六日付のコミンフォルム機関紙『恒久平和と人民民主主義のために』がオブザーバー署名による論評「日本の情勢について」を発表して、野坂の情勢分析は、「戦後の日本には、占領支配の条件のもとでさえ社会主義への平和的移行を実現するために一切の条件がそなわり、それが、『マルクス・レーニン主義の日本の土地への帰化』であるかのように証明している」と断じて、平和革命論を「反民主主義的、反社会主義的」「反愛国的」「反日本的」と全面非難したことに始まる。(9)　論評は末尾で、野坂理論は「マルクス・レーニン主義の『帰化』」にほかならず、「反動が民主主義に、帝国主義が社会主義に、平和的に生長転化するという、ずっと以前に暴露され、労働者階級に縁のない、反マルクス主義的、反社会主義的『理論』の日本版にすぎない」

と論じた。明らかに〈第二のユーゴスラビア〉視である。

コミンフォルム批判以後、共産党は主流派＝所感派と反主流派＝国際派に分裂し、国際派が所感派を「チトー主義」（志賀義雄、春日庄次郎らが早期に使用）と呼称するのはこうした事情からである。なお、国際派は一枚岩ではなく、宮本顕治・春日庄次郎らの「全国統一委員会」「統一会議」、志賀義雄・野田弥三郎らの「国際主義者団」、福本和夫らの「統一協議会」、中西功らの「団結派」、神山茂夫グループなどに分れる。(10)

翌七日、ソ連共産党機関紙『プラウダ』が論評を転載し、八日には国内各紙がコミンフォルムの野坂批判を報じた。日ソ両共産党は金銭的授受も含めてつながっていたが、最近の研究では四九年一〇月の中国革命以降、日本共産党に対するソ連共産党の不信と対日本共産党の方針転換が見られ、年末から一九五〇年にかけてソ中両共産党による日本共産党への革命指導が強まったという。(11)この点は本章第2節の分析からも妥当な評価である。

当初共産党中央委員会はコミンフォルム批判をデマと一蹴したが（『アカハタ』一月九日付「党かく乱のデマをうち砕け」）、一週間後の『アカハタ』一月一三日付一面に政治局名で「『日本の情勢について』に関する所感」を発表して反論に出る。同じ一面には問題のコミンフォルム論評「日本の情勢について」の要旨も載った。所感は、①野坂理論の諸欠点は実践的に克服され、現在は正しい発展をとげている、②占領下の現況において、「ジグザグの言動」「奴隷の言葉」「紆余曲折した表現」も必要なことを考慮しない論評は遺憾である、と述べて野坂を擁護した。しかし、前日の一月一二日付で中央委員会書記局は各地方・府県・地区委員会宛に論評に関する討議について指示を出している。(12)

指示については後日、『アカハタ』一月一九日付「〝日本の情勢について〟と〝所感〟の討議について」でもふれられているが、それによれば、討論は「実践と理論の統一の立場」からなされるべきで、「今後どういふ『スローガン』で、どんな風に斗争していくかゞ討議の焦点である」と指摘し、「高踏的批判」は「不平分子が自己の無活動を合理化する手段」にすぎないと釘をさしている。これは党中央が党内に「不平分子」が存在していることを認め、論評に呼応して中央批判が高まるのを抑え込もうとするものだった。

つまり、コミンフォルム批判が契機で党内対立が急に惹起されたのではなく、すでに根強くあった党内対立がコミンフォルム批判で顕在化したのである。

「日本人民解放の道」と野坂の自己批判

党内状況が大きく変わるのは、一月一七日付の中国共産党機関紙『人民日報』「日本人民解放の道」が野坂の平和革命論を「誤謬」と断じ、所感を批判してからである（『アカハタ』掲載は一九日付）。翌一八日から二〇日まで開かれた第一八回拡大中央委員会では論評をめぐり主流派と反主流派が激論を闘わした[13]。それに先立つ一月一五日、志賀義雄は「拡大中央委員会書記長一般報告草案にたいする意見[14]」を提出して、すでに党内民主主義を無視する党運営や解党主義がはびこっていると指摘した。さらに「吉田内閣を何月に打倒できるとか、これを打倒して人民民主政府を作るとかいう空論」を批判し、それは「平和革命論を、さらに性急にした主観主義であり、世界的独占主義者の掌中で共産主義者が参加する人民民主政府が成立するという結論になる」と論じた。志賀が野坂は勿論のこと、徳田の革命路線に四九年の早い時期から反対の意志を持っていたことがわかる。また、その「人民民主政府」論からして、伊藤律が主導した社共合同路線にも否定的であったことがうかがえる。

拡大中央委員会のさなか、前述したように、一月一九日付『アカハタ』は中央委員会書記局「〝日本の情勢について〟と〝所感〟の討議について」を掲載し、討議に関する注意点を示したが、中央委員会は最終的に論評の「積極的意義」を承認し、野坂の自己批判を認める「コミンフォルム機関紙の論評に関する決議」を二一日付『アカハタ』に発表した。ただし、徳田の一般報告「新しい情勢とこれに対応するわが党の政策[15]」にコミンフォルム批判への言及はない（後述）。また社会党との関係では、共産党と共同戦線を結成している「正義派」をとりあげ、「われわれは、これと提携し、社会党の影響下にある大衆と行動の統一を拡大し、これを革命化することに努めなければならない」と述べている。社共合同路線の継続が謳われており、社会党の左右分裂（五〇年一月二〇日分裂、四月三日統一）下、『アカハタ』は「社会党の分解とわが党の任務」（一月二三日付）「民主主義擁護同盟を大きくしよう」（二月一日付）「社会党を真にたたかう党へ」（二月三日付）「京都市長選挙戦勝利の教訓」（二月一一日付）「国会共斗のゼネスト宣言と戦線統一」（二月一三日付）の主張を通して、社会党内の「正義派」への支持を表明した。

共産党からの呼びかけに応えるかのように、二月二〇日には社会党再建全国準備会がもたれ、①民主民族戦線の結成、②社共労三党の共闘、③労働戦線の統一をスローガンに掲げた[16]。ただし、二月下旬に国会共闘ゼネストが破産することで、共産党の社会党に対する態度は硬化する[17]。

その一方で、同二月六日付に野坂は「私の自己批判」を発表し、平和革命路線を社会民主主義的偏向と認めた。野坂は「過去四年半」、つまり四六年一月の帰国はもとより、四五年八月の敗戦までさかのぼって、発表した論文や演説を「全面的に徹底的に検討することが必要」だが、それは他日にゆずり、以下の五点の平和革命論を自己批判するとした。①四六年二月第五回党大会大会宣言、②四六年五月二二・二四・二五日付『毎日新聞』掲載論文、③四七年一月第二回全国協議会、④四八年四月中央委員会発言、⑤四九年六月中央委員会発言。

①は「日本共産党は、現在進行しつゝあるわが国のブルジヨア民主主義革命を、平和的に、かつ民主主義的方法によつて完成することを当面の基本目標とする」と述べ、野坂は「中心問題は暴力革命をさけることである」と断言し、現情勢下では「平和的、民主的、教育的方法により民主主義革命をやり、さらに社会主義革命にもつてゆく可能性が生れた」と説明している[18]。②は「平和的革命の道」と題された論文である。「或る情勢の下では

武力行使の戦術をとり、他の場合には平和的教育的戦術をとらなければならぬ」と一般論を開示したうえで、障碍と困難はあるが、「平和的革命の方針は目前の情勢下においては最も正しく、最も犠牲の少いそして最も可能性のあるものである」と結論づけている。③の二全協では②が参考資料として配布され、論評によれば、野坂は社会主義への平和的移行は「マルクス・レーニン主義の日本の土地への帰化」であると論じた。④は平和革命を「レーニン・スターリンも考えなかった新しい革命の型」とする見解は「社会民主主義的見解で革命にとってきわめて危険である」、「平和革命という一つの新型の革命があるのではなく、革命の平和的発展の可能性があるということで、これは一個の戦術にしかすぎないのであって、客観的条件が変化すれば、これもまた変化するのである」と述べて、平和革命の絶対視を戒めているが、総選挙勝利後の⑤はふたたび平和革命論への傾斜である。「共産党、労農党、社会党、その他の民主的勢力、さらに、労働組合、農民組織、その他の大衆団体の代表によって作られる〝人民政府〟を作ることができる」。

野坂は「右翼日和見主義」であったと自己批判し、「平和革命」を「共産主義と社会民主主義との折衷」「社会民主主義的偏向」であると総括し、占領下日本における平和革命の「可能性」自体を否定した。

党内対立の進行

主流派の徳田は『前衛』五〇年三月号「たたかいは人民の信頼のもとに―第十八回拡大中央委員会の諸決定を全力をあげて遂行すること―」[19]において、所感は中央委員会決議によってのりこえられたと述べた。

一方、反主流派の宮本も『前衛』五〇年五月号に「共産党・労働者党情報局の『論評』の積極的意義」を載せている。コミンフォルム批判の意義の一つに「党指導部における日和見主義理論」の徹底的克服をあげ、前年の「九月革命」説や平事件[20]（終章第2節参照）のような「地方の警察力をまひさせ、地方権力を獲得するという傾向」

を「安易な幻想」「根本的誤謬」と指摘した。前述した志賀と同様、明らかに徳田体制批判であった。

共産党の内紛について、興味深い報道したのは一月九日付『読売新聞』の社説「日本共産党の危機」である。共産党は今や重大な危機に直面していると述べて、党の将来を次のように展望した。

日本の現実や大衆の気持を無視して、ソ連共産党の忠実なる手先きとして反米闘争に重点を向けるか、それともモスクワにそむいてもあくまで日本の大衆の意思と気持を尊重し日本の現実に応じた戦術を続けていくか、第一の道を歩むことは野坂コースを完全に清算し、大衆の気持を無視してモスクワの意向のまゝに党をひきずつていくことを意味する。このことは党をますます大衆から孤立化させることは明かである。といつて第二の道を歩むことは党の分裂を覚悟しチトーのようにソ連共産党及びその手先きからの迫害をうけることを意味する。

『読売新聞』は共産党が「第一の道」を歩むだろうと予想したが、現実の共産党は当初、「第一の道」＝国際派と「第二の道」＝所感派に分かれ、やがて複雑な曲折を経ていくが、一月一五日付『社会新聞』の細谷松太「共産党旋風と労働階級」は、コミンフォルム批判によって生ずる「日本共産党の精神的、組織的混乱は、致命的なものであろう。大量の脱落者を出すであろうし、広範囲な影響力を失うであろう。まぬかれないことはながい沈滞と虚脱であろう。〔中略〕党としての自己喪失は、簡単に回復出来まい」と行く末を論じた。なお、社会党もこの直後、左右両派に分裂するが、四月に統一している。

事態の深刻さは明らかだった。共産党はこののち、徳田体制を批判した「中西功意見書」や「志賀意見書」をめぐり混乱状況に陥る。党内における対立の存在は『アカハタ』に掲載された「統制委員会委任代表会議の決議（上・下）」（二月四・五日付）でも知られていたが、明確化したのは三月一七日付の政治局・統制委員会「党の強化と党規律の厳粛化のために」である（発表日付は三月一五日）。危機的状況に直面している今、党規約にある「民主主義的中央集権」を遵守することが求められているとして、具体的には中西功の行動を非難したが、一部の党員が「中西功につながる行動と同様な結果をみちびくことをやっている」と指摘することで、コミンフォルム批判をめぐる党内対立の広がりを認めた。

平和革命路線の維持

コミンフォルム批判以降、共産党は平和革命路線を放棄し、一路武装革命路線に切り替えたかのように考えられているが、そう単純ではない。

第一に、一月二五日衆院本会議における野坂参三の代表質問は全面講和促進をはじめとする九項目の民族戦線綱領を列挙し、「この綱領は、一党一派の綱領ではない。真の愛国者の綱領である、社会党、民主党その他の野党だけでなく与党内の愛国者にも当然賛成さるべき綱領である、わが共産党はこの綱領の下に諸君と手を握る用意がある」と結んでいる。また、『アカハタ』一月二七日付の政治局「あたらしい発展のために」は、共産党員の閉鎖性を打破し、大衆性を獲得するために「あらゆる種類のサークル、またはこれに類する集り」に参加して、指導力を発揮せよと論じている。なぜならば、サークル等は「大衆を教育し、その要求を発展させる重大なる組織」だったからである。平和革命路線の具体化であった。あるいは、三月二二日に中央委員会が出した「民族の独立のために全人民諸君に訴う」（『アカハタ』三月二四日付）は民主民族戦線の提唱だった。四八年春に提唱された民主民族戦線の継続であり、具体的には同年夏に展開された民主主義擁護同盟の活動が想定されていた（二月一日付『アカハタ』には主張「民主主義擁護同盟を大きくしよう」が載っている）。「地域的な、そして全国的な民主民族戦線を結集し、民族の独立をかちとって、人民政府をつくる」という構想は、明らかに平和的な統一戦線論だった。

第二に、徳田は前掲「たたかいは人民の信頼のもとに」で、もしも法務府特別審査局（のちの公安調査庁）の違法調査に挑発されて、「彼らに誘導されるままに、非合法的方面に気をむけるならば、まったく敵の謀略におとしいれられるであろう」と公然活動・合法活動の継続を訴え、国会議員グループ内に生まれた反議会主義論には、「国会における闘争を有効に運用する必要」性を対置した。

この点では、四月二八〜三〇日の第一九回中央委員会総会に向けた綱領草案「当来する革命における日本共産党の基本的任務について（草案―原案）」[21]がきわめて重要である。徳田は論評が指摘するように日本は「外国帝国主義権力の全一的支配下にある」が、ひたすら「全一的」という文字にとらわれて、支配の実態を見ないようならば「来るべき革命の針路をあやまり、空論に花を咲かす結果となるであろう」と述べ[22]、さらに「国会から市町村までの議会における活動をただ一律に議会主義であるとして、これを排撃し、議員をすべてこの議会主義のかたまりであるかの如くののしり、そして、すべてを議会外の行動、とくに経済的ゼネストやあるいは現在の瞬間においてパルチザン戦争遂行までにもう想（妄想）をはしらせるものがある」とも批判している。後年の暴力革命路線を思えば信じがたい発言だが、この時点では「社会民主主義的改良主義戦術」としての議会闘争至上主義を戒めつつ、「現在の瞬間において議会無視は革命の遂行にとり有害である。要はこれを如何にマルクス・レーニン主義的に運用するか」だと主張していた。平和革命路線の維持である。

こうした背景に吉田内閣早期崩壊論があった。前年四九年の「九月革命」説のように、徳田は予想屋だったが、五〇年四月にも内閣秋季崩壊論をぶっている[23]。こうした政権自壊の予想（期待）からは、武力革命を選択する必要はなかった。かかる情勢判断に立って、徳田は七月から一〇月の間に第七回党大会を開催したいとも述べていた。主流派＝所感派の主導のもと、党内状況は進んでいたと考えられる。

また四月一五日付一面に「正しい道を示す　モスクワ放送　日本の民主民族戦線」が載っている。これは一二日のモスクワ放送の紹介記事で、「日本共産党と進歩的団体がよびかけている全日本民主民族戦線の結成は日本人民に平和と民族独立の道を正しく示している」と述べている。同日付紙面には統制委員会議長椎名悦朗「同志志賀提出の『意見書』を中心とする策動に就て」も見られ、国際派に対する所感派の批判が本格化する。さらに一七日付は「日本人民革命の勝利を信ず」と題して、ソ連共産党機関紙『プラウダ』四月一五日付が第一八回拡大中央委員会総会における徳田報告を全文掲載したこと、香港で発行されている共産党系新聞『大公報』三月三一日付も徳田報告を支持している旨を報じ、翌一八日付には「全人民の戦線統一」と題して、モスクワ放送が『プラウダ』報道について放送したことを伝えている。これらの動きを整理して、一九日付主張「プロレタリア国際主義のために」は、第一八回拡大中央委員会決定の実践を強調し、「論議のための論議は、断じてプロレタリア国際主義に忠実なのではない」と断じている。翌二〇日付「共産党情報局機関紙も」は、コミンフォルム機関紙『恒久平和と人民民主主義のために』最新号が徳田報告を発表したことを、二六日付「北京放送十八拡中委決定を報道」は、二四日の北京放送が徳田報告を放送したことを報じている。

当然のことながら、『アカハタ』紙面は主流派＝所感派の正当性を前面に打ち出していた。しかし、所感派が独占していたわけではなく、四月二〇日付には政治局員・統制委員だった国際派の宮本顕治「党のボリシェヴィキ的統一強化のために」が掲載されている。宮本は志賀意見書の軽率性を批判し、「原則無視のアナーキーな傾向」を克服して、第一八回拡中路線に結集しなければならず、異論は次回中央委員会総会で議論されるべきだと原則的立場を明らかにしている。この時点における議論の方向性としては正しかった。

しかし、一週間後の二六日付『アカハタ』に多くの読者は驚いたことだろう。二面に紺野与次郎の「『志賀意見書』について」が一〇段抜きで発表され、「志賀意見書」全文と志賀の自己批判「全党の同志諸君にうったえる」が載った。(24) 第一九回中央委員会総会を直前に、志賀は集中砲火を浴びたのである。二七日付には志賀の基盤である大阪府委員会の「原則に立ちかえれ―党防衛に対するわれわれの態度―」が発表され、志賀の言動と分派行動を厳しく批判された。

こうした状況下、四月末に第一九回中央委員会総会が開催される。一九中委の眼目は分派主義批判だった。徳田の「第十九回中央委員会総会における報告」はほぼそれに徹している。志賀も「党のボリシェヴィキ的統一のために分派斗争をやめよ」と呼びかけた。前出の綱領草案「当来する革命における日本共産党の基本的任務について（草案―原案）」には異論反論が続出したため、修正版「来るべき革命における日本共産党の基本的な任務について（草案）」が出る。これを議論しているさなか、GHQによる共産党非合法化の情報が入ったため、急遽討議は打ち切られ、継続審議となった。(25)

党分裂の深化

非合法化の危機から団結への機運が高まるかに見えたが、第一九回中央委員会総会以後、逆に党内対立が一層深まる。それを象徴するかのように、『アカハタ』五月二・四日付「理論と実践」欄に劉少奇「党内斗争を論ず（上・下）」、同六月一二～一五日付同欄に「分派の芽を粉砕せよ①～④」が連載された。第二回参院選直後の六月六日に徳田ら共産党中央員二四名が公職追放（レッドパージ）となり、中央委員会に代って統制委員会議長の椎野悦朗を議長とする臨時中央指導部が設置される。一八日には全国代表者会議が招集され、臨時中央指導部の成立が確認される。代表者会議で椎野は、直面する戦後的「ファシズム」に対して、かつてディミトロフが提唱した人民戦線よりも「もつと広はんな戦線、すなわち反フアツシヨ民主民族戦線」の形成が必要であると強調した。(26)

この点こそ党内対立の最大の争点である。二一日付の『アカハタ』主張「地域人民斗争をつよめよ」によれば、所感派＝臨時中央指導部の地域人民闘争・反ファシズム闘争に対して、国際派は全国ゼネスト闘争・反帝反戦闘争路線を掲げた。話を単純化すると、反ファシズム闘争と反帝国主義闘争は相容れなかった。前者は平和革命路線・反吉田政府闘争・合法主義であったのに対して、後者は武装革命路線・反米帝国主義闘争・非合法主義だった[27]。後述するが、やがてこの立ち位置はクロスする。

七月四日に統制委員会は「分派活動の全貌について[28]」を発表し、本格的な党内闘争が始まる。一五日には公職追放中の九名の中央委員徳田球一・野坂参三・志田重男・伊藤律・長谷川浩・紺野与次郎・春日正一・竹中恒三郎・松本三益に対して団体等規正令違反の逮捕状が出る。この後所感派は中国に脱出して「北京機関」を作り、臨時中央指導部を通じて党指導をおこなう。「北京機関」の実効性が疑問視されることについては前節で述べた。

こうした動きを社会党はどう見ただろう。六月一五日付『社会新聞』「共産党問題に対する態度」は、「日本の運命に対する危機」と位置づけているが、同日付の二本の記事が興味深い。一本目の「事態はなぜ起つた?」はコミンフォルム批判の背景をこう分析している。

　昨年の二月、仏、伊その他の国の共産党書記長らが戦争の場合はつきりとソ連軍と行動を共にすると声明した、然るに日共野坂氏はソ連軍に加担せずと声明した、中立主義をとつた、然るにその後中共の勝利によつて、米ソの対立は重大な段階に立ちいたつた、しかも米ソ双方にとつて日本が戦略的にも重要な地点となつた、かくして、まずソ連が日本共産党のいまゝでのような態度を容認できなくなつた
　中国革命の成功による国際情勢の変化が東アジア情勢の緊張を招きつつあるという認識から、日本革命の性格変更は必然視された。朝鮮戦争の勃発は一〇日後の六月二五日に迫っていた。

二本目の「破壊的暴力砕け　社会党員の任務　積極的に日常闘争」は、非合法に傾斜する共産党への警戒心を次のように促している。「共産党からわが党にもぐり込む党員を厳重に警戒する、共産党員であつたものの入党に際してはその言動を充分検討すること」「共産派が広範なるスパイ網を張り書類の盗み出しや反間苦肉の策ま

で弄して社会党員及び民主的労働運動の指導者を陥し入れようと企んでいる点を注意し、彼等の術中におち入らざるよう一般党員並びに民主的労働組合に警告すること」。〈社共合同〉の逆ベクトルが警戒されている。この時期のレッドパージは共産党だけではなく、社会党にとっても大いなる脅威だった。

ともあれ朝鮮戦争開始時の共産党の内部対立は深刻であった。関西地方委員会による八月一日付の臨時中央指導部批判[29]は、所感派の「日和見主義」は組織論にも現われており、共産党を「合法的な人民党にすりかえようとする解党論」「新労農党の再版」「人民党陰謀」が生まれていると指摘している。共産党内で合法主義と非合法主義が混在していた観がある。

民族統一戦線をめぐる対立

つまり重ねて注意を払いたいことは、所感派と国際派の主要な対立点のひとつに、民族統一戦線の位置づけがあった点である。前述したように、六月の党全国代表者会議において臨時中央指導部議長の椎野悦朗が強調したのは「反ファッショ民主民族戦線」だった。また七月七日付『北京人民日報』「日本人民闘争の現状」が注目したことも、「民族統一戦線」の確立如何という点だった。

この民族統一戦線をめぐるせめぎ合いが続く。国際派の中国地方委員会は、「反帝闘争を対岸におしやり反ファッショ闘争にすりかえようとする意図をもっている。こうして彼ら〔所感派＝臨時中央指導部〕は党を合法的な統一戦線に解消しようとするのであり、したがってまたその統一戦線はセクト的なものとならざるをえない」と批判し[30]、関西地方委員会も、所感派は「党の指導する民族統一戦線と広汎な人民の闘争のたかまりが、党が非合法であることの故に妨げられることはけっしてないことを理解しない」、代表者会議は「反帝国主義民族解放闘争を抹消し、反ファッショ闘争一般にすり換えようとした」「気の抜けた民主民族戦線コース」などと罵倒した。[31] 新日本文学会も国際派だったので、臨時中央指導部は「反帝闘争のための広汎な民族統一戦線を結成するかわりに、その仮面の下に合法主義の人民党を結成しようと企んでいる」と非難した。[32]

野田弥三郎らが率いる国際主義者団に至っては、前掲「民族の独立のために全人民諸君に訴う」（三月）を批判して、「この文書は民擁同の経験を徹底的に批判していない。そこで、結局民ヨー同程度のものをつくればよいという考え方だ」と論じ、さらに「人民政府だの、民主民族戦線政府だのというお体裁にいうけれども、その政府における立法機関、執行機関について少しも考えていない。平凡なブルジョア議会主義者なのだ。人民政府とは社共合同、野党連合政府らしい」と非難している。[33] さらに「解党主義、清算主義」とも呼んだ。[34]

福本和夫らの統一協議会も、「集団入党、社共合同等の名目で、殆んど無条件に等しい入党が許され」、党内に「小ブル分子、出世主義者、不純分子、スパイ」などが侵入してきたことが、「徳田一派のチトー的傾向をもつ党政策とその勢力を存立させてきた党内の社会的基礎」であると論じた。[35] 社共合同は解党主義・野合視され、散々に非難されている。中国地方委員会党報『革命戦士』も九月初めに所感派指導部の「社会階級的基礎は、転向者をはじめ党に侵入した小ブルジョア的要素である」と指摘している。[36] 国際主義者団の認識と通ずる。

つまり、党内分裂の原因は単にコミンフォルム批判に対する評価如何だけではなく、四八年以降の社共合同・民主民族戦線およびそれがもたらした党組織の変容の評価にもつながっていたのである。そうした党内矛盾が五〇年一月の〈外圧〉によって、一挙に噴出したと言うべきだろう。

ただし、国際派すべてが民族統一戦線を放棄したわけでもない。所感派は、国際派が「民主民族戦線は、党を人民党に解党する陰謀だとのべている」と批判したが、[37] 国際派のなかでも宮本顕治が率いる全国統一委員会は民族統一戦線結成を訴えていた。[38] 民族統一戦線を否定していたのは、党内でも「極左分派主義」のグループだった。合法と非合法の戦術において民族統一戦線をどう構築するかが問われていたと考えてよい。

統一への模索——五全協の歴史的位置

従来、所感派・国際派の分裂状態は、五五年七月の第六回全国協議会（六全協）で統一されると定説のように言われてきたが、そうではない。以下に論ずるように五一年一〇月の第五回全国協議会（五全協）で統一される。しかしその統一までの間にも統一化の動きは何段階かあった。(39)

第一段階は、五〇年九月三日付の中国共産党機関紙『北京人民日報』に社説「今こそ日本人民は団結して敵にあたる時である」が掲載された時点である。社説はコミンフォルム批判「後日本共産党がとっている基本方針は正確」なので、党員は「日本共産党中央の周囲にかたく団結し、中央の決定したコースにしたがってともに敵に向い奮闘しなければならぬ」と所感派＝臨時中央指導部を支持し、国際派の動きは「正しくない」と批判した。同時に臨時中央指導部には国際派に対して慎重で誠意をもって説得すべきであると忠告した。同社説は所感派・国際派（全国統一委員会）ともに受け入れ、両派の統一のための話し合いが行われたが、全面的合意には至らなかった。

第二段階は、五一年八月八月一〇日付のコミンフォルム機関紙『恒久平和と人民民主主義のために』に「『分裂主義者に関する決議』について」が掲載された時点である。臨時中央指導部は五一年二月二三〜二七日に第四回全国協議会（四全協）を開催し、武装闘争方針（「人民自衛団」「農民自衛隊」「非合法による政治指導」「非合法体制」「非合法による行動」）を提起するとともに、国際派を批判する「分派主義者にかんする決議」をあげた。これより先、前年五〇年一〇月七日に所感派非合法機関紙『平和と独立』に無署名論文「共産主義者と愛国者の新しい任務—力には力を以って闘え」（同一二日付『内外評論』にも掲載）、五一年一月二四日付の所感派非合法機関誌『内外評論』第六号に無署名論文「なぜ武力革命が問題にならなかったか」が載り、武力革命路線が提起されている。四月から五月にかけて、北京機関の代表者がモスクワに召集され、スターリンの直接指導のもと、軍事方針をより明確化した綱領（いわゆる「五一年綱領」）が策定されるが、[40] 国内では、臨時中央指導部議長椎野悦朗の自己批判（七月五日付「党の理論的武装のために―私の自己批判」『前衛』五一年八月号）が出ることで、国際派（関西地方統一委員会、関東地方統一代表者会議、春日庄次郎）は勢いづく。所感派との間で「協力と統一行動をすすめる話し合いがすすみ、統一への気運が促進されるかに見えた」[41]。ところが、コミンフォルム機関紙『恒久平和と人民民主主義のために』に前掲「『分裂主義者に関する決議』について」が掲載されたことで、状況は一変する。同論評は所感派＝臨時中央指導部による四全協を支持し、国際派を「分派」と規定した。これにより、国際派の一部（関西地方統一委員会、関東地方統一会議指導部）は解散に追い込まれ、敗者として自己批判・告白のうえ臨時中央指導部に復帰を余儀なくされた。

こうした段階を経て、五一年八月の第二〇回中央委員会が新綱領案を提示し、一〇月の第五回全国協議会（五全協）で新綱領『日本共産党の当面の要求』（五一年綱領）が採択され、非合法武装軍事路線（「合法、非合法活動の結合と統一」「党内の特別任務をおびているものは、合法的活動はあり得ない」）が確定する。国際派のほとんどは臨時中央指導部下に復帰した。二〇中委決定[42]には「国際的にも、もはや分派主義者と分派行動に対する、最後の断が下された」と見え、五全協の一般報告[43]には「最後的討議」「最後的に決定」など幾度となく「最後的」という言葉が出て来る。こうして党内はスターリン指導の武装革命路線に収束することで、分裂状況は「最後的」に解消され、統一した。

五〇年問題とは

五〇年問題を〈分裂と統一〉と〈軍事と平和〉の両面から見れば、次のように整理することができるだろう。

第一に、〈分裂と統一〉に関して共産党は内在的・自律的な事情を抱えていたものの、それが決定的要因で分裂したり統一したりしたのではなく、五〇年一月のスターリン論評（コミンフォルム批判）＝「日本の情勢について」によって外部から分裂させられ、五一年八月のスターリン論評＝「『分裂主義者に関する決議』について」で再び外部から統一させられたのである。ゆえに五全協の「統一」は外形的・外在的なものであり、内在的・自律的なものではなかった。スターリン死後、五全協に次いで六全協が必要だったのはこうした事情からである。

第二に、〈軍事と平和〉に関して、第一四章でも述べるが、共産党の極左冒険主義放棄は、①五四年一月一日付『アカハタ』主張「平和と民主主義と生活を守る国民の大統一行動をめざして──一九五四年をむかえる──」によるセクト主義批判、軍事方針転換、②五五年一月一日付『アカハタ』主張「党の統一とすべての民主勢力との団結」による極左冒険主義否定、③五五年七月の六全協における国際派主導のもと合法活動復帰、という経過をたどる。

両面を合わせるならば、共産党は五一年一〇月の五全協で基本的・予備的に党分裂状態を収束させ、少なくとも五三年末まで統一的・一体的に軍事路線を進め、極左冒険主義に無関係な党内勢力はほとんど存在しなかった。この間の共産党の活動に対して、所感派、国際派いずれかではなく、共産党は全党的に全責任を有している。その後、五四年初頭から五五年七月の六全協にかけて軍事路線から平和路線への転換を進めたといえる。

結論を言えば、五全協における所感派と国際派の基本的・予備的な統一以降、数年にわたり極左冒険主義は持続され、五三年三月のスターリンの死、同年七月の朝鮮戦争の休戦を経て、五五年初頭に極左冒険主義が破棄されることで、六全協において所感派と国際派が平和革命の方向で〈再統一〉したのである。軍事路線の五一年綱領が正式に廃止されるのは五八年七月の第七回党大会であり、六一年の第八回党大会で新しい綱領が制定される。六全協を過度に画期と位置付けることは、五〇年代の複雑な様相を見誤ることになる。

第4節　東北地方の反響

臨時中央指導部下の東北地方委員会

党分裂期は『アカハタ』が発行禁止されており、全体像の把握は難しいが、所感派の東北地方委員会は一九五〇年八月二日に臨時中央指導部支持を決議する一方、[44]国際派の福島県委員会・宮城県中部地区委員会・岩手県東部地区委員会は西日本や関東の組織とともに同月（日不明）に臨時中央指導部批判の声明をあげている。[45]国際派は同一六日にも所感派批判をおこなっている。[46]当局もこうした動きは察知していた。[47]

ここで注意したい点がある。「所感派の東北地方委員会」と書いたが、当初そうではなかった可能性がある。『真相』五〇年三月号の覆面座談会「苦悶する日本共産党『野坂事件』の真相」によれば、コミンフォルム批判後の二月一日、東北地方委員会は批判支持の決議を出す。すでに大分県委員会がコミンフォルム支持を決議していたが、今回は地方委員会の決議だったため、党中央は急遽政治局員の志田重夫を派遣した。これを裏付けるのが、前掲Nozaka Incident 中の五〇年三月一四日付 The Problem of the "Criticism of NOSAKA" and the Trend of Local Members of the Communist Party（「野坂批判」問題と共産党地方委員の傾向）の一節である。それによれば、一月三一日の東北地方委員会員に志田が出席し、第一八回拡大中央委員会の決定を説明している（コマ番号12）。日時のズレが見られるが、この史料は大分県委員会のコミンフォルム支持にも触れており、信ぴょう性が高い。志田が東北地方委員会に乗り込んでいったことはほぼ間違いないだろう。ただし、志田の指導の結果、東北地方委員会が所感支持に転じたものか、にもかかわらず、コミンフォルム支持を継続したかは定かではない。後者の場合、前述した同年八月の臨時中央指導部（所感派）支持まで、半年間にわたって思想闘争が続いていたことになる。

なお、これより先の一月一一日に開かれた東北地方委員会では平事件と農民運動について議論がなされ、①ボ

表8　一九五〇～一九五一年の東北党組織における所感派・国際派の抗争状況

委員会名	所感派の動き	国際派の動き
東北地方	八・一七常任委、三羽嘉彦等九名除名決議、福島県委解散、福島県臨時指導部の設置決議 八・二〇分派粉砕を決議 九・一〇福島県委、同地区委三ヶ所の解散届出提出 一一・二〇　橋本節治、除名処分 一一・二五　加賀屋喜一郎、議長に選任	九・三　議長橋本節治、自己批判書を提出し辞任 九・二四中央より増田格之助来仙、三羽等と共に闘争方針協議
福島県		六月下旬、橋本節治を迎え県委、地区委合同会議を開催、分派活動開始 八・六所感派二名を吊し上げ以来、県委除名の応酬
相双地区	一〇・三所感派支持を決議	
宮城県	八・一二報〔ママ〕、委員以下二九名除名決議 九・八分派指導者に合流の機会を与えることを決議 一・二一鈴木善蔵新委員長以下改選し、除名した国際派メンバーを一掃	
岩手県	八・四分派粉砕を決議し、東部地区委の解散、同委員三名除名決定 九・五各地区代表者会議により中央委四名、地方委二名、県委六名、除名決議	東北地方委、三羽嘉彦により分派活動始まる
東部地区	八・六　八・四の県委決議に反対表明 九・二五国際派委員会の解散届を当局に提出したが容れられず	七・二五委員会決議事項を臨時中央指導部に提出
秋田県	七・二三の中国地方委（国際派）の意見書に反対表明	

（出典：法務府特別審査局『特審月報』第一巻第二号、一九五〇年一二月、一七九頁（復刻版『特審月報』第一巻、不二出版、二〇〇八年）、法務府特別審査局『特審月報』第二巻第四号、一九五一年四月、七五～七六頁（復刻版『特審月報』第一巻、不二出版、二〇〇八年）の表を加筆訂正）

ルシェヴィズムの徹底、②福島県石城地区委員会の強化、③貧農・山林労働者・炭坑労働者・漁民の組織化などを決めている（コマ番号12〜13）。

東北党組織の対立状況

表8は当局資料をもとに東北地方の抗争について整理したものである。大方は所感派に属し、臨時中央指導部のもと活動をしていたが、前述したように福島県委員会は国際派が強かったため[48]、四九年夏におこった松川事件の裁判闘争は所感派と国際派が対立しながら進められた。しかし、五〇年九月に福島県臨時指導部が作られ[49]、東北地方委員会によって福島県委員会および福島・会津・石城の三地区委員会の解散が命ぜられる[50]。九月下旬に東北地方委員会は、福島県委員会が「敵の攻撃の前に労働者を自ら武装解除せしむるに至った左翼トロッキスト共」国際派によって占拠されていると指摘している[51]。一〇月には福島県委員会も所感派臨時中央指導部の傘下に入った[52]。

表9　東北における主要国際派メンバー

名前	前職	除名状況	分派活動の特色
日野定利	東北地方委員会委員候補	一九五〇・八・一七	
鈴木盤男	同	同	
佐久間勇	同	同	
高木松太郎	財政部長	同	
小林良一	同	同	

吉田峯一	書記長	同	
三羽嘉彦	書記	同	
橋本節治	東北地方委員会議長	同	
山下則安	福島県委員会委員	同	
小平時雄（夫）	同	一九五〇・九・四	指導部闘争から反階級闘争へ
富田良吾	同	同	
草野宏	福島県委員会委員長	一九五〇・八・一七	
西岡慶三郎	福島県委員会委員	同	
佐藤敏子	宮城県委員会委員	同	
坂爪智徳	同	同	
渡辺和夫	同	同	
高橋春治	同	同	
高橋利彦	同	同	
泉元子	同	一九五〇・八・七	
高橋新二	同	同	
板垣さい子	同	一九五〇・八・一七	
後藤毅	岩手県委員会委員	一九五〇・九・五	臨時中央指導部批判ビラ配布
佐藤万治	同	同	
川口潔	同	同	
藤沢耕二	同	同	
三羽康彦	同	同	
内田四郎	同	同	

前掲JCP Organizationに収められているStatus of the Registration of Officers of the Hokkaido, Tohoku, Kanto, Hokuriku, Tokai, Kansai, Chugoku, Shikoku and Kyushu Regional Committees as of May 1, 1951（一九五一年五月一日現在の北海道・東北・関東・北陸・東海・関西・中国・四国・九州各地方委員会委員状況）によれば、東北地方委員会は、議長加賀谷喜一郎、常任委員三羽嘉彦（兼機関紙部長）・常任委員西岡慶三郎、書記長和田与平（兼財政部長）、委員竹内七郎・渡辺豊治・大塚英五郎・大沢喜代一（久明）・鈴木善蔵・鈴木清・長岡太刀雄・五味宣雄・小守林新助・小笠原鉄彦・塩崎要祐、委員候補鈴木信・豊島宏（兼文化部長）・小田嶋森良とされる（コマ番号45〜46）。しかし、別のリスト（コマ番号58）には**表8**が示すように所感派が除名した「国際派」橋本節治の名前が見え、また異なるメンバーも入っている。分裂時に出された文書によれば、加賀谷や橋本らは隠れ「所感派」として国際派の三羽や西岡らから批判されていた。[53]

同じくJCP Organizationに収められたList of Important Activists of the International Faction of the Japan Communist Party（日本共産党国際派主要活動家リスト）（コマ番号93〜１０４）は、東北における国際派メンバー二七名をあげている（**表９**）。

これによれば、福島県に限らず、宮城県と岩手県の両委員会にも国際派が少なからぬ勢力を有していた。[54]

青森県党組織と大沢の動向

青森県党は所感派に属し、大沢・大塚・塩崎らはいずれも東北地方委員であった。塩崎は青森地区委員会の委員長でもあり、この時期の取り組みとして、五〇年六月二七日に朝鮮戦争での北朝鮮軍（解放軍）を支持するリーフレットを国鉄青森駅周辺で配布していることが確認される。[55] 日本文の原史料は前欠だが、英文史料は全文を掲載している。訳文で前半部を補い、後半部に続けたい。

民族解放戦争は南朝鮮に進軍する

日本の労働者、農民、市民、学生諸君！朝鮮人民解放軍はついにソウルを解放した。解放軍の英雄的闘いは第三次世界大戦の野望を抱く外国帝国主義者への容赦ない打撃であり、奴隷状態からの朝鮮民族の解放をめざしている。

外国帝国主義者は戦争によって国内の難題を解決すべく狂ったようにあがいている。展望の見えぬまま、彼らは奴隷並みの低賃金、重税、馬鹿げた反ソ・反共プロパガンダを朝鮮人民に押し付け、恐怖政治と機関銃で人民の怒りを買い、李承晩政権を手先に使っている。

日本も例外ではない。敵は一つであり、同じ敵である。日本人民は「第二の広島」から日本を守り、偉大な解放軍を支援し、平和の砦である新中ソ同盟を支持することで民族独立を確かなものにしえよう。〔以上、英文史料の訳文。以下、日本文の原史料〕解放軍の戦いは世界平和の戦いであり、日本の軍事基地化粉砕の戦いである。

日本共産党は解放軍を支援し、次の事を日本人民諸君に訴える！

一、朝鮮人民解放軍を絶対支援せよ！

二、平和のとりでソ同盟、新中国、アジヤ人民と手を握れ！

三、南鮮に対する武器輸送、軍需品製造を断固拒否せよ！

四、戦争反対、軍事基地化植民地化反対、日本完全独立万才！

五、全面講和の即時締結と全占領軍の即時撤退！

一九五〇・六・二七

日本共産党青森地区委員会

混乱状況のなかでも、社共共闘は進んだ。五〇年一一月一〇日に第二回青森県知事選挙が行われる。民主党から現職の津島文治（太宰治の兄）、社会党から米内山義一郎、共産党から大沢久明が出馬表明したが、大沢は米内山を社共統一候補とすることを提案する。しかし、『新青森』五〇年一〇月二四日付第一号「社・統一戦線を拒否す」[56]によれば、米内山は「仮に共産党と一緒にやつても結局得するのは共産党で社会党には何の得もない、共産党の影響が強くなる上、社会党は偽装共産党だといわれるだろう」と拒絶した。「せめて〔供託金が〕没収されなければいい」という敗北主義は、つい数年前の社共合同の忌まわしい体験から生じたものとしか考えられない[57]。

大沢は臨時中央指導部の選挙対策部長だったようだが[58]、国際派に対する大沢の姿勢は烈しく、第四回全国協議会（四全協）直後の五一年四月六日に国会内で「共産党を名乗る国際派候補は党名詐称で告訴する」と宣言している[59]。また同年一月結成の全面講和愛国運動協議会（全愛協）の議長団の一人となり、四月一日には大沢が代表者となって全愛協は団体等規正令に基づく団体届出をしている[60]。五月一一日開催の世界平和擁護日本委員会には党代表として出席し議長をつとめているほか[61]、七月二〇日の全面講和運動関係団体会議には党代表として風早八十二とともに出席している[62]。

第5節　伊藤律除名と大沢久明

臨時中央指導部員としての大沢

党分裂時の大沢はいくつかの重要論文を『前衛』に発表しつつ、ともに社共合同で共産党に入党した茨城県の山口武秀らと確執しながら日農統一派を指導していた。一九五一年八月の日農第五回大会では、共産党中央が書記長に大沢を指名したことに対して、山口ら農民部は竹村奈良一（奈良県）を擁立して対抗し、結果的に大沢副委員長・竹村書記長の線で妥協した。[63]一方、津川武一は五三年七月に共産党を除名されている（後述）。

党分裂時に大沢は、五一年三月の共産党代議士川上貫一の議員除名への反論「人民を除名することはできない」（『新しい世界』五一年五月号）、講和問題と選挙戦の関連を論じた「全面講和と地方選挙闘争」（『前衛』五一年四月号）、「地方選挙の経験を生かそう」（『前衛』五一年七月号）、「富士山をかえせ」（『新しい世界』五二年九月号）を発表しているほか、五一年のサンフランシスコ講和会議（九月四～八日）開催直前の『前衛』五一年八月号に「単独講和の陰謀は粉砕できる」を掲載して、「社会党も労農党も共産党も、その他あらゆる団体も個人も、政治的意見や宗教的な意見や階級のちがいを乗りこえて、一本の大きい民族的な愛国平和戦線をつくることが、今日ほど大切な時はかつてない」と社共労共闘を主張した。

直後の五一年一〇月には中核自衛隊や山村工作隊などより本格的な武装闘争にふみだす軍事方針を確定した五全協が開かれている。[64]臨時中央指導部のメンバーだった大沢が日農内部において軍事方針に忠実だったことを、山口武秀は記している。[65]

なお、詳細は不明だが、五二年に大沢と塩崎が企業経営を考えていた節がある。この点が一二月中旬に開かれた東北地方各県代表者会議で批判される。[66]大沢が企業経営を「民族資本工作の尖兵」と位置付けたのに対して、党は「反国民的、反党的利己心」と指弾し、思い止まらないのならば、批判を公然化すると姿勢を硬化させた。こののち、そうした事態が起きてないことを考えると、両名は企業経営案を撤回したものと思われる。

一方、社会党は同時期に講和・安保両条約をめぐり左右両派に分裂していたが、五三年一月、共産党は左右両派社会党に統一行動を呼びかけ、[67]香川県の左派社会党大会では社共労統一を求める動きも見られた。[68]四月の第二六回総選挙（バカヤロー解散）では左派社会党・労農党所属の候補者も推薦している。総選挙後の首班指名では改進党総裁の重光葵を推し、社会党にも同調を呼びかけた（のち自己批判）。

スターリン死後の大沢

五三年三月五日、スターリンが死去する。[69] 半年後の九月一五日、共産党中央委員会は伊藤律を「最も悪質な反党的、反国民的裏切者」と断じて除名した。[70] 伊藤が推進した社共合同も「反階級的行為」の一つに挙げられた。『アカハタ』にはほぼ連日、伊藤律の除名処分を支持する各地の声明が寄せられ、一一月二四日付には青森県委員会の声明も載った。

『前衛』五四年七月号に「土地国有、かくし田、社共合同について」を発表した大沢久明は、「東北のうち青森県は、伊藤律的被害地の拠点のようなものだ」と述べたが、「社共合同闘争の誤り」は独り伊藤に押し付けてすむものではなく、「私自身にふかく食いこんでいる伊藤律的なのこりかすを一掃したい」と自己批判している。社共合同の先頭に立っていた責任を自覚した発言である。そのうえで、大沢は二人の論者を批判した。

一人は遠藤武である。遠藤は『前衛』五三年一二月号に「農業理論・政策面における伊藤律の挑発とわい曲」を執筆し、伊藤は日農で「悪質社会民主主義者と相呼応して戦線の分裂に拍車をかけた」と述べ、彼の土地国有化論を非難した。[71] これに対して大沢は、「いかに伊藤律でも、そんなデタラメな国有論を出していないし、そんなスパイなら、いかに当時のわが党が戦略的混乱の上にあったとしても、その場でしっぽをつかまえられるしろ物である」と論じ、遠藤の見解は「バカバカしい話」「見当ちがい」「納得いかぬこと」と一蹴したうえで、伊藤は「土地国有化もちこみに大いに努力した。さまざまとこじつけてゆがめた理くつをもって反対論をしりぞけた。しかし戦後のわが党の弱さのため、これを農業綱領にとりあげざるをえない戦略的な基礎の上に党はたっていたのである」と反駁した。農業政策の誤りは伊藤個人に帰すべきではなく、党全体として受け止めるべきだという主張だった。さらに五全協の土地国有化論批判に関しても、「私は、党がこれほど明白にした土地国有化論の誤りを、いまさら、それは伊藤律の犯罪的な理論のもちこみだなどとして、その結果、有害無益な新しい混乱や誤解をもちこむことに反対であり、〔中略〕いたずらに回顧的に、わが党はながい年月『土地は農民へ』である。今日もそうである。といった風な議論は、そしてミソもクソも伊藤よばわりすることは、党の権威を失するからつつしむべきであろう」と批判した。

大沢の批判に対して、遠藤はさっそく『前衛』五四年八月号に「土地国有、かくし田の正しい理解のために──同志大沢久明の批判にこたえて──」を載せ、「当時の大量入党については、〔中略〕伊藤律が、これをあたかも『社共合同』運動のごとき錯覚をひろめ、党内に社会民主主義的潮流をさそいこみ、党のボルシェビキ化を阻害しようとした役割を、もっとつっこんでバクロしてもらいたかった」と反論している。遠藤の立場は社会民主主義批判であり、大沢の統一戦線論とは対立するものだった。

大沢が批判したもう一人は神山茂夫である。神山は国際派に属し、神山グループを形成していた（五四年除名、五八年復党、六四年再除名）。神山は前年五三年に『統一戦線戦術の諸問題』（新科学社、一九五三年）を刊行し社共合同の誤りを論じたが、大沢はそれを三点にまとめる。①社会党、労農党、労組、農組内の急進化した農民、インテリの部分的きりとりとなり、労組からの大量入党にすぎなかったこと、②本質は選挙運動であったこと、③青森・秋田・岩手・長野各県など主として農村地帯の社会党員を切取るのではなく、社共労農統一戦線の方向に進むべきであったこと[72]。その上で大沢はこう述べる。神山の全体を貫いているのは「全体責任論と自己弁護」であり、「鼻もちならない」、「分派の巨頭の一人たりしかれは、その原因を伊藤律と極左主義者の内部紛争となしている態度は、はなはだ反党的」である。

大沢は自らが社共合同の先頭に立った政治的責任を自覚すると同時に、合同運動が持っていたエネルギーの大きさも認識していた。彼は述べる。「十万の新入党が党の主体的力を飛躍的に強化したことに誤りはないし、これを忘却する権利は何者にもない」「社共合同の闘争に誤りはないというのではない。また社共合同であるとは考えてもいない。形式的にも実質的にも、公然と党の綱領規約を承認した上の大量入党である。これを選挙闘争とかなんとか称した伊藤の誤りは指摘の通りである。社共社合同ではなく、大量入党であるのに、その新入党者にたいし、党中央の決定に反してボルシェビキの党風に訓練する受入れの体勢が実行されなかったことに大きな誤りがあったこともみとめねばならない」「大量入党を社共合同にすりかえようとした右翼日和見主義〔中略〕律は、当時大量入党の諸条件をチャンとつかんでおり、それを党の主体的条件の強化による統一戦線の発展にそなえようとしないで、そこまでの条件のない社共合同という希望的観測にもとずいて安易な道をすすめたところに右翼日和見主義の誤りをおかしたのではなかろうか？」

長々と大沢の弁を引用したのは他でもない。確かに社共合同を「希望的観測」に基づく「安易な道」として押し進めたことは誤りであったが、伊藤律追放によってすべてが解決するわけではない。また全面否定されるものでも、全面肯定されるものでもなかった。社共合同には「大量入党の諸条件」「党の主体的条件の強化による統一戦線の発展」につながる可能性があったのである。そう考えた大沢の自己批判は過去にではなく、未来に向っていた。

大沢久明がこうした総括を下したまま、〈社共合同の批判者かつ擁護者〉として歴史の中に消えてしまったのならば、彼は社共合同の象徴的人物として記憶されるにとどまったことだろう。しかし、大沢の真骨頂はここからであった。六全協以後に展開するスターリン批判の中で、大沢久明の戦後史は第二幕を開ける。

第一四章　六全協とスターリン批判

第1節　六全協と東北

六全協前夜の青森県

『アカハタ』一九五四年七月二一日付党生活欄に「大衆に学ぶ演説会　黒石市長選挙闘争から」が載っている。執筆者は大塚英五郎である。弘前市に隣接する黒石町はじめ中郷村・六郷村・山形村・浅瀬石村はこの年七月一に合併し、黒石市となった。共産党は最初の市長選挙に柴田久次郎を立てたが、演説会に集まった聴衆から、共産党に対して次のような質問が出されたという。

一、一時、卅六〔ママ〕人の国会議員を当選させた共産党はその後国民の支持を大きく失うにいたった原因をどのようにお考えになりますか。

二、共産党のやり方はタコが足を食うやり方といわれています。入党すれば裸になってしまう。それでは党は発展出来ないのではないでしょうか。

三、共産党の候補を支持いたしますと、そのうちにこれがあたりにわかるにつれ、生活の上でいろいろとさしさわりになってくるように思われるのです。候補を支持したということだけで党員同様にされるのは不当なことではないでしょうか。共産党では候補者を支持したというだけで仲間にしてしまうやり方をされるのですか。

四、共産党という名を一時別の名に改めたらどうでしょう。もしそれができませんでしたら候補者は一時共産党をやめて無所属で立てばキッと当選できると思いますから、そうしたらどうでしょう。〔後略〕

いずれの質問も厳しいものであった。二五名ほどの出席者は確信的な支持者であったに違いない。党勢停滞の理由として、次のような声もあがった。「食糧メーデーなどで天皇の台所をかき回したりなどして国民感情を傷つけたからだ」「火炎びんが原因だ」「アメリカ政府への攻撃が今日のお話のように国民の生活にピッタリするやり方でなされなかったからだ」。

翌年の六全協を待つまでもなく、共産党の極左冒険主義が支持者から批判されていたことは明らかである。県委員長の大沢の耳に入ったことは間違いない。

六全協による党「統一」

五三年一〇月に徳田球一が北京で客死した。この事実は五五年七月二七～二九日に開催された六全協の最終日に明らかにされた。六全協は党の分裂収束・組織統一を図り、「極左冒険主義」＝暴力革命方針を最終的に破棄した。ただし、党の統一と極左冒険主義の破棄は六全協をまって初めて提起されたわけではない。第一三章で述べたように五一年一〇月の五全協で組織統一は図られていたし、五四年一月一日付『アカハタ』主張「平和と民主主義と生活を守る国民の大統一行動をめざして――一九五四年をむかえる――」はセクト主義を自己批判していた。通称「一・一論文」と呼ばれるこの主張は、「軍事方針転換の準備的な表れ」であり、(1) 翌五五年一月一日付『アカハタ』主張「党の統一とすべての民主勢力との団結」に至って、「一切の極左的な冒険主義とは、きっぱり、手を切ることを、ここで率直な自己批判とともに、国民大衆の前に、明らかに公表するものである」と極左冒険主義が否定される。六全協はこの上に立って、開催されたのである。八月一一日の六全協記念大演説会には、潜行中だった野坂参三・志田重男・紺野与次郎が登場する。中国渡航組と地下潜行組が公然化したことで、共産党はいわば〈再統一〉した。後年、『アカハタ』五七年一一月六日付に「五〇年問題について」が掲載され、党分裂の経緯が明らかにされる。

党統一と大沢──「党中央と盲従主義について」

六全協後、全国的に党活動の点検総括がおこる。『アカハタ』五五年八月二〇日付党生活欄に「青森県党会議の六全協決議実践のための討議」が掲載されている。それによれば、八月九・一〇日に六全協報告県党会議が開かれ、五〇年分裂以降、「意見のちがう同志は党から除外され、委員であっても会議にも出席できない状態」が生まれ、「不統一」が根強かったので、「書記長追悼、六全協決議実践期間」を設け、組織の点検運動を行うことを決めた。

秋以降に青森県共産党の点検総括結果が出るが、直前の九月一〇日付『アカハタ』紙上に大沢久明の党中央批判論文「党中央と盲従主義について」（図11）が一〇段組みで掲載される。「六全協の決議の理解と実践のために」と名付けられた欄に載ったものだが、個人論文としては異例の長さであり、この時期の党中央批判としては際立っている。大沢は九月三日付『アカハタ』主張「党機関の官僚主義を克服しよう」をふまえて、「官僚主義が巾をきかしたのは、党中央」であり、「それが一番具体的に実践されたのは東北地方ではないか」と問題提起する。官僚主義の責任の一端は、東北地方委員であった自分にもあり、「わたしをふくめて東北の党は、まさに官僚主義の府であった」と自己批判する。官僚主義は「自覚症状をもたない病気」だとも述べている。大沢は党中央を厳しく批判したが、次のような東北地域に関する歴史認識は彼ならではのものだった。

六全協の決議の理解と実践のために

党中央と盲従主義について

大沢久明

「六全協決議集」十五日に発行

図11　『アカハタ』1955年９月10日付「党中央と盲従主義について」

東北はおくれた農民の比重が日本一大きい。だから歴史いらい東北は支配階級の拠点である。幕府時代も鳩山時代も一貫している。安い米、安い兵隊、安い労働者、安いパンパンの給源地帯東北は敵の足場であるとともに、これを味方の足場にかえることは敵を崩すためにわれわれに与えられた党の光栄ある任務である。[2]大沢は「官僚主義とは加害者であるとともに被害者である」と述べ、「われわれの盲従性と奴隷根性があったことを自覚しなければならぬ」と結んでいる。こうした立場は翌年のスターリン批判の書『農民運動の反省』の出版へ連なる。大沢は八月二五・二六日に仙台市で一〇〇名以上の代表を集めて開かれた活動家会議（第三回党会議）では議長団の一員をつとめている。[3]

青森県中弘南地区委員会の総括

さて弘前市を中心とする青森県中弘南地区委員会は五五年一一月に党員から広く意見を求め、次のような多数の声が上がった。[4]抜粋してみよう。

党中央および県委員会に対して

- 伊藤律について関心、ギモン〔疑問〕が強い、はっきり知りたい。
- 徳田書記長の死亡を〔ママ〕発表をすぐしないのは、我々党員が信頼されていないからだろうか。
- 農業問題を伊藤律にまかせた党中央にも責任がある。
- いたづらにマツクの農地改革をクサスだけではだ目〔駄目〕だ。現に小作人は土地をもち、新しい進歩の面もあるのでないか。今のやり方ではそうした人たちをブルジョア階級の影きよう〔影響〕下に追いやってしまう。
- 農地改革は「若干の階級的変化を与えた」といっているが、具体的には自作農になり、農民の要求が通ったのではないか。農民の要求は全面的でないにしろ、頭から農地改革はギマン〔欺瞞〕であると云っても農民はうけつけない。

•伊藤律はスパイであつた。われ〳〵に指示・指令がくる前に商業新聞に大きく出る。こんなことを考い〔ママ〕ると中央の相当のところにスパイがいるのではないかギモンをもつ。

地区に対する批判並びに要望

•細胞、労組に全然連絡もなく病院に来てわがもの顔に振舞い、誰れ彼れに連絡してゆく。

•細胞会議に地区からくる、そうした場合変つた人がくると前の細胞会議が全然知らない。

•大衆が党中央に投書したが、その事を地区で知つていながら細胞に全然教ない。

•地区は細胞に根を下ろして、特に一人一人が責任をもつて指導してくれ。

•財政はどうなつているのか。苦しい〳〵といゝながら明らかにしていない。

•地区は農民問題や農協のことなど分つてない。原則的なことだけで指導して来た。それではすつきりしない。

•下の細胞の困つている問題をとりあげず押しつけてきた。

•常任が多いのでないか。もつと組織的にしたらどうか。事務所に行けばゴロゴロしている。

•津川共産党で集団主義が弱かった。

•批判してくれといつて、出せばこれにこたえない。

•地区では大衆に信頼されている同志を日和見だときめつけ、大衆から信頼のない党員を立派な党員と評価し、その党員は細胞にハツパばかりかけて自分ではなにもやらないという具合だ。

細胞の問題

・党中央の云つてきたように革命は近いと考いていた。
・しかし、村民は革命が近いなどと全然考いていなかつた。
・村民が未だ裕福なので共産党に入らない。又、村の人が貧乏にならなければ革命は来ないと思つていた。
・新入党者又新細胞は五〇年頃の党の分裂のこと良く分らない。
・新しい党員は極左冒険主義に対して余り強い関心をもつていない。
・我々は党の方針に従つて来た。例えば十二里〔現・藤崎町〕の村長選挙には県地区の指導通りやつて来た。毎戸に新綱領を入れた。結果は党候補は十五票だつた。その選挙の総括は「この選挙は勝利である。村民大衆が新綱領で意識を変えたから」というのであるが、村民大衆が新綱領をよんだかどうかギモンだ。
・大衆との関係で物事をみ、考いなかつた。だから村民に奉仕するというより、押しつけ、ひきまわしが多かつた。例えば革命をやるのになにが恋愛だなどときめつけた。それが（われ〳〵の体〔態〕度が）青年団にまで反映して大衆から批判された。村民大衆の感情気分を考いなかつた。
・勉強しても確信がもてない。今迄五年位あれば革命だと云つて来た。それで今の六全協も又誤ち〔ママ〕だなどと出るのではないか。

そのほか大衆団体との関係や六全協それ自体に関する質問・意見も数多く出されたが、細胞（現在の支部）問題では「健生」批判が目立つ。津川武一の津川医院が発展した健生医院（現・健生病院）である。津川は五三年に共産党を除名されていたが（六二年復党）、この間の健生病院細胞は多くの問題を抱えていた。

また詳しい年月日は不明だが、六全協後に作成された弘前大学細胞に関する「議案第一　青森の活動についての総括[5]」は、党分裂期に関して極めて興味深い認識を示している。弘大細胞が分裂したのは「五一年春」だった。指導部の崩壊や各学部細胞の独走などの分裂状況が克服される動きは「五四年」になっておこるが、基本的解決にはつながらなかった。なぜならば、五一年一〇月の「五全協の頃のいわゆる『統一』が党内に、そのような芽が健全に育つ条件を一切うばい去つていた」からである。つまり、五全協（！）による外形的外在的な「統一」が内在的自律的な「統一」を妨げたのである。「党の分裂は五全協によつて統一されたと主張された。しかし、この統一は党内民主制にもとづく自由な討論の結果でなく、対立した意見の一方を行政処分によつて切りすて、いつた結果の『統一』でしかなかつた」「『統一』された党は、上から下まで官僚主義が貫き、下でこれを支えたのが、上部の権威への盲従主義やそれを全く無視する自由主義であつた」。弘大細胞はこう分裂期を総括している。

改めて確認するが、「六全協」の書き誤りではない。前後の文脈から明らかに五一年一〇月の「五全協」である。五全協における「統一」の意味については、第一三章第3節で述べたが、弘大細胞における所感派と国際派の組織統一はとりあえずの偽性「統一」であり、その後も引続き官僚主義と盲従主義、その反面の自由主義の横行が見られた。党内状況の非統一性の克服は六全協の開催を必至のものとした。

青森県委員会の総括

六全協を受けた点検総括において、社共合同はどのように位置づけられただろうか。県レベルの状況を見てみよう。日付不明だが「第十四回青森県党会議　県党活動の総括と六全協の決議実践の為に（草案）[6]」は、片山内閣時の状況を次のように記している。

労働者、農民の闘争が困難になるに従って県民大衆は社共の統一を求め、共社合同の大政治攻勢となって発展した。大沢、大塚、柴久等の諸同志を先頭に県民と共に闘いの歴史を築いてきた指導者は、当然帰るべき党に戻って党員は倍化し、四万の支持者が結集された。この様な事業は私心なく労農大衆に服務するもののみがなし得る所である。

この時点で社共合同はそれほど反省されていないが、五六年三月作成の「第十五回県党会議一般報告（草案）[7]」ではこう総括されている。

戦前の労働運動は八戸市が日本労農党（日労党、中間派）系の合同労働組合、青森市が労働者農民党（労農党、左派）の一般労働組合が中心であり、それぞれが農民運動を組織したため「南部の農民が保守的で、津軽の農民が進歩的」だったが、反目せず連携・統一してやってきた。青森県における社共共闘の歴史的背景である。敗戦後は「解放運動の歴史の中で育つた指導者たち」が社会党を先行組織し、後発の共産党を指導して統一戦線を組んできた。片山内閣時に社共は離反したが、県民は「社共の争いを心から悲しみ人衆性と経験にすぐれた社会党とマルクス・レーニン主義の理論をもつた共産党が一つになつてくれることを心から希望」した。社共合同の名のもとに進められた社会党から共産党への無原則的「大量入党」戦術は、共産党には「偉大な成果」であったが、社会民主主義打撃論になり、社会党と労働者農民を敵に追いやってしまった。両党は今や「社共合同後の一時的な感情的対立から、再び仲のよい立場にたちもどりつつある」、共産党が反省すべき点は両党関係を考慮せず、「社会党を一般的に裏切者、労働者階級の内部に派遣された独占資本の手先という考えで、本県の社会党を理解し、社会党が進んで統一の手をさしのべてきたことを利用しつつ、どうしたら早く社会党に追いつき彼等から大衆団体とその斗争の指導権をとることができようかという考え」に固執したため、社共合同という「社会党全体に対する打撃的政策」に陥ったことである。青森県共産党はこう自己批判した。

東北地方委員会の総括

次に東北地方委員会である。五六年三月に第四回地方党会議を開催する[8]。それに向けた討論資料は戦後の党活動を次のようにまとめている[9]。

四六年春の東北地方協議会設置を経て、四八年春に東北地方委員会が確立された。地方委員会の最大の誤りは地域人民闘争の職場放棄闘争と社共合同運動であり、その背景には党の体質があった。「地方党機関内部の集団主義は維持されず、上級下級機関の意志の統一は失われ、しかもそれを正しく克服するみちがひらかれていなかつた。われわれは党の原則、党の理論を知らなかつた。官僚主義と盲従主義、すなわちなれあいが横行する一方、戦略戦術についても、党のあり方についても、不安や疑問や意見が生じていた」。こうした体質はやがて五〇年以降の党分裂につながる。つまり、「コミンフォルム理論に端を発した党の分裂は、それ以前に内包されていた」。重要な指摘だろう。

東北地方委員会は党分裂の責任を党中央のみに求めず、自らにも向けた。別の史料[10]はより直截に社共合同の誤りを指摘している。①社共間には「統一はあるけれども合同の基本的な条件は全くあり得ない。あり得ないにもかかわらず、あるという認識のもとに行われたことは、党と国民を欺瞞した」。②社会党員の共産党入党は「実質的には無条件的入党」であり、そのため共産党内に社会民主主義思想が持ちこまれ、「右翼日和見主義的傾向」が助長された。③戦略規定が不十分で、平和革命論と革命前夜論に立っていたため、社会民主主義打撃論を採用し、社会党を分裂・孤立させる戦術をとった。④片山内閣と芦田内閣によって労働者・農民・知識人の批判と失望を買った社会党を統一戦線の方向に前進させることなく、計画的に分裂・孤立政策をすすめた[11]。⑤徳田は大量入党者への党派教育の必要を強調したが、党全体としては「もぎとり主義」、社会民主主義打撃論に立っていたため、彼らの党派性を強め、思想を高めることを軽視した。⑥以上の誤りによって、「社共合同の発祥と発展の地域であったわが東北」で党は孤立し、大衆団体の分裂と孤立が進んだ。

六全協後、討議の中で社共合同の誤りは明確化され、その克服がめざされたが、同時期にスターリン批判がおこり、内在的批判はよりいっそう深化進行することとなる。

第2節　大沢久明のスターリン批判

スターリン批判と大沢・塩崎論文「農地改革の過小評価とその影響について」

国際共産主義運動の絶対的指導者とみなされていたスターリンの死去から一年が経った一九五四年、スターリンをめぐって『前衛』で論争がおこるが、[12]これは小さな論争だった。本格的な論争は五六年二月一四～二五日に開かれたソ連共産党第二〇回党大会におけるスターリン批判と時を同じくする。スターリン批判は大会最終日のフルシチョフ秘密報告[13]と思われがちだが、それはスターリンの個人崇拝・テロリズム・大量虐殺の告発であり、大会初日にすでにフルシチョフは中央委員会報告の中で「社会主義への移行形態[14]」を論じ、コミンフォルムから除名されたユーゴスラヴィア含む多様な社会主義論を提起していた（同年六月にソ連共産党とユーゴスラヴィア共産主義者同盟は関係修復）。そして明確なスターリン批判を行ったのは一六日のミコヤン第一副首相の報告である。日本国内の一般紙も一九日にはその旨を報じた。たとえば、『朝日新聞』の同日付朝刊一面は「スターリン主義を攻撃」と題してミコヤン報告をとりあげ、山川均の「『ミコヤン演説』を読んで」を載せている。二面の社説も「ソ連首脳のスターリン批判」と題するものだった。

『アカハタ』は一九日が日曜休刊で、二〇日付にミコヤン発言を掲載している。「スターリンの命題について」という小見出しを付けて、「スターリンは『ソヴエト同盟における経済的諸問題』のなかで米英仏にかんし、これら諸国の生産高は世界市場の分裂後縮小するであろうという有名な見解をのべているが、現代資本主義経済を分析するにあたってこれがわれわれの手助けになることはまずないであろうし、正しくもないであろう。このような断定は現代資本主義の複雑かつ矛盾した現象や戦後多数国家の資本主義生産の増進という事実を説明していない」「経済の諸問題にかんするスターリンの若干の他の命題もそれを厳密に検討するならば、わが国経済学者がマルクス・レーニン主義的見地からそれを深く研究し、批判的に再検討することが必要であることを指摘しないわけにはいかない」とスターリン経済理論を批判し、「『党史小教程』と理論活動」という小見出しで、スターリンの『ソ連共産党（ボ）歴史小教程』を否定している。また「個人崇拝の理論や実践」を問題視したスースロフ政治局員の発言も載せていた。しかし、踏み込んだコメントはない。『アカハタ』三月二四日付は中央委員会「ソ同盟共産党第二十回大会について」を載せたが、「個人崇拝の残りかすを一掃する」という表現にとどまり、スターリン批判への言及は見られなかった。

同時期に刊行された『前衛』五六年二月号は農地改革論の議論の突破口として大沢久明と塩崎要祐の「農地改革の過小評価とその影響について」を掲載している[15]。これは農地改革論にとどまらない、きわめて重要な内容を含んでいた。当時、大沢は東北地方委員、大沢の娘婿塩崎も同委員会機関紙部員だった。彼らはこう述べる。「私どものよくない点は、理論的なことや戦術上のことは党中央にまかせる。そして自分たちは、党の決定や決議や指令のでるごとに、これを支持するていの意見的なものを若干つける。こうして、それを確認して細胞と国民に理解させ、大衆を組織していればよいとしていた。よほどがまん〔我慢〕のできないことについては、二、三の仲間でウップンばらし的に語りあうという、まったくどれい〔奴隷〕的な盲従主義であった。こうした有害な態度が、党中央をしてますます官僚主義化させ、方針や決定をあやまらせる」。

執筆時期を考えれば、これはフルシチョフ報告以前に出された先駆的スターリニズム批判だったのではなかろうか。彼らは社共合同にも鋭くメスを入れ、「社共合同は、その後の社共の統一行動に大きな困難と警戒をもたらした。東北地方では、いわゆる社共合同の大きかった地域ほど、その後の統一戦線と行動にひどい悪影響をもたらした」と論じた。

大沢と塩崎の同論文は、社共合同運動に関する自己批判であったが、清算主義的な総括ではなく、以下に見るように新・社共合同運動への踏み切りだった。

大沢の自己批判

大沢は五四年の前掲「土地国有、かくし田、社共合同について」において、「十万の新入党が党の主体的力を飛躍的に強化したことに誤りはないし、これを忘却する権利は何者にもない」と社共合同を評していた。六全協をへて大沢の社共合同論は転換したのだろうか？　そうではない。共産党中心の社共合同論の自己批判・克服であり、次のような新たな多数者革命論の提起であった。社会党を「独立と平和の友人」と位置付ける熱い思いがほとばしっている。

わが党内には、新綱領以前の根深い主観主義とセクトのゆえに社会党への誤った思想と感情もまたねづよいものである〔中略〕社会党にたいするきびしい批判とばくろ〔暴露〕は続出しているが、独立と平和の友人にたいするはげまし〔励まし〕はないのである。民族解放民主統一戦線における日本の社会民主主義者とその支持者たちは、かれらがわが民族の独立、人類の平和、祖国の繁栄と国民の幸福をねがう正義の熱情をもつかぎり、わが党と共同して奮闘する愛国者となりうるしそうしなければならない。しかるに、今までのわが党の態度には、こういう思想と訴えと愛情のひらめきと物腰はまったく見ることができない。〔中略〕私どもは、社会民主主義者の反共については、大きな責任を感ずるだけでなく、過去のあやまりを実践的にあらため、このような思想をおいださねばならない。そして、自分たちだけが真の革命家であり、愛国者とうぬぼれることはやめねばならない。なぜなら、革命はいく百万大衆によってやられるものであり、いく百万の革命的愛国者のけっき〔決起〕なしには不可能なのであり、このなかに社会党の友人たちが参加できない本質を今日のわが祖国の事情がかれらに運命づけているという根拠はなにもない。

社共合同の先頭に立った大沢ならではの新社共合同＝多数者革命論だった。この地点から大沢は黒田寿男や山口武秀ら日農指導者への自己批判も示し得た。

黒田氏は、農民戦線の統一のためにあらゆる苦労をしてきたのである。かつて社会党幹部であったかれは、初代から日農委員長であって、社会党日農幹部の反共的方向にたいし、あくまで是正につとめてたたかってきた。だからかれは社会党から追放されたのである。けれども、つきるところをしらないわが党の極左的なセクト主義や、権力闘争の反農民的地方分散主義矢のおしつけに、ついにたえかねたのである。いわば刀折れ矢つきてしまったのである。主体性派と結んで、あたらしい角度から全農民戦線の再統一にとりくんだのである。かれをしてそういたらしめたことについて、当時をかい古〔懐古〕して、私はふかくおわびしたいと思う。今こそ、黒田氏ら純潔の古い農民指導者に心からおわびすべきときである。

敗戦後約一〇年間の社共それぞれが抱えた問題を建設的に解決できなかった悔恨を大沢は率直に表明したのである。

大沢批判と社共協力論

大沢・塩崎論文「農地改革の過小評価とその影響について」に対して党内から賛否両論が出た。たとえば、香川県の石田千年（のち香川県委員長・中央委員）「大沢同志の論文によせて」（『前衛』五六年四月号）は、大沢らの指摘のいくつかを支持しながらも、農地改革の結果からその目的を探ろうとする転倒的な分析方法を批判している。石田論文は同論文の末尾に付記されているように、香川県委員会発行『統一戦線』五六年二月号からの[16]

転載だった。大沢・塩崎論文は『前衛』レベルにとどまらず、地域党レベルで論議されていたのであり、全国に及ぼした反響の大きさがうかがえるとともに、石田の俊敏な反応にも注目したい。また北海道旭川の時安政富「大沢・塩崎両同志に質問する」（『前衛』五六年七月号）は、「戦術上の誤りを自己批判するあまり、戦略も知らず知らずのうちに否定してしまう結果を生まないでほしい」と大沢らの性急さを戒めている。

上述したように、大沢・塩崎論文は社会党や労農党に対する共闘志向が強かったが、同時期に社共労の統一戦線が問題化し、若き日の不破哲三も「『政党支持の自由』と社・共・労の統一戦線―桜井・横山論文について―」（『前衛』五六年六月号）を発表している。[17] この点に関して、アカハタ編集局記者の沢泉岩男（のち全国老後保障地域団体連絡会常任幹事）「社・共の統一行動についての二、三の意見」（『前衛』五六年八月号）は、「社会党の政策は部分的には不十分さがあっても、進歩的であり、これは日本の民主勢力の実力を反映しているのであって、これを軽蔑することがあってはならないし、これをみとめることなしには統一戦線はできない」と社会党の存在を高く評価して、統一戦線の結成を求めた。また、茨城県党の野村武秀・大池文雄「社会党との統一行動によせて―茨城県の選挙の経験から―」（『前衛』五六年一〇月号）[18]も、社・共・労による統一戦線の必要を訴え、「独自の活動」を強調する共産党中央の立場を「セクト主義」と批判した。[19]

このような動きもあってか、『前衛』編集部は社共協力について社・労両党や大衆団体の指導者に意見を求め、五六年一二月号に「共産党と社会党の協力」と題して、伊藤好道・佐多忠隆・石野久男・滝田実・太田薫・土門幸一・上林与市郎・平野力三・沼田政次・久保田豊・中村吉次郎・大野幸一・山川均といった社会党・労農党・労働運動・農民運動の関係者一三名の意見を掲載した。平野力三の名前があるあたりは、隔世の感がする。

ついで『前衛』五七年二月号には野坂参三が「社会党と共産党との協力をつよめるために」を発表している。野坂は、「両党の異なる思想のどちらが正しいかを論争したり、あるいはこれを統一して、社・共両党を合同しようという問題」ではないと断り、両党間の相互理解・相互信頼の醸成を訴えた。しかし、後述するように同時期の野坂は社会党に対する共産党の優位性を誇示していた。前衛論文でも「統一戦線の成否は、共産党員の努力に大きくかかっているといってさしつかえない。というのは、統一戦線を一貫して主張し、そのために積極的に活動しているのは、今のところ共産党だからである」と論じている。引き続き党中央は〈独自の活動〉を最重要視していたといってよい。

共産党のスターリン批判状況

さて、スターリン批判はその後、五六年六月三〇日のソ連共産党中央委員会における「個人崇拝とその諸結果の克服について」の決議にいたる。[20] しかし、それ以前、三月中旬に『ニューヨーク・タイムズ』が第二〇回大会におけるスターリン批判の動きを報じたことで、日本国内でも関連報道があった。ついで三月二八日付のソ連共産党機関紙『プラウダ』に無署名論文「なぜ個人崇拝はマルクス＝レーニン主義の精神と無縁か」が載る。一般紙は簡単な報道をしただけだったが、『アカハタ』三月三〇日付は概要を紹介したうえで、三一日付に明確にスターリンの個人崇拝を批判した同論文の全文（八段組み）を掲載した。さらに四月七日付には中国共産党中央委員会政治局拡大会議の討論に基づく論文「プロレタリアート独裁にかんする歴史的経験について」を二面全部に、九日付には同五日に『プラウダ』に発表された無署名論文「共産党はレーニン主義にたいする忠実さによって勝利してきたしまた勝利しつつある」を、一〇日には『恒久平和と人民民主主義のために』三月三〇日号の「ソ同盟共産党第二〇回大会の諸決議にてらした党の宣伝について」を掲載している。

ただし、いずれの論文に対しても、論評は加えられてない。四月一九日付には主張「ソ同盟共産党二十回大会の決議に学ぼう―全党の学習運動として―」が載るが、スターリン批判の内容ではなかった。二〇日にはコミンフォルム解散を報じ（「共産党・労働者党情報局の活動停止にかんするコミュニケ」）、『プラウダ』の無署名論文「重要な決定」を掲載しているにもかかわらず、ここでも共産党中央委員会常任幹部会名の簡単な賛同声明があげられただけだった。

共産党がスターリン批判に関して論評を発表するのは、六月一二日公示・七月八日投票の第四回参院選のさなか、六月一六日付『アカハタ』「個人崇拝の誤まり一掃　スターリン批判問題」においてである。主調はスターリン批判を乗り越えてソ連は前進しているというものであり、所々に「スターリンのやったことは、誤りばかりだったのでしょうか。もちろんそうではありません」とか「スターリンの労作に、いろいろすぐれたものがあるのはいうまでもありません」といったスターリン擁護論も見られた。

さて、五六年六月三〇日のソ連共産党中央委員会決議「個人崇拝とその諸結果の克服について」が『アカハタ』七月四・五日付に掲載される。参院選最終盤での報道である。七月六～八日付にはアメリカ共産党書記長ユージン・デニスの「第二十回党大会とスターリン批判」、六日付にはドイツ共産党書記局論文、一〇日付にはフランス共産党ユマニテ紙論評などが載った。

ソ連共産党の六月決議について、『前衛』五六年九月号に米原昶（中央委員候補）が「スターリン批判とわれわれの態度―六全協一周年にあたって―」を発表する。米原はスターリンの個人崇拝は社会主義体制に必然なものではなく、逆に社会主義体制によってこそ克服できると述べ、すでに日本共産党は前年五五年七月の六全協で徳田の個人崇拝の解決に取り組んで来たと論じた。しかし、スターリン崇拝が社会主義体制の中から生まれてきたこと、社会主義体制ぬきには生まれなかったことは言うまでもない。米原の認識はあまりに純朴だった。彼は個人崇拝問題ではソ連共産党に先駆けているという自負を示したが、この後大沢から反論されることになる。(21)

第3節　ハンガリー事件と『農民運動の反省』

ハンガリー事件

スターリン批判は東ヨーロッパの体制を揺るがし、各地で反政府運動がおこる。一九五六年の六月にはポーランドでポズナン事件が、一〇月にはハンガリー事件がおこった(22)。一般紙は七月初めにハンガリー国内における反政府運動について報じ(23)、『アカハタ』は七月二一日付にハンガリー勤労者党第一書記ラーコシの辞任を報じる。その後まとまった記事は見られなかったが、一〇月二六日付の「週間　世界の動き」欄は、ポーランドとハンガリーの情勢についてふれ、ハンガリーの改革の混乱原因は「上からの努力と下からのイニシャチヴが時間的に一致しなかったところにある」と見て、「新しい政策への前進と人民のイニシャチヴを示す大建設運動がはじまることが予想されている」といささか楽観的な観測をしていた。

ところが翌二七日付から紙面が一変する。「ブダペスト暴動鎮圧　反革命軍粉砕さる」「反人民的トバクは失敗」「反革命暴徒の残虐行為」などの見出しが躍る。一一月一日付には「ソヴエト政府宣言　社会主義諸国間の友好協力関係について」が国際政治の厳しさを伝えているが、「悲劇の一週間」と題された論文も重要である。『アカハタ』国際部長の武井武夫によるこの論文は、ハンガリー事件の前段階についてかなり客観的にとらえている。とくに「すでに人民民主主義革命の高い段階を経て社会主義建設に統一的な努力をつづけていると思われていたハンガリー人民共和国が、ふたたび多数政党の祖国統一戦線内閣による改革と建設に踏み出すということは、形式的には数歩の後退であると見えようが、現実に国内にのこっていた大きな矛盾が明らかにされてその解決への道がひらかれたとすれば、これは実さい〔実際〕には偉大な前進の第一歩である」と述べている点は注目すべきだろう。「多数政党の祖国統一戦線内閣」を「人民民主主義革命の高い段階」を経た「社会主義建設」からの「数歩の後退」とみなしていることは、共産党中央が、国際社会における人民民主主義の位置をどう見ていたかをうかがわせて興味深い。ともあれ、武井は歴史のジグザグな発展を予想したが、この見解は直にくつがえる。

一〇月三〇日に政権に復帰したイムレ・ナジ首相は勤労者党・小地主党・民族独立党・社会民主党からなる四党連立内閣、序章で述べたところの「連合独裁」の成立を発表した（『アカハタ』一一月三日付）。しかし一一月一日、ハンガリー政府はワルシャワ条約機構脱退と中立化を宣言し、国連の援助を求めた。共産党は『アカハタ』一一月五日付主張「帝国主義者のハンガリー干渉に反対する」で、ハンガリーにおける反革命勢力の陰謀を糾弾した。同日付には「ハンガリーの新情勢　ナジ政府統制力失う　荒れ狂う反革命分子」や中国『人民日報』の主張「社会主義諸国間の団結破壊は許せぬ」などの記事のほか、国民論壇欄に事件の要因として「帝国主義の破壊活動が成功した」ことをあげる「ハンガリーの暴動」（執筆者小島隆太郎は不詳）も掲載している。

翌六日付『アカハタ』一面には「ハンガリー・反革命粉砕さる」という大見出しで権力がナジからカダルを首班とする「革命労農政府」に移ったことを報じた。七日付一面にも「反革命、完全に鎮圧」の見出しが躍っている。八日付には武井武夫の「人民民主主義の防衛とソ同盟の援助　ハンガリー問題について」が掲載されているが、ここでは「ハンガリーでは人民民主主義制度のなかで、社会変革の諸困難を適時に克服してゆくことができなかった」と述べられている。武井はつい一週間前の一日付「悲劇の一週間」で楽観的な見通しを示したが、ナジ政権の「連合独裁」の全面否定であり、ワルシャワ条約機構脱退・中立化に向ったことで、連合独裁・人民民主主義は社会主義からの後退のみならず、社会主義への敵対物となり、評価は一挙に反転していった(24)。

『農民運動の反省』

ハンガリー事件と同時期に刊行されたのが、大沢久明（当時、共産党東北地方委員会書記・機関紙部長）・鈴木清・塩崎要祐の共著『農民運動の反省—日本革命の展望について—』（新興出版社、一九五六年一一月、総二八一頁）である。おそらく、書名に「日本革命の展望」を掲げた日本最初の文献だろう。

装丁（図12）は大沢と同郷で旧知の棟方志功による。棟方志功はこの年六月に国際美術展覧会ヴェネツィア・ビアンナーレで国際版画大賞を受賞していた。刊行当初は党内でも大きな反響を呼んだ。『前衛』の五六年一二月号および五七年二月号に広告が載っているが、キャッチコピーは「三十年の体験をもつ著者が、勇気をもって書きおろした日本農民運動史。二二年テーゼ以来の党やコミンテルンなどの指導を大胆に批判し、スターリン批判を積極的に進める中で、日本革命を展望する」「絶讃たちまち重版！　棟方志功装帖　極左冒険主義、国際盲従主義、スターリン的官僚主義への痛烈な弾劾の書。労農提携への必読文献」というものだった。『アカハタ』五七年一月一日付広告も「過去の指導上のもろ〳〵の誤に対する鋭い批判の書」「農民戦線の統一をはばんだ根源に対するふかい反省を通じて戦後の運動の欠陥をえぐる。労働者と農民の結合の環を明示した大きな問題をはらんだ著」とある。刊

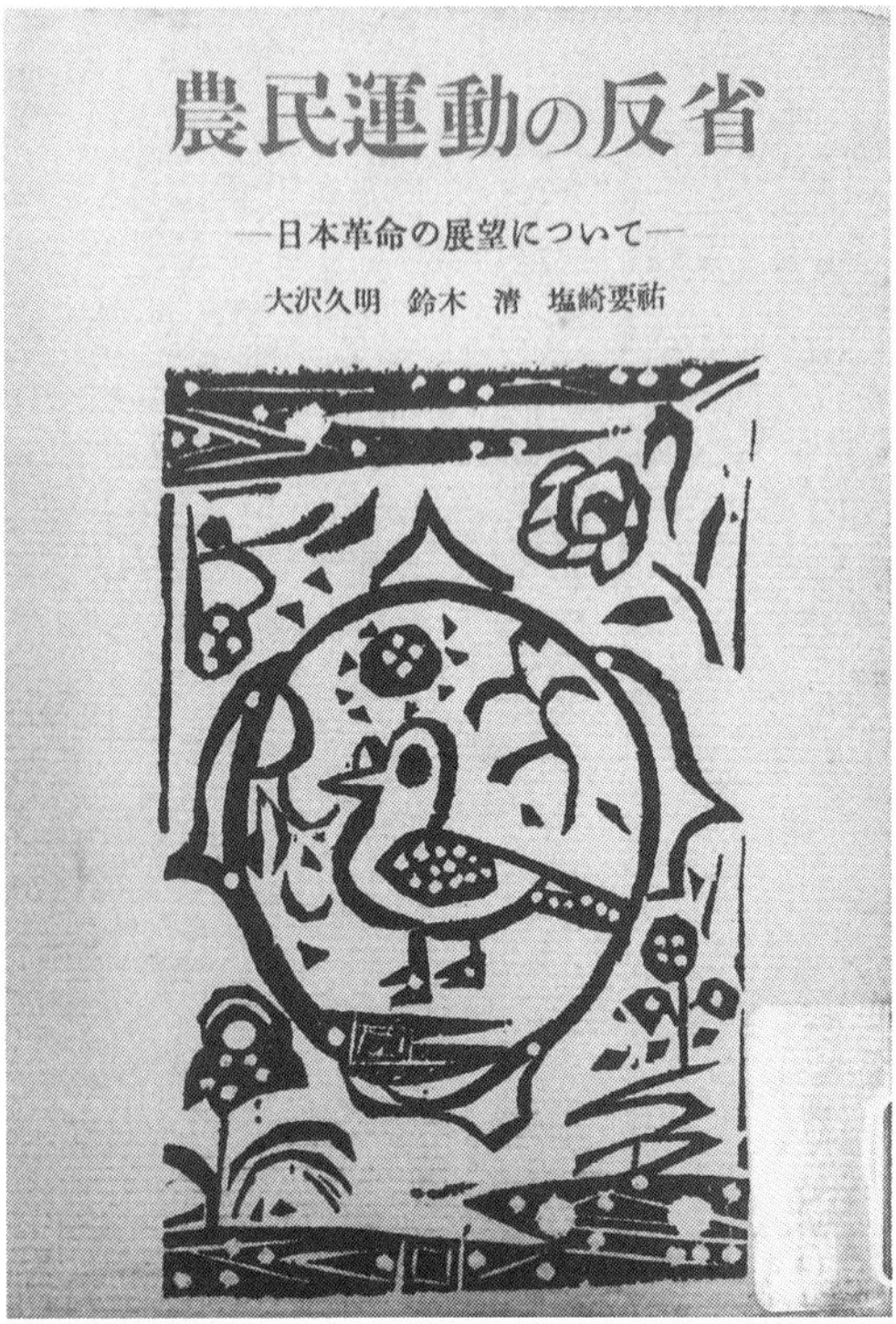

図12　『農民運動の反省—日本革命の展望について—』（新興出版社、1956年）表紙

行後、広く読まれたことがわかる。しかし、数か月後、一転して同書は反党的文献として非難されることになる。

共著者の鈴木清については第一二章第3節で紹介したが、大沢とは農民運動を通じた仲間だっただけではなく、五〇年以降はともに共産党東北地方委員だった。鈴木は本書と時を同じくして『アカハタ』一一月三日付「理論と学習」欄に「農民問題討議のためのノート」を発表している（肩書は「共産党東北地方委員、秋田県委員、日農統一派常任中央委員」）。また、一二月一一日付には「『地主』を知らぬ息子たち＝東北に育つ新しい農民＝」（「かわりゆく農村　農地改革から十一年①」）を発表している。五八年一月には『アカハタ』の座談会「一九五八年日本農民運動の課題」[25]に、同年一二月号の『前衛』座談会「農業経営のうつりかわりと農民運動」にも出席している。

『農民運動の反省』の目次を記しておこう。

同書は「農民運動を中心とした私たちの自己批判の書」であり、「諸外国の党や機関に対する相互批判を要請する書」でもあった。大沢らは「共産党員としては、野党的だとか第三者的だとか、とかくの批判はある程度かくごしているが、実はもっともっと、ものをいうことが大切であるし、そのような保証が必要」である、なぜならば共産党はいま「歴史以来の大転換期」に直面しており、こういうときこそ「思切って党内外からすべての批判と忠言をきくという謙虚な態度が絶対に必要」であるからだと訴えている。

彼らは明確な反スターリン主義者だった。「スターリンの神格化」の陰に「コミンテルンやコミンフォルムなど、国際機関の、正しくない一面を増長した神格化」が隠れ潜んでいたから、共産党は神格化を「あますところなく叩き出さない限り、スターリン批判は意味がな」かった。スターリンの「悪逆非道」により、「ユーゴのつぎに大きな害毒をうけたのは日本である」という自覚もあった。それゆえ「世界に再びスターリンを生まないためと、かれの手に虐殺された多数の人々の霊をなぐさめるためにも、この国際盲従主義にメスを入れる必要があった」（この書について）。

大沢の「日本革命の展望」

同書は興味深い事実をのべている。たとえば第一章において、弘前で結成された北部無産社の兄貴分は二〇年代初めに秋田県土崎で組織された秋田労農社であり、「種蒔く人」運動の影響も強かったこと、初期の農民運動においてハンセン病に罹患した同志との交流があったこと、(26) 戦後の共産党再建準備会に出席した太宰治の党批判には「高い民族性と近代的な感覚」が見られたこと、(27) また小作争議における官憲の弾圧に関して、「私たちは只もうくやしい一方で、生きて必らずいつかブチ殺してやることばかり頭に泌〔沁〕みこんでしまった。或は一貫して極左冒険主義にとりつかれた主要な要素であったかも知れない」（一二三頁）との告白も重要だろう。

しかし最も大沢らの思いが籠っているのは、第二章の語りである。「ネロと奏〔秦〕の始皇帝を現代化したような末期のスターリンの神格化がどんなものであったかは、今、白日のもとにさらされたが、スターリンやベリヤを中心とするコミンテルンと戦後のコミンフォルムと日本の関係……〔ママ〕を明かにすることは、これら一切り〔のヵ〕神格化を打切り、日本共産党を日本の党として、自主性を確立する唯一の鍵であろう」（四六～四七頁）「私たちに残っている主観主義と極左冒険主義、セクト主義は、六全協によって多くの改善を見たけれども、古い活動家や私たちには、根ぶかいものがあるので、これらの思想と闘うことが必要だからである。この思想の故におしつけと官僚主義がはびこり、統一戦線はつねに破壊され、党は孤立したのである。なぜなら、この思想の故に全党と、無数の労働者農民に損害をあたえたからである」（五一頁）。

大沢らはこの地点から第六章で〈コミンフォルム批判〉批判をする。結論から言えば、大沢たちは「論評」を批判し、「所感」を支持する立場から、第一八回拡大中央委員会の所感撤回は「歴史以来の平和革命論を死刑囚のように葬りさった」ことを意味し、野坂の自己批判も「だらしない」と非難した（二二〇頁）[28]。コミンフォルム批判は「不当な干渉」（二二八頁）であり、これに「勇気と確信」をもって反論した所感は「立党以来まことに珍しい程、堂々として見上げたもの」「前にも後にも、これほど愛国の党として精彩を放って民族的自主性を発揮したことは全くなかった」（二二九頁）と称賛した。またコミンフォルムと同様に干渉した中国共産党批判も忘れず、「明快な自己批判」を求めている（二三一頁）。彼は「当時の所感の故に、チトーと罵倒された日本共産党政治局の態度はその面に関する限り、正しい愛国者の態度であったことを高く評価すべきであろう」と結んでいる（同）。

第八章は総論的なスターリン批判、日本革命論である。ここで大沢は、共産党は「日本民族を代表する労働者階級の前衛の党」として、「社会党、労農党、大衆団体をはげまし、これに援助し協力し社会党中心の人民政権は目の前に大きく近づいていることを確信をもって理解」せねばならぬと強調する。失敗は繰り返されてはならなかった。「日本共産党は第一次社会党内閣の失政を喜び、これに乗じて分裂させ、社共合同をかく〔画〕し三十五人の代議士をかちとったが、自由党吉田茂とその一党は社会党の失敗をうまく運用することにより、国会において絶対的な過半数をとり、これによって、日本の軍事基地化と再軍備は拡大強化され、その後の長期にわたるアメリカいっぺん党〔一辺倒〕の専制独裁を許したため、民主主義は破壊され、日本共産党また戦後最大の受難期に当面したことをふり返えねばならない」と痛苦に満ちた総括をしている（二七五～二七六頁）。

大沢たちがこうまで多数者革命を強く求めたのは、ひとえに日本におけるスターリン批判の弱さゆえであった。「とくにスターリン理論で日本の私たちにも、頑強に生き残っている有害無益な理論は、共産党にもっとも近い立場にたっている党派、労農党、社会党左派などにたいしては『左翼的な言葉をあやつり、労働者をたくみにあざむいているこの左翼は、労働者が社会民主主義をなげすてるのをおくらせている』から最悪の敵だというスターリンの訓示である。これが、日本共産党をして最近まで、反共社会民主主義者を大量に乱造し、これに打撃を集中するという矛盾をとらしめたのである」（二七七頁）。すなわち社会ファシズム論である。かくして次のように党中央批判に向かった（二七九頁）。

日本共産党のどの文献をさがし求めても、この〔フランス共産党第一四回大会〕のような切実な社共統一の訴えはただの一言半句も発見することはできない。なぜか、それはスターリン批判において、国際的に対立してはばからないわが日本共産党の若干の人々は、不幸なことにその反対意見は絶対にきこうとしないごうまん〔傲慢〕さと、無理論と従って真にスターリンを批判しようとしない思想の欠陥の上にあんかん〔安閑〕として大勢力を発揮しているからである。私たちは、スターリン批判を多面的にさらにく〔と〕りくむ必要がある。私たちは、てってい〔徹底〕的に思想闘争を発展させることが大切である。このことなしに、日本の革命は決して前進しないからである。

党内における大沢批判

『農民運動の反省』への論評として、『アカハタ』五六年一二月二〇日付学芸欄「混乱の中からの新しい胎動一九五六年の論壇の回顧」がある。これは古在由重・石堂清倫・佐藤昇・上田耕一郎の四人による座談会の内容を、上田（肩書は評論家）がまとめたものである。ソ連共産党第二〇回大会での社会主義への平和移行論に関して、同書には「無条件的平和移行論の傾向」が見られ、「清算主義」的な共産党批判だとコメントしている。

さらに、大沢らの社共統一の訴えは、五七年一月九～一一日に開かれた全国地方・府県書記会議での第一書記野坂参三の「社会主義革命に成功し、社会主義制度を実際に建設しているのは、共産党以外にはないのである」[29]という発言で否定されることになる。直前に労農党が統一社会党に合流したことで、労農党をブリッジにした社共共闘が難しくなったことも手伝っているだろう。[30]『アカハタ』二月一・二日付「組織および機関紙活動の強化のための討議の結語」は、全国地方・府県書記会議で党中央批判が数多く出たことを認めながらも、[31]スターリン批判以後の「世界共産主義運動の方向は、社会民主主義理論との接木ではない。社会主義革命はマルクス・レーニン主義を指導理論とする共産主義の党が、強大になり、労働者階級の先頭に立ってこそ、どんな場合にも社会主義革命は達成しうる」「社会民主主義理論によっても、社会主義革命は勝利的に指導されるかも知れぬという考えは、明白にマルクス・レーニン主義の原則にたいする修正主義的動揺である」と論じている。大沢が強調したような社会民主主義包摂論が受け入れられる余地は、まったくなかった。

また長きにわたる同志である大塚英五郎も必ずしも『農民運動の反省』を支持していたわけではなかった。[32]

大沢のさらなるスターリン批判――「スターリン批判を進めよう」

しかし、『農民運動の反省』において、スターリンの大国主義的立場を、「日本軍国主義者のロシア版」「卑しむべき臥薪嘗胆論者」「ただの民族主義者」と厳しく非難した大沢はさらなるスターリン批判に踏み出す。『前衛』五七年二月号に発表した「スターリン批判を進めよう―日露戦争論を撤回させたい―」（執筆は五六年一二月一六日）は、蔵原惟人の見解[33]を批判的に継承しながら、党内におけるスターリン批判の不徹底さを糾弾した。

スターリン批判がフルシチョフ同志によっておこなわれてから、すでに一年を迎えようとしている。しかしわが党のスターリン批判論の経過をふりかえれば、なんとなく荒涼として一年中の間木枯にでも吹かれているような具合である。これはいったいなんとしたことであろう。考えて見るとさわらぬ神に祟りなしということもある。日本の党とスターリン主義との歴史を見るものにとって、党中央はそのような誤解をあたえているのではないか。

大沢の批判は激烈だっただけに、党中央の反批判も強かった。翌三月号の『前衛』に米原昶「〝スターリン批判〟から学ぶ」が掲載される。「わたくしは、スターリンの偉大な功績を肯定すると同時に、スターリンのおかしたあやまりの本質をするどくあばきだし、これをいましめとし、このあやまりのもたらした有害な諸結果を断固として一掃すべきだと考える」と述べたうえで、大沢の主張は意図に反して、「スターリン批判に名をかりたソ同盟にたいする非難、わが党の基本方針にたいする歪曲」であり、「ソ同盟の大国的排外主義を批判しているように見えて、実は日本のブルジョア民族主義を鼓舞する効果をあげている」と遺憾を表明した。米原によれば、「スターリン批判は、むしろ行過ぎるほどおこなわれた」のであり、大沢はさらに「行きすぎたスターリン批判」の立場にたち、その立場から党中央を非難していると厳しく問うた[34]。

この前後『アカハタ』三月二一日付に大沢「新しい極左的偏向について」が載る。前年暮より党内で議論がたたかわされていた農協などの「農業の共同化」問題[35]に関して、基本的に賛意を示し、「共同化」批判が農民運動を至上視する極左主義に向かうことを危惧した内容だった。[36]

大沢の論旨が性急であったからだろうか。一週間もたたぬ三月二七日付に宮脇達二郎（中央農民部員）「問題を、もっと科学的に―大沢久明氏の意見について―」が発表され、大沢の農民闘争理解が問題とされた。より直截な大沢批判は翌四月五日付二面一三段抜きの春日正一（中央委員）「自由主義に反対し、正しい党内闘争を発展させよう」である。その直前に『アカハタ』は党内の自由主義的風潮を否定する記事を載せていたが、[37]春日論文は大沢と東京都委員会委員の武井昭夫[38]の主張を正面から批判した。春日は『農民運動の反省』を「清算主義的」だと評し、自説を党機関に内緒で党外に発表したのは規律違反だと非難した。春日によれば、「昨年〔五六年〕十月にひらかれた東北地方委員会総会にも中央から宮本、春日、丸山の三同志が参加し、大沢同志の提出したスターリン批判についての議案を審議し、この草案を下部の討議にうつすという大沢同志の提案を全員で否決した」という。大沢の言動を党中央がいかに警戒・重視していたかということである。その際、大沢の主張のうち根拠のある部分は『前衛』に発表するよう取り計らうこととした。『前衛』五七年二月号の前掲「スターリン批判を進めよう」がそれである。しかし、東北地方委員会総会直後、大沢は『農民運動の反省』の刊行に出た。

大沢処分

春日の大沢批判が出た翌四月六日・七日に青森県党会議がもたれている。[39]会議では大沢の規律違反問題が議論され、「党の組織原則を守り、党中央に結集し党を強めること、党内民主主義を強め理論討議を進めること」が確認された。[40]さらに数日後の四月九・一〇日に仙台で第五回東北地方党会議が春日正一・岩林虎之助（政治事務室員、元党中央軍事委員）の同席で開かれ、大沢は『農民運動の反省』出版が規律違反であったことを認め、自己批判した。『アカハタ』五七年四月一八日付「第五回東北地方党会議」は、地方組織関連記事としては極めて異例なことに一面に掲載された。大沢久明の名前はあらためて全国に知られることになる。次のような内容だった。

> 大沢書記の規律違反について＝地方委の集団主義を強化し指導性をたかめること、党内の自由主義的傾向に対してねばり強い思想闘争を通じ、組織原則を厳格に守る思想に全党の意志を統一するため闘う。大沢書記から「私の誤りは党規律の軽視にあった。また地方書記として言動に配慮を欠いていた。この原因は党の上に自分をおいた私のゴーマン〔傲慢〕さと自由主義的思想にあった。党の強化と統一のために闘う」との自己批判がなされた。

なお、この会議で大沢は東北地方委員会書記に選ばれており、『農民運動の反省』の共同執筆者の鈴木清も地方委員となっている[41]。しかし、このようなこともあって、『アカハタ』五月三一日付読書欄「農業・農民問題特集[42]」で、『農民運動の反省』はまったくふれられていない。事態は沈静化したかのように見えた。しかし、そうではなかった。大沢のスターリン批判はさらに続く。

第４節　批判の渦中で

大沢のスターリン批判再論――「全国の共産主義者を結集しよう」

春日論文と同時期、五七年四月号の『前衛』に松本惣一郎[43]「『農民運動の反省』を読んで」が載る。松本は大沢の意見は「行きすぎ」「危険」「非同志的」で、「極左冒険主義ぎらい、親社会党」色が強い。もっとも納得できないのは「社会党に対して辛抱づよく統一を求め、社会党の欠陥に対して寛大な大沢君が、ソ同盟に対し、スターリンに対し、日本共産党に対して、ちっとも寛大でもなく、辛抱づよくもないこと」であり、「せっかち」を感じる。「客観的現実的でない『痛烈な批判』は行きすぎとなり、必らずあやまりとなる」と全否定した。

しかし大沢のスターリン批判・多数者革命論は止むことがなかった。『前衛』五七年一〇月号に「全国の共産主義者を結集しよう」を発表する（塩崎との討論による）。大沢はスターリン批判に関する自説を再論したうえで、以下のように論じている。旧社会党員であり、社共合同によって共産党員に〈復帰〉した大沢ならではの提言に聞こえる。

こうした人びと〔向坂逸郎などの社会党左派・労農派〕を、いままで、いちがいに、裏切者、反マルクス主義者、社会民主主義者と割切って、日本共産党にいちばん近い思想と主張をもっている多数のすぐれた人びとを、戦前戦後の区別なく、おたがいに不倶戴天の敵としてきているが、それは宿命的なものなのであろうか。われわれが要望するのは、根本的には両派は、いまは、水と油のようなものではない、あっても理論は理論闘争のわくでやればいい。その意味では、われわれのがわが、一歩高い次元にたって反省もし、克服しなければならないものも、あるのではなかろうか。〔中略〕日本の社会主義建設と日本の独立と平和のためには、社会党をのぞいて絶対に考えられないということ、したがって社会党との関係は、相互援助の関係でなければならないといったことが、松本同志やその他の諸君から、親社派などと称された所以である。私たちは、そのような、わが党内の一部にある思想が、党への統一と団結の上に有害であることを知っているからあえて一言するのである。この思想ゆえに、では、どのような損害をあたえているかというように、「かれは親社論」者であるという指摘の内容には、日本社会党を軽蔑し、日本共産党の風下において、口に統一を強調する伝統的なあやまりが根づよくあらわれているからである。

こう大沢は展開して、「わが党は、もっともっと、親社的になることを要請する」とさえ主張した。こうした大沢の思想的立場は、系譜は異なるものの一年半後に発行される構造改革派の『現代の理論』の創刊の言葉「この雑誌は同じく進歩と平和を愛しながらマルクス主義とは異なる立場にたつ人々とのあいだに、真剣な批判と刺激をあたえあう場所でありたいと思う」に通ずるものがあっただろう(44)。

大沢批判と論争の波及

大沢が繰り返し社共統一戦線論を主張していたことは明らかである。それは新・社共合同論とも称すべき戦略であった。大沢に対して『前衛』同号の山辺健太郎「党の『自主性』と国際主義」の反論もあったが(45)、同号掲載の浅見遼(46)「真の国際主義とはなにか―大沢、米原同志へ、中国の一読者より―」のように、「久し振りに躍進した『前衛』を見ることができたのは嬉しいことでした。殊に二月号の大沢同志の『スターリン批判をすすめよう』と、三月号の米原同志の『スターリン批判から学ぶ』この二つの論文には特別注意をひかれ、赤線をひきながら繰り返し読みました」「私たちは大沢同志の論文を読んで、腹の底から思っている所を大胆率直に書かれてあり、文章は自然な日本語の文体で分りやすい点に好感をもつとともに、大沢氏が全心全意をあげてたたかってこられた気魄と、大衆の中にうちとけようとして努力してこられた誠意が分るような気がして敬服の感に打たれました」という積極的評価も見られた。ただし浅見は必ずしも大沢に全面的賛意を示したわけではない。「非無産階級思想」や焦燥感、あるいは「勇敢な革命精神とともに、孤独な人生観」といった革命家の心理にも注目している。

大沢の党中央復帰

翌五八年開催の第七回党大会に向けて、綱領論争が始まる中(47)、大沢・山辺・浅見の三論文は『前衛』の「『スターリン批判』と共産主義者の態度」と名付けられたコーナーに置かれた。大沢論文は、第七回党大会を契機として、「全国の共産主義者を、労働者階級の前衛の党に統一し結集できるような綱領や諸方針を討議したい」という目標を抱いていた。『前衛』編集部の姿勢も興味深い。

　この後、直接、第七回党大会に向けた大沢の発言は明らかではないが、七月三・四日に開かれた東北地方党会議は、五〇年問題に関して「当時の中央委員全員の自己批判を要請する」ことを満場一致で決議している。[48]「中央委員全員」を対象にした点が重要である。大沢は東北地方委員会書記だったので、彼の指導性が発揮したものと思われる。第七回党大会は五八年七月二一日から八月一日まで開催されたが（二一・二二両日は予備会議、二三日から本会議）、大沢は第一日目（七月二三日）に大会幹部団常任幹部団（議長団）に選ばれ（他は宮本顕治・春日正一・春日庄次郎・村上由）、八日目（七月三一日）の議長団にも宮本顕治、亀山幸三らと就いている。[49]

表10　第七回党大会の議長団

第一日目（七月二三日）	宮本顕治・春日正一・春日庄次郎・村上由・大沢久明
第二日目（七月二四日）	袴田里見・春日正一・金子健太・西沢隆二・内野竹千代
第三日目（七月二五日）	宮本顕治・松島治重・砂間一良
第四日目（七月二六日）	宮本顕治・山田六左衛門・内藤知周
第五日目（七月二八日）	野坂参三・谷口善太郎・清水省三
第六日目（七月二九日）	志賀義雄・神山茂夫・田代文久
第七日目（七月三〇日）	西沢隆二・村上由・松本三益
第八日目（七月三一日）	宮本顕治、亀山幸三・大沢久明
第九日目（八月一日）	志賀義雄・砂間一良・金子健太

　この時点で大沢が共産党の中心部に位置していたことは明らかである。しかし、このことは果敢なスターリン批判を展開し、共産主義者の大同団結を訴えた大沢が闘いの旗を降ろし

て、政治的沈黙あるいは妥協に入ったことを意味するだろうか。そうではない。それは表層的な受け止め方である。そうではなく、大沢のほか、構造改革論に立つ春日庄次郎・山田六左衛門・内藤知周・亀山幸三らを議長団（表10）に組み込んだ第七回党大会のある種の〈健全さ〉〈幅の広さ〉を示している。

総じて言えることは、社共合同によって公式に共産党の一員に復帰した大沢久明にとって、スターリン批判と多数者革命の展望に立って、あらたな民主統一戦線を構築することが、革命家の使命として残されていたということである。共産党員としての一〇年間の体験が大沢の革命論をこのように鍛え上げたと言ってよかろう。

終章　戦後日本と地域社会の中の社共合同

第1節　大沢久明の選挙闘争と政治主張

連続する落選

一九五二年　九月　第二五回衆院選挙第二区落選（得票数：八、二四九票）
一九五三年　四月　第三回参院選挙地方区落選（二九、六三一票）
一九五三年　七月　第二回参院地方区補欠選挙落選（三三、四四六票）
一九五五年　二月　第二七回衆院選挙第二区落選（八、〇〇五票）
一九五六年　七月　青森県知事選挙落選（三九、三〇二票）
一九五八年　五月　第二八回衆院選挙第二区落選（五、六八三票）
一九六〇年　一月　弘前市長選挙落選（六、九六〇票）
一九六〇年一一月　第二九回衆院選挙第一区落選（三、八三九票）
一九六三年一一月　第三〇回衆院選挙第一区落選（一一、三九一票）
一九六七年　一月　第三一回衆院選挙第一区落選（一一、四〇〇票）

これは一九五〇年代から六〇年代にかけた大沢の選挙戦の結果である。共産党に転じてから落選の連続だった。五二年の第二五回衆院選は共産党分裂時の総選挙であり、共産党（所感派）は左派社会党に選挙協力を呼びかけた。大沢が立った青森県二区も左派社会党の応援を得て、社共合同の様相を見せたが、[1]四九年の第二四回総選挙での得票数から大きく後退し、全国的にも共産党は全員落選の壊滅的敗北を喫する。

第二五回総選挙直前に大沢が関係した活動に、中国へのリンゴ輸出促進運動があった。同年、津軽リンゴは大豊作だったが、それゆえ価格が下落する豊作貧乏を迎えた。日農県連を中心にリンゴの中国輸出で危機を乗り切ろうという動きがうまれ、生産者によるリンゴ危機突破大会が開かれた。共産党からは大沢が、日農からは柴田久次郎が代表として参加した。大会決議の一つに「リンゴを中国におく る〔ことを〕妨害する候補には投票しない」があった。[2]

図13　大沢久明（大沢家旧蔵資料、現・青森県所蔵県史編さん資料）

五三年には参院の通常選挙と補欠選挙に相次いで立候補している。とくに補選については『アカハタ』でも大きく報じられた。[3]六〇年も弘前市長選と衆院選に立候補している。しかし、いずれも落選した。

六七年の第三一回総選挙を最後に、大沢は四六年以来二〇余年に及ぶ選挙闘争から降りるが、総選挙では社共合同直後に出馬した四九年第二四回の得票数二〇、九七七票を回復することはついに叶わなかった。大沢は二〇余年ほとんど国政選挙・地方選挙に出ずっぱりだった。国政選挙ではかつての盟友たち、ライバルたちが続々当選していた。大沢にとって「元代議士」としてのプライドをかなぐり捨てた、勝算のない選挙戦の連続だった。

ソ連訪問の意味

勝ち目のない選挙戦を支えたのは、やはり社会主義への信頼だったのだろうか。大沢は六〇年安保闘争直後の六〇年七月下旬から八月にかけて、共産党の訪ソ使節団一三名の一員として、初めてソ連の土地を踏んだ。(4) 日記をベースにした紀行文が同年一〇月に『訪ソ印象記』と題して、青森文学会（塩崎要祐）・弘前文学会（津川武一）から刊行されている（編集者は弘前文学会編集責任者の成田俊太郎）。現在、大沢家に残されている『訪ソ印象記』は、中表紙が破損しているが、「呈　日本共〔産党〕書記局」と見える。また全頁にわたって朱で直しが入っている。おそらく帰国後に大急ぎで印刷・製本し党中央に提出しようとしたが、あまりの誤植の多さに、加筆訂正をほどこしたのだろう。同書はあらためて、翌六一年に『ソビエト旅行記』（新読書社）と改題のうえ出版された。

訪ソ団員には小説家の江口渙（団長）、社会運動家・民俗学者の橋浦泰雄、九州の田代文久（元衆議院議員）らがいた。七月二四日に門司港をソ連船クララ・ツエトキン号で出発し、三週間ソ連各地を回った。当時のソ連の内情を伝える意味で『訪ソ印象記』は興味深いが、大沢がスターリンの影を意識していたことを示す箇所がいくつかある。たとえば、ナホトカ駅でスターリンの肖像画を見ていたときのことである。大沢は同行の通訳に頼んで、傍らのロシア人労働者に「スターリンは偉い人であったが、少しまちがったことをやった」と話しかけてみた。これに対して、労働者は「いや少しではない。しかし複雑なことである」と苦笑しながら答えたという（九頁)。このやりとりは別の個所でも回想されているので、大沢にとっては忘れがたい出来事だったようだ。

ただし、第一四章でみた大沢の熾烈なスターリン批判からすると、労働者にかけた言葉はかなり遠慮したものではなかったかと思える。通訳(ソ連共産党員)にも気を使ったのかもしれないが、この時期には彼のスターリン評価も緩和していたともいえる。大沢は労働者の答えをこう解釈している。「つまりあやまちを犯した。それは事実であるが、革命に献身している途中のもので、その故にかれの偉大な功績を棒引してはならない、ということで、これはその通りである」(同前)。ナホトカ駅からはシベリア鉄道に乗車し、ハバロフスクからモスクワへ飛行機で移動中、岡田嘉子(三七年に樺太でソ連へ越境)と会っている。

スターリンに関する記述としては、もう一か所の方が重要である。大沢は数人の通訳から、かつて『前衛』に発表したスターリン批判論文(前掲「スターリン批判を進めよう」)は正しくないと指摘された。彼らは大沢論文を読んでいたのである。大沢がスターリンの日露戦争観を民族主義的・排外主義的と批判したことは間違っていると反論した。それに対して大沢は次のように自己批判したうえで、ことの本質を明らかにしている。「当時わが党のスターリン批判の不充分さに腹をたて、私などには、主観主義的な一面性が生まれたことはたしかであった。私はこれは大きなあやまりであると反省している。〔中略〕言っておきたいことは先輩国は大いに学ばねばならないが、一言一句みなこれ金科玉条と心得てはならない。元来、粗暴な同志であったスターリンをあやまらしたのはそれが一つの原因であった」(二二五頁)。

現地の人々と言葉を交わす中で、大沢のスターリン批判は整理されていった。

一九六一年第八回党大会

六〇年代の大沢の発言をみてみよう。六一年七月の共産党第八回大会に出席した大沢は、綱領論争において構造改革論の立場から草案に反対し離党（のち除名）した春日庄次郎[5]をとりあげ、その反党活動を非難する発言をおこなっている。興味深い点は、大沢が戦前の転向者佐野学・鍋山貞親・三田村四郎をはじめ、春日たちが関西出身者であることを強調し、「これらの歴史的な党破壊者をずっとみてまいりますというと、その出生地が関西方面に多いのに驚くのであります。諸君、笑いごとではございません」と述べて、春日グループが「浪花節的な思想」を共有していることは軽視できないと指摘している点である。[6]その一方で、分裂時代に春日が東北地方委員会議長だったことから、東北での思想的影響力は大きかったが、「今日、このいちばん影響の深いという東北では、春日庄次郎弾劾の声が圧倒的で、彼とともに、この反党グループに加わるというものはほとんどないでしょう」と述べて、東北の思想的強固さを誇った。大沢の「浪花節」批判は冗談ではなかった。党分裂期に東北地方委員であった大沢の率直な想いであり、怒りであっただろう。

一九六六年の理論闘争

その後大沢の中央での言論活動は六〇年代後半の『前衛』掲載論文（後出）まで飛ぶかと思っていたところ、[7]六六年一〇月の第一〇回党大会の直前に、赤旗編集局・前衛編集局宛に党の方針に関して論文（意見書）を送っていることがわかった。いわば大沢久明の戦後史第三幕である。大沢家に残されている同年九月二日付の書簡は次のように記している。

同封拙稿を検討していただけ〔ママ〕ば、光栄です。党の七割、八割は、戦前戦後、大国主義、教条主義の害悪について、具体的に知らされていません。これを教訓的に討議されることは、当面大切なことです。戦後の教条主義は、第七回大会で定式化されていますし、第十回草案はさらにふかまりました。戦前については、あたかもタブー化されているのは正しくありません。

小生はかつて、「農民運動の反省」を書きましたが、あれは左をいましめる余り、右よりになりました。すでに廃版にしていますので御了承下さい。

また、拙稿は、第十回大会草案の出る前に執筆したものです。特別に書き改めるほどでもないようですから、そのまま御送りします。

一九六六・九・二

大沢久明

赤旗編集局

前衛　〃

論文は原稿用紙に万年筆で書かれており、ボールペン等で加筆の箇所もあるので控えと思われる。返信（「日本共産党中央委員会用」罫紙、二〇〇字詰め七枚）も残っている。「意見　久明同志へ　深谷」と題する同年一二月一七日付がそれである。「深谷」とは当時共産党中央委員会の農民・漁民部長だった深谷進だろう。「久明同志へ」とファーストネームへの呼びかけは両者が親しい関係にあったことを示唆するが、深谷は大沢を批判し、論文（二度速達で送られた模様）を却下した。深谷は次のような「個人的な感想」を述べている。

〔前略〕

（一）貴同志が、戦前、戦後を通じてわが党に教条主義、盲従主義がねずよく〔根強く〕あらわれたとし、いずれにしてもこの問題をあらためて正しく追求して当面のたたかいに貢献する必要があるとの主張は有意義だと思う。

（二）しかし、貴稿の内容ぜんたい〔全体〕についていえば問題をやや一面的に摘出して、そのときどきの歴史的条件や主観的、客観的条件など総合的な把握のなかでそれを位置ずけ解明する点がよわいために、いわんとすることはわかるが、その性質があきらかにされず主観的な断定とゴカイ〔誤解〕される面がつよい。

（三）コミンテルン時代に、民主集中の組織原則にもとずいて指導された政策、方針のなかに、日本支部としてのわが党の自覚的、自主的見解が、当然たてまえとしてそれにどの程度に反映していたかどうかなどの問題をぬきにして、もっぱら盲従、教条と断定するわけにはいかないと思う。ことに農業問題については、ことがらの全時期を通じて、わが党を中心として労農派に対する一貫した論争、分析が自主的に展開された事実をどう評価するかなどの問題がよこたわっている。

したがって、これらの問題をふくめて当時の国際共産主義運動における歴史的条件などの制約をも理論的に考察する必要もある。

（四）「土地国有」を提起する問題についても、貴同志の指摘のように、明治以来の戦前戦後の日本の条件のもとではただしくなかったことは同感である。この問題については、かつての小生の論文の中でも理論的にあきらかにしている。

しかし、この問題をさらに深く追求するためには「土地国有」がブルジョア民主主義的変革の形態としては理論上は最高の形態であるとのマルクス・レーニン主義理論の観点をふまえ、それとの関連であきらかにしないとゴカイされることは必至である。

（五）農民委員会については、戦後の場合は農民組合に対置してあれかこれか、二つに一つであるかのように提起したところに混乱とあやまりがあったと思う。貴同志の立論もどうもそのように思う。それは研究しなおしてみる必要がある。

戦前の農民委員会の提起はそれとはちがった観点と意義をもつものであった。その意義と評価の内容については小生にも個人的な見解はあるが、性急な断定をしないでよく検討してからにした方がよかろう。

まだたくさんかきたいことがあるが、貴同〔志欠ヵ〕「土地国有」と「農民委員会」の問題を、戦前戦後の歴史的諸条件やその間における党の総路線、客観的、主体的条件の基本との関連を不十分にしたまま凡て教条主義、盲従主〔義欠ヵ〕と断定するならば大きなゴカイに衝突することになろう。

したがって、このままで発表することにはさんせい〔賛成〕できない。

かんたんな意見のみ。

深谷は大沢の問題提起を個人的には「有意義」としつつも、多くの誤解が生じることを心配し、断定的な叙述は避けるようにとコメントしている。書き直しの必要があった。大沢論文に対する「上田」名の次のメモも残されている。「上田」とは当時赤旗編集部にいた上田耕一郎と思われる。

一、戦前のコミンテルン時代の検討の主要な立脚点を国際盲従主義、教条主義批判の見地からするのは、正しくない。

二、p23．二七年テーゼ、三二年テーゼ、についてのふれ方。土地問題についての三二年テーゼの正確な分析の評価。野呂〔栄太郎〕、および講座の自主的分析の評価―これらを欠いたまま、欠点を誇大にいうことは、正しくない。全体として基本的評価を明らかにしないまま、問題を□〔移ヵ〕り上げてゆくのはまずい。このため戦後の国有論も二二年テーゼに淵源を求めるという強引なつなぎ方になっている。

四〔ママ〕、農民委員会問題の歴史的、理論的検討は必要だと思う。クーシネン三二テーゼの情勢評価は、たしかに問題があったが、これは盲従主義、教条主義というよりも、当時の主張の問題、歴史的制約に関連する問題ではないか。

五、戦後についても、「起草案」のような全面的な、党の立場に立っていない。
六、過去の党員の科学的研究、再評価は必要だが、こういう形では正しく進まないと思う。書き直していただきたいと思う。

大沢の提言は、基本的に「歴史的条件」や「歴史的制約」を考慮していないという理由から、とりあげられることはなかった。

「教条主義と農業農民問題」

大沢が両編集局宛に投稿した論文とはいかなるものだっただろう。残されているのは、「日本共産党青森県委員会」罫紙、二〇〇字詰で計八七枚に及ぶ「教条主義と農業農民問題」（図14）と題する同年八月一七日付の論文である。加筆訂正箇所が無数あり、下書きと思われるが、内容は①「土地国有について」②「農民委員会について」③「戦後における農民問題」④「コミンフォルムと大国主義」⑤「極左冒険主義へ」⑥「第七回党大会の総括」に分かれている。大沢六四歳の時の労作である。

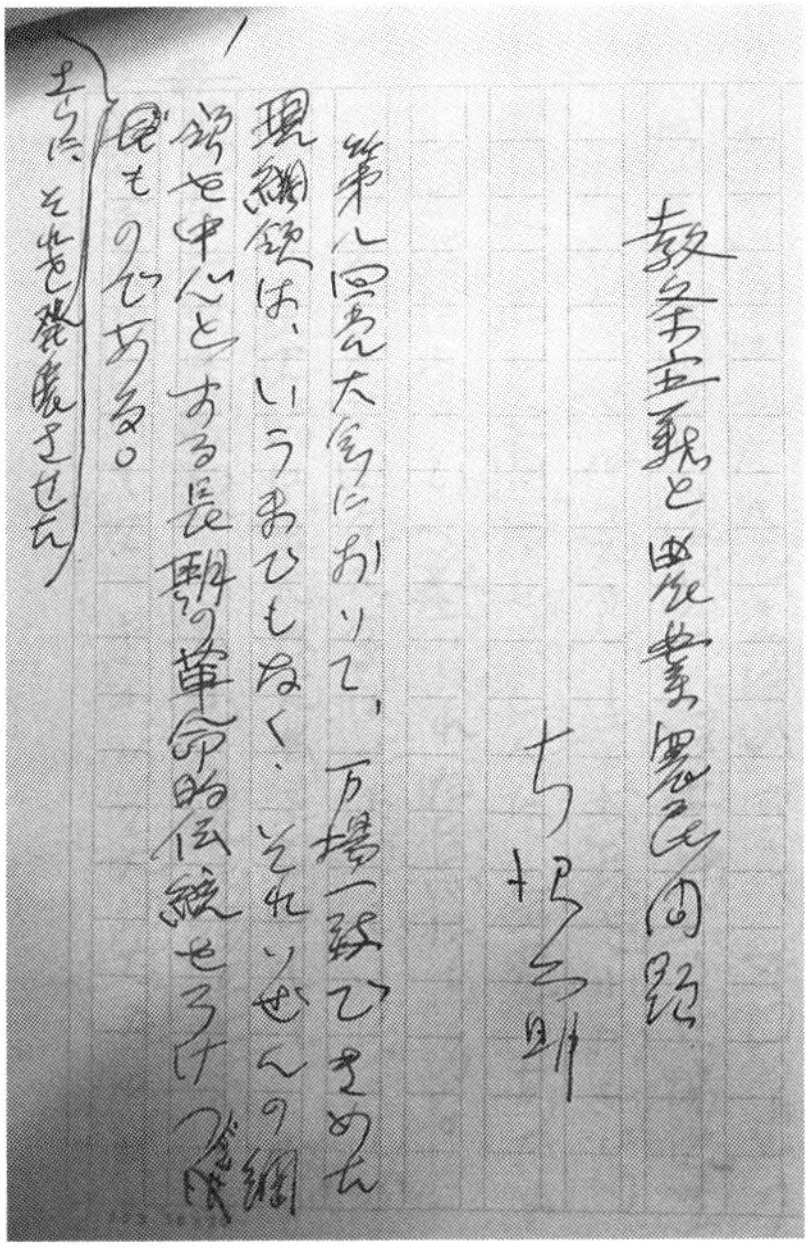

図14　大沢久明「教条主義と農業農民問題」（大沢家旧蔵資料、現・青森県所蔵県史編さん資料）書き出し部分

表題に関して戦前から戦後にかけて跡付

けている論文である。④は一九五〇年のコミンフォルム批判は「コミンフォルムに参加していない日本共産党に卒然、ヤブから棒みたいに、大声で叱咤し、まづ国際与〔輿〕論で包囲するということは、当時からいっても、国際共産主義運動の同志的団結にとっても正しくない」と論じ、⑤は当時日本共産党と対立しはじめていた中国共産党の干渉[8]を一九五〇年代初頭にさかのぼってとりあげて、大国主義批判を行っている。重要な点であろう。論文の冒頭部分を引用してみよう。

第八回党大会において、万〔満〕場一致できめた現綱領は、いうまでもなく、それいぜん〔以前〕の綱領を中心とする長期の革命的伝統をうけつぎ、さらに、それを発展させたものである。

しかし、旧綱領と基本的にはどこがちがうかというに、たんてき〔端的〕にいって、外国の党の指導や干渉をうけずに、自主独立の立場を堅くまもり、マルクス・レーニン主義をわがくにの現実に正しく適用し、しんに、全党のあたま〔頭〕と団結によってつくられた点にある。

いま、第十回党大会はせまっている。しかもこの歴史的に重大な大会を前にして、わが党は二つの戦線、すなわち現代修正主義と教条主義にたいして、きわめて大切なたたかいを展開している。げんに一部の国の党の大国主義、不法な内政干渉、党綱領にたいする教条的なひぼう〔誹謗〕などを通じ、わが党を計画的に分裂させて、外国の党のまちがった方針に盲従する日本共産党に仕立てようとしているのである。

この分裂政策に呼応して、ひと握りの反党分子が、一部の国の党の立場にたって、その国の党の権威に盲従しながら、日本共産党攻撃とひぼうの手足となっている。

私は第十党大会を契機として、自主独立の党を強大にするため党が、日本の農業農民問題を通じて、どんなに大国主義、教条主義の害悪をうけたか、私のわづかな経験をふりかえながら、若干の意見をのべたい。

党中央から批判を受けた大沢論文は『前衛』にも『赤旗』にも掲載されなかった。六七年以降の『前衛』には六八年七月号「県民とともに　内地の北端に革命の拠点を」、同九月号「『農業構造改善』事業反対闘争からの教訓―青森県での経験―」、六九年八月号「『りんご恐慌』をたたかう」が載っているだけである。

六六年の「教条主義と農業農民問題」は幻の論文である。一万七千字以上に及ぶ大沢の主張には深谷や上田が指摘したような誤りがあったかもしれないが[9]、大沢が一貫して大国主義や教条主義を批判し、それらとは無縁の自立した思想と思索を営み続けていたということはきわめて注目すべきことと思われる。論文は次のように結ばれている。

　最後に一言つけ加わ〔ママ〕えておきたい。五一年綱領はソ連、中国その他各国の支持げされい〔激励〕をうけたが、第八回党大会決定の現綱領もソ連、中国から支持と称讃をうけた。しかしそれから二年たって、卒然として、現綱領をヒボウする大国とそれに支えられているひと握りの国際盲従主義者、教条主義者が、もう一度五一年綱領は正しいと主張しているのは、むしろあわれであるといわねばならない。

コミンフォルム批判以降、党分裂期に極左冒険主義を官僚主義的に指導した共産党青森県委員長大沢の自責の念でもあっただろう。背景には六六年に入ってから、中国では文化大革命による毛沢東崇拝が高まり、ソ連ではスターリン復権の動き[12]が露骨になるという〈個人崇拝〉熱が生まれていたことも、大沢をして大国主義・教条主義批判に踏み切らせたのではあるまいか。ちょうど一〇年前に出版した『農民運動の反省』が去来したかもしれない。社共合同の体現者として大沢は盲従主義や教条主義に厳しく対処しなければならなかったのである。ソ連派・中国派の反党・離党の動きも激しかった。

大沢の言動には一種のスタンドプレー、パフォーマンスがあり、それゆえ多くの大沢ファンを生んだ反面、多くの政敵も作った。政治家としてはダイナミックであり、並外れたスケールを有していたというべきだろう。しかし、そうした外形的な凄さ以上に、内面における自立性、挑戦性あるいは創造性というべきエネルギーを維持し続けていた点は驚くべきことである。大沢は実戦的な政治家・指導者であると同時に、内省的な思索家・思想者として位置づけることができよう。まさに稀有な共産主義者だった。

晩年の大沢の経歴として重要なのは、七〇年七月の共産党第一一党大会で中央委員に選出され、七三年一一月の第一二回大会で中央委員会顧問になったことである。社共合同の中心人物として大沢には思うところがあったのではなかろうか。共産党がこうした人事を行ったということも意味あることだっただろう。共産党にとって、社共合同は反省すべき運動であったかもしれないが、決して忘却されるべき運動ではなかった。またそこから多くの教訓をくみ取るべき運動であった。大沢への最終的処遇がそのことを示唆している。その意味で、最近の共産党の正史『日本共産党の八十年』から社共合同に関する記述が完全に消えていることは問題と思われる。

最晩年の大沢は執筆活動に専念し、『物語青森県共産党史』など多くの著作を刊行した。八四年には共産党青森県委員会名誉県委員となり、翌八五年三月一一日に亡くなった。享年八四。

第2節　共産党代議士津川武一への道

東北地方委員会時代

社共合同のなかで津川武一は、一九四九年二月から一年間共産党東北地方委員として仙台に常駐している（後任は大沢）。この間の津川の発言として、『アカハタ』四九年六月二一・四日付党生活欄「かくし田の問題―宮城県の五つの村について―（上・下）」がある。津川は隠し田を「地主勢力復活の基礎」と位置づけ、「貧小農がかくし田をもたなかつたときは革命的であり、党を支持し、党を拡大強化した。党がかくし田の恩典にあずかると、民自党政権とたゝかえなくなつた」と述べ、隠し田は「村民管理」すべきだと論じた。これは当時の共産党の政策[11]であったが、党分裂時の新綱領（五一年制定）下、大沢は中小地主・富農層との統一をめざして、「かくし田」摘発を否定している（前掲「土地国有、かくし田、社共合同について」）。

東北地方委員会時代に津川が関わったのが四九年六月三〇日の平事件、すなわち直接的には共産党掲示板問題から生じた平警察署「占拠」事件である[12]（図15）。平事件はメーデー事件、吹田事件、大須事件とともに四大騒擾事件と呼ばれ、国会でも次の委員会でとりあげられた。七月二日参議院法務委員会、同一三日衆議院法務委員会、同二〇日衆議院地方行政委員会、同二一日衆議院考査特別委員会、同二五日衆議院法務委員会、同二九日衆議院考査特別委員会、同三〇日衆議院考査特別委員会、八月一日衆議院考査特別委員会、同二日衆議院考査特別委員会、同四日衆議院考査特別委員会、同一〇日衆議院考査特別委員会、九月一一日衆議院考査特別委員会、一〇月二七日衆議院考査特別委員会[13]。

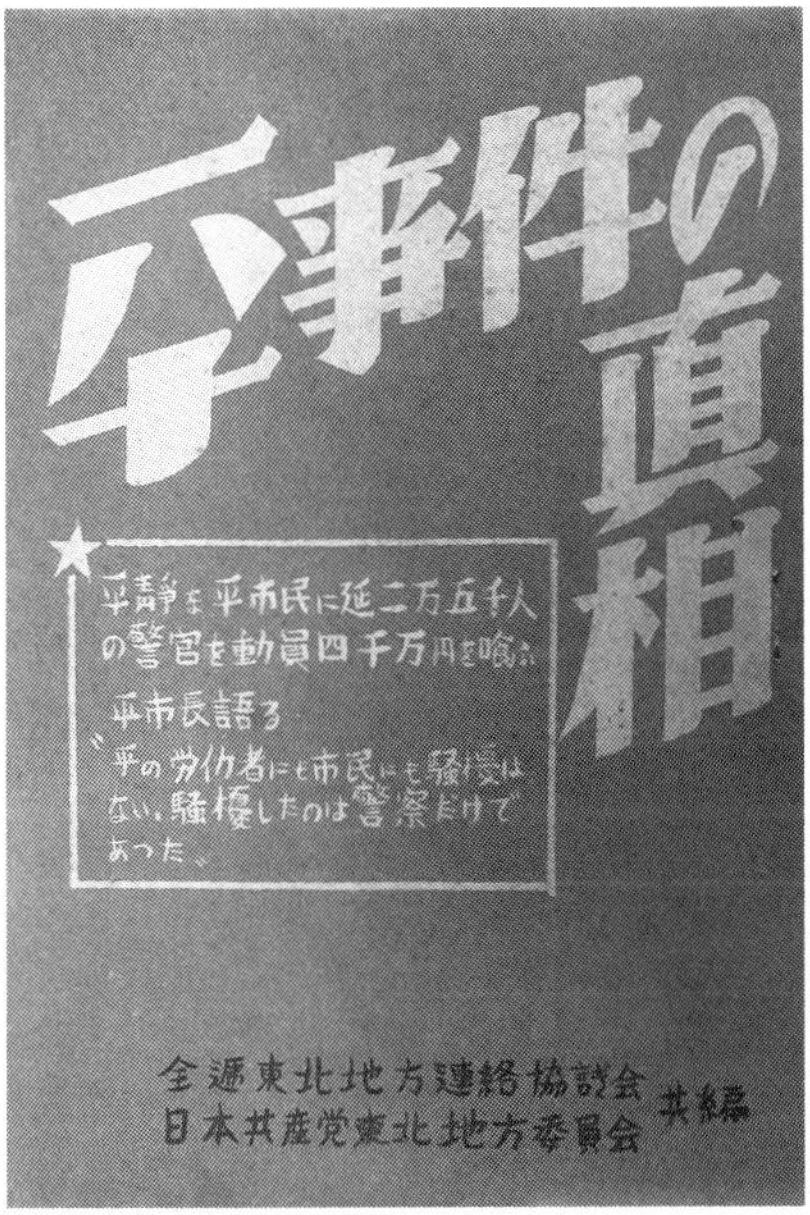

図15　『平事件の真相』（1949年）表紙

政府側は、事件の①計画性、②広域性、③暴力性、④全国性、を強調した。①については、共産党の土橋一吉・渡辺義通両代議士が福島県を訪れ、事件を指導していたのではないか、共産党中央の直接的指導があったのではないか、②については、平事件と同時に福島県下で国鉄職員の郡山警察署乱入事件、国鉄職員の県会乱入事件、会津若松三菱製鋼広田工場の人員整理反対闘争などを起したのではないか、③については、警察署の暴力的占拠および市内デモ行進などで恐怖支配をしいたのではないか、④については巷間に流れていた「九月暴力革命」の前哨戦だったのではないかと問い詰めた。[14]対抗して共産党は神山茂・聴涛克己が真相究明の論を張った。

事件発生直後、『アカハタ』七月五日付「国警へ抗議」はこう述べている。

共産党東北地方委員会津川武一氏らは二日仙台管区警察本部をおとずれ、警察のかかる態度〔東北一帯からの動員による弾圧〕は労働者をいよいよ硬化させるばかりだからこんご厳重に注意するとともに労働者ならびに各民主団体、共産党などと十分連絡をとってもらいたいと抗議した、長岡警務課長は「十分に相談の上こんご進めたい」と約束した

これより先、七月一日には共産党東北地方委員会と福島県委員会は共同で抗議声明をあげている。[15]委員会審議から、津川が福島県委員会や平市がある石城地区委員会と協議していただけではなく、平警察署を占拠した時、現場に居合わせた可能性も浮かび上がってくる。[16]

平事件の国会における真相究明は数ヶ月に及んだが、この間の八月六日に弘前医科大学教授の妻が刺殺される事件（那須事件）が青森県弘前市で発生する。第五章第5節で述べたように、津川はこの事件が下山事件・三鷹事件・松川事件などと同じように共産党の仕業とみなされることを恐れた。

党分裂時代

五〇年二月、津川は東北地方委員の任務を終えて、弘前市に帰る。その後、『青森家庭新聞』『新青森』連載の「農民哀史」で津軽に生きた農民たちの生活を描き、再び農民運動に従事する。津川の日記からそうした動きを追ってみよう。

五一年一〇月九日には南津軽郡尾崎村（現・平川市）の青年団の集まりに参加し、下層農民についてこう記し

ている。「ここにわが党は注意を忘れてはならない。われが主催したり、われ〳〵が演者になったりする集会に集まってくるのは、貧農を中心にしたものであるということである。これは党の政策と党を中心としての団結に強い関心を示しているのは貧農たちであるという、力強い事実である」。これは津川自身が小作人の息子であったことが大きい。

五二年を迎えて、冒頭、津川は「ルイセンコを医学に持ちこむ」と述べ、新農業技術としてのルィセンコ学説（ミチューリン主義農法、ヤロビ農法）を積極的に評価している。ソ連の農学者トロフィム・ルイセンコが提唱した反遺伝学運動であるルィセンコ学説はスターリンの庇護を受け、また日ソ友好促進の機運も手伝って、共産党は強く支持した[17]。社会党や日農（統一派）にも支持者は多かった。三月三日には「ミチューリン会生まれる農業技術の革命団体として津軽の百姓たちは昔通りの農法に満足できない。新しい農業技術の発展を唯物論的、進歩的立場に求める農民は津軽の野に一杯にいる」と見える。弘前市内の津川医院はミチューリン農法の研究・普及の拠点になった[18]。ミチューリン運動は農民運動、「農村工作運動」でもあった[19]。

五三年も念頭に当り、「ミチューリン会の計画」の見出しで、「一、科学の交換と日ソ友好関係　日ソ親善協会への加入　二、ミチューリン、ルイセンコ学院の解説〔ママ〕　三、一九五二年の成果の批判検討　四、一九五三年の計画　五、大清水療養所の利用　六、ミブヨモギの栽培」と記している。春に出席した第五〇回精神神経学会総会をめぐっては、「総会は全く西欧ヨーロッパ医学である〔中略〕ここには日本の医学もない。ソ同盟の医学もない。私はソ同盟の精神医学を日本に紹介するため、ロシヤ語を学ばねばならない。〔中略〕神経症論でもパブロフ的なものを日本に導入しなければならない」と感想を述べ、当面の課題に「ロシヤ語を勉強すること」「パブロフ学説を勉強し展開すること」などをあげるほどだった。批判者によれば、ルイセンコ遺伝学の影響下、ソ連ではパブロフ生理学（条件反射）が「ばかばかしいほどにまで肥大化」していた[20]。

スターリンによる科学支配の象徴、ミチューリン運動の絶頂期は五四年（二月に日本ミチューリン会結成）であり、早くも五七年以降は衰退し、六〇年代半ばには途絶えるが、津川のルィセンコ学説への共鳴は国会議員だった七〇年代まで続き、七四年のミチューリン会創立二〇周年記念第二一回総会や七九年の第二六回ミチューリン全国大会では共産党を代表して挨拶をしている。

党除名時代

党活動にもどると、津川は共産党の新綱領（五一年綱領）が提唱した武装革命路線に呼応して、医療の革命化を進めた。五二年六月二六日には「一、当面のわれ〳〵の任務は党の新綱領とともに、党の医療方針を国民のものとするために闘う。一、党の国民武装方針に沿うように医療関係党員を育てあげる。一、津軽保健生活協同組合並にその労働組合を中心に医療戦線統一のために闘う」と見える。[21]

ところが五三年七月三一日に津川は共産党から除名（六二年取消）される。前後の日記が欠落しており、詳細は不明である。私生活上の問題が理由とされているが、津川の評伝をまとめた阿部誠也によれば、五〇年問題などの関わりで除名されたという。[22]

後年（六一年四月四日）、除名は「不法不当」だったと述べるが、津川は処分を甘受し、その後は文学活動や医療運動に専念した。除名から半年余りが過ぎた五四年三月頃、津川は大沢や大塚たちから自己批判を求められる。津川は「私の気持ちと考えでは、私が党にかえることは、党のために時期でないこと。私一人の自己批判より共産党の自己批判こそが、当面の重大なことであることを指摘して、自己批判に応じなかった」。この記述に注目するならば、津川の除名は個人的な事情ではなく、阿部が指摘するように、党分裂期の路線問題をめぐるものだっただろう。津川は反主流派＝「国際派」に属していたと思われる。

津川にとって、五三年から五五年は激動の日々であった。五四年六月には政令二〇一号違反で青森刑務所に収監され、八月に仮出獄したのち、一〇月六日には社会党左派から入党を勧められ、衆院選への立候補を促される。津川は「国民の戦線統一拡大」に向けた社共共闘を支持しつつ、社会党には入党しなかった。しかし、以後も左社から入党・出馬を要請され、共産党からも復党が要請されていた。かつての社共合同における大沢と津川の立場が逆転するなか、津川は読売新聞文学賞に『農婦』が佳作入選したほか、サンデー毎日大衆文藝賞に『過剰兵』が入選する。津川は医者・政治家の道かあるいは作家の道かで迷っていた。

五五年七月末には六全協が開かれ、徳田球一の北京での客死が発表される。その二週間前の七月一五日、津川は共産党創立三三周年記念式典に招待されるが、七月二九日は「徳田さんの死が発表せらる」と記すのみで、六全協に関してはまったく触れず、八月一二日は「昨夜、野坂、志田〔重男〕、紺野の三人が東京に出た」と地下活動の終結を述べている。一〇月一四日に徳田の追悼会が開催されるが、その日、津川は封切間もない映画「王将一代」（伊藤大輔監督、辰巳柳太郎・島田正吾・田中絹代ら出演）を鑑賞している。「これから全力をあげて書くつもりの、葛西善蔵のためである」と記す津川は、本気で小説家への転身を考えていた(23)。大晦日には次のような記述がある。

共産党については、六全協以来、復党のための工作を数回にわたって相談されたが、党の事情と私の気持ちの両方のために、実現しないでいる。この状態は、来年も、つづくことであろう。社会党からも入党をすすめられたが、これはことわった。社会党に対しても、協力してゆきたい。

とまれ、津川の作家志望は強かった。五六年初めには「除名」という小説を書いてみたいと記し、五月一日には具体的に読売新聞小説賞への応募を考えている。葛西善蔵文学顕彰運動にも熱を入れた。五七年六月一六日には「病院もやめてしまい創作に専念してみたいという気持ちがしきりに動く」と述べ、翌一七日にも「小説をよみたい。小説を書きたい」とこぼしている。一〇月一三日には同郷の詩人福士幸次郎の文学碑除幕式と懇親会に出席している。福士は四六年に死去しているが、戦前は伝統主義・地方主義に立脚し、大沢久明（ペンネーム千田末吉）と論争し、ファシズム運動にも参加していた[24]。津川の思想的・政治的立場とは大きく異なっていたが、そうした溝を乗り越える文学者としての親近感が存在していたのではなかろうか。

五八年冒頭には「医師としての立場と活動を次第に文学をみつめ小説を書く方向に向けてゆきたい」と率直な気持ちを表している。この年八月には初の単著『農婦』（弘前文学会）を出す。しかし、文学者としての強い自覚は政治運動・社会運動を排除するものではなかった。五八年から五九年にかけて自衛隊演習地誘致反対運動に参加し、反対同盟副会長に就き[25]、五八年一一月には弘前平和市民会議、五九年二月には日朝協会弘前支部の結成に関わっている。

ふたたび津川が政治の世界に戻るのは、まさにこの時期だった。五八年五月の第二八回総選挙に出馬した大沢の応援には精を出し、大沢の落選、共産党の不振には「残念やるせない。毎日が宣伝、扇動、日常闘争でなければならない」と記している。同年一〇月には共産党幹部の神山茂夫・鈴木市蔵・紺野与次郎の弘前訪問を記している。一二月には大沢や塩崎が始めた青森市茶屋町診療所（のちの青森堤病院）を応援し、五九年四月の県議選では柴田久次郎（落選）、弘前市議選では三上斎太郎（当選）の応援演説を買って出、六月の第五回参院選に向けて鈴木市蔵（落選、幹部会委員、六四年除名）の後援会長に就いている。

苦悩と復党

津川はこの後も社共両党への選挙協力を続けた。特筆すべきは弘前市長選への立候補問題である。五九年一二月二四日、津川は社会党から市長選への出馬を要請され、健生病院内の事情解決と「民主戦線の統一」を条件に受諾した。同夜、津川は社共両党の指導者と酒を飲んでいる。社共共闘は成るかに見えたが、新年に入り、社会党が共産党との共闘を拒否した。津川は両党それぞれから単独の立候補を求められるものの、「共産党と社会党との共闘こそ私の願い」として、いずれからも立候補することを断念した。結局社会党からの立候補者はなく、共産党から大沢が立候補（落選）し、津川は応援演説にまわった。同年暮れには「あのときは、最後までやるべきだった」と出馬辞退を後悔している。

弘前市長選直後の六〇年五月五日、津川の父文八郎が死去した。五月一〇日には、息子に続いて解放運動に身を投じた父親への想いを切々と記している。

息子の立候補によって点火された父の解放闘争への参加は、その後私が共産党から除名されるという事件が起きても少しも変わらなかった。共産党や農民運動の先頭に立つ人で、その後も父の家により父の家では対策をねり、父の家で一夜の宿をとっていった人は数えるにいとまないのである。特に大沢久明が私が立候補しなくなり除名されたあと立候補し、父の村に街頭演説にやってくると誰よりもさきにかけてゆくのが父であったし、選挙の車の中に林檎を箱でつけてやったのも父であった。

六〇年は安保闘争がピークを迎え、戦後政治の大きな転換点でもあった。樺美智子の虐殺には次のように心を動かされている。六月一五日「国会付近で、警官国民にめったうちに襲いかかる。学生の死を無駄にさしてはならない。」一六日「アイク訪日中止となる　ほんとによかった。国民の勝利である。死んだ樺さんの霊も喜んでくれているにちがいない。」一七日「夕方から弘大学生の樺さん追悼、国会解散、岸退陣の大会に顔を出し、先輩として応援する。」

激動のさなか、津川は政治と医療と文学のはざまで苦悩を深めた。七月二日には、「私はどうすればいいのだ。もう一度政治に帰ればいいのか。そうではない。私が党から除名されたとき、考えめぐらし追求してきた医学と文学のことに専念するのはほんとうではなかろうか」と悶え苦しむ心中を隠さない。この年、医者としての津川は、小児マヒの大流行下、八戸の岩淵謙一とともに、新日本医師協会や日ソ協会の協力を得て、ソ連製生ワクチン三万人分の輸入に尽力している。

津川は復党も考え始めたが、実現にはもうしばらく時間がかかった。それよりも先、六一年三月三一日に東大の医局を訪問したときのことである。津川は最先端の医学の一端に触れる。この日の記述は膨大な津川日記のなかでも最も哀しみにあふれている箇所である。医局図書室でなにげなく精神神経学雑誌の頁をめくった津川はそのレベルの高さに目がくらんだ。

「日本の精神病学者はこんなにまで沢山の勉強と研究をしていたのかと今更のようにびっくりしてしまった。私と一緒に精神科の医局に入った同輩も、私よりおくれて入った人たちもみんな研究を発表していた。もし私が学問に帰る日があったならば研究してみたいと思っていたことは、すべて研究されてあった」。二〇年前、津川は精神神経学研究の最先端にいた（第一〇章第1節）。津川の心は揺れ動いた。〈痛み〉が走った。「学問とは縁のなくなってしまった私の心のいたみ」。〈淋しさ〉も募った。「私が淋しく思うのは、充分な学問的、方法論的基礎を持たないで医業をやっていることに対する残念さである」。津川は出席した保険医協会会議でも沈痛な想いに浸る。「ここでも私はさびしかった。わたし自身やわたしが生まれ、わたしが住んでいる津軽を、つまらないと思わざるを得なかった」「津軽がいけないのだろうか、そこに住むわたしが悪いのだろうか」「津軽で仕事をしているのが、わたしの悲劇の原因なのではなかろうか。闘争や解放運動の基礎的条件のないところで仕事をしているお前が馬鹿なのではないか。お前だって東京や大阪にいたならば彼等以上の闘争ができているのではないか。わたしは会議の報告をそっちのけにして、わたしと闘った。こんなみじめな思いをするために、わざわざ東京にやってきた自分が可哀いそうでならなかった」。猛烈な絶望と失望、羨望と悔恨が津川を襲った。

遠く中央から離れている、遅れているという感覚のなか、津川は立ちすくんでいた。医学でも政治でも、文学でも〈周縁〉意識が強くまとわりついていた。自問自答というにはあまりに苦しく辛い闘争のなか、津川は立ち往生していた。

この年の暮、津川は復党の意思を固め、翌六二年に入り、まわりにその意向を伝えはじめる。そのきっかけになったのは六一年夏のソ連視察だった。前述したように、六〇年には大沢が訪ソしていた。六一年春、津川は己の無力感に苛んでいたが、約一か月間のソ連滞在で、ソ連が国を挙げてアルコール依存問題にとり組んでいることを知り、「アルコールから家庭を守るのは、一人の医師、一人の精神科の医師のものでない。これは社会の問題であり、社会全体で考え、社会全体で対策をたてねばならない」と社会医学の実践を覚悟する。津川はこれを「胸の中に咲いた花」と述べている。津川を自己嫌悪から救ったという意味で、ソ連旅行は大きな救いであった。その成果は『医学評論』（新日本医師協会）六二年一一月号の「アルコールの社会医学―社会医学の基本的概念確立のために」となって結実する。

前後するが、六二年六月二六日、津川は九年ぶりに共産党に復党（除名処分取消）した。その後九月になって、翌六三年四月に予定されている県議選への立候補を要請される。復党直後の政治活動への没入は「心の重荷」（九月二九日）だったし、健生病院内から反対もあったが、結局出馬し当選する（六三年の日記は不在）。県議選では大塚英五郎も当選し、共産党は複数議席を獲得した。

復党し県議になった津川だが、党の方針には一定の距離を持っていた。それは六四年四・一七ストをめぐり、党中央の指令に疑問を抱いていることからもわかる。同年春、春闘共闘委員会戦術委員会は要求実現をめざして四月一七日に一斉半日ゼネストを行うことを決めた。すでに波状的にストライキは続けられたが、四月八日に共産党中央は挑発に乗るとして急遽ゼネスト中止指令を出す。この指令は党内に混乱と反発を招き、津川も四月一二日に「国鉄労組がストに立ってゆくとき　どうしてその足をひっぱられようか」「ストの足をひくことは　政府の味方を　することになるのではないか」「党がまちがったのではないか」「四・一七ストとりやめる　よく考えてみたい」と迷う気持ちをつづっている。ただし、他地域に見られたような反中央的行動は青森県ではおこっていない（県委員長の大沢は四月一一日付で「なぜ、四・一七ゼネストを支持しないのか」という談話を発表している）。のちに共産党中央は四・一七スト中止指令が誤っていたことを自己批判する。

津川は六七年四月にも県議選に出馬し、再選される。直前の『赤旗』二月八日付に「根づよい地域支配」と題した論文を発表している。これは同年一月の第三一回総選挙が相次ぐ政界の不祥事を揺るがした「黒い霧解散」によるものだったことを受けて、「地域大衆の利益を、革命の展望から代表し、守ること以外に、おくれた地域では、汚職とも暴力とも、黒い霧ともたたかうことはできない。それが県議会や市町村の選挙になると、もっと著明になるのである」と地域利益と革命展望をむすびつけ、増える二世議員の誕生に対して、「地方選挙では、この家族的、地域的、封建的、封鎖的傾向が、いっそうきつく私たちの前に立ちふさがっていき、だれに投票するかを、いまなお本家の親爺（おやじ）にうかがいをたてるという、笑えない話さえ出てくるのである」と厳しく指弾した。今日にも通用する鋭い論点であろう。

国会議員時代

県議二期目の途中、県委員長の大沢は津川の国政進出を企てる。六八年八月三日に大沢は津川に翌六九年の衆議院選への出馬を打診し、同三一日の県委員会総会で決定した。六九年一二月二七日の第三二回総選挙に津川は四七年四月二五日の第二三回以来二二年ぶりに立候補し、定員三人の第二区において「共産党始まって以来の高まり」[26]を見せ、投票日直前「東北初の共産当選も」[27]と報じられた。予想通り、津川は幅広い支持を得、得票数四七、五九〇票、得票率一八・九％で二位当選を果たす。ときに五九歳、東北初の共産党代議士の誕生だった。前回第三一回総選挙の共産党候補の得票数六、八五五票、得票率二・七％と比べ驚異的な伸びだった。地域医療に取り組む津川の人気がいかに党派を超えて高かったかがわかる。

勝因として「個人的魅力[28]」、「『政党より人物』の傾向[29]」、「津川的大衆性[30]」などが強調されたが、津川の個人人気にとどまらず、「もっとも古典的な手法と、最新の情報化時代の戦略をフルに使った見事な作戦の勝利[31]」でもあった。津川応援団は健生病院組合員約七〇〇〇名のほか、文化関係者、農民層、弘大生たちであり、彼らは「バスや銭湯の中でさえ津川ムードを盛り立てる先兵」であり、「隠れた運動員による破壊力」が投票当日に「メガトン級の破壊力」となって、津川当選を呼び込んだ[32]。

図16　津川武一（『津川武一日記』第10巻、北方新社、1996年）

津川は七二年一二月一〇日の第三三回衆議院議員選挙でも三位当選するが、この時も前評判で「想像以上に根強い個人的人気[33]」と報じられ、選挙結果は「ズバリ言って、津川の場合は共産党支持勢力よりも個人票がはるかに上回って[34]」いると分析された。

津川は八六年の第三八回総選挙まで連続出馬し、五勝二敗という結果を残す。最後の第三八回総選挙では二万票以上離されて落選するが、年齢も七五歳を迎え、現役代議士を続けることは難しかった。九〇年の第三九回総選挙に後継者が立つが、大きく後退した。津川人気は一代限り、津川限りのものだった。

津川が選挙戦をたたかった時代は中選挙区制度（青

森県二区は定員三名）である。初当選の際、津川は青森県から社会党代議士が選出されなかったことにふれ、「社会党が全滅したのはなんとも残念だ[35]」と述べ、大塚英五郎も津川当選を喜びつつ、「もう少し自民党を食って、東海さん（社会党）があがってくれれば、もっとうれしかったなァ[36]」と社会党候補東海正次郎の落選（最下位当選者とは二万票以上もの差があった）を惜しんだ。

これらのコメントを新聞社のインタビューに対する計算された発言と片付けるわけにはいかない。当時、革新政党間でも意図的に相手候補の優勢を流し、票を呼び込むようなことがあったが、七二年一二月の第三三回総選挙は凄まじかった。同三日の津川日記は社会党陣営の選対ニュースが「びっくり」するような指令をしたことを、こう記している。「〝指令　津川陣営に切り込め……標的を定めよ共産党津川を喰え……裏切者共産党をたたきつぶすことだ……〟と……この社会党と共闘をくまねばならないのだ　この社会党に立ち直って貰わねばならないのだ　われらのたたかいは一層高くならねばならない」。

社共共闘はきれいごとではすまなかったが、津川は社共共闘をあくまで追求した。八三年春、統一地方選挙で社会党の横路孝弘が北海道知事に当選する。いわゆる「勝手連」選挙の勝利だった。津川は四月一一日の日記にこう記す。

赤旗は北海道の横路当選を評価しようとしない、共産党の私たちが目ざしている〝無党派革新候補〟ではなく、選挙のために社会党をぬけた社会党候補であるためであろう、それはそれでいいのだろう、だが、自民党が敗れたのであり、それなりの評価も必要なのではなかろうか、共社中心の革新統一のために評価していいときは一定の条件のもとで評価すべきではないだろうか

敗戦後の社共合同を生み出した社共共闘精神は形を変えながらも、八〇年代まで生き続けていた。「社共合同」という言葉は死語と化していたが、「革新統一」に向けた道筋として、その基本的精神は生き続けていたのである。

第3節　社共合同とは何だったのか

二人の革命家

社共合同の全国的な展開を追ったとき、戦前農民運動・労働運動を継承して、日農の幹部として社共共闘の中軸に立った何人かの人間像が見えてくる。青森県の大沢久明をはじめとして、秋田県の三浦雷太郎・鈴木清、香川県の平野市太郎・大林千太郎、鳥取県の竹本節[37]などである。彼らは戦前からの活動経験をふまえて、敗戦直後から自然発生的な社共合同運動を開始し、やがて戦略的な社共合同へと自己成長させていく。

しかし、こうした観測は間違いではないが、①戦前共産党員であった者が、敗戦後の混乱時に応急処置的に社会党を結成し、②その後共産党の合法化と大衆化を迎え、政局の変動（社会党の右傾化）といくつかの選挙戦（選挙協力の必要性）を経て、必然的に共産党に回帰していった、という単線的なプロセスになりがちである。

ならば、なぜ社共合同が本州最北端の青森県から先駆的に生まれたのか、全国どこから起こってもおかしくなかったのではないか、という問いがおこってくる。やはり卓越した指導者の存在を考えなければ、説明はつかない。戦前ともに共産党に関係しながら、戦後は社会党を結成した大沢久明と共産党を再建した津川武一という二人の傑出したコミュニストの存在抜きには、北の地から全国に向けて社共合同を発信することは不可能だっただろう。ここに共産党中央は注目し、徳田をはじめ、東北のオルグを担当した伊藤律が直接指導をすることで全国に先駆けて社共合同に乗り出したのである。

大沢と津川に共通する精神構造は、青森県を日本社会における〈周辺〉地域と位置づけ、その社会構造的本質を〈後進地〉〈植民地〉と把握している点である。大沢は敗戦から三か月ほど経った一九四五年一一月九日付『東奥日報』に掲載された「建直す青森県　大沢久明氏に聴く」で、「本県は日本中で一番貧乏で、従って一番文化の遅れてゐる地」「体のい、植民地みたいな地方」と答えている。津川も『月刊東奥』四六年二月号の誌上座談会「青森県における封建性を暴く」において、青森県の「封建性」を強調していた[38]。

こうした地域認識と政治実践を通して、大沢と津川は青森県の社共合同を地域性（紺野与次郎の言葉を用いるならば、「地方的可能性」）に根差しながらも、全国をリードする最先端レベルに引き上げようとした。その意味で、「青森県人民解放連盟」や「青森県救国民主連盟」は象徴的な組織であった。そこに徳田球一や伊藤律ら共産党指導者が注目することで、青森県は先駆的な社共合同地帯として形成されていく。いわば〈辺境〉から〈先端〉への革命的な飛躍である。

大沢と津川はさまざまなスパークを生むが、最初のピークが、四九年一月の第二四回総選挙における大沢の立候補だった。選挙結果は落選に終わったが、その後二〇数年におよぶ両者の活動の始点となり、前述したように六九年の最大のハイライトにつながる。同年一二月の第三三回総選挙で、津川は東北初の共産党代議士として当選する。津川当選はいわば社共合同の最終的な〈結果〉であり〈成果〉だった。

戦前共産党員で戦後は社会党最左派だった大沢と共産党の津川は四八年の社共合同で合流し、両者は共産党員として活動するが、五三年に津川が除名されることで、立場は入れ替わる。共産党の中心に大沢がすわり、津川は社会党左派に接近した。二人が再び合流するのは津川が十年ぶりに復党した六二年のことである。五〇年代から国政選挙や知事選挙に共産党候補として出馬しつづけていた大沢だが、六七年の衆院選を最後に出馬をやめる。代って津川は六三年に青森県議に当選し、六九年に東北初の共産党代議士となる。衆議院選挙での津川擁立に動いたのは大沢だった。一名しかいない虎の子の県会議員の議席を失うかもしれない津川擁立案に党内から「冒険主義」という批判も出たが、大沢は一歩も引かず、こう言って反対派を説得した。「革命というものは誰もやったことのないことをやることだ[39]」。津川が国政の場に進出した翌七〇年、大沢は長らくつとめた共産党青森県委員会委員長の座から退いた。その意味で、六九年の衆議院議員選挙は大沢にとって、最後にして最大の政治闘争だった。

津川武一は当選を喜ぶ大沢の姿をこう回想している(40)。

私の初当選を誰よりも喜んだのは、大沢県委員長であった。勝利の瞬間、私の手を握ってはなさずに、じっと私の目に見入る大沢さんの目にも、きらっと光るものがにじみ出ていたのを私は忘れることができない。おたがいに握りあった手を通じて、勝利の喜悦と友情と同志愛が波を打って流れこんでいたのであった(41)。

それは四九年の第二四回総選挙で当選確実と予想されていた大沢の落選から、ちょうど二〇年目の出来事だった。津川の当選は「東北初の共産当選」であったが、いわば二〇年前の社共合同による幻の〈大沢当選〉のよみがえりだった。大沢だけではない。彼と共に社共合同に踏み切った大塚英五郎、柴田久次郎、塩崎要祐らも津川当選に〈大沢当選〉を見たことだろう。

社共合同の三パターン

はたして社共合同とは何だったのか。東ヨーロッパでは自立的な「人民民主主義」が「ソ連型社会主義」へ急転回していく契機として社共合同があり、統一戦線的「連合独裁」の可能性は消滅していった。社共合同とは新・共産党の創出を意味していた。

日本では国会の議席数で社会党から大きく離された共産党が、党勢拡大を至上命題として選択した必死の選挙戦術ととらえられてきた。社会党左派による労働者農民党の結成により、共産党の支持者が動揺し、四九年総選挙で共産党の「得票分散」が予想される中、共産党は「社共合同」の名のもとに社会党左派を切り崩して、統一革命党化することで勢力拡大を企てたとみなされた。労働者農民党入りが有力視されていた青森県の大沢久明、岩手県の鈴木東民、長野県の伊藤富雄らは〈狙い撃ち〉されたように見える。

しかし、社共合同が敗戦直後から早期に胎動していたことを考えるならば、上記のような選挙戦術的理解はあまりに瞬間的な評価であろう。また敗戦直後の社会主義者・共産主義者の混乱した行動が、社共合同によって淘汰・整理されたという見解、「容共社会民主々義」が共産党化したという理解も単純であり、社共合同を〈過渡期〉としてとらえすぎている。

社共合同を単なる選挙戦術といったテクニカルな問題や、社会党左派に結集した容共派の社会党本体からの分離過程として図式的にとらえるのではなく、その具体的な形成・展開のありさまを明らかにしたい、戦後日本と地域社会が必要とした民主化への不可欠の戦略として社共合同を位置づけてみたい。本書の問題意識はここにあった。

社共合同の地域的展開はより詳細により広範に全国的な事例を分析しなければ、総論的な絵柄を描くことは出来ないが、本書でとりあげた重要地域を整理する限りでも、次の三パターンがあげられるだろう。いずれも前提として社共共闘の一定の実績があった。

第一は〈周辺〉的運動として勃興した青森県社共合同である（青森パターン）。いわば〈後進地〉〈植民地〉的社会構造を押し付けられた地域から社共合同に向かったという点では、〈先端〉的・〈例外〉的なパターンであるが、共産党中央のコントロールを受けながらも、地域で強固に構築されていた社共共闘という〈地方的可能性〉をフルに活して、内発的・先駆的に展開した点が注目される。なお、〈植民地〉ということでは、充分な分析ができなかったが、東京の〈植民地〉として三多摩の社共合同が位置づけられた点（第四章第4節参照）も注目されるだろう。

第二は〈全国〉的・〈一般〉的運動として形成した岩手県社共合同である（岩手パターン）。岩手の場合も〈後進地〉〈植民地〉的社会構造の強要を指摘することはできるが、ここでは青森県社共合同に見られたような突出したリーダーや強固な社共関係を基盤にするのではなく、いわば、〈地方的可能性〉の弱さを共産党中央の強力なオルグによって克服し、社共合同を可能にした点が注目される。〈全党〉的運動に転化する展望がみられた。

第三は岩手県同様に〈全国〉的・〈一般〉的運動として形成された長野県社共合同である（長野パターン）。しかしこれは皮肉なことに、社会党サイドから高く評価（危惧）されたパターンである。長野県の社会構造が〈後進地〉〈植民地〉と見なされず、いわば〈標準〉的・〈一般〉的パターンとされることで、ここでの社共合同は必然的に全国化・普遍化する道筋として重要視された。

共産党サイドからすれば、社共合同がその発祥地の青森パターンに限定された「赤いリンゴ」のイメージになることは避けなければならなかった。岩手パターンのように、党中央の適切な指導が入ることで、「青いリンゴ」も急速に社共合同に熟成することが期待された。さらに長野パターン―ここもリンゴの産地ではあったが―が成功したならば、その一般性・普遍性から社共合同の全国化は約束されたことだろう。しかし、結果的に選挙戦において三パターンいずれもが失敗することで、社共合同は頓挫し、共産主義運動の国際的な動向（コミンフォルム批判）の中で、戦略としては消えて行った。

〈多数者革命〉論としての社共合同

戦後革命運動史における社共合同の直接的成否を問えば、否定的にならざるをえない。しかし、問題とすべきことは、なぜ上記の地域において社共合同が起ったのか、求められたのかということであろう。この点について本書は青森県の実態をかなりミクロなレベルで論じてきた。そこに浮かび上がってきた姿は、社共合同が本質的には戦後日本社会の〈周辺〉地域において急がれた民主化戦略だったということである。それゆえ、根本理念はいかに幅広い支持を集めるかという下からの〈多数者革命〉だったのであり、そうでなければならなかったのである。社共合同による人民戦線抜きには、〈周辺〉地域の民主化はおよそ不可能だった。戦後民主政治の確立のためには、なによりも革命を志向する政治勢力の統一が必要であり、その周囲にさらによりましな保守勢力を結集することが求められたのである。[42] これは同時期に提唱された民主民族統一戦線そのものであった。〈周辺〉地域における社共合同を突破口に、続いて非〈周辺〉地域、都市部における社共合同が全国的に進行・拡大すると考えられた。

ところが論じてきたように、共産党内で社共合同は最重要課題と位置付けられたにもかかわらず、特定の地域にのみ適合的な運動として特別視された。社共合同先進地での不成功（落選）が重なったことで、四九年総選挙の議席増は社共合同の勝利とは受け止められず、五〇年分裂のなかで社共合同は野合、解党主義というレッテルさえ貼られた。いわば〈失敗した革命〉である。

しかし、大沢久明と津川武一がその後歩んだ道まで視界に入れるならば、二人が歩んだ道は〈多数者革命〉として繰り返された、社共合同の再構築・再挑戦だったように思われる。大沢は五〇年代から六〇年代にかけてスターリン批判をゆるがせにせず、社会民主主義を包括できる共産党の〈正統性〉を点検・検討しつづけた。その苛烈さはいつ除名なり脱党なりの結果になってもおかしくなかっただろう。事実、同時期に反中央行為に踏み切った武井昭夫や安東仁兵衛らは党を離れた。津川も一度除名され復党するが、八〇年代に入って共産党中央とは別の論理でより大きな革新統一を願っていた。

大沢と津川にとって、社共合同はレーゾンデートルそのものだった。始動後の約二〇年間には紆余曲折があったが、大沢は社会党に戻ることも共産党から離れることも、まして政治闘争から離脱することもしなかった。津川も医学と文学を捨てず、またそこに逃げこまず政治家として大成した。彼らは初心の社共合同が孕んでいたいくつかの欠点・問題点を修正・克服しながら、あらたな社共合同をめざしたとはいえないだろうか。発祥の地の東ヨーロッパではすでに「社共合同」の名を冠した人民民主主義は、スターリン主義のもとに変質・崩壊していた。大沢と津川は破産宣告された人民民主主義を、〈多数者革命〉論として再構築・再提案しようとした。大沢の果敢なスターリン批判はこの論理から読み解かれなければならないし、津川の医師・小説家としての行為は民主主義の奥行きの深さならではのものであっただろう。

大沢久明と津川武一らを批判した者の多くは、その後共産党を離れたり、追われたりした。数十年のスパンを俯瞰し、誤解を恐れずに言うならば、大沢と津川は〈勝ち残った〉[43]。大沢と津川の歩みは、敗戦後に始動した社共合同の理念を最後まで貫き通し、戦後日本社会における〈多数者革命〉像を、地域の視点、〈周辺〉の視座から展望した闘いを繰り広げたといえよう。

そうした意味では、一九四八年から四九年にかけた狭義の社共合同において、大沢にとっても津川にとっても想定した成功を勝ち取ることはできなかったが、その後一九六〇年代末から八〇年代にかけた彼らの歩みは、戦後日本革命運動史において戦闘的で輝かしい足跡、「社共合同」の時代として浮かび上がってくる。

〈集合性〉史から〈非集合性〉史へ、そして新たな〈集合性〉史へ

「はじめに」で述べたように、本書は戦後革命運動の総体のみならず、それを主導的に構成した共産党の存在自体を「諸価値の複合体」とみなし、そこに働いていた〈自由性〉や〈開放性〉あるいは〈多元性〉や〈分散性〉の再検討を通じて新しい革命運動史を描写しようと努めた。共産党は革命党・前衛党として「鉄の規律」を誇っていたのではない。共産党の〈集合性〉はアプリオリに存在していたのではなく、自由性・開放性・多元性・分散性といった〈非集合性〉が転化・変容した結果、一定の〈集合性〉が準備・構築・形象されていったのである。

本書は敗戦後に展開された社共合同およびその後の革命運動における大沢久明と津川武一という二人のコミュニストに注目して、彼らの言動を追跡した。社共合同の初心を抱き続けながら、大沢がスターリン批判の急先鋒として共産党内に存在していたこと、津川が代議士として国政に参画しながら、党中央よりもさらに幅広い社共共闘を構想していたことが明らかになった。その意味において、大沢久明と津川武一は、表面的には戦後革命運動における〈集合性〉を体現した革命家のように見えるが、実際は〈集合性〉を相対化する〈非集合性〉の象徴的人物として闘い続けていたといえよう。しかし、それは決して分裂性や破壊性、あるいは遠心力に振り回されるような背信の歴史ではなく、より大きな新しい〈集合性〉のあくなき誠実な追求であった。

我々が引き継ぐべき戦後史はそうした〈非集合性〉史でもあったのであり、そのことをあらためて確認することこそ、単なる合算ではない、新たな〈集合性〉史への展望となろう。

注

はじめに――なぜいま、「社共合同」をとりあげるのか

（1）『アカハタ』一九四八年一二月一六日付「青森共社合同の歴史的大会」。

（2）日本共産党中央委員会五〇年問題文献資料編集委員会編『日本共産党五〇年問題資料集』1〜3（新日本出版社、一九五七年）参照。なお一九四九年作成と思われる「（日本共産党派閥図）」（日本占領関係資料〔以下、略す〕／極東軍文書（RG554）／参謀第二部（G2）、Japan 3100: Regular Government（国立国会図書館デジタルコレクション。以下、略す）、ファイル主題 The Far East Cominform は、党内を徳田球一＝過激派、伊藤律＝中立派、野坂参三＝穏健派に三区分している（コマ番号33）。

（3）伊藤律＝スパイ説の崩壊については、渡部富哉『偽りの烙印―伊藤律・スパイ説の崩壊』（五月書房、一九九三年）、加藤哲郎『ゾルゲ事件　覆された神話』（平凡社新書、二〇一四年）参照。

（4）伊藤淳『父・伊藤律　ある家族の「戦後」』（講談社、二〇一六年）は帰国後を中心に伊藤律の人間像を描いている。

（5）高田富之『私の社会民主主義』（私家版、一九八二年、国立国会図書館所蔵）一八二・一八四頁。日本農民組合埼玉県連（統一派）会長の高田は四九年一月の第二四回総選挙で当選するが、コミンフォルム批判後に中立を保っていたため「中道主義者」と批判され活動停止処分を受ける。その後、暴力革命路線に反対して離党、五四年に左派社会党入党。高田の離党については、『朝日新聞』五三年二月二日付埼玉版「高田前代議士日共離脱の波紋」『新編埼玉県史』資料編20近代・現代2政治・行政2（一九八七年）資料二六八、参照。

（6）連合国最高司令官総司令部（以下、GHQ／SCAPと略す）民政局行政課が一九四五年一一月一八・二〇日に各政党指導者にインタビューした際、共産党の志賀義雄は社会党の分裂状況に触れ、「茨城県と栃木県では社会党員の約七〇％が共産党に移籍したと伝えられている」と社共合同の予兆を示唆している。粟屋憲太郎編『資

料日本現代史』第三巻・敗戦直後の政治と社会②（大月書店、一九八一年）資料一一三。
（7）朝日新聞「聞蔵Ⅱビジュアル」・読売新聞「ヨミダス歴史館」・毎日新聞「毎索」で「社共合同」「共社合同」を検索してもヒットしない。
（8）『しんぶん赤旗』（極東書店、二〇一六年）、戦後社会運動未公刊資料集刊行委員会編『戦後日本共産党関係資料』全四〇リール（不二出版、二〇〇七〜二〇〇八年）。以下、後者の引用は煩雑さを避けるため、「【1】0001」というように史料のコマ番号のみを表記する。
（9）田中真人「日本共産党『五〇年分裂』はいかに語られたか」（同志社大学『キリスト教社会問題研究』第五五号、二〇〇六年）。
（10）最初の刊行物は今西一「早稲田・一九五〇年―歴史の証言―」（『立命館言語文化研究』第二〇巻第三号、二〇〇九年）。
（11）富田武「戦後日本共産党史の見直しを」（デジタル版『現代の理論』二〇一五夏号＝第5号）、黒川伊織「戦後日本共産党史研究の現段階　戦後民主主義の問い直しに向けて」（同二〇一六春号＝第8号）。
（12）第二と第三に関して、道場親信「東京南部のサークル文化運動―地域サークルと運動のネットワーク」（宇野田尚哉ほか編『「サークルの時代」を読む―戦後文化運動研究への招待』影書房、二〇一六年）によれば、東京南部サークル文化運動史のキーパーソン井之川巨（詩人）は、「一九五〇年のコミンフォルム批判から、一九五七年の平和革命論への先祖帰りまでの期間に提起されたもろもろの問題が、いわゆる『五〇年問題』なのである」と述べている（一〇〇〜一〇一頁）。
（13）松田博「統一戦線論の再構築が急務」（デジタル版『現代の理論』二〇一六夏号＝第9号）参照。
（14）道場親信「『戦後革新勢力』をいかに歴史化するか」（『大原社会問題研究所雑誌』第六二九号、二〇一一年）五六頁。同様の視点を最近の自由民権運動研究、とくに激化事件研究も指摘している。高島千代は、担い手や目的にみえる異質・多元性は激化事件の「複合的な一体性」を示しており、「複数、ある時には異質の価値に基づく目的」が、負担軽減や減租、あるいは民権実現の論理で接点にすることでつながり、「一つの運動」として動いていくという仮説を提示している。高島千代・田﨑公司編著『自由民権〈激化〉の時代―運動・地域・語り―』（日本経済評論社、二〇一四年）「激化事件研究の現状と課題―全体像に向けて―」二二頁。

(15) 道場親信「戦後日本の社会運動」（『岩波講座日本歴史』第19巻・近現代5、二〇一五年）一一六～一一七頁。

(16) 戦後再刊時は『赤旗』、一九四六年一月八日以降は『アカハタ』。『大原社会問題研究所雑誌』第四八六号（一九九五年）「読売争議のその後（2）―増山太助氏に聞く」によれば、『アカハタ』主筆は志賀義雄だったが、新聞の機能について理解しておらず、四九年頃の同紙を牛耳っていたのは伊藤律だという。ただし、伊藤や彼の取り巻き連中も新聞のイロハを知らなかった（七二頁）。増山太助は元読売新聞記者で、第一次読売争議の指導者。

序章

(1) 『新しい世界』一九四八年一二月号・伊藤律「共・社合同と党のボルシェヴィキ化」。

(2) 兵庫県の長尾有も似た経歴である。長尾は一九二五年に日農淡路連合会を結成し、共産党に入党。二八年の三・一五事件で検挙され、出獄後は三八年に兵庫県農民連盟会長、三九年に東方会に参加、戦後日農兵庫県連会長となり四五年暮に共産党に入党。『日本労農通信』一九四五年一二月八日付第五号「農民組合運動の趨向　岐路に立つ社会党農民部の方向」（日本労農通信刊行会編『日本労農通信』群出版、一九八五年）参照。同通信は共産党系。

(3) 大沢久明『物語青森県共産党』（大沢久明著作集Ⅲ、北方新社、一九七五年）二〇七頁。「兄弟的関係」は青森県に限らなかった。香川県における両党の密接な関係については、横関至『近代農民運動と政党政治―農民運動先進地香川県の分析―』（御茶の水書房、一九九九年）「第七章　戦後初期の社会党・共産党と戦前農民運動」参照。

(4) 『改造』一九四九年五月号・大沢久明「なぜ共産党に入ったか」。

（5）最新の研究として、近藤潤三①「ソ連占領期東ドイツにおける社会主義統一党の成立と変容―独裁と社会主義の前提―（1）（2）」（『愛知大学法学部法経論集』第二〇三・二〇四号、二〇一五年）、②「東ドイツ・社会主義統一党の成立について―研究史に関する覚書―」（ドイツ現代史研究会『ゲシヒテ』第八号、二〇一五年）がある。①によれば、当初は社会民主党の方が合同に積極的であったという。

（6）『前進』一九四九年二月号・座談会「共産党の生態をあばく」における全映演（全国映画演劇労働組合）荻原千秋の発言。同誌は四七年創刊。編集委員代表は山川均・向坂逸郎。

（7）この見解は一九五〇年一月のコミンフォルム批判以後も見られた。

（8）人民民主主義論については、柴田政義『人民民主主義の史的展開』上・下（大月書店、一九七五年）、南塚信吾「東欧における人民民主主義概念の変遷（1）（2）」（『共産主義と国際政治』第5巻第1号・第6巻第1号、一九八〇・八一年）参照。

（9）『アカハタ』一九四九年三月一八・一九日付「人民民主主義について③④」。同記事は一九四八年一二月のポーランド労働者党・社会党合同大会におけるボレスワフ・ビエルート書記長の報告・結語を伝えている。

（10）『アカハタ』一九四九年三月一六・一七日付「人民民主主義について①②」。同記事は一九四八年一二月のブルガリア労働者党第五回大会におけるゲオルギ・ディミトロフの報告・結語を伝えている。また同二〇日付「人民民主主義について⑤」はハンガリー勤労者党書記長・ハンガリー首相のラーコシ・マーチャーシュが同党機関紙『サバド・ネープ』一九四九年一月一六日付に寄せた論稿の一節、「人民民主主義は、ソ同盟が勝利したために、またソ同盟に支持されて、労働階級に指導される勤労人民に資本主義から社会主義への発展を許す国家形態である。そのはたす機能からいえば、人民民主主義はソヴエト形態のないところでのプロレタリア独裁である」を紹介している。

（11）法政大学大原社会問題研究所編『民主評論（5）第5巻第1号～第5巻第6号』（法政大学出版局、二〇〇〇年）。『民主評論』一九四八年二・三月号は特集「人民民主主義の諸問題」を組むが、個別論稿の掲載にとどまる。

(12) 粛清は社共合同の下馴らしを意味した。『アカハタ』一九四八年一二月一二日付「ポーランド共社合同へ」は、労働者党と社会党の合同中央委員会開催を報じ、社共合同の「基礎工作」として同年夏以来、粛清により数千名が除名されたと伝えている。粛清は「出世亡者、投機者、敵対分子、堕落した個人主義者ならびにエセ君子など—党員証をもつに値いしない者を断固容赦しない」と位置づけられた。東欧諸国における粛清の全体像については、ロイ・メドヴェージェフ、ロイ・メドヴェージェフ『歴史の審判に向けて スターリンとスターリン主義について』下(ジョレス・メドヴェージェフ、ロイ・メドヴェージェフ選集1、現代思潮新社、二〇一七年)第一三章「戦後期のスターリンの犯罪と誤謬」参照。

(13) 前掲『民主評論(5)』。

(14)『社会思潮』一九四九年七月号(復刻シリーズ戦後社会運動資料新聞・雑誌編『日本社会党機関誌 社会思潮(6) 第24号~第29号』法政大学出版局、一九九一年)。

(15) このような見解は共産党内でも一時期語られた。『アカハタ』一九四六年八月一五日付「世界の民主主義はどう動いてゐるか 東欧型と西欧型」がその例で、「東欧型民主主義」「西欧型民主主義」と分類されている。署名者「タケイ」は国際部の武井武夫と思われる。

(16) ともに『社会思潮』一九四九年七月号。

(17) 時期は半年程後になるが、英文学者の中野好夫も一九四九年一月の第二四回総選挙をふり返って、「共産党の理想などは説かず、猛烈な民族主義と勤労大衆の味方というのでアジっていたが、勤労大衆の味方はとにかく、民族主義の度外れに近頃の宣伝振りは共産党のためにとらない」と批判し、このままでは「共産党の命取り」になりかねないと論じている。中野「進歩と反動 各党を批判する」『月刊東奥』一九四九年三月号。

(18) 斎藤稔『社会主義経済論序説』(大月書店、一九七六年)一七九~一八〇頁。

(19) 斎藤稔「東欧社会主義の歴史的転換—チェコスロヴァキア、一九四八—」(『経済志林』第四八巻第三号、一九八〇年)八頁。

(20) 南塚信吾『静かな革命　ハンガリーの農民と人民主義』（新しい世界史④、東京大学出版会、一九八七年）二四四頁。
(21) 吉岡潤「戦後初期ポーランドにおける複数政党制と労働者党のヘゲモニー（一九四四―四七年）」（『スラヴ研究』第五二号、二〇〇五年）一頁。
(22) 斎藤稔「東欧経済の史的展望―試行錯誤と連続性―」（『経済志林』第六六巻第二号、一九九八年）一七頁。
(23) 前掲吉岡「戦後初期ポーランドにおける複数政党制と労働者党のヘゲモニー」一～二頁。吉岡論文への批判として、百瀬宏「東欧の人民民主主義再々訪―吉岡論文に寄せて―」（『スラヴ研究』第五三号、二〇〇六年）があり、吉岡の「自然消滅」論に対して、「戦後の時期の人民民主主義の忌憚のない歴史的解明は、なおも課題であり続けている」（三〇五頁）と反論している。
(24) 前掲斎藤「東欧経済の史的展望」二〇頁。
(25) 羽場久浘子「東欧と冷戦の起源再考―ハンガリーの転機：一九四五～一九四九―」（『社会労働研究』第四五巻第二号、一九九八年）三四頁。
(26) 南塚信吾「ハンガリー一九五六年における『第三の道』論」（法政大学国際文化学部『異文化』第一〇号、二〇〇九年）五九頁。
(27) 伊藤律『日本における人民民主主義の展望』（中森書店、一九四九年）四六頁。
(28) 一九四七年暮に共産党東大細胞総会は「新人会」を組織した渡辺恒雄・中村正光を除名した。力石定一によると、中村の処分理由は、青年共産同盟名で「主体性なき東欧人民民主主義の悲劇をみよ」と掲示し、「国際共産主義に対する誹謗」を行ったことだったという。〈東欧型〉の否定という点で、「新人会」は先駆性を発揮していたといえようか。今西一「第三高等学校から東京大学へ―力石定一氏に聞く―」（『小樽商科大学人文研究』第一一九輯、二〇一〇年）八頁。なお、青年同盟の動向については第一一章第4節参照。
(29) 『赤旗』一九四五年一二月一二日付・徳田球一「一般報告」。ソ連共産党側も日本共産党との組織的関係を避け、秘密裡に野坂参三を通して連絡をとりあった。和田春樹『朝鮮戦争全史』（岩波書店、二〇〇二年）一二一～一二三、七九頁。なお、戦後のソ連共産党から日本共産党への資金援助の動きについては、名越健郎『クレムリン秘密文書は語る　闇の日ソ関係史』（中公新書、一九九四年）「第二章　日本共産党のソ連資金疑惑」参照。

(30) 前掲『日本共産党五〇年問題資料集』1、八四頁。

(31) 神山茂夫「テーゼ草案に対する修正意見」（前掲『日本共産党五〇年問題資料集』1）一〇三頁。

(32) 神山茂夫「現在日本の国家権力の性質およびそれにともなう革命の戦略について―第十九回中委総会における討論演説を中心として―」（前掲『日本共産党五〇年問題資料集』1）一六〇頁。

(33) 志賀義雄「草案にたいする意見」（前掲『日本共産党五〇年問題資料集』1）一一六頁。

(34) 五十嵐仁編『「戦後革新勢力」の源流　占領前期政治・社会運動史論一九四五―一九四八』（大月書店、二〇〇七年）、同編『「戦後革新勢力」の奔流　占領期政治・社会運動史論一九四八―一九五〇』（大月書店、二〇一一年）など。

(35) 森武麿編著『一九五〇年代と地域社会　神奈川県小田原地域を対象として』（現代史料出版、二〇〇九年）など。

(36) 一九七三年、共産党は創立五〇周年を記念して『前衛』で「わが地方の進歩と革命の伝統」を特集したが、四月号東日本編の青森県の欄は社共合同についてまったくふれていない。

(37) 引用は、同研究所HP・大原デジタルライブラリー「日本労働年鑑」第二三集・第二部第三編第一章第二節より。

(38) 「はしがき」では、不破哲三との事実上「共著」である旨が記されている。『運動史研究』第七号（一九八四年）「座談会　戦後革命論争の展開をたどる」も、同書の執筆は上田耕一郎の単独ではなく、集団によるものだったと証言している。一九九七年一〇月九日の宮地健一宛石堂清倫書簡「『戦後革命論争史出版』の経緯について」によれば、同書の実質的執筆者は、石堂清倫・内野壮児・勝部元・山崎春成・小野義彦らであった。「共産党問題、社会主義問題を考える」http://www2s.biglobe.ne.jp/~mike/kenichi.htm 参考。二〇一八年六月一〇日最終閲覧。

(39) 朝日新聞政党記者団編『政党年鑑　一九四八年版』（ニュース社、一九四八年）。

(40)『陸奥新報』一九四八年一一月二九日付「第三回日農県連大会」。
(41)社共合同は公然と行われた。のちに新左翼セクトで見られた社会党への非公然加入戦術とは異なる。
(42)前掲五十嵐編『「戦後革新勢力」の奔流』第六章。
(43)『大原社会問題研究所雑誌』第六四六号、二〇一二年。
(44)一九四七年六月一四日付「政治局同志諸君(地方報告二)」【1】0095〜0096。
(45)前掲横関「日本農民組合の分裂と社会党・共産党」一四九〜一五〇頁。
(46)前掲五十嵐編『「戦後革新勢力」の奔流』第一四章。
(47)代表例が北海道の国労新得分会が行った職場放棄である。佐野稔「国鉄職場放棄闘争にかんする覚書—新得闘争(一九四八年)を中心として—」(『労働史研究』創刊号、論創社、一九八四年)参照。北海道内の職場放棄闘争は国労・全逓を中心に四〇箇所に及んだ(『北海新報』一九四八年一〇月五日付「職場放棄全産業に波及か」)。また電産(日本電気産業労働組合)は一九四七年から四八年にかけて、電源スト・工場送電スト・停電スト・野放し放電などをくり返した(河西宏祐『電産の興亡(一九四六年〜一九五六年)—電産型賃金と産業別組合—』早稲田大学出版部、二〇〇七年)。
(48)農村部における社共合同の実践部隊として青年学生党員を主体とした「農村工作隊」が組織された。歴史学者の色川大吉は若き日、一九四八年春に栃木県内の新制中学の教師となり、仕事の合間に夜間学校や啓蒙活動を行ったという(色川大吉『廃墟に立つ　昭和自分史【一九四五—四九年】』小学館、二〇〇五年、第二章)。合法の農村工作隊は党分裂時の五〇年代前半に活動した非合法の「山村工作隊」の前身である。
(49)京都大学人文科学研究所『人文学報』第一〇四号、二〇一三年。のち大幅改稿して、「戦後京都と民主戦線—『民主化』をめぐる相剋」(庄司俊作編著『戦後日本の開発と民主主義—地域にみる相剋』昭和堂、二〇一七年、所収)。
(50)同論文によれば、一九四八年六月のコミンフォルムからのユーゴ共産党の除名に接して、中国共産党はソ連共産党支持を強め、四九年一月の毛沢東とミコヤン(副首相)との会談で「アジア版コミンフォルム」「東アジア情報局」が提案され、四月に毛沢東・周恩来と北朝鮮指導者との間で「東方コミンフォルム」について議論されたという（一六九頁）。

(51) 荒木義修『占領期における共産主義運動』（芦書房、一九九三年、増補版・九四年）一八五〜一八六頁。

(52) 前掲宇野田ほか編『「サークルの時代」を読む』所収。

第一章

(1)『赤旗』一九四五年一一月七日付・徳田球一「当面の事態に対する党の政策に就て」。徳田は京都でも同様の演説を行っている。

(2)『赤旗』一九四五年一一月七日付・志賀義雄「社会党への提携申入れについて」。社会党は水谷長三郎・鈴木茂三郎・平野力三が対応。

(3)『赤旗』一九四五年一一月二二日付「人民戦線綱領決定す」。

(4)『赤旗』一九四五年一一月二二日付「人民解放連盟の組織と活動方針」。

(5) 共産党の公然化方針については、『赤旗』一九四五年一一月七日付・徳田球一「党拡大強化の経過と党の公然化に就て」参照。

(6)『赤旗』一九四五年一二月一二日付「人民解放連盟の結成及び拡大に就て」。

(7) 一九四五年一一月二八日の中央委員会は「人民解放連盟ハ政党ニ非ズ、但シ、連盟ガ支持スルコトハ可」としている。「中央委員会」【1】0006。

(8)『毎日新聞』一九四五年一一月八日付「解放運動犠牲者追悼会」。

(9)「食糧メーデーと天皇プラカード事件（1）―松島松太郎氏に聞く」（『大原社会問題研究所雑誌』第五三四号、二〇〇三年）四六頁、「『民衆新聞』の主筆として（下）―砂間一良氏に聞く」（同第六〇三号、二〇〇九年）五一頁。

(10)『赤旗』一九四五年一二月二六日付「労組・農委・総選挙対策の基本的方針決定す」。

(11) コミンフォルム批判後の五〇年四月末開催予定の第一九回拡大中央委員会に向けた綱領草案「当来する革命における日本共産党の基本的任務について（草案―原案）」（前掲『日本共産党五〇年問題資料集』1）も、「民主民族戦線へ党を解消しようとする態度をとればこれに属している諸勢力が、各々利己心を発揮して革命の針路を見失うようになる。それで結局社会党的性格におち入り、革命を裏切る役割を果すにいたるであろう」と述べている（八五頁）。

(12)『朝日新聞』一九四五年一二月二七日付社説「人民戦線に就て」。

(13) 人民解放連盟の地域的展開については、宮西直輝「人民解放連盟の頃―戦後の出発―」（『運動史研究』第一七号、一九八六年）が京都の事例を紹介している。

(14) 当時の社共関係の一端を教えるのが、「構造改革論再考―加藤宣幸氏に聞く（上）」（『大原社会問題研究所雑誌』第六五〇号、二〇一二年）である。加藤によれば、徳田と直結していた時事通信記者山崎早市によって「社会党本部のあらゆる情報は共産党本部に直接報告されていた」（六七頁）。山崎については、「終戦の和平工作と政治犯釈放のころ―山崎早市氏に聞く（1・2）」（『大原社会問題研究所雑誌』第六二六・六二七号、二〇一〇年）参照。

(15)「書記局会議議事録」【1】0020。

(16)「拡大中央委員会ノ決議ニ基キ左ノ如ク指令スル」【1】0010。

(17) 同前【1】0012。

(18)「政治局会議議事録」【1】0024。

(19)『アカハタ』一九四六年一月一五日付「反動幹部を蹴つて我党と共同闘争を　社会党員への声明発表」。

(20) 社会党内の状況については、梅澤昇平「草創期社会党の人民戦線を巡る党内論争記録―〝西尾メモ〟と浅沼メモを読む」（『大原社会問題研究所雑誌』第六五六号、二〇一三年）参照。

(21) 前述のように、社会党本部に出入りしていた山崎早市と共産党中央のコネクションかもしれない。

(22) 前掲『アカハタ』「反動幹部を蹴つて我党と共同闘争を」。
(23) 『赤旗』一九四五年一二月一二日付「人民解放連盟の結成及び拡大に就て」。
(24) 『改造』一九四六年二月号掲載（のち加筆の上、山川均『日本民主革命論』黄土社、一九四七年、収録。『山川均全集』第一四巻、勁草書房、二〇〇〇年、所収）。以下、山川の引用文は、『山川均全集』に拠る。
(25) 『民衆新聞』一九四六年一月一〇日号（前掲『山川均全集』第一四巻）。一月二五日大松閣における野坂参三歓迎会にビラとして配布。
(26) 山川の歴史的位置づけに関しては、遠山茂樹「その思想に流れるもの―山川均をしのぶ―」（『遠山茂樹著作集』第六巻、岩波書店、一九九二年、初出は『世界』一九五八年六月号）参照。
(27) 前者は『日本ニュース』一九四六年一月二四日付タイトル、後者は人民文化同盟機関誌『人民戦線』一九四六年三月一日付第二号「同志野坂を迎ふ」。
(28) 『読売報知』一九四六年一月一四日付社説「民主勢力結集の新段階」。
(29) 前掲『アカハタ』「反動幹部を蹴つて我党と共同闘争を」。
(30) 吉田健二「『民主評論』解題」（前掲『民主評論（5）』）。
(31) 『読売新聞』一九四六年一月七日付「社会党に分裂の兆　左翼派、共産党と合流か」。
(32) 「『民衆新聞』の主筆として（上・下）―砂間一良氏に聞く」（『大原社会問題研究所雑誌』第六〇一・六〇三号、二〇〇八・二〇〇九年）。
(33) 「中央委員会」【1】0006。
(34) 「中央委員会議事録」【1】0015。
(35) 前掲「『民衆新聞』の主筆として（上）」。
(36) 前掲「『民衆新聞』の主筆として（下）」。
(37) 「一月十六日の社会党中央執行委員会の決定」（横浜市所蔵森戸辰男関係文書「救国民主連盟関係資料」MYB

００２０００１００）。本書では広島大学文書館所蔵マイクロフィルム版を使用、以下同。

（38）『アカハタ』一九四六年一月二二日付「社会党中央執行委員会の決定に対する声明」。

（39）一月一七日の共産党声明に対する水谷談話（前掲横浜市所蔵森戸辰男関係文書「救国民主連盟関係資料」）。

（40）鈴木徹三「戦後社会運動史資料論―鈴木茂三郎（2）」（『大原社会問題研究所雑誌』第五二二号、二〇〇二年）によれば、同日鈴木茂三郎らが社会主義政治経済研究所を設立して、当初は野坂を役員候補とし、共産党系学者の参加も予定したが、結局、秘密党員の松本健二のみが参加した（三三頁）。『日本社会新聞』（占領期日本社会党機関紙集成・第Ⅰ期『社会新聞』復刻版、柏書房、二〇一四年）一九四六年二月二〇日付「社会主義政治経済の断行へ　研究所を設置」によれば、顧問は山川均、大内兵衛、八木秀次、長谷川如是閑、理事長は鈴木茂三郎、監事は竹内夏積。同研究所については、鈴木徹三「『社会主義』解題」（法政大学大原社会問題研究所編『復刻シリーズ　戦後社会運動資料／第3回配本　新聞・雑誌編社会主義政治経済研究所機関誌　社会主義（3）第2巻第7・8合併号〜第2巻第12号』法政大学出版局、一九九三年、参照。松本は、戦前は報知新聞記者、戦後は社会党左派五日会の事務局長を経て、労農党事務局長。二重党員として共産党統一戦線部・大衆運動部・市民部に属す。著書に『戦後日本革命の内幕』亜紀書房、一九七三年、がある。

（41）『アカハタ』一九四六年二月三日付「民主戦線によって祖国の危機を救へ」。

（42）藤田進は戦時中『ハワイ・マレー沖海戦』（一九四二年）や『加藤隼戦闘隊』（一九四四年）などの戦意高揚映画に出演して人気を博した東宝所属の俳優。この直後第一次東宝争議に参加し、同年一〇月公開の『わが青春に悔なし』で主人公を演じる。争議脱退後、新東宝の立ち上げに参加。薄田研二は築地小劇場出身で、戦時中は大映に所属し、徳川夢声・藤原釜足・丸山定夫とともに苦楽座を結成する。その後苦楽座は移動演劇隊桜隊となり、疎開先の広島で被爆する。薄田は広島行きに加わらず難を免れた。四七年に共産党入党。

（43）『アカハタ』一九四六年二月三日付には片山哲「全力を挙げ民主戦線へ」、水谷長三郎「即時人民戦線結成へ」、尾崎行雄「日本を亡国から光明に　民主戦線結成へ」が掲載されている。野坂と尾崎は三月五日に人民戦線について会談を持つ。『アカハタ』一九四六年三月一一日付「わが党の活動に絶大な期待　同志野坂尾崎翁を訪ふ」。

(44)『赤旗』一九四五年一〇月二〇日付「闘争の新しい方針について新情勢は我々に何を要求してゐるか」。

(45) マーク・ゲイン／井本威夫訳『ニッポン日記』（筑摩叢書、筑摩書房、一九六三年）九九頁。

(46) 前掲『山川均全集』第一四巻。

(47) 一九四六年二月五日「民主戦線の諸問題」（前掲『山川均全集』第一四巻）。

(48) 前掲「民主戦線の諸問題」。

(49) いずれも前掲『山川均全集』第一四巻。

(50)『読売報知』一九四六年一月一六日付社説「新しき愛国者たれ」。

(51)『山川均全集』第二〇巻（勁草書房、二〇〇一年）所収。

(52)『朝日新聞』一九四六年二月一三日付は、同趣旨の野坂参三「民主主義革命の展開」を掲載している。

(53)『アカハタ』一九四六年三月一日付「第五回党大会ひらく」「革命へ広汎なる人民の団結を」。

(54)「中央委員会議事録」【1】0043。

(55)『人民新聞』一九四六年三月一五日付「第一回世話人会・報告」（法政大学大原社会問題研究所編『日本労働運動資料集成』第1巻、旬報社、二〇〇五年、所収）。カッコ内の肩書は同記事による。民主人民連盟に関する基本史料は、前掲『日本労働運動資料集成』第1巻、所収。個別研究として、吉田健二「占領期の知識人運動―『民主革命』期のリベラリスト」（前掲五十嵐編『「戦後革新勢力」の奔流』第七章）参照。

(56)『アカハタ』一九四六年四月二日付「民主人民連盟が全人民勢力を結集」、同七日付「暫定共同綱領きまる　民主人民連盟準備大会」。

(57)『アカハタ』一九四六年四月一二日付「民主人民連盟は固定してはならぬ」。

(58)『朝日新聞』一九四六年三月一〇日付「方針まげず　社会党の態度」。

(59)『読売報知』一九四六年四月九日付社説「大衆行動の意義と効果」。

(60)『日本労働年鑑』第二二集・第二篇・第三章・第六節・3。前掲鈴木「戦後社会運動史資料論―鈴木茂三郎（２）」は人民大会に関して、三戸信人（産別会議事務局細胞所属、一九四八年除名）の見解―「山川の提唱に呼応する野坂参三路線は、共産党内部において有力であり、正面からこれを潰すことはできなかった。そこで徳田は、伊藤律、長谷川浩らとともに先づ党外部で野坂を叩き壊す作戦をとった。長く日本を離れていた野坂には、どこか気の弱い所があり、次第に徳田に圧されていった、と（95年談）。あるいは、野坂は後に暴露された疑惑をかかえ、『どこか弱かった』のかもしれない」（三二頁）―を紹介している。この点に関して、米国戦略爆撃調査団文書（ＲＧ２４３）Report on the Chinese Communist Party After Okano's (Nozaka) Return to Japan と題された縦書罫紙利用の日本文史料がある（全一二コマ、国会図書館デジタルコレクション（以下、略す））。表紙には「研究調査第十五号　岡野（野坂）帰国後の日本共産党　民国三十五年二月七日」と見える。同史料は次のように共産党内を主流派の徳田・春日庄次郎コンビと反主流派の野坂・志賀義雄コンビの対抗状況ととらえている。「志賀は、日本共産党有数の理論家にして、而も彼の理論はよく実践活動と結合して居ることに於て有名である。個人関係（野坂と志賀は山口県萩出身）よりして野坂とは極めて親密にして、徳田及び春日のコンビに対し野坂及び志賀のタイアップを、自然形成しつつあると観測される」「徳田一派は飽くまで純粋共産主義の立場に立ち、共産党的性格を真向に振りかざして居るのに対し、野坂に翅望せられてゐることは、中共の民族統一戦線的闘争経験を如何に日本革命に活用するかにある。この点に関して、両名の間には相当の開きあり、と云はざるを得ない」「野坂の立場は国内に左程の勢力なく、コミンテルン代表と在中共潜伏時代が殆んどその経歴の大半なれば、最後まで国内に止まつて闘争を経験した徳田一派の党内勢力及び国内大衆支持とは比敵し得ないであらう。この間勿論志賀義雄等の援助はあるだらうが、一般の民衆支持は必ずしも野坂に有利ではないと観測される」。指摘されている獄中組と延安組の対抗状況は他の史料からもうかがわれる。なお、執筆者は民国三十五年（一九四六年）という民国紀元を用いている点、「日本共産党の刻下の悩みは、毛沢東・朱徳級の領袖を持たぬことであ」り、徳田・野坂は周恩来・王明級の指導者に過ぎないと述べている点、農村窮乏化革命論に立脚している点などからして、中国共産党関係者と思われる。
(61)『アカハタ』一九四六年四月二日付「愛される共産党　ある日の農村風景」、同一八日付「愛される共産党という こと」。
(62)『アカハタ』一九四六年五月二八日付「総選挙の自己批判」、六月一一日付・徳田球一「党の自己批判について」。
(63)『読売報知』一九四六年四月一四日付社説「社会党はどこへ行く」、四月一七日付社説「国民戦線を粉砕せよ」、『朝日新聞』一九四六年四月一六日付「社、共のハンダづけ」、五月一〇日付「社共連立を要望　社会党にデモ」、『読売新聞』一九四六年五月五日付「救国の民主戦線結成へ　鹿地亘氏帰国の第一声」など。
(64)『読売報知』一九四六年四月二五日付「代議士会開く」。
(65)民主人民同盟ニュース『民主戦線』一九四六年五月一〇日付「社会党代議士との懇談会」(広島大学所蔵森戸辰男関係文書MO010601006OO)。社会党の出席者は、鈴木茂三郎・黒田寿男・高津正道・田中松月・田村定一・辻井民之助・武藤運十郎・中原健次・玉井潤次・稲村順三・大沢久明・林田哲・棚橋小虎・安平鹿一・細田綱吉・松本治一郎。『民主戦線』の発行元の民主人民同盟は民主人民連盟と紛らわしいが、当時、東京民主人民同盟という組織があった。『民主戦線』はのちに民主人民連盟の機関紙となる。
(66)『アカハタ』一九四六年五月一一日付「社会党にたいし三ケ条の申入れ」。
(67)『民主戦線』一九四六年五月一〇日付「民主戦線内閣待望　民主政権促進懇談会声明」。
(68)『アカハタ』一九四六年五月六日付「社会党民主戦線を提唱」。
(69)「民主人民戦線即時結成決議」(前掲横浜市所蔵森戸辰男関係文書「救国民主連盟関係資料」)。

第二章

(1)森戸辰男『救国民主連盟の提唱』(鱒書房、一九四六年)参照。
(2)前掲横浜市所蔵森戸辰男関係文書MYB00400100。

（3）『アカハタ』一九四六年五月一六日付「社会党代議士会幹部更迭を要求」。
（4）「救国民主連盟要綱」（前掲横浜市所蔵森戸辰男関係文書「救国民主連盟関係資料」）によれば、共同闘争委員会（特別委員会）が西尾末広・平野力・浅沼稲次郎・河野密・水谷長三郎・加藤勘十・野溝勝・鈴木茂三郎・森戸辰男・荒畑寒村により結成され、その後、委員長の西尾の辞任により森戸が委員長となり、大沢久明・伊藤卯四郎・中原健次が追加された。
（5）『朝日新聞』一九四六年五月一七日付「建設的無血革命へ　救国民主連盟発足す」。
（6）『新生』一九四六年七月号（前掲『山川均全集』第一四巻）。
（7）前掲「救国民主連盟要綱」。
（8）一九四六年五月一四日「野党としての社会党と民主戦線の新段階」（前掲『救国民主連盟の提唱』）。
（9）『アカハタ』一九四六年五月二六日付「民主戦線結集の気運」。
（10）『日本労働年鑑』第二二集第四篇無産政党運動第一章日本社会党は、五月一五日とするが誤記であろう。
（11）広島大学文書館所蔵森戸辰男関係文書「民主戦線結成について」（MO0106010060O）。『毎日新聞』一九四六年五月二五日付「社会党を全面支持　民主人民連盟民主戦線に協力声明」と題して掲載。
（12）『朝日新聞』一九四六年五月二五日付「即時結成せよ　人民連盟が声明」。
（13）「救国民主連盟要綱に対する諸勢力の態度」（前掲横浜市所蔵森戸辰男関係文書「救国民主連盟関係資料」）。『朝日新聞』一九四六年五月二八日付「二部制は危険」と題して掲載。
（14）前掲「救国民主連盟要綱に対する諸勢力の態度」。
（15）『アカハタ』一九八六年五月二一日付「民主戦線　社会党案に大衆不満」。
（16）「民主戦線促進会の試案」（前掲横浜市所蔵森戸辰男関係文書「救国民主連盟関係資料」）。
（17）前掲「救国民主連盟要綱に対する諸勢力の態度」。同趣旨が『朝日新聞』一九四六年五月三一日付「議院内政党への堕落を警戒」と題して掲載。

(18)『日本労農通信』一九四六年六月一日付第五〇号「総同盟拡大中央委員会開かる」。
(19)「民主人民連盟準備会：報告―連盟改組の経緯」(前掲『日本労働運動資料集成』第1巻)。
(20)民主人民連盟機関紙『民主戦線』(予告号)一九四六年七月一〇日付「報告―連盟改組の経緯」(前掲『日本労働運動資料集成』第1巻)。
(21)前掲『山川均全集』第一四巻。
(22)このうち異色は雑誌『新生』を創刊して一世を風靡した青山虎之助である。青山は新生社内に室伏高信・岩淵辰雄・馬場恒吾・高野岩三郎を発起人とする民間憲法研究会を設け、野坂参三の帰国歓迎会には多額の寄付金を出したといわれる。福島鋳郎編『戦後雑誌発掘―焦土時代の精神―』(日本エディタースクール出版部、一九七二年)第一部五「『新生』誕生とその周辺」、小田光雄編・塩沢実信著『戦後出版史』(論創社、二〇一〇年)第Ⅱ章1「『新生』と青山虎之助」参照。
(23)一九四六年八月下旬に具体的に動き出す。『日本労農通信』一九四六年九月二八日付第八一号「全国中立労働組合代表者会議開かる」参照。
(24)日本労働組合会議に関する史料は、前掲『日本労働運動資料集成』第1巻、一九九～二〇四頁。
(25)『朝日新聞』一九四六年六月二～七日付「本社座談会　民主戦線をどう作るか」。
(26)戦前は共産党員、戦後は社会党員。
(27)『アカハタ』一九四六年六月一一日付「救国民主連盟原案承認　社会党常任執行委員会」、『日本社会新聞』一九四六年六月一二日付「救国民主連盟党議決定す」。
(28)一九四六年六月五日「救国民主連盟をめぐる諸問題」。森戸は同年七月(日不明)発表の「交渉打ちきりの根拠」においても、「組織されてゐる労農大衆よりも、デモなどに動員される行動大衆よりも、遙かに広汎な、したがつてまた意識水準の低い選挙民大衆を獲得しなければならぬ」と述べている(前掲『救国民主連盟の提唱』)。
(29)『アカハタ』一九四六年六月一五日付「民主戦線は労働勢力中心に　促進会声明書発表　なは社会党と協議」。

（30）『日本労農通信』一九四一年七月三・六日合併付第五九号「労農運動日誌」。
（31）高橋彦博「片山内閣の成立過程―救国民主連盟と吉田内閣打倒国民大会―」（『社会労働研究』第一九巻第三・四号、一九七三年）一〇四頁。
（32）『読売新聞』一九四六年六月一八日付「分裂を策す陰謀　人民連盟準備会改組の真相」、『アカハタ』同二〇日付「イトーリツ中央委員談話」。日本アナキスト連盟も『平民新聞』第二号で民主人民連盟の政党化を批判している。増山太助『戦後期左翼人士群像』（つげ書房新社、二〇〇〇年）一一一頁。
（33）民主人民連盟機関紙『民主戦線』（予告号）一九四六年七月一〇日付「報告―連盟改組の経緯」（前掲『日本労働運動資料集成』第1巻）。
（34）『朝日新聞』一九四六年七月一四日付「共産党受入れに両論」。
（35）『朝日新聞』一九四六年七月一九日付「賛否両論の波紋　社共の絶縁に地方の態度」。
（36）『日本社会新聞』一九四六年八月二日付「救国連盟運動方針支持　本部から支部連合会へ」。一般紙は七月一七日に報道済み。
（37）『アカハタ』一九四六年七月二三日付・志賀義雄「民主人民戦線はどうなるか」、同二七日付・共産党中央委員会書記局「救国民〔主欠ヵ〕連盟に関する経緯について」。
（38）民主人民連盟編『民主戦線のために』（前掲『日本労働運動資料集成』第1巻）。
（39）『朝日新聞』一九四六年七月二二日付「一切の民主勢力結成へ　民主人民連盟創立大会」。
（40）『アカハタ』一九四六年七月二七日付「民人連盟大会」。
（41）民主人民連盟編『民主戦線のために』（前掲『日本労働運動資料集成』第1巻）。引用文は『山川均全集』第一五巻（勁草書房、二〇〇〇年）に拠る。
（42）一九四六年一〇月の「一〇月ゼネスト闘争」に対して、民主人民連盟は同一三日に常務評議員会を開き、以下の声明を発表した。「経済的要求にもとづくストライキを『民主人民政府』樹立のために利用せんとする日本共産党及び産別会議本部のゼネスト計画については労働者諸君の厳正な批判と警戒とを必要とする、われわれは諸君の経済ストと共産党の不明瞭なゼネストの間に明確な一線をひくことによつて大衆の反感を解き、大衆をして政府の弾圧政策の支柱たらしめぬやうにすることを勧告する」（『社会新聞』一九四六年一〇月二二日付「民主人民連盟声明」）。さらに年末一二月二日に開催された救国民主連盟第一回会合に三田村四郎・小堀甚二が出席し、共産党除外方針を再確認している（同一二月一一日付「救国民主政府樹立え」）。

（43）『人民戦線』一九四六年一〇月号・志賀義雄「日本人民戦線当面の課題」、『前衛』一九四七年四月号「第二回全国協議会における一般報告」。徳田球一『内外情勢と日本共産党の任務　書記長報告集Ⅰ（一九四五〜一九四八）』（真理社、一九四九年）一五六頁。

（44）五月三一日発表「連盟の解散についての声明」（前掲『山川均全集』第一五巻）。

（45）民主人民連盟の内情については、「〈座談会〉山川・荒畑と民主人民連盟」（『運動史研究』第九号、一九八二年）参照。連盟の基礎資料も付記されている。

（46）『日本労農通信』一九四六年一〇月五日付第八三号「社会党第二回全国大会開かる」。

（47）『朝日新聞』一九四六年一〇月一日付「書記長に西尾氏決定　社会党大会民主聯盟問題で波乱」、『アカハタ』一九四六年一〇月二日付「〝共産党を除外〟民主聯盟案多数で可決　社会党大会」。この時の様子は『日本ニュース』（戦後編第39号・一九四六年一〇月八日付「議会政党へ—社会党全国大会」ＮＨＫ戦争証言アーカイブス）で見ることができる。

（48）社会党中央執行委員会・民主人民連盟はゼネスト反対、総同盟常任中央委員会は傍観。『日本労農通信』一九四六年一二月一四日付第一〇二号「労農運動日誌」。

（49）『前衛』一九四七年四月号「第二回全国協議会における一般報告」。前掲徳田『内外情勢と日本共産党の任務　書記長報告集Ⅰ』一五三頁。

（50）『アカハタ』一九四七年一月一七日付「連立に絶対反対　倒閣実行委員会と労組懇談会　合同会議で一決す」。

(51)『朝日新聞』一九四七年一月二一日付「社共の参加を要求　全闘倒閣委員会合同会議」。
(52)『アカハタ』一九四七年一月二三日付「結成せよ民主戦線　社会党左派発表の政策」。
(53)『アカハタ』一九四七年五月一日付主張「総選挙の成果とその後の斗争」。
(54)『社会思潮』一九四七年四月号（復刻シリーズ戦後社会運動資料新聞・雑誌編『日本社会党機関誌　社会思潮（2）第4号〜第8号』法政大学出版局、一九九一年）。
(55)『アカハタ』一九四七年三月三日付「選挙の共同斗争　わが党、社会党へ申入れ」、同一二日付「保守反動の利益は大　社会党・共同斗争を拒否」。
(56)『アカハタ』一九四七年三月一八日付「人民諸君に訴う」。
(57)『アカハタ』一九四七年四月二〇日付「突撃隊」。
(58)『アカハタ』一九四七年四月二三・二六日付「私は共産党に投票する」。
(59) ただし、いまだ決定的ではない。一九四七年九月頃、GHQ参謀部のG2（参謀第二部）は、東北地方の動きをもとに、共産党指導部における暴力革命志向を指摘している。柴山太『日本再軍備への道─一九四五〜一九五四年─』（ミネルヴァ書房、国際政治・日本外交叢書⑪、二〇一〇年）八三〜八五頁。
(60)『アカハタ』一九四七年五月五日付「社会党は勝利した＝それは何ゆえか？＝」。
(61) しかし、この時期にも社会党代議士や中央執行委員のなかに共産党の秘密党員・フラクションが存在していたという。鈴木徹三「戦後社会運動史資料論─鈴木茂三郎（4・完）」（『大原社会問題研究所雑誌』第五三三号、二〇〇三年）六二頁。
(62)『アカハタ』一九四七年八月一九日付主張「社会党の役割とわが党の任務」。
(63)『アカハタ』一九四七年九月七日付主張「社会党の途」。一九四七年末には総括的な左派批判がなされている。『アカハタ』一二月一七日付「どこへゆく？　社会党『左派』」。
(64) 産別と共産党の関係に就いては、『社会新聞』一九四八年二月二五日付「共産党の産別支配網を解剖する」参照。

共産党の民同評価は一〇年がかりで変化した。『アカハタ』五六年一〇月一一日付「レッド・パージ復職闘争の経験（上）」は、関西の京阪電鉄細胞を例にして、「四五年に組合が結成されてからパージされるまで、党細胞だけで組合を引回していた。さらにセクト主義、冒険主義から社会民主主義幹部を『売国民同』とレッテルをはり、排除し組合を割るような行為、これはどんな意図にせよ労働者にとって不利益であった」と反省している。同五七年二月六・七日付「レッドパージ復職闘争のなかで学んだもの」で、全逓全電通山形県所属の富樫武は、「民同を発生させた原因はいろいろあると思いますが、大半の責任は党の誤った態度にあった」「当時は戦後の労働運動がはじまって二、三年というときで、互に労働運動の本来のあり方について知らなすぎたのです。民同発生はこういう背景のもとに共産党が組合を私物化する傾向に反対し、組合をもっと民主的にしたい、もっとみんなのものにしたいという素朴な気持ちからでた」と述べている。アカハタ編集部は「本文中、民同の問題や労働運動の歴史的評価には一面的な、不十分な点がある」と留保しつつも掲載した。同記事に対して、同二一日付国民論壇「富樫氏の『民同評価』について」が出る。執筆者の国鉄民同（国労本部書記）佐々木守雄は「なにか心待ちに待ったものが、ついにでてきたと、ちょっと大げさな言い方だが感激した」と率直な感想を述べ、同記事は「日本の労働者階級にとって大きな前進をもたらすもの」であり、「富樫氏の実に心をうたれる吐露、そして共産党がこれを機関紙に掲載された裁断にも敬意を表」すると記している。六全協後の社共共闘に向けたアカハタ編集部の姿勢がうかがえる。

(65) この間の事情については、山田敬男「占領期労働運動のヘゲモニーをめぐる攻防」（前掲五十嵐編『「戦後革新勢力」の奔流』第四章）参照。

第三章

(1) 伊藤律の『赤旗』デビューは、一九四五年一二月二六日付「農業革命の展望とわが党の政策」。

(2) 以下、法政大学大原社会問題研究所編『日本労働年鑑』第二三集（時事通信社、同研究所ＨＰ・大原デジタル

ライブラリー）・第二部第三編農民運動、参照。

（3）結成大会には大沢久明も出席し発言している。『日本ニュース』戦後編第6号・一九四六年二月二一日付「農民戦線結集へ！」参照。

（4）叶凸「日農第二回大会批判―日農刷新同盟―」（『社会思潮』一九四七年五月号、前掲『日本社会党機関誌　社会思潮（2）』）参照。

（5）『アカハタ』一九四七年九月一三日付「〝反共声明〟関知せず　日農の方針は不変　黒田委員長、声明を発表」。

（6）『読売新聞』一九四七年一〇月二七日付「日農・全農の紛争」。

（7）『アカハタ』一九四八年六月二四日付「正統派同志会日農に発足」。座長は大沢久明、幹事長は黒田寿男。

（8）『読売新聞』一九四八年七月二日付社説「左翼新党結成の気運」。

（9）『アカハタ』一九四八年二月二〇日付「〝組合民主化のため〟」。

（10）山田慶昭「原田香留夫先生追悼の辞」（自由法曹団『団通信』第一〇九九号、二〇〇三年）。

（11）『アカハタ』一九四八年八月二四日付「玉井潤次氏（新潟県連委員長）社党を脱党」。

（12）『赤旗』一九四五年一一月二九日付「現下の農民闘争について」。農民委員会の嚆矢は鳥取・茨城両県。同一二月五日付「最初の農民委員会　出荷組合を母体に結成　鳥取市西部」「茨城県でも結成　千余名の村民大会決議」。

（13）横関至「日本農民組合の再建と社会党・共産党（下）」（『大原社会問題研究所雑誌』第五一六号、二〇〇一年）。

（14）『アカハタ』一九四六年三月一日付「共産党だけが人民の窮乏を救ふ　同志徳田球一の一般報告」。

（15）『前衛』一九四六年一一月号・津川武一「青森県における民主戦線」。

（16）『前衛』一九四八年七月号・種村善匡「農民運動の現状批判―党の農民運動指導について―」。

（17）同前。

（18）『人民戦線』一九四八年一月号・伊藤律「農民戦線の分裂と統一」。

（19）一九四八年四月一七日付各地方都市府県委員会宛中央委員会書記局指令（第二三九号）「日農の指導ならびに

次期中央委員会対策について」【4】0368。
(20)『前衛』一九四八年一月号・伊藤律「民主戦線の見地からみた地方社会党論」。
(21)『前衛』一九四八年七月号・松本三益「農村戦線統一の問題—反共派といかに斗うか」。
(22)『社会新聞』一九四八年四月二八日付「深まる日農の危機(2)」。
(23)前掲伊藤律「民主戦線の見地からみた地方社会党論」。
(24)共産党の青年組織日本青年共産同盟(青共)も高く評価していた。日本青年共産同盟機関紙『青年ノ旗』(国立国会図書館所蔵)一九四七年二月五日付第三〇号「アオモリ県下のすばらしい活動　もり上る青共の組織と力」。
(25)日本共産党教育宣伝部編『日本共産党決定報告集』(人民科学社、一九四八年)。分科会で青森県の活動を報告したのは津川武一。箱崎満寿夫「青森における社共合同について」(『前衛』一九四九年二月号)四四頁。箱崎は五〇年当時、茨城県委員で国際派より所感派チトー主義者として除名される。「声明書　党内に巣食うチトー一派の策動を粉砕するために全党の同志諸君に訴える」【2】0011。第六回党大会については、犬丸義一「日本共産党第六回大会の歴史的意義」(前掲五十嵐編『「戦後革新勢力」の奔流』第三章)参照。
(26)『アカハタ』一九四八年二月一日付党生活欄「弘前の人民斗争」は弘前国鉄機関区を中心とした地域闘争の状況を、同二月二〇日付・津川武一「なぜ党員がふえたか」は下北地域での党勢拡大を伝えている。
(27)『社会新聞』一九四八年一月二三日付「代議員に聞く地方事情」。大沢は中央委員に再選。
(28)『アカハタ』一九四八年二月一〇日付「人民政府を　日本共産党中央委員会」、同一一日付「『人民の政府』へ奮斗　共産党中央委員会の斗争宣言」。
(29)『アカハタ』一九四八年二月一七日付「現政局と民主民族戦線」。
(30)『アカハタ』一九四八年二月二一日付「世界各国の民主戦線」。
(31)この日の参内については、鶴見俊輔・中川六平編『天皇百話　下の巻』(ちくま文庫、一九八九年)もとりあげている。宮内庁『昭和天皇実録　第十』（東京書籍、二〇一七年）同日の項には「内奏の後、芦田より共産党への対応や宮内府に対する連合国最高司令部の意見についてお聞きになる」と見える。また『芦田均日記』一九四八年八月二九日の項によれば、芦田は同二七日の外国人記者クラブで共産党員の公職追放を考慮していると発表している。

(32) 芦田の社会党左派観は共産党と似通っていた。『人民戦線』一九四八年五月号「いわゆる『社会党左派』」は、社会党左派を「政界のおけら」と呼び、「おけら地中にもぐる、水の上も泳ぐ、そして雨中さえ飛ぶのである」とその融通無碍さを指摘している（傍点原文）。

(33)「指令第二二五号」【4】0349。

(34) 吉田健二「民主主義擁護同盟の成立と崩壊過程―戦後日本における統一戦線の原型―」（『社会労働研究』第一九巻第一・二号、一九七三年）によれば、労農連絡会の世話人は以下の一三名。議員側：辻井民之助（社）、中西功（共）、堀江実蔵（第一ク）、内野清次・佐々木良作・岩間正男・栗山良夫（無）、組合側：鶴岡信三（全官労）、吉田資治・中原淳吉（産別）、片岡文重（国鉄）、永岡光治（全逓）、南磐男（全官労）。

(35)『アカハタ』一九四八年七月四日付「悪質なデマ　新党説否定の声明　労農連絡会」。

(36)『アカハタ』一九四八年七月四日付「産別も声明」。

(37)『アカハタ』一九四八年七月一〇日付主張「危機にある社会党」も「第三政党」批判をしている。

(38)『アカハタ』一九四八年七月一三日付「熱烈な質疑　全逓で民主民族戦線懇談会」。

(39)『アカハタ』一九四八年七月一三日付「労農連絡会の成果と批判」。

(40)『アカハタ』一九四八年七月一四日付「民主戦線の確立へ」。

(41)『社会新聞』一九四八年七月一四日付主張「社会党と共産党の『間』」は、労農党結成を「統一社会党」結成、つまり社共合同の動きと見て、統一社会党はソ連占領下のドイツで共産党が社会民主党の支持者を指導下におくための「戦略政党」であり、「国際的には米ソの対立がまだ激化しておらず、国内的にはソ連の圧力を背景にしての所産」だが、「米ソの対立が激化し、アメリカ占領治下」の日本では統一社会党の「戦略的意義」は薄れたと述べている。

(42)『アカハタ』一九四八年七月一八日付「黒田氏らの復党」。

(43)『社会新聞』一九四八年七月二八日付「黒田問題で紛糾」。

(44)『アカハタ』一九四八年七月二〇日付「労農新党考えず　岡田氏純化斗争を声明」。

(45)『社会新聞』一九四八年七月二八日付「どこへ行く正統派議員団」には、「あれは徳田コースに対する野坂ラインの仕事だとうわさされながら、近ごろのアカハタでさかんにたたかれては浮ぶ瀬もなしであろう」「脱党派を党内において除名派と呼応させて社会党を常なく動揺させれば事足るとする共産党に対して、やはりこの人たちは『容共』をとるのであろうか」と見える。

(46)服部は中央委員候補・書記局勤務員・全国オルグ、一九四九年三月にオルグ先の札幌で死去。服部は戦前、青森市荒川刑務所で大沢久明と出会っている。大沢『物語青森県共産党史』(北方新社、一九七五年)一九一頁。後年、神山茂夫は服部を「悪質転向組」の一員と呼んでいる。五一年七月「日本共産党二九周年に捧ぐ　党統一の道標―全国の愛党の同志諸君に訴える―」(林久夫との共著、前掲『日本共産党五〇年問題資料集』3)一〇四頁。

(47)『アカハタ』一九四八年八月四日付「当面の斗争の意義と方針」。

(48)『アカハタ』一九四八年八月六日付「徳田書記長歓迎大会　民主民族戦線結成　全会一致、決議を採択」。

(49)『アカハタ』一九四八年八月一四日付「『民主主義の防衛』へ　広範な組織を作る　労農連絡会で一決す」。

(50)『アカハタ』一九四八年八月一一日付「デマ挑発者に対し断乎闘争を宣言す」、同八月一四日付主張「頻発するデマの正体」。

(51)『アカハタ』一九四八年八月一七日付「反ファッショ人民大会開く　平和と自由と独立『民主主義防衛同盟』の結成可決」。

(52)『アカハタ』一九四八年八月一七日付「結成急ぐ『民主主義擁護同盟』本月中に準備会」。

(53)『アカハタ』一九四八年八月一九・二一日付。なお二一日のタイトルは「ポツダム宣言と民主民族戦線の根本精神」。

(54) 民主主義擁護同盟に関しては吉田健二の一連の研究がある。①前掲「民主主義擁護同盟の成立と崩壊過程」、②「民主主義擁護同盟の分析」(『労働運動史研究』第五九号、一九七六年)、③「民主人民連盟と民主主義擁護同盟」(増島宏編『日本の統一戦線(上)』大月書店、一九七八年)、④「占領後期の統一戦線運動―民主主義擁護同盟の結成と活動」(前掲五十嵐編『「戦後革新勢力」の奔流』第一四章)、参照。民主主義擁護同盟に関する基本史料は、法政大学大原社会問題研究所編『日本労働運動資料集成』第2巻(旬報社、二〇〇七年)四二九〜四四一頁。

(55)『アカハタ』一九四八年八月二八日付「民主主義擁護同盟の性格　自由と平和と独立　全国民の大運動へ」。

(56) 当時の共産党員数は極東軍文書 Japan 3100: Regular Government の Membership of Japan Communist Party(日本共産党党員)によれば、一九四八年三月に政府へ届け出た登録党員数は一万八〇八八人、推定党員数は六万一五五〇人、秘密党員・地下党員を加えると一〇万人以上と思われていた。登録党員数は、東北六県では青森二三三・岩手一七四・宮城三四六・秋田一五三・山形二九九・福島四六〇、計一六六五人。一〇〇〇人以上の都道府県は北海道一四三二・茨城一一八〇・東京二六六一・長野一一七二。推定党員数は、東北六県では青森一〇〇〇・岩手七〇〇・宮城一〇〇〇・秋田八〇〇・山形八〇〇・福島一〇〇〇、計五三〇〇人。二〇〇〇人以上の都道府県は東京八五〇〇・長野二五〇〇・京都二五〇〇・大阪・四五〇〇・兵庫二五〇〇・福岡二〇〇〇(コマ番号12〜14)。東北六県に限ると、GHQ/SCAP文書・民政局一九四八年四月付 Civil Intelligence Section Special Report The Japan Communist Party(民間諜報局日本共産党特別報告)によれば、一九四八年の登録党員数は青森二一一・岩手一四一・宮城三〇五・秋田一四九・山形二三三・福島三九五の計一四三四人。この年四月から八月にかけて二〇〇人以上増加したと思われる(コマ番号11)。推定党員数も同じ。

（57）『アカハタ』一九四九年七月一日付主張「民擁同結成大会に寄す」、同日付広告「民主主義擁護同盟結成大会」。

（58）一九四九年一月一三日付中央委員会書記局指令「民主々義擁護同盟を強化せよ」（日野二郎編『一九四九年中に発せられた共産党の秘密指令』労働展望社、一九四九年）は、「昨年八月以降全国的に展開された民主主義擁護同盟は昨年末から本年初頭にかけて頭打ちの情勢となつてきた」と記している。なお、「秘密指令」の信憑性は当時から疑われており、慎重な読みが必要である。『真相』一九四九年一月号「共産党秘密指令の正体」は、「新商売共産党指令製作販売」をあげ、インチキ指令の横行を指摘している。『真相』は佐和慶太郎が設立した人民社から出された共産党系雑誌。「佐和慶太郎氏に聞く　戦後革命と人民社（1）～（5）」（『大原社会問題研究所雑誌』第三七八～三八三号、一九九〇年）参照。

（59）「通達」【4】0973。

（60）前掲吉田「民主主義擁護同盟の成立と崩壊過程」。同論文は同盟機関紙『民主戦線』一九四九年六月一五日付第三号「民擁同準備会はどれだけの仕事をしたか―その活動報告」から、①政令二〇一号反対、②弾圧の実態調査と人権擁護、③平和擁護、④産業教育文化の防衛、⑤都教育委員選挙および一九四九年一月総選挙、⑥日中貿易促進運動、⑦生活擁護、⑧組織拡大、の八点を整理している。

（61）『アカハタ』一九五〇年三月二四日付「民族の独立のために全人民諸君に訴う」「全党員諸君に　民主民族戦線への檄文発表に際して」。発表日は前者が三月二二日、後者が同二三日。

（62）前掲『アカハタ』「全党員諸君に　民主民族戦線への檄文発表に際して」。

第四章

（1）『アカハタ』一九四八年一〇月三一日付「一般報告と結語　第四回中央委員会総会」。

（2）右翼的傾向の③に関して、『アカハタ』一九四九年一月一日付主張「一九四九年のはじめにあたって」（執筆者は主筆の志賀）は「階級斗争ぬきの自主的経済建設論」だと批判し、戦時中の「愛国主義的アウタルキー論」の焼き直しであると論じている。

（3）前年の『アカハタ』一九四八年一月五日付「アメリカ労働者の政治攻勢〝我らの大統領を〟」は、第三党（独立進歩党）の候補者がアメリカ共産党やアメリカ労働党の支援を受け、民主党の進歩派を糾合すれば、民主党候補はより進歩的な政策を出さざるを得ないだろうと予想した。一年後の『アカハタ』一九四九年一月一日付「一九四九年の展望」（野坂参三）は、四八年の世界的進歩勢力の躍進の一つに、アメリカ大統領選挙におけるトルーマンの勝利をあげている。社会党の『社会新聞』一九四八年一一月一〇日付主張「ト大統領の再選と労働階級」も、トルーマン勝利の意義を「何よりもまずアメリカの大衆が世界平和を擁護し、大衆の利益をより多く守ろうとうるものを自己の代表として選んだということ、さらにこのアメリカ大衆の意思と力が少数の大産業金融資本家達の意思と力に打ち勝ったということである」と整理している。こうした読みを中央の政党新聞のみならず、東北の一地域新聞にも見出すことができる。むの・たけじが主宰した『週刊たいまつ』一九四八年一一月一三日付第三四号主張「最後に勝つ民衆の声」は、「デューイ氏がヨリ資本家的であり、トルーマン氏がヨリ大衆的・進歩的政策の側にたつことも疑いをいれない、深まる戦争の危機を前に、平和を切望してやまない民心にとつて、よしんば紙一重のちがいでも大ごとであつた。労働者や農民や、そして何よりも婦人の多くの票が、かくて、ヨリ平和的協調的な人物にそそがれたのでなかろうか」と論じている。

（4）『アカハタ』一九四八年一一月一八日付「共産、労農、農民三党から吉田内閣不信任案」。

（5）労働者農民党の役員は以下の通り。中央執行委員（第一回中央委員会で選出）：黒田寿男（主席）中原健次、岡田春夫、太田典礼、石野久男、堀江実蔵、水橋藤作、鈴木清一、木村禧八郎、堀真琴、千葉信、藤田勇、玉井祐吉、小林一、藤川勇、池戸芳一、西原佐喜市、館俊三、野老誠、池田恒雄、山口武秀、森山武彦。中央委員（中央推薦）：黒田寿男、中原健次、岡田春夫、石野久男、太田典礼、玉井祐吉（以上、衆議院）、木村禧八郎、鈴木清一、掘真琴、千葉信、太田敏兄、星野芳樹、水橋藤作、池田恒雄（以上、参議院）、藤田勇、藤川勇、松本健二、池戸芳一、小林一、神長一夫、関口喜八郎、布施陶一、対馬忠行、里吉正己（以上、議院外）。

（6）内田穣吉『日本資本主義論争』下巻（新興出版社、一九五〇年）二八九頁。
（7）極東軍文書080: General Headquarters G-2, Far East Command, Jan-Dec 1948の一九四八年九月二八日付Democracy Protection League（民主主義擁護同盟）（コマ番号7）によれば、土橋はすでに共産党の秘密党員とみなされていた。
（8）「指令第三一五号」【4】0473〜474。
（9）前掲『日本共産党資料大成』は「共社合同に関して」と題しているが（二六四頁）、『アカハタ』一九四八年一二月八日付では単に「政治局声明」である。
（10）「指令第三一七号」【4】0476〜477。
（11）【4】0484〜485。
（12）極東軍文書前掲Japan 3100: Regular Governmentの一九四八年一二月二四日付無タイトル史料（コマ番号77）は、労農党は社会党左派の糾合をめざしたが、地方組織とくに東北地方の社会党員は公然と共産党に入党し、人民戦線結成に向かった、人民戦線運動は無視できない力を持っており、共産党のよく練られた選挙対策である、と述べている。
（13）復刻シリーズ戦後社会運動資料新聞・雑誌編『日本社会党機関誌　社会思潮（4）第14号〜第19号』法政大学出版局、一九九一年。
（14）鈴木徹三「『社会主義』解題」（法政大学大原社会問題研究所編『復刻シリーズ　戦後社会運動資料／第3回配本　新聞・雑誌編社会主義政治経済研究所機関誌　社会主義（3）第2巻第7・8合併号〜第2巻第12号』法政大学出版局、一九九三年）。以下『社会主義』については鈴木論文を参照。社会主義政治経済研究所については吉田健二「占領期の知識人運動―『民主革命』期のリベラリスト」（前掲五十嵐編『「戦後革新勢力」の奔流』第七章）参照。
（15）『読売新聞』一九四八年一二月一二日付「新社会主義政党」、同一三日付・小堀甚二「各党に与う　労農党の巻」

参照。

(16)『アカハタ』一九四九年一月一八日付「腹はきまった　秋田、一路三党統一へ」「福島合同委員会組織」「党生活　社共合同を生み出す闘争　諏訪地区労農市民共闘の教訓」、同二〇日付「全福島県　政治戦線一本化に」。離島における社共合同の動きとして、山口県周防大島の例がある。第一一章参照。

(17)『社会新聞』同日付「『共社合同』の正体みたり」は東京の社共合同について報じている。

(18)一九四九年一月に限っても『アカハタ』紙上で入党が報じられたのは五〇〇名近かった。この中には歴史家網野善彦の義父で宗教学者中沢新一の父親中沢厚もいた。中沢新一『僕の叔父さん　網野善彦』(集英社新書、二〇〇四年)参照。

(19)同時代の三多摩民権運動の系譜について、新井勝紘『五日市憲法』(岩波新書、二〇一六年)は「戦後地域文化運動」を背景にした「五日市新政会」「新農村文化会」に注目して、「五日市という場に蓄積されてきた民権意識や文化の厚みが伏流となっている」と論じ、「戦後民権」を提唱している(一八三～一八四頁)。二〇一六年一二月二日の全国自由民権研究顕彰連絡会(全国みんけん連)結成記念講演「草の根から生まれた『五日市憲法』の先駆性―発見から50年をふりかえって―」参照。

(20)座談会は一九四八年一二月九日開催。復刻シリーズ戦後社会運動資料新聞・雑誌編『日本社会党機関誌　社会思潮(5)第20号～第23号』法政大学出版局、一九九一年。

(21)『社会新聞』一九四九年一月二〇日付「もうひと押し!」。

(22)小林秀雄、高見順、丹羽文雄らも共産党に投票している。『民主評論』一九四九年四月号「共産党に望む」(前掲『民主評論(5)』)。

(23)『朝日新聞』一九四九年一月二九日付朝刊「政界新街道③本社記者座談会　えりを正す共産党」。

(24)青森二区の大沢に関して、『アカハタ』一九四九年一月一一日付「働く者はただ一つの党、共産党へ」は、大沢優勢を報じ、「同区を金城湯池とたのんでいる民主党側で最高点は共産党にとられたとあきらめているといわれている」が、「この情勢に楽観することなく」とくぎを刺している。一方、悲観論も流れていた。青森県内紙の『デーリー東北』一九四八年一二月七日付「総選挙にも確信〝大沢君は見込みないだろう〟工藤大臣記者会見」で、工藤鉄男（民主自由党、行政管理庁長官）は民主自由党の議席数を二五〇と読み、「大沢君は見込みなかろう」と予想した。工藤の読みは鋭かった。民主自由党の議席数はほぼ予想通りである。しかし大沢の落選も当てたが、工藤自身も落選した。自分の当落は読めなかったようだ。

(25)『アカハタ』一九四九年一月二六日付。

(26)『朝日新聞』一九四九年一月二六日付朝刊「労農へ共同戦線申入れ　共産党声明」。なお『東奥日報』二月一七日付「東北地方は封建性が強い　来県の徳田共産党書記長語る」によれば、同一二日に仙台で開催された社共合同大会で徳田は「吉田内閣は三、四カ月中に瓦解する」と述べている。

(27)『朝日新聞』一九四九年一月三一日付「社党、共闘を拒絶」、『社会新聞』二月三日付「混乱と破壊を排す　社会党の回答」。同二月九日付「共産党の共同闘争」は伝聞の形で、社共合同論者の紺野与次郎に中西功や神山茂夫らは反対していると報じた。当時の社会党の共産党批判として『社会思潮』四九年四月号の高津正道（戦前共産党員）「われら敗戦の記―共産党デマ戦術批判―」、星加要（国鉄民主化同盟）「労働組合は闘う」、楠尾久頼「日本共産党は化け物である」（前掲『日本社会党機関誌　社会思潮（5）』）参照。

(28)『朝日新聞』一九四九年二月一六日付「共産党と合同せず　労農党回答を決定」。

(29)前掲『日本社会党機関誌　社会思潮（5）』。

(30)なお社会主義政党の再編成をめざして、一九四八年一一月に荒畑寒村・小堀甚二・向坂逸郎・平林たい子らが社会主義政党結成促進協議会を設立している。これは四九年一〇月の社会主義労働党準備会、いわゆる「山川新党」に連なる。共産党はこの動きも牽制した。『前衛』一九四九年二月号・大曲直「社会民主主義の破産―社会主義政党結成促進会・労働者農民党批判―」は直接的な批判論文である。「山川新党」に対する社会党内の批判としては、吉川末次郎「社会党の理論的粛清と統一＝山川均氏の諸説批判＝」（『社会思潮』一九四九年四月号、

前掲『日本社会党機関誌　社会思潮（5）』）。

（31）『アカハタ』一九四八年九月二日付「共社両党合流す」。記事は両党合同後の党名を「人民民主党」と報じている。

第五章

（1）『アカハタ』一九四八年一〇月一五日付・中央委員会政治局「総選挙に備えよ（上）」は、第一回教育委員選挙を東京以外は「不成功」と評価している。詳しくは一一月九日付党生活欄・神山利夫「弱点を生かして前進しよう」参照。

（2）その裏返しとしての、当選可能な選挙区にしか候補者を立てない当選第一主義が批判された。『アカハタ』一九四六年三月二八日付「全候補者を議会へ　当選第一主義と労働組合主義　二偏向を克服せよ」、同一九四八年一一月一八日付主張「重点主義にかたよるな」、一二日付「総選挙の勝利のために　徳田書記長と一問一答」参照。

（3）『アカハタ』一九四九年二月八日付「日本共産党第五回中央委員会総会」。

（4）『アカハタ』一九四九年二月九日付「日本共産党第五回中委総会の報告と結語」。

（5）「九月革命」説は有名だが、四月革命説も流れていた。極東軍文書000.1: General Headquarters G-2, Far East Command, Jan-Dec 1949の一九四九年四月二五日付 Allegend Communist Plans for "April Revolution"（噂されている共産主義者の「四月革命」計画）（コマ番号29）参照。

（6）学者の入党としては、東京文理科大学教授・細胞学者の山羽儀兵、東北大学教授神谷六郎が知られる。『アカハタ』一九四八年二月一〇日付「学者の入党は世界的傾向」、同三月一七日付「共産党こそ民族を救う」。その他、北大・杉之原舜一、早稲田大学・松尾隆らが入党している。同一二月七日付「これが本道だね　入党文化人の若返る笑い　お祝い茶話会」は出隆・森田草平・内田巌三氏の入党談である。四九年一月九日には水戸高校教授梅本克己・東京工大助教授鶴岡信三〔のち東京工大工学部長〕、同一二日には俳優滝沢修の入党が報じられている。

占領期の右派カストリ雑誌として知られる『政界ジープ』一九四九年四月号には「鈴なりのアカハタ列車、文化人の集団入党」(多摩清夫)が見られる。なお、出や森田をはじめとする著名文化人の共産党入党に対する批判として、坂口安吾「インテリの感傷」(『文芸春秋』一九四九年三月号)参照。

(7)『アカハタ』一九四八年四月八日付「共産党の旗のもとに」、四月二一日付・野田弥三郎「文化人と党活動—出隆教授の場合—」。出の弟子山岸外史も四八年一二月に共産党入党。『アカハタ』一九四九年一月二八・二九日付文化欄・山岸外史「出隆先生に宛て、(上下)」。出隆については、出かず子編『回想　出隆』(回想出隆刊行会、一九八二年)参照。

(8)「東京都委員候補者名簿」【8】0653。

(9)『アカハタ』一九四八年一二月八日付「勝利への前進つづく　土橋一吉氏入党す」、『全逓新聞』(『全逓新聞縮刷版1』全逓信労働組合、一九八八年)一九四八年一二月一三日付「全勤労者共産党に結集せよ　これぞ最大の栄誉と任務　土橋委員長入党立候補を宣言」。

(10)『アカハタ』一九四九年三月九日「第二の人生」参照。

(11)『アカハタ』一九四九年二月二四日付「国土復興・唯一の道　参院議員兼岩伝一氏も入党」参照。

(12)坂口安吾「スポーツ・文学・政治」(『近代文学』第四巻第一一号、一九四九年)。

(13)なお。同日付一面には「国を救う私の一票」欄があり、柳田泉・山本安英・弥永昌吉・丸岡秀子・遠山啓・邦正美・野村平爾が共産党支持の声を寄せている。この欄は同一二日付から二二日付まで断続的に連載され、一二日付には千田是也・桜むつ子・田中一松・河原崎長十郎・石井漠・吉沢忠・寒川光太郎、一三日付には平野義太郎・伊豆肇・大谷藤子・木下順二・柘植秀臣・五所平之助、一四日付には岩間正男・和田小次郎・岸旗江・本田喜代治・土岐善麿、一六日付には戒能通孝・浜村栄蔵・菱山修三・佐木秋夫・大田洋子・国崎望久太郎・鈴木安蔵、一九日付には小林良正・園部三郎・椎名麟三・舟木重信・山田肇・芝木好子・中野好夫、二一日付には坂田昌一・堺俊二・吉村公三郎・八杉龍一・松岡洋子、二二日付には武林無想庵・岡沢秀虎・荒木季夫・新海覚雄・戸田武

雄・北側冬彦・馬島僩（僴）・深尾須磨子・吉川坂一・奈良真養・渡辺一夫・豊田正子・福田豊四郎・柳沢汎枝・藤沢衛彦・古島敏雄の名前が見える。

(14) 間接的な理由は、松尾『歴史家　服部之總』が引用する一九五五年の日記にうかがえる。服部はこう記す。「政治家になるのはきらいだから、往年入党したときも、参議院はおろか、どんな委員も、どんな長も、ならないという条件で、いつまでもたゞの平党員という条件で入った。家内はじめ子供たちに入党をすゝめたこともなければ、ビラをはるよう強要したこともない。ビラはりを家族にさせないのがけしからぬとこの山の山本細胞が、ノイローゼさいちゅうの私をつるしあげるさわぎが起こるに及んで、私は約束がちがうから脱党して今日に及んでいる。」（七五一頁）細胞の狭量さが服部を共産党から遠ざけたといえよう。しかし、服部は一九五六年三月四日に亡くなる直前、ごく親しい見舞客からフルシチョフのスターリン批判演説を聞かされ、目に涙をためて、「ぼくもまだ党のためにいくらか役に立つこともあったのに」と残念がって泣いたという。松尾は服部が死の直前まで「共産党」「赤旗」にたいする「忠誠心」を持ち続けていたのではなかったかと述べている（八九六頁）。

(15) 前進座の集団入党については、前掲増山『戦後期左翼人士群像』一二八〜一三三頁、参照。

(16) 斎藤一郎については、「産別民同がめざしたもの（2）—三戸信人氏に聞く」（『大原社会問題研究所雑誌』第四九〇号、一九九九年、五六頁）参照。斎藤はのちに『二・一スト前後—戦後労働運動史序説』（労働通信社、一九五五年）を出す。

(17) 『アカハタ』一九四九年五月一日付・徳田球一「民族独立のために」。

(18) 『アカハタ』一九四九年五月二日付「九月までに打倒　全人民とともに統一戦線を結成　徳田書記長熱弁をふるう」。徳田は五月二〇日の炭労第二回定期大会でも、九月までに吉田内閣を打倒すると述べている。『アカハタ』五月二二日付「九月迄に内閣打倒　徳田書記長政治斗争を強調」。

(19) 統一大会の様子は『アカハタ』一九四九年六月一二日付「全人民を〝革命の党〟へ」。

(20) 菊池重作と山口武秀は一九四九年六月五日に共産党入党を宣言。『アカハタ』一九四九年六月七日付「力強い

確信で入党　菊池（重作）山口（武秀）両氏宣言」。菊池については、六月八日付「入党宣言　全国の社会党同志に訴う」参照。菊池は合同後の共産党県委員長に就く。山口については、六月九日付「入党の弁　私がまず解放された」、七月五日付「常東の合同斗争」参照。藤枝陸郎については、六月一四日付「新入生・挨拶」参照。
(21)『アカハタ』一九四九年六月二二日付「第十五回拡大中央委員会の報告と結語」における徳田の「一般報告」。
(22) 前掲「第十五回拡大中央委員会の報告と結語」における野坂の「国会活動についての報告」。
(23) 地域人民闘争の革命熱も高く、地方共産党組織における〈下からの〉革命主義は無視できぬ激しさを持っていた。前掲河西宏佑『電産の興亡』は、一九四八年の福島県猪苗代分会の闘争をとりあげ、分会細胞と党中央の対立や、すでに「所感派」と「国際派」の分裂に連なる兆しが生じていたことを明らかにしている（一九四頁）。
(24) 次のような七部構成である。「第一部　日本共産党は公約を実行するか?」「第二部　日本共産党の政権下では国民の基本人権はどうなるか」「第三部　日本共産党によって平和は守られるか」「第四部　日本共産党によって日本民族の独立は得られるか」「第五部　日本共産党は暴力革命を否定するか」「第六部　共産主義世界は実現するか」「第七部　日本軍閥と日本共産党」
(25) 復刻シリーズ戦後社会運動資料新聞・雑誌編『日本社会党機関誌　社会思潮（6）第24号～第29号』法政大学出版局、一九九一年。特集版第一号は「あなたは瞞されている」と題した吉田内閣批判。
(26) 辻井民之助は京都府出身の労働運動家。戦前は第一次共産党、労働農民党、社会大衆党などに属し、京都府会・市会議員をつとめた。一九四六・四七年、社会党から衆議院議員に当選。四九年総選挙で落選。
(27) 島上善五郎は第一章第３節参照。秋田県出身の労働運動家で、戦前は東京市電気局（現東京都交通局）労働組合。
(28) 一九四九年一〇月号（前掲『日本社会党機関誌　社会思潮（6）』）。
(29) 高津正道は広島県出身の社会運動家。戦前は日本共産党（第一次共産党）の創立に参加するが、のち脱党。労農党、日本無産党などに属し、戦後は日本社会党の創立に参加。衆議院副議長や両院議員総会長などをつとめる。

(30)『社会新聞』一九四九年一〇月三〇日付・稲村順三「足立問題によせて　社会党と共同戦線—無理論的左翼通行主義者批判—」。

(31)『社会新聞』一九四九年一一月五日付「足立、師岡君に対する離党勧告の理由」。両名は二六日に離党勧告を受けたが、応ぜず三〇日に除名。

(32)伊藤律が社共合同を総括するのは、一九五〇年一月刊行の『農民運動』(潮流社、『講座経済学全集(第三部日本資本主義の現状分析)』)である。「第四章　農民運動と農民組織の新しい発展」の「二　社共合同闘争と統一戦線の進展」は、農民戦線統一の点から社共合同を位置づけている。

(33)一九四九年七月四日から五日にかけて起った下山事件に関する『アカハタ』の最初の報道は七月六日付「下山総裁行方不明」。七日付に「悪質デマに迷わされるな」「下山総裁事件を反共デマに」「下山国鉄総裁死体で発見」ほかが掲載されている。七月一五日の三鷹事件に関しては一七日付「無人電車突走る　三鷹駅で死者六名出す」「労組直ちに調査へ　真相を究明、デマ粉砕」「三鷹署員がデマ情報まく」などが初出。共産党は一八日に内閣・法務府・最高検・国警宛に三鷹事件に関する抗議文を手渡している。『アカハタ』一九四九年七月一九日付「速かに真相をたゞせ」。同日付主張「三鷹事件について」「三鷹事件　根拠なき不法逮捕」も参照。八月一七日に起こった松川事件に関する第一報は八月一八日付「東北線で脱線転覆」、一九日付「第二『三鷹事件』企らむ」など。

(34)『アカハタ』一九四九年七月一日付主張「民擁同結成大会に寄す」、結成大会広告、七月三日付「民主主義擁護同盟結成大会開く」。

(35)『アカハタ』一九四九年七月二日付「群馬でも政治戦線統一」。

(36)『アカハタ』一九四九年七月二〇日付「群馬政治戦線統一進む」。

(37)『アカハタ』一九四九年七月二一日付「三党の合同要望」。

(38)『アカハタ』一九四九年七月一九日付「広島でも政治戦線統一進む」。

(39)『アカハタ』一九四九年七月二一日付「岡山、政治戦線統一へ」。

(40)『アカハタ』一九四九年七月二四日付「福島　弾圧蹴って共産党へ　政治戦線統一委員会成る」。

(41)『アカハタ』一九四九年七月二四日付「長野県民代表者会議ひらく」。

(42)『アカハタ』一九四九年八月二〇日付「斗う戦線統一　神奈川民主戦線協議会」。

(43)『アカハタ』一九四九年八月二〇日付「反政府戦線統一へ　農民大衆の熱望で社共合同を決議」。

(44)『アカハタ』一九四九年八月二三日付主張「労農・共の合同大会　滋賀の統一戦線進む」。

(45)『アカハタ』一九四九年八月二五日付「長野県民代表者会議ひらく」。

(46)『アカハタ』一九四九年六月三〇日付「ソ同盟帰還者諸君を迎えて」。

(47)『アカハタ』一九四九年七月三日付「ようこそ解放の戦士　歓呼の嵐あびて東京入り」。

(48)『アカハタ』一九四九年七月七日付主張「人民の統一と社共合同」。

(49) 山田敬男「占領下労働運動のヘゲモニーをめぐる攻防」(前掲五十嵐編『「戦後革新勢力」の奔流』第四章)。なお同年八月六日に青森県弘前市で弘前医科大学教授夫人が寄宿先で刺殺された事件(那須事件)が発生している。当時、共産党東北地方委員会のメンバーとして仙台に常駐していた津川武一は、事件が下山事件・三鷹事件・松川事件などと同じように共産党の仕業とみなされることを恐れた。後年の一九七一年六月二〇日、真犯人の告白を読売新聞がスクープした。『津川武一日記』第三巻(北方新社、一九九一年)同日の項で、津川は当時をこう回想している。「夫人の殺害の報を耳にして弘前の党の人たちに電話をしたのであった。〝東京では三鷹こちらでは松川と警察はデッチあげにけんめいになり、共産党や民主団体がやられている。そちらの殺害事件でも共産党が結びつけられないように気をつけてくれ〟…と」。また同第六巻(北方新社、一九九一年)一九七七年二月一五日にも無罪確定をうけて、次のようにある。「昭和二四年八月私は党の常任として仙台にいたのである。松川事件でときの増田(甲子七)官房長官が共産党と労働組合の仕業であるとの談話を発表したばかりの頃であり、私は弘前の党の人たちに電話をして松川事件みたいにされるな。充分な警戒をするようにと、そんなことまで思い出される」(適宜句読点を付した)。なお、津川は後年、東北地方委員時代を回想して次のように記している。一九七九年六月一九日「あれは一九四八年昭和二三年か一九四九年の頃であったろうか　私は足なしの根なしの根なし草であった　政令二〇一号で逮捕されふるさとにおける私のたたかいのひと区切りしていた頃であった（中略）言われるままに党東北地方委員会に常任することになり仙台に移っていた　東北地方委員会ではそれなりに仕事にはりもありそれなりに張りきってもいた」（『津川武一日記』第四巻、北方新社、一九九一年）。なお、現存する津川日記は一九五一年一月から始まるが、二月一四日（第一巻、北方新社、一九九二年）では事件容疑者に対する丸井清泰（初代弘前大学長）の鑑定を厳しく批判している。

(50)　『社会新聞』一九四九年七月二一日付「共産党大もめ　極左戦術の破綻、内部対立漸く深む」、一〇月二〇日付・木原実「中西功の批判と反批判の問題」。

(51)　『アカハタ』一九四九年八月二三日付主張「第十六回中央委員会総会は決定の実践を要求した」、二四日付「第十六回中央委員会総会の報告と結語」参照。

(52)　『アカハタ』一九四九年九月七日付「勤労者政党の共同斗争　労働者農民党から各党に申入れ」、八日付主張「労農党の共同斗争提唱」参照。社会党は結局拒絶した。九月二九日付「社会党拒絶す」。

(53)　前掲日野編『一九四九年中に発せられた共産党の秘密指令』。

(54)　『アカハタ』一九四九年九月三〇日付「党・緊急中委総会開く」。

(55)　『アカハタ』一九四九年一〇月一日付主張「嵐をついて　緊急中央委員会総会は訴える」。

(56)　秘密指令三四五号「合法活動のワクに束縛されるな」（九月二一日付）は、「われ〳〵はいつまでも合法活動にのみ執着せず、反撃の態度をと丶のえなければならない」と述べ、同三四八号「新たなる権力闘争のために分裂主義者を放逐せよ」（一〇月一四日付）は徹底した社会党・民同批判であった（前掲日野編『一九四九年中に発せられた共産党の秘密指令』）。

(57)　『アカハタ』一九四九年一〇月六日付「民主政党共斗連絡懇談会成る」。同日付「民主政党共斗連絡懇談会世話人」によれば、同懇談会の世話人は以下の通り（肩書きは同記事）。社会党代表：足立梅市（代議士）・成田知己

（同、調査部長）・和田敏明（前代議士）・井谷正吉（同）・師岡栄一（同）・鈴木雄二（同）、労農党代表：岡田春夫（代議士）・鈴木清一（参議院議員）・小林一（国鉄革同）、共産党代表：野坂参三（政治局員、代議士）・伊藤律（政治局員）。

（58）『アカハタ』一九四九年一〇月六日付「全人民の斗う統一のために　民主政党共斗連絡懇談会結成にあたり党の内外に声明する」。

（59）『アカハタ』一九四九年一〇月九・一〇日付「混乱深まる社会党（上・下）」。

（60）『アカハタ』一九四九年一一月二一日付「小原嘉氏日農書記長共産党へ」「統一戦線の発展」。一二月一九日付「〝統一こそ農民の要求〟小原嘉氏、労農党へあいさつ」参照。

（61）『アカハタ』一九四九年一二月一八日付。

第六章

（1）「旧無産党系分子の動向内査に関する件」、粟屋憲太郎編『資料日本現代史』第三巻・敗戦直後の政治と社会②（大月書店、一九八一年）資料46。

（2）『青森県労働運動史』第三巻・戦後資料篇1（青森県民生労働部労政課、一九七二年）および坊刀俊洋「一九四六年の市長公選運動（2）」（福島大学『行政社会論集』第八巻第三号、一九九六年。のち同『戦後地方政治の出発』敬文堂、一九九九年）、参照。以下、新聞史料の引用は両文献および筆者調査による。戦後の青森県の政治状況および選挙結果については、藤本一美「戦後青森県政治史序説」（『専修法学論集』第一二〇～一二五号、二〇一四～二〇一五年）参照。

（3）『東奥日報』一九四五年一〇月六日付「日本社会党青森県支部設立準備懇談会」。

（4）小森恵著・西田義信編『治安維持法検挙者の記録―特高に踏みにじられた人々―』（文生書院、二〇一六年）。

（5）前掲『青森県労働運動史』第三巻、五四～五九頁。

(6)『東奥日報』一九四五年一〇月一一日付「社会党三八支部結成式」。
(7)『東奥日報』一九四五年一一月一七日付「結党式」。
(8)『東奥日報』一九四五年一一月一三日付「社会党中弘支部結成」。
(9)『東奥日報』一九四五年一二月二日付「社会党南郡支部結成大会」。
(10)『東奥日報』一九四五年一二月一六日付「本県は大沢氏、県会の解散要求」。
(11)『東奥日報』一九四五年一二月二四日付「社会党東青支部結成」。
(12)前掲『青森県労働運動史』第三巻、九〇～九一頁。一九五〇年にソ連引揚者からなるスパイ組織が暗躍しているという、いわゆる「幻兵団」事件がおこる。国会で証人として証言した小針延次(二)郎は『週刊自由』の記者をしていたことがある。『アカハタ』一九五〇年二月三日付「〝幻兵団〟の脚本」で、大沢はその間の事情を述べている。
(13)『月刊東奥』一九四七年一月号・沙和宋一(山中勝衛)「太宰治氏のこと」によれば、太宰は遅れてやってきた。「みんなが打ち興じてゐるところへ、玄関で訪なう人の声があつた。渡辺惣助が玄関に飛んで行つたが『太宰君だ。太宰君だ』と彼は叫び出した。『おお、よくきたな。なつかしいな。久しぶりだな』と、腰を浮かしてきふにはしやぎだしたのは、津川武一だつた」。
(14)『竹内俊吉・淡谷悠蔵対談集　青森に生きる』(毎日新聞青森支局、一九八一年)二六七頁。
(15)『東奥日報』一九四六年一月一二日付「日本農民組合青森県連合会創立」。
(16)『東奥日報』一九四六年一月一四日付「青森県労働組地方協議会組織」。
(17)『朝日新聞』一九四六年三月五日付「前進する地方民主戦線」は、青森県人民解放連盟は前年一二月の発足と報じている。こうした動きは西の京都を筆頭とする地方的統一戦線の事例として研究史的にも注目された。歴史学研究会『日本同時代史1　敗戦と占領』(青木書店、一九九〇年)Ⅵ―2「民主人民戦線運動」参照。
(18)『週刊自由』一九四六年一月二三日付社説「人民解放連盟結集へ」(青森県立図書館所蔵青森県労働文庫〔以下、

青森県労働文庫と略す」)。

(19)『デーリー東北』一九四六年一月二七日付「県人民解放連盟八戸地区結成」。

(20)『東奥日報』一九四六年一月二八日付「日農南支部、〝共産党と不提携〟の態度を表明」。

(21)『東奥日報』一九四六年一月一三日付「本県の社会党と共産党　手握る日常闘争　注目される選挙対策」。徳田の動きについては、『物語青森県共産党史　大沢久明著作集Ⅲ』(北方新社、一九七五年)二一三～二一五頁もふれている。『徳田球一全集』第六巻(五月書房、一九八六年)の年譜によれば、徳田は一九四五年一二月一三日から北海道旭川・夕張などの炭鉱地帯を遊説し、二八日に帰京している。『赤旗』一九四五年一二月一九日付「石炭増産のため　同志徳田志賀炭坑地帯へ」参照。在道中の一二月一六日に札幌で演説会を行っているが、その様子を『北海評論』一九四六年二月一日付第一巻第二号「共産党の演説会」が報じている。

(22)『アカハタ』一九四六年一月二二日付「社会党支部の態度」。社会党岐阜県連有志も同内容の声明を出している。

(23)前掲『青森県労働運動史』第三巻、一一九頁。

(24)『東奥日報』一九四六年一月一七日付「日本共産党青森地方委員会結党大会」。

(25)前掲小森『治安維持法検挙者の記録』。

(26)前掲『青森県労働運動史』第三巻、一五四頁。

(27)『東奥日報』一九四六年三月一四日付「大沢社会党県連委員長、依然社共共同闘争すると声明」。

(28)『青森県農地改革史』(農地委員会青森県協議会、一九五二年)六一〇頁。

(29)『読売新聞』一九四六年四月一五日付「連立参加反対　社会党青森支部決議」。

(30)『東奥日報』一九四六年五月二日付「復活第一回メーデー」、吉田嘉志雄「戦後すぐの津川武一」『津川武一日記』第七巻(北方新社、一九九四年)月報7。

(31)『人民評論』一九四九年三月号・工藤武雄「統一の旗は進む・共社合同の村から　林檎と税金―青森から―」は、貧農や農民組合幹部を「社会党に留めておくものは、青森の社会党県連は東京の社会党と違うし、県連が右派になつても大沢氏は違うと思い込んでいる一点だけであつた」と述べている（三〇頁）。

(32) 前掲功刀俊洋「一九四六年の市長公選運動（2）」。

(33) この経緯について『アカハタ』一九四六年七月二〇日付の主張「二つの市長選挙の教訓」および「地方では民主戦線ができてゐる　アオモリ県ハチノヘ市長選挙　民主保守両勢力戦ふ」が報じている。

(34) 『東奥日報』一九四六年一月二八日付「医療民主化をかかげた巡回労農実費診療同盟結成」。

(35) 『月刊東奥』一九四六年五月号・大沢久明「救国民主戦線と青森県」。

(36) 『デーリー東北』一九四六年七月九日付「青森県救国民主連盟結成」。

(37) 日本共産党調査部編『政治必携―地方篇―』（日本共産党出版部、一九四七年）は、「共産党が社会党よりの候補をもって社会党以上に熱心にやったことは注目されねばならない」（八〇～八一頁）と述べている。一方、社会党本部は反対の見方をした。『日本社会新聞』一九四六年八月二日付「自ら墓穴を掘った共産党員の態度」は、当選が確実視されていた岩淵謙一が落選したのは、共産党員が演説会会場で奉安殿に向かい不敬行為を働いたことが市民感情を逆なでにしたからだとし、「共産党との共同闘争でむしろ市民の支持を失つた」と批判している。

(38) 『東奥日報』一九四六年七月二一日付「社共あくまで提携の方向再確認」、『アカハタ』一九四六年八月二七日付「東北北海道　民主戦線統一」。

(39) 『日本社会新聞』一九四六年八月一四日付「宮城民主戦線」は、八月五日に社会党宮城県連が救国民主連盟について、「党大会の最高決定までは現在通り行ふ、而して共産党に対しては厳に反省を要求すると共に共産党をも参加せしむるやう本部に要請する、共産党を除いては民主戦線は成立しない」と決定したことを伝えている。

(40) 『新青森』（プランゲ文庫）一九四六年七月号「食糧配給―われらの手で　七月一日食糧メーデーに際して」。

(41) 『朝日新聞』一九四六年七月二日付「大沢氏に謹慎命ず」。

(42) 『朝日新聞』一九四六年七月三日付「議会記者席　社会党ひともめ　大沢事件や〝役員専断〟」。

(43) 『朝日新聞』一九四六年七月一九日付「賛否両論の波紋　社共の絶縁に地方の態度」。

(44)『淡谷悠蔵日記』一九四六年七月二日「大沢久明、社会党より閉め出しを食う傾向あり」、同七日では「往年の社会民主運動」の台頭は「反共戦線」「天皇制を掲げての保守戦線最後の拠点」であると記している（二〇一八年一一月二八日最終閲覧）。
(45) 一九四六年九月二〇日の第二〇回衆議院自作農創設特別措置法案外一件委員会における発言。帝国議会会議録データベースシステム。
(46)『東奥日報』一九四六年一二月一九日付「社会党三八支部、救民連盟結成で左右両派に分裂」、一二日付「社会党三八支部、分裂問題で相馬氏らを反ばく」。社会党三八支部の再合同は翌四七年三月二〇日のことである。『東奥日報』一九四七年三月二五日付「社会党三八支部合同結成大会」。
(47)『東奥日報』一九四七年一月一六日付「佐藤義男木産労代表の大会委員長で開会」。
(48) 前掲『青森県労働運動史』第三巻、三五三頁。『日本労農通信』一九四七年五月一〇日付第一三九号「青森県の労組運動と農民戦線」は、「二・一のゼネストにあたつて社会党が何等労働者のために斗はなかつたこと、それに反して共産党員が献身的に斗争の先頭にたつたことは、共産党の影響を拡大し、社会党に対する労働者の失望と不満を拡大している」と述べ、社共両党の影響力の違いを指摘している。
(49)『東奥日報』一九四七年三月五日付「日農県連、民主戦線統一を提唱」。
(50)『東奥日報』一九四七年三月一〇日付「社会党青森市支部で運動要項決定」。
(51)『東奥日報』一九四七年三月一四日付「民主戦線選挙闘争委員会」。
(52)『陸奥新報』一九四七年三月一四日付「民主戦線南部地区委員会結成」。
(53)『陸奥新報』一九四七年三月二〇日付「北郡労農選挙対策懇談会」。
(54)『東奥日報』一九四七年四月九日付「本県民主戦線決裂」。
(55) 総理庁官房監査課編『公職追放に関する覚書該当者名簿』（日比谷政経会、一九四九年）によれば「東亜連盟協会編輯部主任」。なお淡谷の公職追放については、すでに『東奥日報』一九四六年六月一日付に「淡谷日農県連会長、追放確認」と報じられている。

(56) 前掲『東奥日報』「本県民主戦線決裂」。

(57) 『月刊東奥』一九四六年八月号・陸奥隠士「断想一ヶ年　青森民主化途上に踊る人々」。

(58) 『東奥日報』一九四七年五月一七日付「日本社会党中央本部、県連に陣容刷新方を警告」。これより先、五月三日の社会党県連常任執行委員会では弘前の島口から反共動議が提出されている（否決）。前掲尾崎編『秋田雨雀日記Ⅳ』一二〇頁。

(59) 『陸奥新報』一九四七年五月三〇日付「社会党北郡連合支部結成大会」。直訴戦術は右派の得意とするところだった。四八年八月一四日付「二名公認を可決　社党中弘支部執行委員会」。

(60) 『淡谷悠蔵日記』同日の項。淡谷の公職追放解除は五一年。

(61) 『東奥日報』一九四七年七月八日付「聴涛産別議長、青森管理部で講演」。

(62) 『東奥日報』一九四七年六月一六日付「野坂参三代議士来県」。

(63) 『東奥日報』一九四七年七月二四日付「第五回日共青森地方委員会」。会議には党中央委員春日庄次郎が出席している。共産党の動きに対し、社会党県連の対応は鈍かった。『淡谷悠蔵日記』同年一二月五日は「午後社会党の常任委員会に一寸顔を出す。大塚書記長の甘い考え方には今更のように頼り無い気がする。内閣は大衆に飽きられ組織は共産党に食われ、委員会は流会をつゞけるというのにこの書記長いさゝかも本質究明の勇気を持ち合わせないらしい」と記し、危機感を表している。

(64) 『東奥日報』一九四八年三月一六日付「県全労共闘委主催人民大会」、青森県史編さん近現代部会編『青森県史』資料編・近現代5（青森県、二〇〇九年）五六〇～五六一頁。

(65) 『潮流』一九四九年四月号。沙和宋一には当時の共産党活動を描いた「砦の蔭にて」と題する長編小説がある。『東北文学』一九四九年一月号～一〇月号連載。

(66) 前掲『青森県労働運動史』第三巻、五七六～五七八頁。共産党青年組織の青共も一九四八年五月一二日に青森

市で青年大会を開き、社共提携の緊急動議を採択している。『青年の旗』一九四八年五月三〇日付第八四号「青森で青年大会」。
(67)『読売新聞』一九四八年二月一二日付青森版「総辞職と県政界　早くも解散気構え」。
(68)『読売新聞』一九四八年二月二四日付青森版「芦田首班に望む」。
(69)『アカハタ』一九四八年六月一二日付党生活欄・津川武一「小阿弥村長選挙の教訓」、九月七日付党生活欄・津川武一「二つの農民大会の教訓―経済主義の克服―」。
(70)『東奥日報』一九四八年七月一三日付「社会党県連執行委員会」、『陸奥新報』同日付「西尾追放・黒田除名反対　社党県連で中央に通達」。
(71)『読売新聞』一九四八年七月四日付青森版「社党県連も分裂の兆」、『陸奥新報』一九四八年七月一五日付「県連の決議再検討　社党中弘支部で要求」、一六日付社説「本県の社会党」、『読売新聞』四八年七月一七日付青森版「左と右、はっきり　大沢氏挟んでさやあて」。
(72)『陸奥新報』一九四八年八月一〇日付「黒田・公認候補問題　社会党中弘支部の左、右派対立」、一四日付「二名公認を可決　社党中弘支部執行委員会」。
(73)『デーリー東北』一九四八年八月二九日付「社会党中弘支部、左右に分裂」、『読売新聞』同日付青森版「左派やぶれ社党中弘支部分裂す」。
(74)一九四八年八月下旬、社会党委員長片山哲は北海道遊説の帰途青森に寄るが、その際「青森県と岡山県、それに北海道は本部でも非常に問題になつている」とこぼしている。『月刊東奥』一九四八年一〇月号・陸奥隠士「芦田と片山―地方遊説における印象―」。
(75)『読売新聞』一九四八年八月二二日付青森版「容共政策を、改めよ　野溝国務相日農県連に要望」。
(76)『アカハタ』一九四八年八月四日付「当面の闘争の意義と方針　伊藤中央委員帰京談」。伊藤の東北北海道遊説記事は、八月一一・一二・一三日付「北の旅から（一～三）」。

(77)『東奥日報』一九四八年一一月四日付「委員長柴田氏　社党県連大会」、『朝日新聞』同五日付青森版「左派、執行部案を強行可決　総選挙対策で分裂の危機に立つ　社党県連大会」。
(78)『淡谷悠蔵日記』一九四八年一一月三日の項。
(79)『東奥日報』一九四八年一一月八日付「『社党県連』分裂か？　大沢氏ら労農新党へ？」、『陸奥新報』同九日付社説「社会党県連に望む」。
(80)『朝日新聞』一九四八年一一月一八日付青森版「総選挙に備えて②　社会党　分裂は必至『保守派』再勝か」。
(81)『週刊自由』一九四八年一一月二二日付「衆院選挙予想される乱戦混戦　前哨戦たけなわ」、同紙は前出『週刊自由』とは別。
(82)『朝日新聞』一九四八年一一月二五日付青森版「『労農新党』来月二日結成　労組側の強い要望から」。
(83)『アカハタ』一九四八年一一月二五日付「社党青年部長共産党へ入党」。
(84)『読売新聞』一九四八年一一月一三日付青森版「民自党への人気加わる」は、南部地方における吉田内閣の支持率を掲げている。サンプル数はわずか五七名だが、支持は二五・四四％、不支持は一〇・一七％。支持政党では民自党二〇％強、社会党六％強、共産党三・五％。社共共闘支持も三・五％だった。南部地方での社共共闘の不人気は明確だった。

第七章

(1)『東奥日報』一九四六年一月一二日付「日本農民組合青森県連合会創立」。同年九月一四日に日農県連第一回大会が開催されるが、淡谷が公職追放となったため、後任会長に岩淵謙二郎が就く。
(2)『アカハタ』一九四八年九月二二日付「主張　農民戦線の統一のために」。
(3)『アカハタ』一九四八年七月二〇日付「五千の農民、労働者と握手」、九月七日付党生活欄・津川武一「二つの農民大会の教訓―経済主義の克服―」。

（4）公務員法反対、政令反対、民族の独立、芦田内閣打倒、祖国独立期成同盟結成をスローガンに欠勤戦術を行使。同日は尻内機関区（八戸）、青森機関区でも職場放棄があった。八月二七日には弘前機関区の職場離脱者は農民と共闘し、政令反対・事前割当反対の憲法擁護運動を展開している。法政大学大原社会問題研究所編『日本労働運動資料集成』第2巻（旬報社、二〇〇七年）二九八〜二九九頁。『読売新聞』一九四八年八月二七・二八日付青森版によれば、職場放棄で解雇された弘前機関区関係者は三七名。同九月二日付青森版「労組運動の自主性を確保」によれば、尻内機関区では職場離脱運動は批判され、機関区分会書記長が「組合の大衆討議を無視して騒乱に出た細胞たちは護憲の名にかくれて違憲の謀議をなし組合本来の着実な自主性を破滅に導びこうと企てた、離脱職員の独断的な行為は労組当局からみた場合、明かに分派行動であり、健全な運動目標を妨害する」と述べている。同九月五日付青森版によれば、尻内機関区の職場離脱を共同謀議したとして、共産党員八名が逮捕された。「弘前機関区事件」と呼ばれる。

（5）『東奥日報』一九四八年九月六日付「日共県地方委員会前委員長津川武一に逮捕状」。

（6）『陸奥新報』一九四八年一〇月九日付「津川武一氏逮捕さる　検事と会見・自宅へ引揚げ後」「税金問題取きめ八日の農民大会」。

（7）『陸奥新報』一九四八年一〇月二三日付「公訴事実を否認　津川武一氏第一回公判」。第一回は却下され、第二回公判で受理。

（8）前掲伊藤淳『父・伊藤律』一七七頁。

（9）日農と社共両党との関係については、横関至「日本農民組合の再建と社会党・共産党（上・下）」（『大原社会問題研究所雑誌』第五一四・五一六号、二〇〇一年）、同「戦後農民運動の出発と分裂―日本共産党の農民組合否定方針の波紋―」（前掲五十嵐編『「戦後革新勢力」の源流』第五章）。

（10）一九四六年三月、山形県村山地方で開かれた四〇〇〇人規模の農民大会に出席している。大川裕嗣「戦後における新しい農民運動」（森武麿・大門正克編『地域における戦時と戦後―庄内地方の農村・都市・社会運動―』

日本経済評論社、一九九六年）二七四頁。

（11）一九四八年二月二七日付「通達第六三号　政治局員の地方出張について」【4】０５３２。その他の担当は、志賀義雄：関西、宮本顕治：中国、長谷川浩：北陸・茨城（炭鉱と日立）・福島（常磐）、徳田球一：東海（静岡・三重・愛知）、野坂参三：関東。

（12）前掲『青森県労働運動史』第三巻、七二二〜七二五頁。

（13）『アカハタ』一九四八年九月九日付「各地の青年デー」。

（14）『アカハタ』一九四八年一二月三日付・伊藤律「雪の東北から・上」。

（15）『東奥日報』一九四八年一一月四日付「社会党県連定期大会」。

（16）前掲伊藤律『農民運動』「第四章　農民運動と農民組織の新しい発展」「二　社共合同闘争と統一戦線の進展」。

（17）一九四八年一一月二九日の国労青森支部第六回臨時大会も社会党批判をしている。『アカハタ』一九四八年一二月三日付「方途失う民同派　国鉄青森大会で完敗」。

（18）『アカハタ』一九四八年一二月二日付「青森両区とも共産党から立つ」は、一区大塚・二区大沢の出馬を有力視している。

（19）大塚英五郎に関しては、大塚「平和運動五十年の思い出」（『青森文学』第三八号、一九八四年）参照。柴田久次郎は後年こう回想している。「『共産党になったら十年位は何の選挙でも落選するだろう。それでも正しいと思う道を選ぶべきではあるまいか』と思って共産党に移ったのだが案の定、十年はおろか二十年近くにもなるが、共産党に移ってからはまだ一度も当選したことがない」（柴田『ムシロ旗を振ったころ』北方新社、一九八五年、五五〜五六頁）。一九七五年に柴田は県議選に出馬するが落選。津川武一は次のように記している。「柴久は五十年以上も民衆のためにたたかいつづけこれがさいごのチャンスと人々もねがったのに一二回目の敗戦　天地に摂理はなきか大樹かれる」『津川武一日記』第五巻（北方新社、一九九三年）四月一三日の項。

（20）第一〇章参照。『竹内俊吉・淡谷悠蔵対談集　青森に生きる』（毎日新聞青森支局、一九八一年）。

(21)『大沢久明　その人と時代』(北方新社、一九八七年)一九三頁。
(22)『アカハタ』一九四八年一二月八日付に転載。
(23)前掲『青森県労働運動史』第三巻、七八五～七九一頁。
(24)『みなみ新報』(プランゲ文庫)一九四八年一二月四日付「大沢氏共産党入りの波紋　南郡社会党大ゆれ」。
(25)『東奥日報』一九四八年一二月五日付「社共合同決議　社県連青森支部」。
(26)『アカハタ』一九四八年一二月五日付「青森三日の感激」。
(27)『みなみ新報』一九四八年一二月七日付「共産党地区総会　大沢久明氏出席」。
(28)『読売新聞』一九四八年一二月三日付青森版「社会党県連、壊滅の危機!」。
(29)『読売新聞』一九四八年一二月三日付青森版「三派合同促進協議会」。
(30)『デーリー東北』一九四八年一二月五日付「容共案めぐり　もめぬく社党県連支部」。
(31)『東奥日報』一九四八年一二月六日付「大沢氏ら六氏脱党　社県連拡大委米内山氏書記長代理に」、『デーリー東北』同七日付「大沢氏ら正式離党　社党県連支部十三日臨時大会」。『淡谷悠蔵日記』一九四八年一二月六日の項に残留右派の宇野栄二が来訪した旨が記され、「大沢君の脱党は悄然たる姿で為されたらしい」と見える。
(32)社会党県連の動きを、大沢らの共産党入党左派、米内山らの中間派、西村・島口らの右派の三派分裂ととらえる見方もあった。『読売新聞』一九四八年一二月五日付青森版「社党県連、三分か　再建組の西村、米内山両氏が対立」、一九日青森版「再建束の間、三度分裂の危機」。
(33)『東奥日報』一九四八年一二月五日付「社会党県連拡大執行委員会で大沢久明ら六名脱党届提出」、『デーリー東北』七日付「大沢氏ら正式離党　社党県連支部十三日臨時大会」。
(34)『毎日新聞』一九四八年一二月五日付青森版「有力政経界人が入党か　社会党県連再建への見透しも可能」。
(35)『みなみ新報』一九四八年一二月四日付「柴田久次郎氏　入党言明をさく」。
(36)前掲『青森県労働運動史』第三巻、八二一八頁。

（37）『アカハタ』一九四八年一二月七日付「青森の共社合同に学ぼう　青年共闘代表会議」、青共機関紙『青年の旗』もいち早く一九四八年一二月一二日付第一一二号に中央委員会名で「青森の強者合同に学べ」を掲載している。

第八章

（1）当初は片山哲委員長、浅沼稲次郎書記長の予定だった。『読売新聞』一九四八年一二月七日付青森版「片山委員長ら迎え臨時大会」。

（2）『東奥日報』一九四八年一二月一四日付「委員長岩淵氏　社県連臨時大会」。

（3）青森県労働文庫Ａ３０９Ａ第139号〔No.１８２〕「昭和二十三年十二月十三日臨時大会提出　一般運動方針に関する意見書　日本社会党青森県支部連合会」のうちの「大会宣言（案）」。

（4）一九四八年一二月一四日付の『朝日新聞』「社共合同大会　大塚・大沢両氏立候補決る」によれば六〇〇名、『東奥日報』「両区から各一名出馬　県共産党主催の共、社合同大会」によれば一二〇〇名、『デーリー東北』「社共合体宣明　きのう共産党大会」によれば一五〇〇名。

（5）青森県労働文庫Ａ３０９Ａ第139号〔No.１８２〕所収。大沢久明『社共時代の思い出』（青森文学21集別冊、青森文学会、一九七三年）巻末にも掲載。

（6）『アカハタ』一九四八年一二月一七日付「全市にひびく喜びのインター　青森共社合同大会の日」。

（7）戦前、淡谷悠蔵・竹内俊吉らと総合文芸誌『座標』に参加。

（8）『みなみ新報』一九四八年一二月二六日付「新短歌　川崎むつを」。

（9）『アカハタ』一九四八年一二月一六日付「働く者の党はただ一つ」。適宜句読点を補訂した。

（10）青共機関紙『青年の旗』一九四八年一二月一九日付第一一三号「青森集団加盟つずく」、一二月二六日付第一一四号「青共へ大量加盟」によれば、塩崎の入党に影響を受けた社会党青年部員の青共加盟が相次ぎ、青共青森県委員会は社会党県連青年部に合同申入れを行うことを決定したと報じている。

(11) 共産党中央委員長谷川浩は『アカハタ』一九四八年一二月二九日付党生活欄「社会民主主義の克服　同志大塚、塩崎のアッピールを読んで」を発表し、それまでのセクト主義を反省している。なお社会党青森県連青年部は四六年一一月の結成で、部長は塩崎だった。『陸奥新報』一九四六年一一月二〇日付「社会党県連青年部結成大会」。

(12)『青年の旗』一九四九年一月九日付第一一六号「嵐と進む共社合同の斗い　社会党青年部員よ同志塩崎に応えん」。

(13) 青森県労働文庫A309A第134号〔No.125〕所収。

(14)『週刊自由』一九四九年一月一〇日付「拡がる社共合同奔流」も南郡共社合同大会について報じている。

(15)『アカハタ』一九四九年一月六日付「二百名一挙に入党　南津軽郡の共社合同大会」。

(16)『社会新聞』一九四九年一月二二日付「逆に〝大量入党〟続く」は、社会党から共産党に流れたのは十数名にすぎず、逆に社会党への大量入党が見られるとして、次のように述べている。「一月三日、南郡藤崎支部で開かれた『共社合同批判大会』では『農民や労働者のわれわれを偽瞞した大沢がいなくなつたから』と会場で直ちに三十五名の新入党者が現われ波〔浪〕岡地区、東青地区でも新たに十五名の入党者をみた」。

(17) 前掲大塚「平和運動五十年の思い出」、中村勝巳「ふるさと新城と村の人々（5）」（『青森文学』第七九号、二〇一〇年）参照。

(18) 一九四九年二月刊の朝日評論同人編『日本の表情』（蘭書房）は『朝日評論』一九四八年一～一一月号に連載された記事をまとめたものだが、その中の一節「津軽の村長」は新城村の共産党員村長誕生の背景について、「村に共産党の力が強く根をはつて保守勢力を圧倒したというようなものではなく、彼〔中村勲〕が村一番の地主の出であるということが大きな原因」と述べ、今や農地解放により「地主小作の対立」は「富農貧農の対立」に移行し、「没落に瀕した地主がいまだに根づよい家父長制的なつながりによつて貧農をひきつけ富農に対抗するという形」が現われ、「ボス共の傀儡」と化していると見ている。

(19) 淡谷悠蔵は新城村の住民で中村勲とは戦前以来交友があった。『淡谷悠蔵日記』一九四五年九月五日の項に「中村勲君来訪。〔中略〕中村君と日本の将来を談ず。中村君は正しく批判せり。但し現実的な戦略と戦術を持たず。現実的に築き上げて行く図々しさをもたず。」と見え、さらに四九年四月一二日の項に「共産党が定見もなく村政を乱すことは困ったことである。村政に共産主義政策が生きるでもなく、徒に人を排撃し、派閥を組み党利党略にふける、これが共産党であるならば、私は共産党員でないことを誇りとする」と見える。その後、『読売新聞』一九四九年六月二日付青森版「乱脈暴露の赤い村」は、新城村の共産村政の裏で公金横領などが続いていると報じ、『社会新聞』一九四九年六月一六日付「暴かれる〝赤い村〟」も同様の記事を掲載している。

(20) 津川武一「小阿弥村村長選挙の教訓」(前掲山辺編『党生活』)参照。

(21) 『週刊自由』一九四九年一月一〇日付「働く者に湧く喜び　大合同全国を風靡　本県の労農大衆が投げた一石」。この農機工場とは東北農機工場であり、労働者数は七四名。東北農機は山形発動機、秋田農機、酒田農機が合併されて、一九四二年に設立した東北農機株式会社を指すものと思われる。岡部桂史「戦時下の農業機械生産―『民軍転換』の一局面―」(『立教経済学研究』第六九巻第五号、二〇一六年)参照。

(22) 箱崎は一九一四〜一九八八年。戦後、茨城県から衆議院議員選挙に出馬(落選)、共産党系炭鉱労働組合(労協)組合長、分裂前は党書記局組織活動指導部員。一九六七年に『郡山社会主義運動史』(北方文学社)を出版、八一年に第三回吉野せい賞・奨励賞「孤耕の詩」(小説)を受賞している。

(23) 田沢については不詳。前掲小森『治安維持法検挙者の記録』には一九四一年一月に検挙され、予防拘禁された青森出身の「田澤豊」という名が見える。

(24) 「全労会議選挙対策」『組合通報(国鉄労組青森支部)』(プランゲ文庫)第二四二号、一九四九年一月二一日付。

(25) 『デーリー東北』一九四九年一月九日付「選挙を控え民主戦線統一の気運おこる」。

(26) 同記事で第一区の大塚は得票数を二万五〇〇〇から三万と予想している。東青地方一万五〇〇〇、三八地方七〇〇〇、上北三〇〇〇、下北四〇〇〇という内訳であった。彼は小笠原八十美と苫米地義三の五万票台についで、第三位で当選すると読んだ。

(27)『東奥日報』一九四九年二月一七日付「東北地方は封建性が強い　来県の徳田共産党書記長語る」。

(28) 日記では後の「今年1947年」という記述に引きずられて一九四七年に入れられているが、一九四八年もしくは四九年だろう。

(29) 秋田日記ではこの間の記述が欠けている。

(30) 秋田は四八年創設の舞台芸術学院の初代学長でもあったが、彼の入党問題をめぐって一九五〇年以降校主の野尻与顕と対立することになる。尾崎宏次編『秋田雨雀日記Ⅳ』(未来社、一九六六年) 参照。

(31) 両者は労働委員会関係で入党以前から面識があった。一九四八年四月二二日の秋田日記には、上京の準備を工藤に相談する旨が記されている。また四九年一二月三日に工藤は東京の秋田宅を訪問している。前掲尾崎編『秋田日記Ⅳ』一四五、一九八〜一九九頁。

第九章

(1)『週刊自由』一九四九年二月二一日付「中小資本家と共に斗う　◇青森地区共産党会議」。

(2)『週刊自由』一九四九年三月一日付「共産党が政権とつたら　滞青四日・喋りまくる徳球　何をやろうとするか」。

(3)『組合通報』一九四九年三月二日付第二五五号「支部が提唱して　戦線統一懇談会開く」。

(4)『東奥日報』一九四九年三月二〇日付「国鉄県支部民主化同盟で社党に集団入党」。

(5)『東奥日報』一九四九年三月二九日付「日農主体性確立同盟県支部結成大会」。主体性確立同盟支部の委員長は岩淵謙二郎、副委員長は米内山儀一郎、書記長は宇野栄二、会計は竹島儀助。

(6) 前掲『竹内俊吉・淡谷悠蔵対談集　青森に生きる』二六八〜二六九頁。

(7)『東奥日報』一九四九年四月二八日付「〝運動方針は反共派の線で〟」。

(8)『東奥日報』一九四九年七月一二日付「委員長に佐藤氏―社党県連大会」。

(9) 前掲『青森県労働運動史』第四巻、七五〜七六頁。

(10)「一九四九年五月一日」は、『青森文学』第五七号(一九九五年)に再録。筆者は二〇一四年一一月二九日、青森市内で吉田嘉志雄氏に当時の状況についてインタビューをした。同席者大沢研氏・大沢美智子氏。当日の談話および吉田氏が準備されたメモなどによれば、吉田氏は一九二二年三月八日に青森市で生れ、四六年九月から国労青森支部執行委員となり、宣伝部長・文化部長などに就き、四八年一一月に共産党に入党した(吉田嘉志雄「告白記　わたしは入党した―注釈的あとがき―」『青森文学』第五〇号、一九九一年)。四九年七月に馘首され共産党専従となり、五五年の六全協後に専従を離れる。翌五六年に青森文学会を立ち上げ、七〇年には東奥小説賞を受賞している。二〇一六年二月死去。

(11)『東奥日報』一九四九年五月二日付「メーデー、県下で多彩な行事」。

(12) 平田哲男『レッド・パージの史的究明』(新日本出版社、二〇〇二年)によれば、レッド・パージ red purge は和製英語で、一般的な英語表現は red scare, red baiting, red mark である。今西一「浪高から東大へ―木村勝造氏に聞く―」(『小樽商科大学商学討究』第六二巻第二・三合併号、二〇一一年)のなかで、当時東大生だった木村勝造氏はレッド・パージと命名したのは自分であると述べている(二二二頁)。

(13) 水戸高校教員だった哲学者梅本克己は一九四七年(月日不明)に入党したが(梅本克己著作集編集委員会編『梅本克己著作集』第一〇巻、三一書房、一九七八年、「梅本克己年譜」)、四九年一月五日の日記に「遠坂氏より、共社合同に際して、党籍を公然化してくれとの伝言、承知する。」(同書、三四六頁)と見える。「遠坂」とは中央委員候補の遠坂良一。

(14) 梁田政方『北大のイールズ闘争』(光陽出版社、二〇〇六年)、大藤修『検証　イールズ事件　占領下の学問の自由と大学自治』(清文堂、二〇一〇年)、今西一「北大・イールズ闘争から白鳥事件まで―中野徹三氏に聞く(1)―」(『小樽商科大学商学討究』第六一巻第四号、二〇一一年)など参照。なおイールズ(Eells, Walter Crosby)自身の記録として、*Communism in Education in Asia, Africa, and the Far Pacific*, Washington, D.C., American

Council on Education, 1954 がある（HATHI TRUST Digital Library で全文閲覧可）。

（15）『青年新聞』一九五〇年九月二六日付に法務府特審局が作成した第一次追放リストが掲載された。全国の大学新聞や労組新聞はリストを転載し、イールズ闘争直後の『北海道大学新聞』同年一〇月一二日付「赤色教員追放表面化」は解雇予定教員リストをあげている。ただ全員の名前を公表してはいないので、ここでは山形新聞労組統一委員会発行の一九五〇年一〇月二日付『すくらむ』第四九号「出、坂田、眞下氏らも　大学の首切り　全国で千名に及ぶか」が明らかにしているリストを紹介しよう（【9】B００２０）。東京大学：（文）出隆・森有生、（法）山之内一郎・磯田進・辻清明・川島武宣・丸山眞男、（経）高橋幸八郎、（農）古島敏雄・川田信一郎、北海道大学：（法）杉之原舜一、（理）松浦一・堀内寿郎・守屋美賀雄、（農）矢島武、秋田大学：（鉱）本間吉美・館充、（農）村井英雄・渋谷宏、（哲）板倉謙二、山形大学：大野敏英、東北大学：（法文）服部英太郎・中村吉次、（経）木下彰・原田三郎、（農）須永重光・古坂澄右・斎藤武、名古屋大学：（理）坂田昌一・江上不二夫・菅原仰、（文）新村猛・真下真一・丸山静、信州大学：（文）竹内良知、（繊）内田貞人、新潟大学：（医）三上美樹、（理）横田伊左秋・村川新十郎、（教）関根栄雄、富山大学：鷲尾順義、滋賀大学：亘理俊雄、茨城大学：梅本克己、大阪市立大学：名和統一・上林貞二郎・伏見康治・山口岩太郎・石谷清静、京都大学：（理）平林清、（経）島泰彦・松井清・堀江英一、（法）宮内裕助、（工）西山卯吉、広島大学：（法）羽白幸雄・松崎寿和、山口大学：中川正・相沢秀一・田島佃士・吉松広延・石見俊逸・潤間造一、岡山大学：（経）宇高基輔、（法）近藤洋逸・尾崎広次、（理）梯明秀、鳥取大学：（農）山中登、島根大学（理）原武弘、奈良学芸大学：（教）赤井義郎・奥田修二、九州大学：（法）具島兼三郎・山中康雄、（理）近藤基吉、（工）小野周・一神哲五郎、（農）長森耕一郎・馬場克二・正田誠一、（久留米分校）鹿子生睦男。

（16）前掲平田『レッド・パージの史的究明』一三九頁の表Ⅳ―6参照。秋田大学と新潟大学が多かった。

（17）英文学教授。大和田敢太「滋賀大学におけるレッド・パージ事件―大学における労働問題の歴史的教訓」（『彦根論叢』第三四八号、二〇〇四年）

(18) 平田哲男編著『大学自治の危機―神戸大学レッド・パージ事件の解明』(白石書店、一九九三年)、神戸大学百年史編集委員会編『神戸大学百年史』部局史(二〇〇五年)、参照。
(19) http://komatsukemonjokan.com/?page_id=1723。二〇一八年一一月二四日最終閲覧。
(20) 前年一一月二三日には関戸へ発信、一二月四日には関戸から返信が届いている。入党に関する相談だったかもしれない。
(21) 前掲平田『レッド・パージの史的究明』は道又論文の紹介にとどまっている一方、青森師範教員の川崎新三郎の不任用について本人へのインタビューも交えて、記している。重要な言及である。川崎事件に関する共産党発言として、『青森家庭新聞』一九五〇年八月一五日付第九号「適応の教育―川崎教授事件について―」【9】K0706(執筆者は沢田半右衛門)がある。川崎は一九四九年結成の歴史教育者協議会の二代目事務局長となる。なお、拙稿「野崎孝と関戸嘉光」中部大学編『アリーナ』第二〇号別冊も参照されたい。
(22) 翻訳書としてフュステル・ドゥ・クーランジュ『古代フランス土地制度論』上・下(日本評論社、一九四九年)、同『フランス封建制度起源論』(御茶の水書房、一九五六年)がある。のち青森大学初代学長。明比の学風については、相沢文蔵「明比達朗先生―その人と業績―」(弘前大学『人文社会』第三三号・史学編V「明比達朗教授還暦紀念特輯」、一九六四年)参照。
(23) 出隆との関係については、関戸嘉光「セプティーク・コミュニストあるいはコミュニスト・セプティーク出隆」(前掲出編『回想 出隆』)参照。
(24) 関戸嘉光「戦後日本思想史の一側面―自伝風に」(『長野大学紀要』第一八巻第一号、一九九六年)九四頁。
(25) 同前九六頁。
(26) 『週刊自由』一九四九年二月二一日付「入党してこそ文化人」、『東奥日報』五月一六日付「官立弘高スト決議関講師の共産党入党宣言講演会問題から」、『陸奥新報』五月二一日付「〃関戸講師の言行は違法〃栗原校長談」「〃学校の思想弾圧〃中畑闘争委員会代表談」、同六月一四日付「さらに26名を懲戒　学校当局最後通告」。このうち、『東奥日報』五月一六日付記事で、のちに文芸評論家となる高野斗志美（文科乙類三年）は「思想弾圧の第一歩」だと批判している。

(27) 同年三月から四月にかけて、青森師範でも民主化をめぐってストライキがおこっている。『読売新聞』一九四九年三月一五日付青森版「青森師範の盟休、一応解決」、同一七日付青森版「極左分子と不満教授が暗躍」、同二四日付青森版「青師、再びストか」。

(28) 『学生戦線』（国立国会図書館憲政資料室所蔵）一九四九年一月一一日付第四号の主張「統一へ！」および「共社合同と民主戦線—伊藤律氏との一問一答—」。歴史家の網野善彦が民主主義学生同盟副委員長兼組織部長だったことはよく知られているだろう。機関誌『学生戦線』は一九四八年一一月から四九年三月まで発行され、民主青年合同委員会（青年共産同盟・全日本民主青年同盟・民主主義学生同盟の合同）の成立にともない、『民主青年』となる。なお、一九六三年に結成された同名の民主主義学生同盟とは関係がない。

(29) 『学生戦線』一九四八年一一月二四日付第二号「全国支部一覧」。

(30) 長崎真人『命ある限り』（光陽出版、二〇〇七年）参照。

(31) 『学生戦線』一九四九年二月一一日付第六号「合同へ動く」。

(32) 弘前高校第一〇代校長の栗原一男は一八九三年群馬県生まれ。東大講師、東京控訴院（現・東京高裁）判事、一九三四年から京城帝国大学法文学部教授、民法・民事訴訟法担当（『月刊東奥』一九四八年八月号「この人の魅力　栗原一男」、通堂あゆみ「京城帝国大学法文学部の再検討—法科系学科の組織・人事・学生動向を中心に—」『史学雑誌』第一一七巻第二号、二〇〇八年）。栗原について道又論文は「元京城帝大法文学部長」、クレーマ論文は「元京城帝大法学部長」と記しているが（京城帝大は法学部ではなく法文学部だったから、クレーマ論文は誤記である）、四一年の『京城帝国大学法文学部一覧』によれば、栗原は学部長職には就いていない。酒井哲哉・松田利彦編『帝国日本と植民地大学』（ゆまに書房、二〇一四年）の諸論考および付録の関連年表からも確認できない。弘前高校長の在任期間は四七年五月～五〇年三月。四九年五月～五三年七月は弘前大学文理学部長、五三年八月〜五七年七月は宮崎大学学長。

（33）前掲『月刊東奥』「この人の魅力　栗原一男」。

（34）弘前大学附属図書館所蔵・官立弘前高等学校資料・資料番号514「昭和二十四年一月厚生補導日誌　厚生補導係」、官立弘前高等学校資料については弘前大学附属図書館編『官立弘前高等学校資料目録　北溟の学舎の資料群』（弘前大学出版会、二〇〇九年）参照。

（35）明比は一九四七年に社会党青森県連顧問岩淵謙一を校長とする八戸労組学校の講師を務めている。『社会新聞』一九四七年七月一四日付「地方通信」。青森県地方労働委員会委員や労働者教育諮問委員会委員なども務めていた。

（36）一九〇〇〜一九八七年。一九二五年に東京帝国大学文学部哲学科卒業。当時の著作として『哲学と宗教』（近藤書店、一九四九年）がある。この後、京都大学教授となり、補導部長として京大レッド・パージ事件に関わる。福家崇洋「一九五〇年前後における京大学生運動（下）—綜合原爆展と京大天皇事件を中心に—」（『京都大学大学文書館研究紀要』第一四号、二〇一六年）、今西一「京大天皇事件前後の学生運動（中）」（京都の民主運動史を語る会『燎原』第二二四号、二〇一六年）、参照。一九五九年に新潟大学長（事務取扱）。

（37）歴史学、新井白石の研究者、のち弘前大学・岡山大学・国学院大学教授、東京帝国大学文学部一九四一年三月卒業で野崎孝と同期（『官報』一九四一年五月一四日付「学士試験合格者」）。

（38）ゲールハルト・ハウプトマン、レオンハルト・フランクの研究者。二〇一一年度弘前大学大学院入学式における弘前大学長遠藤正彦の告辞（『弘前大学学報』第八五号、二〇一一年四月号）、武田智孝「小島尚先生の想い出」（武田智孝HP『ドイツ文学遊歩』二〇一八年一一月二四日最終閲覧）、参照。

（39）前掲『青森県労働運動史』第四巻一七二頁。学生の反対運動の背景には、前年から続いていた隣県秋田師範学校の民主化運動が勝利したことも手伝っているだろう。『学生戦線』一九四九年一月一一日付第四号「ワレカテリ　秋田師範ついに勝利」（執筆者は東大生中森蒔人、のちほるぷ社設立）。秋田師範でも附属中学校教師の入党宣言に対して、学校側が退職勧告する事件がおこっていた。教師は懲戒免職となる。
(40)『読売新聞』一九四九年五月二五日付青森版「青師もスト」は、青森師範学校学生自治会が弘高スト支援を決め、弘高闘争本部へカンパを渡すと共に、弘高当局に抗議文を提出することを報じている。同六月一二日付青森版「弘高スト応援決る」によれば、全学連東北支部大会が弘前で開催され、弘前高校ストライキを支援することを決めている。『資料　戦後学生運動1』（三一書房、一九六八年）によれば、五月二八～三〇日の全学連第二回全国大会では、青森県学連提出の緊急動議「弘前高校の関戸講師の不当処分及びそれに反対する学生に対する弾圧の件」が満場一致で可決され（資料195）、六月一七日付東北学連書記局「弘前高校自治会弾圧問題」によれば、同一一日に共産党衆議院議員土橋一吉は弘前高校を訪れ、校長に面会を求めたが、拒否されている（資料201）。
(41)『読売新聞』一九四九年六月一五日付青森版「同盟登校に戦術転換　弘高スト学生強硬」。
(42)前掲『青森県労働運動史』第四巻一八〇頁。
(43)CIE士官については不詳だが、青森県教育軍政部長はクルース（クロス）という人物だった（前掲官立弘前高等学校資料・資料番号357「昭和二十三年　庶務日誌」）。彼には同行者がいた。道又論文によれば「日系通訳」、クレーマ論文によれば通訳担当の弘高英語教師「長谷川」。「長谷川」とは長谷川誠治をさすと思われる。長谷川は源氏物語和歌の英訳で知られる。
(44)「関戸嘉光教授　略歴および著作目録」（『長野大学紀要』第八巻第四号、一九八七年）参照。
(45)『官報』一九四〇年五月一六日「学士試験合格者」。
(46)前掲小森『治安維持法検挙者の記録』三五五頁。
(47)大上末広については、小野一一郎・松野周治「大上末廣の略歴と著作目録について」（京都大学経済学会『経済論叢』第一一九巻第三号、一九七七年）参照。大上の筆名のひとつは「関戸千広」だった。妻の旧姓「関戸」を用い、千代と末広を合体させたのであろう。三・一五事件の逮捕後に転向し、日本評論社に勤めていた石堂清倫を満鉄調査部に勧誘したのは大上である。石堂『わが異端の昭和史』（勁草書房、一九八六年）二一〇四頁。

(48) 前掲官立弘前高等学校資料・資料番号357「昭和二十二年 庶務日記」。なお倫理学者で倫理研究所第二代理事長となる丸山竹秋は一九四六年頃に恩師の出隆から「名古屋と佐賀と弘前から教師を求められているが、君に希望はないか」と尋ねられたという。丸山が弘前行きを選んでいれば、関戸の弘前行きはなかった（丸山竹秋「テオーリアとプラクシス」前掲出編『回想 出隆』）。

(49) 前掲道又論文六頁。

(50) 前掲関戸「戦後日本思想史の一側面」、同「懺悔 そのひとつ手前 戦後五十年の自分を省みるために」（『人権と教育』第二三号、一九九五年）。

(51) 『経済論叢』第一三七巻第三号、一九八六年、「平田清明教授記念号」平田清明教授・略歴・著作目録。

(52) 一九七九年一〇月二日付の関戸宛串田書簡（ハガキ）によれば、串田は初見靖一名で一九四〇年に刊行した『萍』を関戸に寄贈しており、七九年には『流れる時』を寄贈している（玉英堂書店HP、二〇一七年二月一〇日最終閲覧）。

(53) 沢登佳人「死刑囚の時効について」（新潟大学法学会『法政理論』第一八巻第二号、一九八五年）。

(54) 旧制弘前中学校・現弘前高校の同窓会誌『鏡ヶ丘同窓会報』第二四号、二〇一二年、に同窓生の島中誠による「ベストセラー翻訳家として活躍」が掲載されており、野崎の業績と悲運について記している。

(55) 中世哲学、前掲出隆編『哲学の基礎問題』中巻に「中世主義」を執筆。

(56) ハーシー『ヒロシマ』の原爆言説に対しては最近批判もされている。柴田優呼「オバマのヒロシマ演説を歴史化する アメリカの原爆言説は変わったのか」（『現代思想』二〇一六年八月号）。

(57) 『アカハタ』一九四九年六月一二日付「青森で九十名」。

(58) 『週刊自由』一九四九年七月四日付「郷土と産業愛すればこそ 社共民ともに斗おう 全労主催」。

(59) 岩間は一九四九年一〇月七日および一五日の参議院文部委員会で大学における教授追放問題や政治活動問題に

ついて発言しているが、ほぼ一般論に終始し、関戸事件について具体的な言及はしていない。国会会議録検索システム。この後、一〇月二二日に全国大学教授連合会（会長は東大総長南原繁）は「学問の自由と大学教授の地位」および「大学教授と人事院規則」の二つの声明をあげている。

(60)『デーリー東北』一九四九年七月二二日付「社会党県連提唱産業再建共闘会議」。

(61)『アカハタ』一九四九年七月二〇日付「弘前にも列車妨害の怪事件」。

(62)前掲『青森県労働運動史』第四巻、二二三四頁。

(63)『東奥日報』一九四九年八月二九日付「鈴木社会党書記長来県談」。

(64)前掲『青森県労働運動史』第四巻、二六九・二七一〜二七四頁。

(65)前掲『青森県労働運動史』第四巻、二八二〜二八三頁。

(66)前掲『青森県労働運動史』第四巻、二八〇頁。

(67)前掲『青森県労働運動史』第四巻、三〇〇〜三〇三頁。

(68)前掲『青森県労働運動史』第四巻、三〇四〜三二二頁。

(69)前掲『青森県労働運動史』第四巻、三三二頁。

第一〇章

(1)大沢については、①大沢久明『物語青森県労農運動史』（大沢久明60年記念出版後援会、一九六二年）、②大沢久明『天皇印象記・太宰治文学批判』（大沢久明著作集Ⅱ、北方新社、一九七四年）、③大沢久明『物語青森県共産党史』（大沢久明著作集Ⅲ、北方新社、一九七五年）、④大沢久明その人と時代刊行会編『大沢久明　その人と時代』（北方新社、一九八七年）。津川については、①『弘前民主文学』第五八号「特集・津川武一追悼」（一九八八年）、②日本民主主義文学同盟弘前支部編『津川武一日記』第一〜一〇巻（北方新社、一九九一〜九六年）および第一〇巻所収の「津川武一年譜」、③阿部誠也『評伝　津川武一』（北方新社、二〇〇五年）、④『津川武

一生誕一〇〇年記念誌』（津川武一生誕一〇〇年記念事業実行委員会、二〇一〇年）。ほかに『近代日本社会運動史人物大事典』1あ〜お（日外アソシエーツ株式会社、一九九七年）、前掲小森『治安維持法検挙者の記録』参照。

（2）『東奥日報』一九三五年七月二九日付「死（1）…自叙伝風の感想…」によれば、大沢は一九一九年三月の商業学校卒業に際し、北海道釧路の木材会社に就職を斡旋されたが、前年のストライキ煽動で停学処分を受けていたため破談となり、北海道では石炭会社や鉱山で働き、年末に帰青したという。額面通り受け止めれば、大沢の東京行は一九年の暮のことと思われる。

（3）和田久太郎は一九一七年に売文社社員となり、関東大震災の翌二四年、震災時に虐殺された大杉栄の復讐として、関東戒厳司令官だった陸軍大将福田雅太郎狙撃事件をおこし、無期懲役の判決を受け、秋田刑務所にて縊死。黒岩比佐子『パンとペン　社会主義者・堺利彦と「売文社」の闘い』（講談社、二〇一〇年）三五四頁。

（4）前掲黒岩『パンとペン』でも無産社については記されていない。のち堺の娘真柄と高瀬清を中心に第一次共産党幹部のパンフレットを出す。福家崇洋「一国社会主義から民主社会主義へ：佐野学・鍋山貞親の戦時と戦後」（『文明構造論：京都大学大学院人間・環境学研究科現代文明論講座文明構造論分野論集』第九号、二〇一三年）七頁。

（5）「カムチャッカ・スト」（前掲大沢『物語青森県共産党史』）。戦前青森県の北洋漁場への出稼ぎについては、玉真之介「戦前期の漁業出稼ぎと青森地方職業紹介事務局」（『市史研究あおもり』第二巻、一九九九年）参照。

（6）講師は安部磯雄・北沢新次郎・大山郁夫ら早稲田大学教授たち。拙著『近代日本の地域思想』（窓社、一九九六年）第五章「大正デモクラシー期の世界観と地方観」参照。

（7）古内龍夫「近代秋田の社会的展望」（『あきた』第七九号、一九六八年）。

（8）『進め』一九二三年一二月号（復刻版『進め』第1巻、不二出版、一九八九年）「青森青年同盟」。

（9）『函館市史』通説編第三巻（函館市、一九九七年）第五編第二章第九節三「労働組合の結成と無産意識」。

（10）田中清玄『田中清玄自伝』（ちくま文庫、二〇〇八年）三五〜三六頁。転向した田中と六〇年安保闘争時の全学連（全日本学生自治会総連合）指導部の交流は知られるところだが、田中「武装テロと母　全学連指導者諸君に訴える」（『文芸春秋』一九六〇年一月号）は大沢との組合運動を記している。

(11) 前掲拙著『近代日本の地域思想』第五章「大正デモクラシー期の世界観と地方観」参照。

(12) たとえば、「資本家を取って食うような太い声　加藤勘十の演説もよし」「オレ達も一緒にやると　朝鮮の若き鉱夫の演壇の声」「白い飯をオレ達にも喰わせろという要求条項は今日もはねられる」「監獄の父を恥じるな　入らずにのさばってる奴はお前の敵だ」「監獄は　貧乏人と貧乏人を無くする者の入るところだ」「敵を切る　豚を屠るが如かりし　維新の志士をよしと思う日」「鉄格子にからみついたる朝顔の花の命はみつめてはいる」（川崎むつを「久明の文学作品」前掲『大沢久明　その人と時代』）。一九三一年には歌集の発行も予定されていた。

(13) 山岸一章『相沢良の青春』（新日本出版社、一九八四年）一四一頁。

(14) 『社会運動通信』一九三四年一二月四日号「凶作地事件続報」。

(15) 『紀元二千六百年記念　青森県大人名録』（東奥日報社、一九四〇年）。

(16) 『青森県評論』一九四一年一月号「翼賛会県支部に期待す」。

(17) 大沢は戦前の活動について、『月刊東奥』一九四五年一一月号に「弾圧二十年　人民圧迫法の下に」を寄せている。

(18) 「産別民同がめざしたもの（1）（2）—三戸信人氏に聞く」（『大原社会問題研究所雑誌』第四八九・四九〇号、一九九九年）。

(19) 『第九十回帝国議会衆議院議事速記録号外』「議院成立ニ関スル集会」（帝国議会会議録検索システム）。

(20) 前掲大沢『物語青森県共産党史』二二一〜二二三頁。大沢は「議長選挙」と記しているが、記憶違いだろう。

(21) 『朝日新聞』一九四六年七月二日付「大沢氏に謹慎命ず」。

(22) 日本青年共産同盟中央機関紙『青年ノ旗』一九四七年二月一五日付第三一号「倒閣へ憤怒の団結」。

(23) これにより津川が医局の主任教授内村祐之から破門されたという説があるが、秋元波留夫「津川武一と東大精神医学教室」(『いのちとくらし』第五号、二〇〇三年一一月号)は否定したうえで、興味深い解釈を提示している。

(24) 青木延春との共著、『医事公論別冊』第一四九三～一四九四、一五〇七～一五一〇号、一九四一年(国立社会保障・人口問題研究所『舘文庫目録　文書類の部』所内研究報告第五四号、二〇一四年三月三一日)。

(25) 単著、『優生学』第一八年第六号・通巻二〇八号、一九四一年六月。

(26) 共著、『民族衛生』第一〇巻第一・二号、一九四二年四月。調査時期は一九四〇年一〇月、東京帝国大学医学部精神病学教室と東京府立松沢病院の共同研究。

(27) 共著、『精神神経学雑誌』第四六巻第四号、一九四二年四月。

(28) 単著、『民族衛生』第一一巻第一号、一九四三年七月。

(29) この時期の津川の遺伝学的研究と優生思想の関連については今後の課題であるが、当時の優生学の状況については、橋本明「わが国の優生学・優生思想の広がりと精神医学者の役割——国民優生法の成立に関連して——」(『山口県立大学看護学部紀要』創刊号、一九九七年)および岡田靖雄「日本の精神病学における遺伝学的研究の歴史(その二)」(『日本医史学雑誌』第四四巻第二号・通巻一四九〇号、一九九八号)参照。岡田論文は、一九四〇年代前半の津川をはじめとする精神病研究者の調査が「国民優生法に学術的裏付けを事後的にあたえることになった」と指摘している(二五九頁)。なお、津川は一九七五年の『弘前民主文学』第四六号に「破門」と題する小説を掲載するが、筋は優生学を信奉する教授が、自分に批判的になっていく弟子を破門・追放する話である。

(30) 『津川武一日記』第三巻、一九七一年八月一五日の項。

(31) 前掲『青森県労働運動史』第三巻、一二一四～一二一五頁。前掲「民間諜報局日本共産党特別報告」の Key Personnel of the Japan Communist Party(日本共産党主要党員)は、津川の経歴に関して以下のような異説を提示している(コマ番号239)。一九三〇年一二月青年共産同盟加盟、同月反飢饉闘争に参加中逮捕。三一年二月青共メンバーとして逮捕。八月戦争反対のエッセイを発行。一〇月共産党入党。三二年二月『赤門戦士』にエッセイUnsanctity of the Emperor in Japan（二月一九日付号外「ファシスト・社会ファシストの担ぐ天皇とは何か？」を指すか？『赤門戦士』復刻版編集企画委員会編『赤門戦士　復刻版』れんが書房新社、一九八九年）発表。六月共産党入党と天皇エッセイにより逮捕、実刑三年（のち四年に延長）を言い渡される。

(32) 一九四八年六月に太宰治が死去した後、『月刊東奥』一九四八年八月号特集「追悼太宰治」に津川は「内向的分裂気質―太宰の性格―」を寄せている。

(33) 津川の『アカハタ』デビューは一九四六年一月二二日「共産党員の顔」だろう。共産党の暴力イメージの強固さを記した短文で、署名は「津川信一」とあるが、津川武一と思われる。

(34) 九月二五日付第五三号「医者に食われる貧乏人　資本主義がゆがめた〝仁術〟」、一〇月五日付第五四号「トマトの栄養学　農民にはナンセンス」、一〇月一五日付第五五号「名医となるには回虫の駆除」。

(35) ＧＨＱ／ＳＣＡＰ文書・民事局 Communist Party Activities（共産党の活動）コマ番号28。

(36) 発行元・青森文学会。のち前掲大沢『物語青森県共産党史』に所収。

(37) ただしＧＨＱ／ＳＣＡＰ文書・民政局 JCP Organization（日本共産党組織）の Status of the Registration of Officers of the Hokkaido, Tohoku, Kanto, Hokuriku, Tokai, Kansai, Chugoku, Shikoku and Kyushu Regional Committees as of May 1, 1951（一九五一年五月一日現在の北海道・東北・関東・北陸・東海・関西・中国・四国・九州各地方委員会委員状況）によれば、五一年の青森県委員会委員長は塩崎要祐となっている（コマ番号64）。

(38) 松岡辰雄は一九五五年に若くして亡くなり、六七年に青森近郊の浅虫に歌碑が建てられ、大沢の揮毫による「飢うるとも　この信念に　そむかざれ　今あかあかと　燃ゆる夕空」が刻まれている。

(39) ただし『社共時代の思い出』は一九四六年一二月八日の共産党青森地方党大会が選出した地方委員として、柴田久次郎の名前をあげている。当時、柴田はまだ社会党員であった。秘密党員（複合党員）でなかった限り、大沢の記憶違いだろう。本冊子の事実認識も部分的には疑われる。

（40）青森県史編さん近現代部会編『青森県史』資料編・近現代5（青森県、二〇〇九年）一〇七〜一〇八頁。
（41）前掲『大原社会問題研究所雑誌』第五一四号所収。
（42）『アカハタ』一九四八年一二月一六日付「青森共社合同の歴史的大会」。
（43）帝国議会会議録検索システムより。
（44）六月二九日に共産党は「日本人民共和国憲法（草案）」を発表」。
（45）『朝日新聞』一九四六年七月二日付「大沢氏に謹慎命ず」。
（46）ハリー・エマソン・ワイルズはペンシルベニア大学とテンプル大学で博士号を取得し、民政局行政部政党課に所属して、男女平等を主張したベアテ・シロタ・ゴードンらと日本国憲法草案作成にあたった。ワイルズには『東京旋風：これが占領軍だった』（井上勇訳、時事通信社、一九五四年）という著書がある。
（47）前掲小森『治安維持法検挙者の記録』の「大沢喜代一」（大沢の本名）の項には、『思想月報』記事から「日大商科専一中途退学」と見えるが、誤記ではなかろうか。
（48）前掲拙著『近代日本の地域思想』第七章「翼賛運動と地方文化」参照。
（49）一九四六年九月に出された『日本経済再建の基本問題』（外務省特別調査委員会編）でも、将来の商業人口は五〇〇万人と推定されている（一五三頁）。
（50）『東奥日報』一九四六年六月一日付「淡谷日農県連会長、追放確認」、実際の追放は一九四七年四月。

第一一章

（1）『大島の旗』（プランゲ文庫）一九四九年一月一日付第六号「共社合同大島郡にも波及」。
（2）『長野県史』通史編第九巻近代三（一九九〇年）六二〇頁。
（3）『信濃毎日新聞』一九四六年二月一〇日付社説「県下民主戦線の胎動」。
（4）『日本労農通信』一九四六年四月二七日付第四一号「長野県における労働組合運動の現状」。

（5）前掲『日本労農通信』第四一号「長野地（方欠ヵ）農民運動の現況とその展望」、同四六年一一月一八日付第一〇三号「長野県の農民運動」。

（6）前掲五十嵐編『「戦後革新勢力」の奔流』第六章。

（7）一六四頁。原文は小林勝太郎『社会運動回想記』（小林勝太郎社会運動回想記発刊発起人会、一九七二年）三七三頁。

（8）前掲『大原社会問題研究所雑誌』第六四六号、所収。裏腹の関係で進んでいた社共対立の実態について、坂本守『されど節を屈せず　戦後史とともに・岩井章物語』（労働大学・労大新書、一九八四年）が記している（三九〜四二頁）。のち総評事務局長となる岩井は当時、国労甲府支部長・上諏訪地区労議長だった。

（9）『信濃毎日新聞』一九四八年一一月二九日付「委員長に羽生氏　社党県連大会擁護同盟には不参」。

（10）『信濃毎日新聞』一九四八年一二月四日付「全国大会開催提唱か　日農県連正統派を結集」「社共統一戦線　日農県連提唱」。なお同日付「社会党青森県支部動揺」は大沢久明らの共産党入党を報じている。

（11）『アカハタ』一九四八年一二月一〇日付「長野でも共社合同へ　全逓地区委から申入れ」。

（12）『アカハタ』一九四八年一二月一〇日付「上田地区労でも　高倉氏守る人民大会開催決議」。

（13）一九四四年一一月に治安維持法違反で検挙された高倉は四五年三月に脱走し、哲学者の三木清のもとに身を潜めた。再検挙後、高倉はそのことを供述したため、三木は検挙され、敗戦から一ヵ月後の九月二六日、豊多摩刑務所で獄死した。高倉の戦時中の戦争支持発言や標準日本語論をはじめ、検討されるべき点は多い。

（14）『信濃毎日新聞』一九四八年一二月九日付「労農新党に打撃　社共統一要望の声明」、『夕刊信州』同日付「新党派の動き微妙」、『信濃毎日新聞』一九四八年一二月一〇日付「〝社共合同〟申入れ」、『アカハタ』一九四八年一二月一〇日付「くずれる県連下部」。

（15）『アカハタ』一九四八年一二月一一日付「大衆が強く要望　共社合同・長野県委声明」。

（16）『アカハタ』一九四八年一二月一二日付「長野全県に共、社会、労農の大合流」。

(17)『アカハタ』一九四八年一二月一二日付「共社合同を決議　日農東筑摩郡支部」によれば、日農東筑摩郡支部は一〇日の執行委員会で共社合同を決議し、第四区の衆議院立候補者を同県連委員長小原嘉に決定した。
(18)『伊藤富雄著作集』全六巻（永井出版企画・甲陽書房、一九七八〜一九八八年）、日本歴史学会編『日本史研究者辞典』（吉川弘文館、一九九九年）。
(19) しかし、後年の伊藤富雄は執拗な入党勧誘に抗しきれなかったと述べ、次のように述懐している。「社・共合同の意義や、共産党のイデオロギーなどに共鳴して党員になったわけではない。家庭の食糧事情が入党に踏み切らせたわけだが、共産党は『ついに社・共合同なる』と、大々的に宣伝したものである。」前掲『伊藤富雄著作集』第六巻（甲陽書房、一九八七年）四九〇頁。
(20)『アカハタ』一九四八年一二月一二日付「共社合同の記念講演会」。
(21)『アカハタ』一九四八年一二月二四日付「労農新党関係　入党者つずく」。
(22)『信濃毎日新聞』一九四八年一二月二九日付「共・社合同大会開く」、『アカハタ』一九四九年一月一日付「長野の共社合同大会ひらかる」。
(23)『信濃毎日新聞』一九四八年一二月一六日付「反共闘争を展開　社党県連、声明を発す」。
(24) 前掲『信濃毎日新聞』「共・社合同大会開く」。
(25) 当初、一区北沢忠三、三区岩井章（のち総評事務局長）が出馬予定だった。『信濃毎日新聞』一九四八年一二月一七日付「一区は北沢忠三氏、三区は岩井章氏　社会党県連」。
(26)『信濃毎日新聞』一九四九年一月二五日付「県下総選挙戦を顧みて」。
(27) 菊池謙一「統一の旗は進む・共社合同の村から　山のなかの共社合同―長野より―」（『人民評論』一九四九年三月号）は下伊那地域を中心に社共合同運動について記している。
(28)『信濃毎日新聞』一九四八年一二月一六日付解説「農民層に浸透か　社共合同　選挙への響き」。
(29) 一九四七年までの戦後香川県農民運動については、山本繁『香川の農民運動―大正デモクラシーと三・一五』

（平和書房、一九七〇年）第七章、参照。
(30)『日本労農通信』一九四六年一〇月一九日付第八六号「地方情報」。
(31)『アカハタ』一九四八年五月二九日付「社党にあきたらず」、一一月一二日付「総同盟香川県連ついに解体」。
(32)『アカハタ』一九四八年一二月一九日付「共社の合同、西の香川へも」。『読売新聞』同年一二月一八日付「香川県労農新党幹部共産党入り」も参照。
(33)前掲『アカハタ』「共社の合同、西の香川へも」。
(34)前掲「人民革命の勝利へ　香川　感激の共社合同大会」「全県に入党相つぐ」。
(35)「四国党内資料」No.4、【7】2083。同月一七日付で愛媛県委員会活動者会議は四国地方委員会宛に平島の除名を申請している。『エヒメ戦線』No.13、【7】2096。
(36)『「北海赤旗」・「トラクター」・「北海新報」復刻縮刷版』ほっかい新報社史料刊行委員会、一九八〇年。
(37)後年、「新日和見主義事件」に関与し、一九七五年除名。新日和見主義事件については未解明部分が多いが、川上徹・大窪一志『素描・一九六〇年代』（同時代社、二〇〇七年）、油井喜夫『実相　日本共産党の査問事件』（七つ森書館、二〇〇八年）参照。
(38)『北海新報』一九四八年一一月五日付「労農新党の代表　地方委と要談　一応共産党との提携約束」。
(39)『北海新報』一九四九年一月一六日付「十勝の集団入党」。
(40)『北海新報』一九四九年一月三〇日付「発展の基盤に立つて政治戦線統一え　党拡大の地方委決議」。
(41)『北海道新聞』一九四九年一月三〇日付「野党連合強く抬頭」。
(42)『北海新報』一九四九年二月五日付「十三の共斗目標承認　道民主協議会結成　第二回政治戦線統一懇談会」。
(43)『北海新報』一九四九年三月三一日付「第八回北海道地方党会議」。
(44)今西一・手島繁一・手島慶子「樺太・共産党・アイヌ―水落恒彦氏に聞く（1）」（『小樽商科大学人文研究』第一二四号、二〇一二年）。

(45)『北海新報』一九四九年六月一八日付主張「共社合同斗争の大展開へ」。
(46)『北海新報』一九四九年七月一三日付「第四回拡大地方委員会決定　革命勝利の為に」。
(47)『北海新報』一九四九年八月二八日付「第五回拡大地方委員会決定　暴力デマの吉田内閣打倒へ」。
(48)『北海新報』一九四九年九月一九日付主張「道政を腐らすもの」、二二日付「起せ『買弁田中道政打倒』」、号外九月下旬号「田中道政反対と吉田内閣打倒に起て」。
(49)『北海新報』一九四九年九月七日付「波乱の社党道支部代会議　右翼鈴茂に反対」。
(50)『北海新報』一九四九年一〇月一九日付「勤労者政党の共同斗争」。
(51)『北海新報』一九四九年一〇月二八日付「前進する〝倒閣共斗〟」、一一月一日付「にえきらぬ社会党」、一一月四日付「労農党の提唱拒絶」。
(52)『北海新報』一九四九年一一月四日付主張「どこで政治戦線を統一するか」。
(53)『北海新報』一九四九年一一月二二日付「社党道連がデマ〝共産党の日鋼爆破計画〟」。
(54)『北海新報』一九四九年一一月一三日付「日鋼に〝三鷹事件〟か」。
(55)『北海新報』一九四九年一一月二二日付主張「社会党に信義と友愛をのぞむ」。
(56)直後に開かれた共産党第五回大会ではほとんどの決議事項が「全員一致可決」されている中、袴田里見が報告した青年問題のみが「大多数ヲ以テ可決(反対一保留三)」となっている。「準備記録、決議事項」【1】0038。詳細は不明だが、青共結成をめぐる批判と思われる。大会終了翌日に開催された中央委員会では、青年問題の冒頭に「(1)現存青年組織は読書、演劇等に限られ倦怠している故救国隊運動(日本再建、物資摘発等の挺身隊)に行動的に組織し、その線に沿ひ文化活動を行ふこと　(2)青年のみの第三党化をさけて、組合青年部、青年クラブ等に組織し、全国的組織への個人的参加は極力さける」と見え、共産党にとって青年問題が一つのネックになっていたことがうかがわれる。「中央委員会議事録」【1】0044。
(57)一九四五年九月に高津正道を中心に開かれた青年懇談会、同年一〇月にもたれた青年協議会を基礎に「青年運動の統一戦線的性質を帯びるもの」として同会議は結成された模様である。『日本労農通信』一九四五年一一月一五日付第一号「学連の再建を主目標に民主主義青年運動　最近の動きとその方向」。ただし、五十嵐仁「占領期における青年運動の広がり」（前掲五十嵐編『「戦後革新勢力」の奔流』第九章）は同記事の「記述は性格ではない」と指摘している（二四五頁）。

(58) 社会党系の青年運動については、前掲五十嵐「占領期における青年運動の広がり」が詳しい。

(59) 青年戦線の動きについては、山中明『戦後学生運動史』（青木書店、一九六一年）七三～七五頁、前掲長崎『命ある限り』「第三部　激流に棹さして」、前掲五十嵐「占領期における青年運動の広がり」、参照。

(60) 一九四六年六月二二日付各地方委員会・地区委員会宛日本青年共産同盟中央委員会書記局指令冉第二号「青年の統一戦線に関する方針」【4】００４１。もちろん、民主戦線促進青年協議会を通じた民主主義青年戦線の統一は、共産党の方針であった。一九四六年六月一八日付共産党中央委員会書記局指令（第五号）「青年間の活動に関する件」【4】００３７。それより先、一九四六年四月二三日に民主人民連盟の提唱で全国青年団体懇談会が開かれ、民主主義青年会議、社会党青年部、青年共産同盟、東大セツルメント、農村青年同盟及び全国各地の青年組織により、「全国青年民主同盟」（仮称）の結成が決められている。『民主戦線』一九四六年五月一〇日付「全国青年団体を結集、民主戦線前進す」。

(61)『青年の旗』一九四八年一月二四日付第六六号「青共二ヶ年の足どり（上）」。
『青年ノ旗』は同年一月二日付第六三号から『青年の旗』と改称している。

(62)『青年ノ旗』一九四六年九月一日付第一六号「青年解放へ　社会党青年部の活躍」、九月二〇日付第一八号「学徒御用化の陰謀　青共学生班反駁」、一二月二五日付第二六号「学園民主化へ　起ち上る学生　青共班は先頭に斗う」。

(63) 県立長野図書館所蔵の菊池謙一『愛情・道徳・幸福』（山川書店、一九五〇年）には「日本の現状から世界の現状から階級をなくすために斗う愛情こそ最も高い人間の愛情だ」という書き込みがあり、さらに「笑い声」と題する次のような詩が記されている（／は改行）。「若者の胸の中で／笑い声が目をさました／つらい日ごとのくらしの中で／ともすれば笑い声は消え去ろうとした／若者たちよ、笑い声を忘れてはならない／おとめたちよ、笑い声を奪われてはならない／一つの星をめざしてすすむ／おとめの群れと若者の群れとの／きよらかな力のむすびつきの中から／あらたな笑い声が沸き上るであろう／あらたな笑い声が湧きおこるであろう／おとめたちよ、若者たちよ／明るい笑い声を忘れてはならない」。さらに「一九四九年　青共創立三周年にあたって」とあり、「ヒロシ・ヌヤマ」の署名が見える。青共創立は一九四六年二月なので「三周年」は四九年となり、発行年の前年になってしまう。計算が合わないが、三周年が過ぎたという意味か。菊池はミチューリン運動（ルイセンコ学説）の提唱者。壬生雅穂「下伊那地方におけるミチューリン農法の受容と衰退」（『飯田市歴史研究所年報』第六号、二〇〇八年）参照。「歌と踊り」路線については、河西秀哉『うたごえの戦後史』（人文書院、二〇一六年）第3章「うたごえ運動の歴史」参照。

(64)『青年ノ旗』一九四七年四月一五日付号外「青年の民主的統一　明るい日本建設へ　青共全国大会一般報告」。

(65) ただし、同年一一月の第六回中央委員会総会では過度の文化活動が批判される。『青年ノ旗』一九四七年一一月二五日付第五九号「中委総会の結論　斗争主義で大衆化　文化的偏向の克服へ」。以後、闘争と文化活動の融合が課題となる。『青年の旗』一九四八年二月七日付第六八号主張「斗争の文化性」。

(66)『青年ノ旗』一九四七年一一月一五日付第五八号「青年戦線の統一へ　宿望こゝに成るか『日本青年会議』を結成」。同時期の共産党中央は労組青年部を中心とする青年戦線の統一をめざしていた。一九四七年一月三一日付指令第一七一号「青年運動について」【4】0230、一九四七年九月一二日付大地方・地方・地区委員会・各フラクション宛共産党中央委員会書記局指令第一三八号「青年問題について」【4】0209、参照。

(67)『青年ノ旗』一九四七年一二月二五日付第六二号「豊かな日本建設へ　神奈川県の九十一団体を結集　民主青年連盟成る」。

(68)『青年ノ旗』一九四八年二月一四日付第六九号「働くものの手で生産復興　作れ民主人民内閣　青年婦人蹶起

大会開く」。

(69)『青年の旗』一九四八年六月一三日付第八六号「作ろう民主民族戦線　青年会議と共産党懇談　青年組織広く結集」。

(70)『青年の旗』一九四八年三月六日付第七二号「青共の提案承認　全日本民主青年同盟準備会　東京地方結成大会開く」。

(71)『青年の旗』一九四八年三月一三日付第七三号「第七回中委総会開く　『三十万人の同盟』へ　画期的・充実せる総会」、同号主張「青年団を民主化せよ」。その後も同七月一八日付第九一号に主張「地域青年団全国大会に備えよ」が載る。

(72)『青年戦線』一九四八年三月創刊号「全日本民主〔ママ〕同盟準備会に結集せよ」「民青情報No.5」。

(73)『青年戦線』一九四八年三月創刊号「鼎談　青年運動は如何にあるべきか」。

(74)『青年戦線』一九四八年四・五月合併号「日本青年共産同盟批判」。

(75)一九四六年四月五日付〈共産党〉各地方委員会・地区委員会宛中央委員会書記局指令「青共財政活動の援助について」【4】0009は、『青年の旗』紙代未納によって青共が財政困難に陥っているので、至急支援するように指示している。

(76)『青年の旗』一九四八年七月一八日付第九一号「青年民主民族戦線結成へ　代表者連絡懇談会で具体化」。

(77)すでに一九四七年一二月の共産党青年政策会議で、日本青年会議や神奈川県民主青年連盟の組織は、「下部組織の具体的な斗争なくしては結局崩壊する」と指摘されていた。『青年の旗』一九四八年一月九日付第六四号「共産党青年政策会議開く」。

(78)『青年の旗』一九四八年九月一二日付第九九号「国際青年デー大会　近し！勝利の栄光」。

(79)『青年の旗』一九四八年一一月七日付第一〇七号「青共第三回全国大会ひらく　人民政府樹立へ前進」。

(80)『青年の旗』一九四八年一一月二一日付第一〇九号「青年会議へ参加　民学同結成大会で決議」。

(81)『アカハタ』一九四九年一月五日付「共社合同に感激　全民青福山委員長入党」。

(82)『学生戦線』一九四九年一月二一日付第五号「青年戦線統一へ巨歩」も参照。同記事によれば、青年会議代表は「青年こそ民主革命の先頭部隊だ、故に青年戦線の統一があつてはじめて真の一階級一政党＝社共合同が完成する」と述べている。

(83)『青年の旗』一九四九年一月二三日付第一一八号「青共・全民青・民学同合同　大衆の要望に答え民主青年合同委生る」。

(84)『青年の旗』一九四九年一月二三日付第一一八号「民主青年合同委を推進　統一委員会ひらかる」。

(85)一九四九年一月八日付各地方・府県委員会宛共産党中央委員会書記局通達「民主々義学生同盟グループ会議、全日本学生自治会連合グループ会議召集の件」【4】０６１２。

(86)『民主青年』一九四九年五月一日付第七号「うたごえと拍手の中に　民主青年団雄々しく誕生」。ただし名称は流動的だった。同誌四月三日付第三号「名前は日本民主主義青年団」は三月二五日の民主青年合同委員会拡大執行員会で団体名が「日本民主主義青年団」となったことを報じ、四月一日に共産党書記局が各地方・府県委員会宛に呼びかけた単一青年同盟準備会に向けたグループ会議の開催では、「日本民主々義青年団」となっている。「日本民主々義青年団（仮称）準備会グループ会議開催について」【4】０６２０。

(87)『民主青年』一九四九年七月一七日付第一五号「民青団の加盟を承認」。

(88)一九四九年一一月二八日付各地方・府県委員会宛共産党中央委員会書記局通達「民主青年団全国グループ召集の件」【4】０６２６。

(89)前掲 JCP Organization の「日本共産党関係の青年学生組織表」（コマ番号16〜17）によれば、①執行委員七名の出身母体は、民青同二名（うち一名が執行委員長）、全民青一名（副委員長）、青共一名（書記長）、民学同二名、②中央委員三九名の出身母体は、全民青二名、青共八名、民学同二名、合同委員会三名、自治労四名、その他六名。この数字からは青共主導がうかがわれる。

(90) 前掲長崎『わが命燃え』第三部、参照。社会主義青年同盟については、前掲坂本『されど節を屈せず』五七頁、参照。

(91) 一九四九年三月二六日付各地方・府県委員会宛共産党中央委員会書記局通達「日本青年会議拡大中央委員会グループ会議開催について」【4】0619。

(92) 『アカハタ』一九五〇年四月二三〜二五日付関連記事「青年祖国戦線結成大会開く」「青年祖国戦線結成大会第二日」「青年祖国戦線結成大会終る」「青年祖国戦線へ警察官が参加声明」。そのほか、法政大学大原社会問題研究所編『日本労働年鑑』第24集一九五二年版、第二部第四編第一章　学生・青年運動、『日本週報』一九五〇年五月号、室伏憲吾「青年祖国戦線を衝く」、参照。室伏は国労中執。社会党右派の独立青年同盟（独青）については、前掲福家「一国社会主義から民主社会主義へ」二七〜二九頁、参照。『アカハタ』一九五〇年二月二三日付「反植民地斗争デー日本大会」によれば、二月二一日に開催された同大会の席上で青年祖国戦線の綱領が可決されている。

(93) 増山太助「『五〇年問題』覚書（中）―『コミンフォルム論評』から朝鮮戦争の勃発まで―」（『運動史研究』5、一九八〇年）によれば、結集した勢力は「総数三、九三九、三七〇名の青年を代表する、一〇四団体の代議員九九五名」である（一〇三頁）。

(94) 『アカハタ』一九四九年八月一七・一八日付「青年祖国戦線を結成せよ（上・下）」。青年祖国戦線に対抗して、民自党系の「新日本建設青年連盟」も組織されたようである。『民主青年』八月二一日付「笛ふけど青年踊らず」、同八月二四日付「新日本建設青年連盟　見たま、聞いたま、」。

(95) 『アカハタ』一九五〇年五月九日付・東京都委員会「東大細胞、早大第一細胞、全学連書記局細胞の解散に就て」。

(96) 法務府特別審査局『特審月報』第二巻第六号、一九五一年六月（復刻版『特審月報』第3巻、不二出版、二〇〇八年）七〇頁。

(97) 前掲山中『戦後学生運動史』七四頁。共産党の一九五一年五月二九日付通達「うちつづくカンパニアのなかで青年祖国戦線を強化発展せよ」【4】1079によれば、共産党の青年運動の指導は民青団に偏っていたので、今後は全国青年婦人平和活動者会議や世界青年学生平和祭日本祭を軸に青年祖国戦線運動を発展させる必要があった。青年戦線はさらに複雑な状況にあったと思われる。

(98) 前掲五十嵐「占領期における青年運動の広がり」二五六頁。

第一二章

(1) 前掲「民間諜報局日本共産党特別報告」コマ番号11。

(2) 一九四八年一二月現在「日本共産党の組織表」【1】0471、参照。地方委員会は、北から北海道・東北・関東・東海・北陸・関西・中国・四国・九州に置かれた。

(3) 「六全協討議の中間的総括と地方党の歴史における教訓について—第四回地方党会議えの報告のための準備として—」【7】0255。

(4) 「民主的諸党派との統一行動について」【7】0328。

(5) 前掲「民間諜報局日本共産党特別報告」コマ番号49。

(6) 宮城県労働組合評議会編『宮城県労働運動史1』(労働旬報社、一九七九年)二六頁によれば、春日の病気治療のため、初代議長は服部麦生であった。

(7) 前掲「民間諜報局日本共産党特別報告」の Key Personnel of the Japan Communist Party(コマ番号56以降)。

(8) 極東軍文書 080:General Headquarters G-2, Far East Command, Jan-Dec1948 の Meeting of Tohoku Regional Committee, Japan Communist Party(日本共産党東北地方委員会会議)(コマ番号32~37)。

(9) 「日本共産党第十三回岩手県党会議議事録(抜粋)」【7】0578。

(10) 前掲河西宏祐『電産の興亡』一六七頁。

(11) 青森県労働文庫A309A第182号〔No.134〕「第十七回東北地方委員会の決議　日本共産党東北地方委員会」。

(12) 青森県労働文庫A315N1「日本共産党県内出版物（二）」のうちの『第十五回拡大中央委員会・第二回東北地方党会議報告決定集　日本共産党東北地方委員会』「第二回東北地方党会議　一般報告と結語」。

(13) 『読売報知』一九四六年二月九日付「農民戦線　党派超え大同へ」。

(14) 『アカハタ』一九四八年一一月二八日付広告によれば、同学会は「勤労者大学テキスト」として『共産主義基礎教程』『入門共産主義読本』『初等共産主義講座』などを販売している。

(15) 『日本労農通信』一九四七年五月二四日付第一四三号「岩手県の労組運動」。

(16) 現『岩手日報』。同紙は一九三八年一月から五一年九月七日までは『新岩手日報』と称した（岩手県立図書館所蔵）。

(17) 保坂は同月七日、青森県下北半島の大湊町で大塚英五郎と下北地区党会議に出席している。『アカハタ』一九四八年一二月一六日付「得票一人六十票かくとくを決議　青森下北地区党会議」。

(18) 『アカハタ』一九四八年一二月二八日付「働くものの歓喜　岩手三党統一大会開く」。

(19) 『新岩手日報』一九四九年二月一日付「十一日に県労から脱退か　電産支部」、二月一五日付「極左主義を排す電産支部、県労と袂別」、同日付広告「岩手県労会議脱退声明書」、『社会新聞』三月三日付「電産、産別に絶縁状」。

(20) 『新岩手日報』一九四九年二月一六日付「民族独立を推進　来盛の徳田球一氏語る」。

(21) 『新岩手日報』一九四九年三月四日付「共闘を推進　来盛の黒田氏語る」。

(22) 『新岩手日報』一九四九年三月二六日付解説「揺ぐ県労会議　傘下の民同系、極左を排撃」。

(23) 両書については、秋田県大仙市在住の荒川肇氏より提供を受けた。記して感謝します。

(24) 前掲「民間諜報局日本共産党特別報告」によれば、三浦雷太郎は一九〇七年秋田市大工町に生まれ、秋田商業学校在学中に共産主義に興味を抱き、中学生徒連盟を結成。卒業後、政治研究会秋田支部に参加し、秋田税務署に勤める一方、全日本無産青年同盟秋田支部を組織する。二八年の三・一五事件で逮捕されるが、同年夏には新労農党組織準備会秋田支部結成に尽力する。二九年の四・一六事件で逮捕拘束され、釈放後に全日本農民組合に参加する一方、共産党と接触を続け、北秋田の組織化にはげんだ。数度の投獄を経て、四一年からは旅館業を営み、戦後の四六年に社会党を結成、としている（コマ番号160~161）。

(25)　鈴木清については、『秋田民主文学』増刊号第一八号「鈴木清選集」（一九九〇年）、工藤一紘「鈴木清の文学世界―嘘を吐かぬ文学と嘘のない生活―」（『種蒔く人』の潮流　世界主義・平和の文学』文治堂書店、一九九九年）、参照。

(26)　『アカハタ』一九四八年三月二日付「共産党と手を握れ」で、鈴木は四七年四月に入党したと述べ、『週刊たいまつ』（横手市立横手図書館所蔵、復刻版、不二出版、二〇一八年）同年三月一四日付第四号「野合やめろと片山氏へ公開状」は、鈴木が片山委員長宛に「片山内閣が崩壊したのは保守政党と野合して勤労大衆の支持を失つたにある。社会党はこの際純野党となり共産党を含めた民主戦線を結成強化せよ」との公開状を送って、脱党したと記している。

(27)　『秋田魁新報』（秋田県立図書館所蔵）一九四八年一二月二五日付「川出氏無所属から出馬」は、共産党からの出馬も予想された川出は鉱山労組をバックに無所属で出馬することとなったが、「社共合同の労農戦線統一のため将来共産党へ入党したいという私個人の意見には変りがない」と述べている。

(28)　『アカハタ』一九四九年一月五日付「秋田両区共労の統一候補」。

(29)　『アカハタ』一九四九年一月一八日付「腹はきまった　秋田、一路三党統一へ」。

(30)　『月刊さきがけ』（復刻版、三人社、二〇一七年）一九四九年一二月号「回顧と展望―座談会―一九四九年を顧みて」。

(31)　『アカハタ』一九四九年二月二日付「共闘を促進　労・共統一委員会で決る」。

(32)　『アカハタ』一九四九年三月五日付「党消息　県政綱領の作成めざす　書記長指導で東北各県に党会議」によ

れば、この時点の秋田県委員は渡部豊治・鈴木清・庫山寛一・加賀谷喜一郎・佐々木利康・岡野三郎・煙山篤・鈴木義雄・小沢三千雄。

(33)『社会新聞』一九四九年二月一七日付「ひっくり返る『共社合同』」。

(34)『週刊たいまつ』一九四八年七月二四日付「政局問答　解散は必至　目ざめよ国民　既存の党派はみな落第坊主」。なお、むの・たけじと『週刊たいまつ』の論調については、拙稿「『たいまつ』と東北―むのたけじの世界戦略―」(『社会文学』第四九号、二〇一九年)参照。

(35)『週刊たいまつ』一九四九年七月三〇日付「『赤い帰還者』一箇月後　いましみじみと反省深まる」。

(36)『週刊たいまつ』一九四九年九月一〇日付主張「前進座の公演をめぐる反省」。

(37)『週刊たいまつ』一九五〇年一月一四日付主張「何人の召使も欲せず　コミンフォルムの野坂氏非難に関連して」。

(38)同前。

(39)いずれも福島県立図書館所蔵。

(40)『アカハタ』一九四八年一二月一六日付「福島でも続々入党」。

(41)『福島民友』一九四八年一二月二三日付に「労働者と農民」執筆。

(42)『福島民友』一九四八年一二月二九日付「社共両党即時合同申入れ」。

(43)『福島民友』一九四八年一二月三一日付「満場一致で決議」。

(44)『アカハタ』一九四九年一月三日付「福島の合同近し」。

(45)『福島民報』一九四八年一二月三〇日付「社党参加せず　社共合同懇談会」、四九年一月一四日付「〝社共合同〟は共産党の謀略　社党県連で声明」。

(46)『アカハタ』一九四九年一月三日付「福島の合同近し」。

(47)『福島民報』一九四九年一月二二日付「大井川(幸)氏、社党を脱党　今後は共産党を支持」。

(48) 庄司吉之助「終戦直後の常磐地方炭礦労働組合の結成と運動」(福島大学東北経済研究所『東北経済』第六四号、一九七八年)。なお、共産党系労協の組合長は前出の箱崎満寿雄。
(49) 『アカハタ』一九四九年一月一八日付「福島合同委員会組織」。
(50) 『福島民報』一九四九年一月二三日付「共産党講演会開く」。
(51) 『アカハタ』一九四九年一月二〇日付「全福島県　政治戦線一本化に」。
(52) 『福島民報』一九四九年一月二三日付「各党の胸算用」。
(53) 『福島民友』一九四九年一月二七日付「指導的立場から追放　未だ共産党に冷たい県民」、『福島民報』一九四九年一月二八日付「農協指導連脱退へ　各地で共産党の影響回避更に拡大」。
(54) 『福島民報』一九四九年二月八日付「共産党と労組の動き」は総選挙時の各職場における党派別支持率をあげている。福島製作所：社二八％共二七％自民(民自)三〇％、国鉄郡山工機部：共二一％社一九％自民二〇％、郡山市職組：共三五％社二五％自民二五％、保土ヶ谷化学：共四八％社一〇％自民九％、全逓郡山貯金局：共七三％社二％。
(55) 『福島民報』一九四九年二月一四日付「赤色フラク排す　新たに福島地方労組協議会生る」。
(56) 東北地方委員会組織活動部長、のち党中央労働組合部長となり、一九六四年の四・一七スト問題で責任を問われ解任。
(57) 『会津民主新聞』一九四九年一月三〇日付第三号「社党に共闘申入れ　廿九日明るい社共会談」、二月二〇日付第六号「社会党に共闘申入れ　十六日第二次社共会談」。
(58) 『人民白河』一九四九年二月七日付第四号「迫り来る大破綻に備え　白河町に開く共社合同大会　席上百余名の集団入党」。
(59) 『人民白河』一九四九年三月一〇日付第六号「政治戦線を統一して人民の生活の危機打開へ　社党白河支部へ共斗申入れ」。

(60)『日本労農通信』一九四七年五月七日付第一三八号「宮城県における労組運動」。
(61)『アカハタ』一九四八年一二月二四日付「宮城共社合同へ拍車」。
(62)『アカハタ』一九四八年一二月二六日付「共社の合同へ結集　宮城一挙四一名社党脱党」。
(63)『アカハタ』一九四八年一二月三〇日付「宮城の総同盟顧問　鈴木氏入党」。
(64)『アカハタ』一九四九年二月一七日付「宮城で社共合同大会」。
(65)『河北新報』(仙台市民図書館所蔵)一九四九年二月一四日付「南に赤い演説会」。
(66)『河北新報』一九四九年二月一七日付「吉田丸の航路いかに?」。
(67)『アカハタ』一九四九年三月五日付「党消息　県政綱領の作成めざす　書記長指導で東北各県に党会議」。
(68)『日本労農通信』一九四六年六月五日付第五一号「労農運動通信」。
(69)『自由公論』(山形県立図書館所蔵)一九四六年五月三〇日付第二一号「本県にも民主連盟発足」。構成団体は、社会党県連・共産党県地方委員会・山形自治党・日本主義青年同志会・青共県地方委員会・県農協・県労協・日農県連・労組総同盟・東北青年会・東北新人会・戦災者団体・消費者同盟・商工青年連盟・置賜民主人民連盟・米沢職域消費組合連合会など二〇団体。なお、直前に庄内地方に「庄内民主連盟」なる団体が結成されるが、人民戦線派ではなく、天皇制護持の右派政党である。『荘内自由新聞』(山形県立図書館所蔵)一九四六年二月一六日付「『庄内民主連盟』誕生」、同三月二日付「庄内民主連盟結成の理由」。庄内民主連盟結成の提唱者はジャーナリスト・南画家の山口白雲。山口は同紙二月九日付に「庄内地方新政党の創立について」を寄稿しているが、「全くアテにならぬ中央政党などを暫く問題にせず、庄内の同志は庄内の同志として一団体をいとなみ純然たる地方政党として長くこれを郷里に残して置かう」と述べている。この地方政党が庄内民主連盟となる。庄内民主連盟を支援した『荘内自由新聞』(のち『荘内日報』と改題)の編集・発行人佐藤寅之助は戦前石原莞爾の東亜連盟に関わった。
(70)『自由公論』一九四六年一一月一〇日付第三七号「政府声明を機会に浮び出た救国民主連盟　本県における「救

民連」とその現況」。
(71)『日本労農通信』一九四七年五月一四付第一四〇号「山形県における労組運動　圧倒的な産別の組織現勢」。
(72)『アカハタ』一九四八年一二月一五日付「山形　辺見全逓地区委員長入党」「村議も入党」。
(73)『アカハタ』一九四九年一月二九日付「社会党へ合同申入れ」。

第一三章

(1) 下斗米伸夫「戦後ソ連の北東アジア政策―アジア冷戦への一試論―」(『法政志林』第一〇〇号第二号、二〇〇三年)。
(2) 一九四九年一二月二五日にスターリンと毛沢東は「東方情報局問題」について議論している。中共中央文献研究室編『毛沢東年譜　一九四九―一九七六』第一巻(二〇一三年)、六三頁。
(3) 松村史紀「ミコヤン秘密訪中考(一九四九年一―二月)―中国革命と戦争をめぐる秩序設計」(松村ほか編『東アジア地域の立体像と中国』早稲田大学現代中国研究所、二〇一一年)、同「中ソ同盟の成立(一九五〇年)―『戦後』と『冷戦』の結節点―」(『宇都宮大学国際学部研究論集』第三四号、二〇一二年)、吉田豊子「『蔣中正総統檔案』にみるモンゴル情報」(『大阪大学ＯＵＦＣブックレット』第七号、二〇一五年)。
(4) なお、極東軍文書参謀第二部 Japan 3100: Regular Government of Report on the First Japan Conference of the Asia Council of the Council for World Revolution(世界革命協議会アジア協議会第一回日本会議報告)(コマ番号24～27)によれば、一九五〇年六月二〇日深更より翌二一日早朝にかけて、ソ連大使館で標記の会議が開かれ、アジア情勢において日本革命が主要課題であることが確認されている。ソ連共産党をはじめ、中国共産党や北朝鮮代表が参加し、日本共産党からは細川嘉六・長谷川浩・野坂参三・輪田一造ら一〇名が出席している。その他、民主主義擁護同盟や引揚者同盟からも数人が同席している。
(5) 一九五一年三月六日付『読売新聞』は、北京に日本共産党幹部訓練所が設けられ、邦人四〇〇〇名が軍事訓練していると報じている。前掲増山『戦後期左翼人士群像』も同時期に日本から中国に密航した青年たちによる「日本人民軍」編成にふれている（二一五頁）。

（6）『人民日報』一九五〇年一月一七日付「日本人民解放の道」、七月七日付「日本人民闘争の現状」、九月三日付「今こそ日本人民は団結し敵にあたる時である」。

（7）一九五一年九月二五日付『読売新聞』「極東コミンの全貌」は、アジアコミンフォルムは同年八月五日に北京でソ連と中共の指導下に成立し、一一月一日には「第一回アジア共産国際大会」が開催され、日本からアジアコミンフォルムに野坂参三と蔵原惟人が入ると報じている。

（8）黒川伊織『帝国に抗する社会運動　第一次日本共産党の思想と運動』（有志舎、二〇一四年）、同「第一次日本共産党における「統一戦線」の意義」（『初期社会主義研究』第二七号、二〇一七年）。

（9）コミンフォルム批判を契機とする党分裂に関しては、前掲『日本共産党五〇年問題資料集』1〜3、参照。以下、特に注記しない限り、同書からの引用。また一九五七年一一月六日付『アカハタ』号外「第七回大会における中央委員会政治報告要旨」中の「五〇年問題について」、犬丸義一「日本におけるスターリン的変更とその克服過程―『五〇年問題』を中心に」（『現代と思想』第三二号、一九七八年）、参照。

（10）「全国統一委員会」の立場からは、右に所感派、左に「国際主義者団」らという構図になる。「統一協議会」の立場からは、所感派も国際派も同根という構図になる。国際主義者団については、猿渡新作「日本共産党国際主義者団前後」早稲田・一九五〇年・記録の会『早稲田一九五〇年・史料と証言』五号（一九九九年、http://www13.plala.or.jp/abete/shisho5.txt：二〇一八年一一月二四日最終閲覧）参照。統一協議会については、福本和夫『革命運動裸像』（こぶし書房、二〇〇四年〔底本は『革命運動裸像』三一書房、一九六二年〕）、「統一協議会とその前後・周辺」参照。神山グループについては、大金久展「「神山分派」顚末記」（早稲田・一九五〇年・記録の会『早稲田一九五〇年・史料と証言』四号、一九九九年、http://www13.plala.or.jp/abete/shisho4.txt）：二〇一八年一一月二四日最終閲覧）参照。

（11）前掲福家「京都民主戦線についての一試論」一七一～一七五頁。本章注（2）で述べたように、一九四九年一二月二五日にスターリンと毛沢東は「東方情報局問題」について議論しているが、その他にベトナム、日本、インド、インドネシア、ヨーロッパおよび「東方各国革命策略問題」などについても長時間話し合っている。前掲『毛沢東年譜』六三頁。
（12）「コミンフォルムの〝日本の情勢に就いて〟の各級機関の討議について」【4】0980。
（13）前掲 Nozaka Incident の一九五〇年一月一八日付 REPORT ON COMMUNIST MOVEMENTS（共産主義運動レポート）（コマ番号43）によれば、出席者は中央委員二〇、中央委員候補九、所属国会議員四〇、地方委員会議長九、県委員会委員長四三、統制委員一七、その他一四の総数一五二名だった。その他には以下のような名前が見える。鈴木市蔵・津々良渉・鈴木東民・大塚英五郎・古在由重・赤岩勝美・小原嘉・松山文雄・福本和夫・西里竜夫。同一月二一日付「日本共産党拡大中央委員会総会（第二日）」（コマ番号33～36）によれば、吉田資治（産別副議長、議長の誤記）・安江義蔵（全造船中央執行委員長）・堀江邑一（東京都教育委員）・堀真琴（労農党）が二日目に出席している（肩書は同史料）。二日目で注目されるのが、宮本顕治と紺野与次郎の議論である。宮本は政治局所感にある「実践活動を通じて誤りは克服されている」ということ以上に述べる必要はないと主張したのに対して、紺野は宮本の発言は野坂を支持するもので、個人的感情だと反論した。いわゆる「所感派」「国際派」の対立構図からは外れる応酬であろう。同一月二三日付「日本共産党第一八回拡大中央委員会総会三日目（最終日）」（コマ番号27～31）によれば、論評の賛否は、出席者（有効投票一三一票）中、賛成五九、反対七二と反対が多かった。同日の宮本は、コミンフォルム批判に応じた戦略変更が望ましく、妥協的態度は不誠実だと発言している。
（14）前掲『日本共産党五〇年問題資料集』1所収、五～八頁。『アカハタ』掲載は四月二六日。
（15）『アカハタ』一九五〇年一月二四日付掲載、前掲『日本共産党五〇年問題資料集』1所収、一一～一六頁。
（16）『アカハタ』一九五〇年二月二三日付「民主民族戦線を結成　戦斗的社会党への脱皮をめざし　再建準備会発

足す」。
(17)『アカハタ』一九五〇年二月二七日付「国会共斗の『ゼネスト』の破産と戦線統一の発展」。
(18)『アカハタ』一九四六年三月一日付「あたらしい情勢にあたらしい戦術を」。
(19)全四章から構成され、第三章「斗いは全人民の信頼のもとに――」第四章「新しい発展における斗争形態についての二、三の注意」は、「特に緊急必要」ということで『アカハタ』二月九日付に先行掲載された。
(20)一九四九年六月の福島県平市警察署占拠事件。伊部正之『松川事件と平事件のナゾ』(歴春ふくしま文庫71、歴史春秋社、二〇〇一年)参照。
(21)前掲『日本共産党五〇年問題資料集』1所収。
(22)ただし「外国帝国主義権力の全一的支配下にある」という表現は論評にはない。論評の表現は「外国帝国主義権力の不可分の支配のもと」である。
(23)『アカハタ』一九五〇年四月三日付「腐敗の吉田内閣崩壊近し　徳田書記長の西下車中談」。
(24)志賀の自己批判は「高慢なごまかし」と批判された。一九五〇年八月島岡平太郎「分派主義者の行動と小ブルジョア的利己心について」(前掲『日本共産党五〇年問題資料集』2)。
(25)情報提供者は、前掲『日本共産党五〇年問題資料集』2所収の春日庄次郎「わが党内紛争について」では野坂、前掲福家「京都民主戦線についての一試論」一九二頁では伊藤律である。いずれも所感派であるが、春日は計画的な情報操作の疑いを指摘している。
(26)『アカハタ』一九五〇年六月二一日付「党全国代表者会議における椎野議長の一般報告」(前掲『日本共産党五〇年問題資料集』2)。
(27)八月一日付の関西地方委員会「関西におけるチトー的分派活動の全貌」は、代表者会議はコミンフォルム批判の「積極的意義、すなわち反帝国主義民族解放闘争を抹消し、反ファッショ闘争一般にすり換えようとした」と批判し、同六日付の筑豊地区委員会活動者会議「日本共産党臨時中央指導部・同九州地方委員会・同福岡県委員会に対する意見書」は、臨時中央指導部は「反帝闘争をサボるが如き日常的経済闘争による串刺し戦術の指導に没頭し」ていると評論している（前掲『日本共産党五〇年問題資料集』2）。

(28) 前掲『日本共産党五〇年問題資料集』2所収。

(29) 関西地方委員会議長山田六左衛門ら「党の革命的統一のために全党の同志諸君に訴える！」、前掲関西地方委員会「関西におけるチトー的分派活動の全貌」（いずれも前掲『日本共産党五〇年問題資料集』2）。

(30) 七月一八日付中国地方委員会党報『革命戦士』第一七号「右翼日和見主義分派を粉砕せよ！―党のボルシェヴィキ的統一のために全党に訴う―」（前掲『日本共産党五〇年問題資料集』2）。

(31) 前掲「党の革命的統一のために全党の同志諸君に訴える！」「関西におけるチトー的分派活動の全貌」。

(32) 一九五〇年八月「党中央に巣くう右翼日和見主義分派に対するわれわれの態度―党のボルシェヴィキ的統一のために―」（前掲『日本共産党五〇年問題資料集』2）。

(33) 日付不明「民族主義者の新しい策謀について」（前掲『日本共産党五〇年問題資料集』3）。

(34) 日付不明「民族主義者の新しい欺瞞について―その民主民族戦線へのアッピールの批判―」（前掲『日本共産党五〇年問題資料集』3）。

(35) 日付不明「党内闘争の目標と方向」（前掲『日本共産党五〇年問題資料集』3）。

(36) 一九五〇年九月一日付「党ボルシェヴィキ的統一のための闘争―主として右翼日和見解党主義『所感派』分派の害悪について―」（前掲『日本共産党五〇年問題資料集』2）。

(37) 八月一二日付「中国地方の同志諸君に訴える」（前掲『日本共産党五〇年問題資料集』2）。ただし、「かかる共産党以外の名称による活動は一定の条件のもとにおいては、正しい方針である」とも述べている。

(38) 九月一五日付「『北京人民日報』九・三社説の忠告をうけて―無条件に受諾、一致団結へ全世界人民の期待にこたえん―」（前掲『日本共産党五〇年問題資料集』2）。

(39) 井上敏夫「戦後革命運動の息吹と襞」（マイクロフィルム版『戦後日本共産党関係資料』解題・解説、不二出版、

二〇〇八年）参照

(40) 不破哲三『日本共産党にたいする干渉と内通の記録　ソ連共産党秘密文書から』下（新日本出版社、一九九三年）三二二～三二六頁。

(41) 一九五七年一一月五日付「五〇年問題について」（前掲『日本共産党五〇年問題資料集』3）。

(42)「民族解放・民主統一戦線と党の統一の発展のために―『新綱領』を提示するに当って―」（前掲『日本共産党五〇年問題資料集』3）。

(43)「日本共産党第五回全国協議会決定」（前掲『日本共産党五〇年問題資料集』3）。

(44)「第三〇回東北地方委員会は全員出席のもとにつぎの如く決議した」【9】K0495。

(45)「党の革命的統一のために声明する」【2】0206。福島県委員会は全国統一委員会発行『統一情報』活版第二号（一九五〇年一〇月上旬）【2】0169に「限りなき真心の提議」を発表している。

(46)「党の革命的統一のために全党の同志諸君に訴える」「東北地方における分派活動の概要について」（前掲『日本共産党五〇年問題資料集』2）。

(47) 法務府特別審査局『特審月報』第二巻第四号、一九五一年四月（復刻版『特審月報』第2巻、不二出版、二〇〇八年）六九頁。

(48) 一九五〇年七月二九日付「臨時中央指導部に対する意見書」【7】0420、一九五〇年八月一六日付「党の革命的統一のために全党の同志諸君に訴える」「東北地方における分派活動の概要について」（前掲『日本共産党五〇年問題資料集』2）。

(49) 九月八日、共産党福島県臨時指導部の名で『県情報』【9】B0244が出されている。

(50)『毎日新聞』一九五〇年九月一四日付「福島県委を解散」。

(51)『東北党報』特報【7】0210。

(52) 福島地区委員会については「報告　一九五〇・一一・六　福島」【7】0426、郡山地区委員会については

法務府特別審査局『特審月報』第一巻第二号、一九五〇年一二月（復刻版『特審月報』第1巻、不二出版、二〇〇八年）一七九頁参照。六全協後、福島県委員会は党分裂問題の総括を行っている。【8】0178〜0193。

(53) 前掲「党の革命的統一のために全党の同志諸君に訴える」「東北地方における分派活動の概要について」。橋本節治の除名については、福島県臨時指導部「県党報」（一九五〇年）【9】B235、参照。橋本は六全協後、福島県委員会委員長につく。一九五五年一〇月二六日付通達「県党代表者会議の召集について」【8】0178。

(54) 宮城県中部地区委員会は解散状態にあり、一九五〇年一一月下旬に主流派によって再建されている。前掲『特審月報』第一巻第二号、一七九頁。また岩手東部地区委員会は所感派批判の「日本共産党臨時中央指導部に対する意見書」（日付不明）【2】0020を出している。

(55) GHQ／SCAP文書・民政局 Aomori Case（青森の場合）（全一九コマ）.

(56) 【9】B0102。

(57) 結局、大沢は立候補を辞退するが、それは米内山への一本化ではなく、現職知事津島文治（第二回知事選も当選）への対抗馬として弘前出身の笹森順造を押し立てるための策だったかもしれない。『前衛』一九五一年四月号の大沢「全面講和と地方選挙闘争」は、立候補辞退と笹森擁立運動について自己批判している。笹森は国民協同党を経て、当時は青森県出身の苫米地義三が党首だった国民民主党に所属していた。同党はのち改進党に合流する。

(58) 前掲『大沢久明　その人と時代』年譜、前掲 JCP Organization「日本共産党合法非合法組織系統表」（一九五一年四月二〇日現在、コマ番号107〜114）によれば、臨時中央指導部選挙対策部長は田中松次郎である。

(59) 法務府特別審査局『特審月報』第二巻第四号、一九五一年四月、八五頁（復刻版『特審月報』第2巻、不二出版、二〇〇八年）。

(60) 法務府特別審査局『特審月報』第二巻第七号、一九五一年七月（復刻版『特審月報』第3巻、不二出版、二〇〇八年）一一一頁。全愛協については、森下徹「全面講和運動の歴史的位置―全面講和愛国運動協議会の組織・

論理・運動―」(大阪教育大学歴史学教室『歴史研究』第三二号、一九九四年)参照。

(61) 一九五一年五月二三日付「平和擁護日本委員会活動者会議の開催」(前掲JCP Organization コマ番号115〜121)。

(62) 法務府特別審査局『特審月報』第二巻第九号、一九五一年九月(復刻版『特審月報』第4巻、不二出版、二〇〇九年)八〇頁。

(63) 山口武秀『農民運動家の記録』(三一新書、一九五七年)八九〜九二頁。山口は一九五二年に共産党を除名される。小島亮編『ただ限りなく発見者』(風媒社、二〇一六年)第一部「七　山口氏除名問題の再評価について」参照。山口にふれた最近の論考として、来栖宗孝「農業・農民問題研究のために―お礼に代えて―」(『立命館言語文化研究』第二一巻第三号、二〇一〇年)参照。

(64) 以後の共産党の暴力革命闘争については、前掲柴山『日本再軍備への道』第8章4「日米政府間の防諜・諜報組織の設立と展開」のうち「日本共産党の武装闘争方針と米軍の対応」参照。

(65) 前掲山口『農民運動家の記録』一〇九・一一三〜一一四頁。

(66) 青森県労働文庫A309A第182号〔№134〕、一九五二年一二月二〇日付各県・地区宛T・V通達のうちの「◉同志大沢久明の問題について」。

(67) 『アカハタ』一九五三年一月二二日付「左派社会党大会にさいし社会党員諸君にうったえる」、二一日付「右派社会党大会へ　共産党からメッセージ」、二四日付「左派社会党大会によせて」「左派社会党大会へのメッセージ社共両党の統一行動は国民への崇高な義務」。

(68) 『アカハタ』一九五三年一月一五日付「社共労統一を決議」。

(69) 最近のスターリン研究として、横手慎二『スターリン』(中公新書、二〇一四年)、和田春樹『スターリン批判一九五三〜五六年　一人の独裁者の死が、いかに20世紀世界を揺り動かしたか』(作品社、二〇一六年)、ロイ・メドヴェージェフ『歴史の審判に向けて　スターリンとスターリン主義について』上下(佐々木洋解題・監修、名越陽子訳）（ジョレス・メドヴェージェフ、ロイ・メドヴェージェフ選集1、現代思潮新社、二〇一七年）。

（70）『アカハタ』一九五三年九月二一日付「伊藤律処分に関する声明　日本共産党中央委員会」。伊藤除名はスターリン批判後のソ連共産党内でのベリヤ失脚に影響を受けている。声明は「われわれはすでに、ベリヤ事件を処断したソ同盟共産党中央委員会の決定によつて、集団主義の原則にもとづく、党の思想的、組織的統一の重大さを学んでいる」と論じた。ベリヤ除名記事は『アカハタ』七月一五日付「ソ同盟共産党、ベリヤを除名」が初出、一八日付には『人民日報』一二日付社説を「ベリヤ追放は世界人民の利益」と題して、二一日付には『プラウダ』一〇日付社説を「党と政府と人民の打破りがたい団結」と題して転載している。八月三日付『アカハタ』は一面から二面にかけて長大な「党と国民の戦列を強化せよ　日本共産党」を掲載し、「ベリヤ事件は、わが党の活動にとつても、貴重な教訓をあたえた」と述べている。伊藤律除名は一九五五年七月開催の六全協で再確認された。

（71）『アカハタ』一九五三年一一月一二・一五日付学習欄には川村為雄「伊藤律は農業理論・政策をどうゆがめたか（上・下）」も掲載されている。

（72）『統一戦線戦術の諸問題』第三篇「戦後日本の統一戦線の諸問題」第二章「労働組合統一問題の概観」で、神山は社共合同についてこう述べている。「社共合同なるものは、当時その腐敗が明らかになっていた社会党、および労農党内の急進化した農民・インテリゲンチャの部分的切りとりであり、労働組合幹部の大量入党にすぎなかった。しかしその本質は、何よりも選挙運動であった。〔中略〕当時必要だったのは、青森・秋田・岩手・長野等、主として農村地帯の社会党内におこった、社会党員の政治的目ざめと前進を、機械的にすぐ切りとって共産党に入れるのでなく、社会党内において、横にその勢力を拡大しながら縦に社会党内の民主化、なによりも、社会党と共産党との統一戦線の結成の方向に推進すべきであったのではあるまいか。」

第一四章

（1）井上敏夫「公安調査庁と五〇年代日本共産党の軍事方針」（『朝鮮戦争下　公安関係資料―光永源槌資料』解説・

解題・収録資料目録、不二出版、二〇一一年）五〇頁。

（2）これより五年前の一九五〇年九月二三日付『青森家庭新聞』【9】B0118「不正の蓄積で白滅」のなかで、大沢は「日本全体が外国の植民地化し日本のまた植民地となつて二重の搾取を受けているのが東北地方の実情だ」と述べている。

（3）『アカハタ』一九五五年一〇月一〇日付「各地方党活動家会議終る」。

（4）「六全協討議の中間報告書　日本共産党中弘南地区委員会　一九五五・十一・三十」【7】0418。全国的な動きについては一九五五年一二月二六日付「中央委員会宣伝教育調査部教育資料　第五号　六全協討議における質問（その二）」【8】0587。

（5）【7】0647。この史料には細胞を意味する「S」、細胞指導部（委員会）を示す「〇青」、地区委員会を示す「〇支」や「支店」、学部を示す「家」、地区委員会と各学部細胞の連絡役「ランナー」といった符丁が用いられ、極左冒険主義時代の余韻を感じさせる。当時の党活動の実態はあらためて分析されるべき課題である。

（6）青森県労働文庫A309A第227。第一四回青森県党会議は一九五五年九月一七・一八日の両日開かれた。吉田嘉志雄「日記・かしどん等の挫折（1）―六全協の頃―」（『青森文学』第六七号・青森文学創刊45周年特集（2）、二〇〇二年）は、「六全協が出た直後の県党会議で細胞地区の同志たちが面従腹背をかなぐりすてて怒号がさくれつしつづけた」（同年九月二一日の項）「県委員会が、代議員たちによってこっぴどくやられた。それは、怒号のさくれつ、弾丸のさくれつのように、つぎからつぎへ、すさまじかった。それくらいやられないと、気がつかないので、党の指導部の傲慢、官僚主義がつよかった。これは、党の質的転換を意味していた」（九月二二日の項）と記している。こうした状況下、大沢や大塚も批判された（一二月二七日の項）。六全協後の県党の状況については、吉田の連作「自分史日記　かしどん等の挫折（2）（六全協は人生二度目の敗戦だった）」（『青森文学』第六八号、二〇〇二年）、「同（3）―帰ってきた巷は泥雪の街だった―」（同第六九号、二〇〇三年）参照。

（7）【7】0615。津川武一の除名後に出されたこともあって、「第十五回県党会議一般報告（草案）」は津川の比重が低い。ひとつは共産党県委員会の創立について、津川がリードしたという記述ではなく、県内各地から共産党本部に問い合わせがあり、一九四五年末に「お互いにどうにか連絡がついた」とされている。もう一つは社共合同に関して、津川の主導性にまったく触れていない。

(8)『アカハタ』一九五六年四月一二・一四日付党活動欄「東北地方党会議について(上・下)―東北地方委員会―」。

(9)「六全協討議の中間的総括と地方党の歴史における教訓について―第四回地方党会議えの報告のための準備として―」【7】0255。

(10)「民主的諸党派との統一行動について」【7】0328。

(11)たとえば、一九四九年一月の東北地方委員会総会の結語は、「主要の攻げき目標は民自党であるが、社会党はどうか、社会党は民自党の社会的支柱である」「主要攻げき目標ということに関してほんとうに『この畜生』という憎しみをもっているかどうかということである。スターリンもいっている。『心の底から敵を憎むことを学ばない限り敵を破ることはできない。』」と極めて攻撃的であった。

(12)『前衛』一九五四年五月号に載った春日正一(当時、椎野悦朗の後任として臨時中央指導部議長)「スターリン逝去一周年にさいして」をめぐり、七月号に古田三平が「民族自決権にかんする同志春日の『思いちがい』について」を、春日が「『民族自決権』にかんする同志古田の注意にこたえて」を寄せたのがそれである。しかしこれは小さな論争だった。

(13)スターリン批判については志水速雄全訳解説『フルシチョフ「スターリン批判」』(講談社学術文庫、一九七七年)が知られているが、前掲和田『スターリン批判』によれば、志水本は偽書を本物と思い込んだ「誤解の産物」である(三一一頁)。

(14)『アカハタ』一九五六年二月一七日付。

(15)『前衛』編集部は六全協における農地改革に関する「討論のいとぐち」にし、「全党の建設的な討論をおこす意味」から掲載したと述べている。同論文付記および『前衛』一九五六年七月号・時安政富「大沢・塩崎両同志に質問する」付記。

(16)【7】2103。

(17)桜井論文とは、『前衛』一九五五年一一月号・桜井治夫「『労働組合における政党支持の自由』について」、横山論文とは、同五六年二月号・横山不二夫「労働戦線の統一と『政党支持の自由』」。

(18)前掲小島編『ただ限りなく発見者　大池文雄著作集』所収。同書によれば、名義は両名だが、大池が全文執筆したという。

(19)大池は社共合同に対しても批判的だった。一九五六年八月二〇日付「山口氏除名問題の再評価について」、前掲小島編『ただ限りなく発見者　大池文雄著作集』所収。「山口氏」とは常東農組の山口武秀。

(20)『アカハタ』一九五六年七月四・五日付掲載。

(21)『真相』一九五六年九月号「日本共産党よどこへゆく」も米原論文を取上げて、「なまぬるい日共のスターリン批判」とのべている。

(22)ハンガリー事件の日本への影響については、小島亮『ハンガリー事件と日本――一九五六年思想史的考察――』(中公新書、一九八七年、新版：現代思潮新社、二〇〇三年)参照。

(23)一九五六年七月一日付の『朝日新聞』「ハンガリアで抗議デモ」、『読売新聞』「ブダペストで民衆大会」など。

(24)共産党のハンガリー事件に対する総論は、『アカハタ』一九五六年一二月一四日付「ハンガリー事件　経過とその原因」参照。

(25)『アカハタ』一九五八年一月一～七日付、鈴木の肩書は日農全国連合会指導部長・同秋田県連副委員長、他の出席者は日農全国連合会中央委員・同長野県連副委員長羽毛田正直、日農全国連合会副委員長・常東農民総協議会委員長山口武秀、日農全国連合会参与・新潟県農組統一準備委員佐藤佐藤治、司会は『アカハタ』編集局次長星野力。

(26)「車力村から約二里を離れたある部落の農民組合運動の先頭にたった人は不幸な癩患者であった。この部落の組織のために病める先覚者の家が唯一の手がかりであった。集会のあった晩には私たちを心からもてなしてくれる人々に感激した。その指導者である同志の顔面の一部はすでに崩れ、いたいたしくまがった指先きで手料理した鯉のさしみを肴に、盃を何べんも何べんもとり交わすのであった。そのころに官憲も地主もこわいとつゆ思はなかった血気ざかりの私達であったが、全く形容の出来ない酒の味わいであった。だが、これが革命のためだと思いを改めて呑んだ。そして翌日、雪の野合を帰えるときはきまって、『ああ革命は地近ずけり』という荒畑寒村氏のつくる歌をうたって帰ったことを今も忘れることは出来ない」（一七頁）。

(27) 太宰はこう述べたという。「僕は共産主義を信じている。しかし、日本の共産党はいつでも、コミンテルンの云いなりになってきた、これは日本の党ではない。だからこの後はコミンテルンと手を切らなければ入党しない」（一九頁）。この叙述を小田切秀雄は敗戦直後における太宰と革命運動に関する「基本資料の一つ」と評価している。同『私の見た昭和の思想と文学の五十年』上（集英社、一九八八年）六四〜六五頁。なお、太宰は一九四七年一月刊の『月刊東奥』（東奥日報社）第九巻第一号に巻頭言「新しい形の個人主義」を寄せているが、その冒頭に「所謂社会主義の世の中になるのは、それは当り前の事と思はなければならぬ。民主々義とは云つても、それは社会民主々義の事であつて、昔の思想と違つてゐる事を知らねばならぬ」と記している。敗戦後の太宰の共産主義・社会主義観を考える時、興味深い告白といえよう。

(28) 大沢は「野坂氏はもっと骨っぽくならなければ、牢に長くいた諸君に負けてしまうのである」とも述べている（一二〇頁）。これは獄中組に対する大沢自身のコンプレックスでもあっただろう。

(29) 『アカハタ』一九五七年一月二六日付「開会のことば」。

(30) 『アカハタ』一九五七年一月二一日付主張「労農党の解散によせて」。

(31) そうした中に「党内問題を外部にもちだした行動にたいして現状では必要な悪であるとか、規律違反を承知でやったことだ」との発言があったが、後述する大沢らの『農民運動の反省』刊行をめぐる規律違反問題を考えるならば、この会議で大沢批判がされたことが想像できる。大沢「全国の共産主義者を結集しよう」『前衛』五七年一〇月号は前年開催の全国書記会議で『農民運動の反省』に関して、志賀義雄から批判を受けたと記している。

(32) 青森県史編さんグループに内表紙に「贈呈　三十年来の同志　大塚英五郎君え」と記された大沢・塩崎から大塚に宛てられた『農民運動の反省』が所蔵されている。何カ所かに傍線が引かれ書き込みも見られる。大塚は大沢の盲従主義批判に微妙な距離を保っていたようである。たとえば、「永い年代にわたる盲従主義と出世主義、事大主義があった」云々という箇所に「?」を付して、「ふだん言葉で言って何とも思はない表現が文字にすると問題となる」と記している(三頁)。

(33) 『アカハタ』一九五六年一二月一〇・一一日付・蔵原惟人「共産主義者のモラルについて」

(34) 米原は私的にも大沢を諫め、スターリンを「必要悪」と諭した。前掲大沢「全国の共産主義者を結集しよう」八五頁。

(35) 『アカハタ』一九五六年一二月一〇日付主張「反独占農民運動と『農業の共同化論』」、一五日付主張「農民運動と農業協同組合」。五七年二月六日付の主張「現在の農民運動と『共同化』について」と書記局「主張『反独占農民運動と『農業の共同化』』について」は「共同化」批判を撤回した。この点に関しては二月一五日付の寺島泰治(新潟県)「アカハタ主張「反独占農民運動と「農業の共同化」について」、寺島に反論した同一八日付の一柳茂次(六〇年代に共産主義労働者党)「批判にこたえる」、同じく寺島を批判した三月四日付の山口武秀(常東農民組織総協議会委員長)「『寺島論文』を読んで」、四月二六日付の深谷進(党中央委員会農民部長)「農民運動と農業の協同化について」が詳しい。五月一日、『前衛』増刊「日本農業の現状と農民問題」が刊行された。

(36) 寺島や大沢の認識に対する批判として、『アカハタ』一九五六年四月二五日付・松田晴男(長野上伊那地区農民部責任者・日農上伊那郡協副委員長)「農業『共同化』の現状とその教えるもの」参照。

(37) 早くは『アカハタ』一九五六年一二月二八日付主張「共産主義者の自由と規律」、および五七年四月二・三日付文芸時評「党内の自由主義的傾向について」、四月三日付主張「敵の党破壊工作を断固粉砕せよ」、四月四日付「党破壊工作の特徴」。とくに三日付主張は「敵が有力な手がかりとして利用している党内の思想的政治的不団結と民主集中制の組織原則を無視した自由主義や相互不信の傾向と闘わなければならぬ」と述べている。

(38) 全学連初代委員長、一九五六年に吉本隆明との共著『文学者の戦争責任』(淡路書房)を出版、批判直前の五七年三月に井上光晴・奥野健男・清岡卓行・吉本隆明らと「現代批評の会」結成、六〇年に除名。

(39) 『アカハタ』一九五七年五月八日付党短信「青森県党会議」。

(40) この会議で選出された県委員は、大沢久明のほか内山勇、大塚英五郎、岸谷俊雄、五味宜夫、沢谷知吉、塩崎要祐、高橋弥左衛門、対馬豊彦、林徳右衛門、西谷末七。

(41) 他の東北地方委員は、大塚英五郎、竹内丑松、竹内七郎、石岡滋、鈴木善蔵、神谷六郎、関幸夫、橋本節治、三浦雷太郎、柳館与吉。

(42) 宮脇達二郎が山口武秀『農民運動入門』、一柳茂次が石渡貞雄『農業理論入門』・井上晴丸『日本資本主義の発展と農業及び農政』、大山平一が新農村叢書『いまの農政これからの農政』、遊上孝一が山崎春成『農地改革と日本農業』、石田精一が小川豊明・野間清『中国の村づくり』をとりあげている。

(43) 戦前は日本労働組合評議会に参加し、一九二七共産党入党。大阪で日本労働組合全国協議会の金属労組、化学労組のオルグをつとめる。戦後は翻訳・出版に従事し、五三年に『賃労働と資本』(国民文庫)を出版。分裂前は統制委員会委員・書記局人事部。六四年「日本のこえ」に参加し除名。

(44) 『現代の理論』の中心人物安東仁兵衛は大沢の「スターリン批判を進めよう」と「全国の共産主義者を結集しよう」にふれて、「後にも先にもスターリン批判を正面に据えた『前衛』の論稿はこの二つの大沢論文だけであった」と述べている。安東『戦後日本共産党私記』(文春文庫、一九九五年)二三三頁。また、『現代の理論』(第3次)二〇〇六年秋=第九号の富田武「スターリン批判と日本の左翼知識人―フルシチョフ秘密報告50年に寄せて」も、大沢論文をとりあげ、前者は「日共主流に抗する論文として注目される」と述べている。

(45) 『山辺健太郎―回想と遺文―』(みすず書房、一九八〇年)「略年譜」によれば、山辺は分裂前は統制委員会委員、六全協後、五六年八月まで『前衛』編集委員である。同論文によれば、五七年一〇月当時は「党中央機関紙編集委員」。山辺は数年後に大沢を想定して、「スターリン批判の問題は、日本共産党の内部でも、『日本共産党は仮借なくスターリン批判をすることで前進する』などといった人もあるが、これはスターリン批判ということで、日本の党の指導者の過去の指導について批判したかったのではないかと私は今でも思っている」と回顧している（前掲『山辺健太郎』二一八頁）。

(46) 一九一二年生まれ。陳遵嬀著『中国古代天文学簡史』（近代出版、一九八三年）の翻訳、友海著『さよなら瀬戸内海』（五月書房、一九八八年）の共訳のほか、ハルピンの会（宮嶋文子）満洲開拓青年義勇隊哈爾濱中央医院『楡に吹く風―満洲開拓青年義勇隊哈爾濱中央医院の記録』（礎、一九九九年）、浅見遼「憶えている中央医院の人々」。

(47) 『アカハタ』一九五七年九月三〇日付号外に「日本共産党党章（草案）」が出る。

(48) 『アカハタ』一九五八年七月八日付「党大会の成功めざして　東北地方党会議」。

(49) 『アカハタ』一九五八年八月一二日付「第七回党大会日誌」。

終章

(1) 『アカハタ』一九五二年九月一五日付「社左あげて応援」。実際には左派社会党の岩淵謙二郎も出馬した。

(2) 『アカハタ』一九五二年七月二一日付「〝新中国へリンゴを〟青森に中日貿易要望の運動」。

(3) 『アカハタ』一九五三年七月二一日付主張「青森参院補選の意義」「大沢久明氏立つ」。

(4) 訪ソ使節団の報告「ソ連を訪れて」は『アカハタ』一九六〇年八月二六〜二九日付に連載されている。執筆者は元共産党長野県委員長で在モスクワの鵜飼長寿。前掲横関「一九四〇年代における社会党と共産党の共闘」六〇頁。

(5) 第八回大会に対する春日庄次郎らの主張については、春日庄次郎編『社会主義への日本の道―日本共産党綱領草案にたいする意見書―』（新しい時代社、一九六一年）。

（6）「光栄ある伝統のもとに」『前衛』一九六一年一〇月臨時増刊号「日本共産党第八回大会特集」。なお、佐野学は大分県出身、三田村四郎は石川県生まれで大阪府育ちである。

（7）一九六〇年代前半、『アカハタ』六一年九月三日付「小ブルジョア思想を克服し党派性を強めよう」、六二年二月一五日付「労農解説　青森県の農民運動」、六四年七月二六日付「人民の力、志賀の思想、国際共産主義運動の真の団結」、六五年二月六日付「広大な農村を革命のとりでに」を発表している。

（8）一九六六年春に宮本顕治を団長とする共産党代表団は訪中したが、ソ連共産党の評価をめぐり対立し、共同コミュニケは発表されなかった。中国における文化大革命の開始により、日本共産党内の中国派は脱党する。

（9）大沢は一九五七年に発表した前掲「全国の共産主義者を結集しよう」において、上田耕一郎『戦後革命論争史』（上巻、大月書店）を批判的に検討している。

（10）高山智「改めて問う、スターリンの『くびき』――マイヤ・プリセツカヤ自伝を読み解きつつ」（『アリーナ』第二〇号、二〇一七年）参照。

（11）山崎春成「かくし田の摘発斗争をめぐる諸問題」『前衛』一九四九年九月号。

（12）前掲伊部『松川事件と平事件のナゾ』、国家地方警察本部刑事部捜査課『部外秘　平騒擾事件の全貌』（刑事警察資料第十六巻、一九五三年、福島大学松川資料室所蔵）、参照。大森宗吉「『平事件』前後」（『運動史研究』第七号、一九八一年）によれば、当時の福島県党は福島県は「日本の植民地」である「東北ののど首をおさえる戦略地域」であり、強力な党を建設して、いざという時には、①常磐炭田地帯からの石炭輸送をおさえて京浜地帯の工業をマヒさせ、②郡山を拠点に東北本線の輸送をおさえ、③奥会津只見川水系の発電所をおさえて、京浜への送電をストップさせる体制を作りあげることを任務としていた（一七四頁）。こうした戦略は平事件と松川事件、五〇年問題によって党が分裂・混乱することで敗北していく。ただし言うまでもないことだが、平事件と松川事件とは全く異なる事件である。前者は当時の東北地方委員会議長保坂浩明の極左冒険主義の発露であるのに対して、後者は完全なフレーム・アップである。伊部正之『松川裁判から、いま何を学ぶか　戦後最大の冤罪事

件の全容』（岩波書店、二〇〇九年）参照。

（13）国会会議録検索システムより。

（14）平事件は警察署占拠という点で「パリコミューン」の小型版という認識もあった。一九四九年の共産党の動向を伝えた極東軍文書参謀第二部 Japan 8025: Mr. KO Reports, C-644 - C-910 の THE RIOT IN FUKUSHIMA PREFECTURE AND THE STATE OF COMMUNIZATION OF THE REPATRIATES ON THE FIRST STEP（福島県騒擾と第一段階の帰還兵共産化）（コマ番号258〜263）は平事件に関して、事件の規模自体は大きくなかったが、本質は計画的な暴力革命であり、小型（small scale）「パリコミューン」である、と記している。過大評価のようにも思えるが、福島県内での同時多発蜂起の恐れや、四七年段階の東北地方の暴力革命の可能性（第二章第3節参照）を考えると、あながちオーバーな表現とは思えない。結果的には、二三一名が騒擾罪容疑で検挙、一審では無罪、二審で逆転有罪、最高裁で上告棄却、有罪確定。

（15）『河北新報』一九四九年七月二日付「共産党東北地方委員会津川武一氏談」は、次のように報じている。「平問題の発端となった石城地区委員会の掲示板は決して設備自体を指すのではなく、閉鎖された矢郷炭鉱問題を書いたはり紙を指している、党に入った報告では集まった代表は石城地区委員とその協力者常磐各炭鉱労組、国鉄、全逓など約五百名ぐらいで、二名が重傷、かなり軽傷者を出している、党としてはあくまで産業防衛、労働条件の整備などの方針で闘っている」。前掲『平騒擾事件の全貌』も七月一日の声明書についてふれ、同三日に福島県委員会が開催されたことを記しているが、参加者中の「東北地方委員　浅川武一」（九八頁）は、津川武一の誤記だろう。

（16）前掲七月一三日衆議院法務委員会の会議録は、占拠現場において、「共産党の地区の人々が出て来て、その中でも津川さんと言いましたが、大体代表してしゃべられた」という証言をあげている。前掲大森「『平事件』前後」によれば、津川は東北地方委員会事務局長であった（一七二頁）。事件の指導者であった可能性は高い。

（17）中井哲三「ルイセンコ学説の勝利―ルイセンコ遺伝学の成立過程」（『前衛』一九五〇年一月号）、高梨洋一・

星野芳郎「ルイセンコ学説の勝利―ルイセンコ遺伝学をめぐる批判と反批判」(『前衛』一九五〇年二月号)。一九五三年一一月九日付『アカハタ』文化欄「座談会　日本の生活にとけこむソヴエトの科学　その二　ヤロビ農法」で推進者の福島要一は、「ある村にがん固なおやじさんがいて、周囲の人たちがヤロビをやっているのにやらない。しばらくがんばっていたが、とうとうヤロビをやるようになったとき『おれもとうとう共産党になっちまった』といったという話」を紹介している。ルィセンコ学説に関しては、中村禎里『日本のルィセンコ論争』(みすず書房、一九九七年)、市川浩「ルィセンコ覇権に抗して―ソ連邦科学アカデミー・シベリア支部・細胞学＝遺伝学研究所の設立をめぐって―」(『文明科学研究』第七巻、二〇一二年)、壬生雅穂「ミチューリン農法を成仏させる」(中部大学編『アリーナ』第二〇号、二〇一七年)、ジョレス・メドヴェージェフ『生物学と個人崇拝　ルイセンコの興亡』(ジョレス・メドヴェージェフ、ロイ・メドヴェージェフ選集3、現代思潮新社、二〇一八年、原著は一九九三年刊)、参照。

(18)『アカハタ』一九五四年六月一〇日付「各地のミチューリン会」によれば、青森市浦町に青森ミチューリン準備会が置かれている。青森県の状況については、同八月二七日付文化欄「ヤロビの成果　冷害にまけぬ稲　発揮された農民の創造性」参照。

(19)前掲中村『日本のルィセンコ論争』一九三～一九七頁。

(20)前掲ジョレス・メドヴェージェフ『生物学と個人崇拝』一六二頁。

(21)『淡谷悠蔵日記』一九五二年二月一七日の項は、南津軽郡猿賀村(現・平川市)の青年団主催時局批判演説会について、「共産党津川君。津川君は明らかに暴力革命論だった」と記している。

(22)前掲阿部『評伝　津川武一』一三六頁。

(23)津川は葛西善蔵顕彰会の中心メンバーであり、一九七一年に『葛西善蔵　その文学と風土』(津軽書房)を出版している。なお、棟方志功が大沢久明と交流があったことは第一〇章で述べたが、志功は津川武一とも面識があった。五六年六月、津川は東京荻窪の志功宅を訪問し、碇ヶ関に建立する葛西善蔵文学碑の除幕式で配布するリーフレットの表紙絵を依頼している。その後も両者の交流は続き、七一年に津川が出した『生りるしるし』（民衆社刊）の表紙は志功が手掛けている。

(24) 前掲拙著『近代日本の地域思想』第五・六章、参照。

(25)『アカハタ』一九五八年三月一三日付党活動欄「自衛隊おことわり＝弘前市統一戦線の経験＝　青森中弘南地区委員会」。

(26)『東奥日報』一九六九年一二月九日付「衆院選県内の序盤戦を展望」。

(27)『東奥日報』一九六九年一二月二五日付「総選挙県内の終盤戦　下」。

(28)『東奥日報』一九六九年一二月二八日付「津川氏に個人的魅力」。

(29)『陸奥新報』一九六九年一二月二九日付「二区の選挙分析」。

(30)『東奥日報』一九六九年一二月三〇日付「共産党代議士誕生の周辺　上」。

(31)『東奥日報』一九六九年一二月三一日付「共産党代議士誕生の周辺　下」。

(32) 同前。折しも大学闘争のさなかであった。共産党支持の学生たちにとって、津川勝利は自らの大学闘争路線の正しさの証左でもあっただろう。

(33)『東奥日報』一九七二年一二月一日付「白熱のまま終盤へ」。

(34)『東奥日報』一九七二年一二月一一日付夕刊「本社記者座談会　総選挙　県民の審判顧みる」。

(35)『東奥日報』六九年一二月三〇日付「晴れの新選良　抱負を語る（２）」。

(36)『東奥日報』一九六九年一二月二八日付「顔ほころぶ共産党、沈む社会党」。

(37) 居安正「野人ひとりの生涯―戦後民主化時代の鳥取における竹本節―（上・下）」（同志社大学人文科学研究所紀要『社会科学』第五一・五二号、九三・九九四年）参照。

(38) 敗戦後、東北の植民地性を鋭く批判したのが、むのたけじ（武野武治）が秋田県横手市で発行した『週刊たいまつ』の主張だった。一九四八年二月二日付（創刊号）「ダルマさん、足を出せ」、同年二月二六〔七〕日付「東北よ！

百年前の過失を繰返すな」、同年九月二六日付「世界・アジア・日本・東北」、一九五〇年九月一六日付「東北よ革命の軸になれ」、一九五一年二月二四日付「『雪国攻勢』を開始しよう」、同年八月一一日付「東北の朝が近づく」など。前掲拙稿「『たいまつ』と東北」参照。なお、近代東北の植民地性・後進地性に関して筆者は、内因的ではなく外因的なもの、即ち明治維新以後に権力的に上から形成・固定されてきたものと考えている。『東北――つくられた異境』（中公新書、二〇〇一年）、『続・東北――異境と原境のあいだ』（同、二〇〇七年）参照。

(39) 木村昭四郎「津川代議士当選」（前掲『大沢久明　その人と時代』）。

(40) 津川武一「津軽に夜明けを」（前掲『大沢久明　その人と時代』）。

(41) 『津川武一日記』第三巻の一九六九年一二月二七日の項にも「大沢県委員長は手をにぎってはなさない」と見える。

(42) その意味では一九六九年の津川当選の要因の一つに、保守層からの支持もあげることができよう。当時選挙運動に参加したある元弘大生は、選対事務所に多数の樽酒が並べられているのを見て、まるで保守党事務所であるかの如き印象を抱き、「共産党もこうした選挙をするのか」と驚いたという。二〇一八年一〇月一六日インタビュー。

(43) 吉田嘉志雄の前掲「告白記　わたしは入党した」および前掲「日記・かしどん等の挫折（1）～（3）」は実名をあげて敗戦後の青森県共産党の内情を記している。注記されている人物紹介によれば、草創期の共産党員の少なからぬ者が除名されたり、離党している。はたして、彼らのその後の人生を一概に悲惨とか転落などと形容してよいものだろうか。たとえ、晩年の影は深くとも、戦後革命運動史の一コマを刻んだ栄光の輝きに想いを寄せたい。

参考文献

（原史料）

青森県立図書館所蔵青森県労働文庫
大沢家所蔵大沢久明関係史料（現・青森県所蔵県史編さん資料）
国立国会図書館デジタルコレクション　GHQ／SCAP文書、極東軍文書
国立国会図書館プランゲ文庫
弘前大学附属図書館所蔵官立弘前高等学校資料
広島大学文書館所蔵森戸辰男関係文書
法政大学大原社会問題研究所所蔵棚橋小虎関係文書
横浜市所蔵森戸辰男関係文書（広島大学文書館所蔵マイクロフィルム版）

（公刊史料）

青森県史編さん近現代部会編『青森県史』資料編・近現代5、青森県、二〇〇九年
青森県編『青森県労働運動史』第三巻、戦後資料篇1、青森県民生労働部労政課、一九七二年
青森県編『青森県労働運動史』第四巻、戦後資料篇2、青森県民生労働部労政課、一九七四年
朝日新聞政党記者団編『政党年鑑　一九四八年版』ニュース社、一九四八年
粟屋憲太郎編『資料日本現代史』第三巻・敗戦直後の政治と社会②、大月書店、一九八一年
『紀元二千六百年記念　青森県大人名録　昭和十五年版』東奥日報社、一九四〇年
宮内庁編修『昭和天皇実録　第十』東京書籍、二〇一七年
埼玉県編『新編埼玉県史』資料編20近代・現代2政治・行政2、埼玉県、一九八七年

社会運動資料刊行会編『日本共産党資料大成』社会運動資料刊行会、一九五一年
三一書房編集部編『資料　戦後学生運動1』三一書房、一九六八年
戦後社会運動未公刊資料集刊行委員会編『戦後日本共産党関係資料』全四〇リール、不二出版、二〇〇七～二〇〇八年
総理庁官房監査課編『公職追放に関する覚書該当者名簿』日比谷政経会、一九四九年
長野県編『長野県史』通史編第九巻近代三、長野県史刊行会、一九九〇年
日本共産党中央委員会五〇年問題文献資料編集委員会編『日本共産党五〇年問題資料集』1～3、新日本出版社、一九五七年
日本民主主義文学同盟弘前支部編『津川武一日記』第一～一〇巻、北方新社、一九九一～九六年
日野二郎編『一九四九年中に発せられた共産党の秘密指令』労働展望社、一九四九年
弘前大学附属図書館編『官立弘前高等学校資料目録　北溟の学舎の資料群』弘前大学出版会、二〇〇九年
法政大学大原社会問題研究所編『日本労働運動資料集成』第1巻、旬報社、二〇〇五年
法政大学大原社会問題研究所編『日本労働運動資料集成』第2巻、旬報社、二〇〇七年
法務府特別審査局『特審月報』第一巻第二号、一九五〇年一二月（復刻版『特審月報』第1巻、不二出版、二〇〇八年）
法務府特別審査局『特審月報』第二巻第四号、一九五一年四月（復刻版『特審月報』第2巻、不二出版、二〇〇八年）。
法務府特別審査局『特審月報』第二巻第七号、一九五一年七月（復刻版『特審月報』第3巻、不二出版、二〇〇八年）
法務府特別審査局『特審月報』第二巻第九号、一九五一年九月（復刻版『特審月報』第4巻、不二出版、二〇〇九年）

（新聞・雑誌）

全国：
『赤門戦士』復刻版編集企画委員会編『赤門戦士　復刻版』れんが書房新社、一九八九年
『朝日新聞』「聞蔵Ⅱビジュアル」

『毎日新聞』「毎索」
『読売新聞』「ヨミダス歴史館」
『全逓新聞縮刷版1』全逓信労働組合、一九八八年
日本共産党中央機関紙『赤旗』戦後期マイクロフィルム版、極東書店、二〇一六年
日本労農通信刊行会編『日本労農通信』群出版、一九八五年
『復刻版　進め』第1巻、不二出版、一九八九年
北海道：『「北海赤旗」・「トラクター」・「北海新報」復刻縮刷版』（ほっかい新報社史料刊行委員会、一九八〇年）『北海道大学新聞』（復刻版、大空社、一九八九年）
青森県：『陸奥新報』『東奥日報』『デーリー東北』『週刊自由』『朝日新聞』青森版『毎日新聞』青森版（以上、青森県立図書館所蔵）『読売新聞』青森版（ヨミダス歴史館）『月刊東奥』（復刻版、三人社、二〇一八年）『みなみ新報』（プランゲ文庫）
秋田県：『秋田魁新報』（秋田県立図書館所蔵）『週刊たいまつ』（横手市立横手図書館所蔵、復刻版、不二出版、二〇一八年）『月刊さきがけ』（復刻版：三人社、二〇一七年）
岩手県：『新岩手日報』『岩手日報』（以上、岩手県立図書館所蔵）
山形県：『自由公論』『荘内自由新聞』（以上、山形県立図書館所蔵）
宮城県：『河北新報』（仙台市民図書館所蔵）『東北文学』（復刻版：不二出版、二〇一六〜二〇一七年）
福島県：『福島民友』『福島民報』『会津民主新聞』『人民白河』（以上、福島県立図書館所蔵）
長野県：『信濃毎日新聞』『夕刊信州』（県立長野図書館所蔵）
日本共産党：『前衛』『潮流』『人民戦線』『新しい世界』
日本社会党：
『日本社会新聞』（占領期日本社会党機関紙集成・第I期『社会新聞』復刻版、柏書房、二〇一四年）

『社会思潮』（復刻シリーズ戦後社会運動資料新聞・雑誌編『日本社会党機関誌　社会思潮（4）〜（6）』法政大学出版局、一九九一年）

青年運動：『青年ノ旗（青年の旗）』『青年戦線』『学生戦線』『民主青年』（以上、国立国会図書館所蔵）

その他：

『真相』（復刻版：三一書房、一九八〇年）

『民主評論』（法政大学大原社会問題研究所編『民主評論（5）第5巻第1号〜第5巻第6号』法政大学出版局、二〇〇〇年）

『日本週報』『政界ジープ』『前進』『人民評論』

（単行本・論文）

相沢文蔵「明比達朗先生―その人と業績―」弘前大学『人文社会』第三三号、一九六四年

「青森県」『前衛』一九七三年四月号（特集　わが地方の進歩と革命の伝統　都道府県別総集―（東日本編））

青森県農地改革史編纂委員会編『青森県農地改革史』農地委員会青森県協議会、一九五二年

青山和夫ほか「座談会　山川・荒畑と民主人民連盟」『運動史研究』第九号、一九八二年

赤岩栄ほか「共産党と知識人」『文芸春秋』一九四九年三月号

秋元波留夫「津川武一と東大精神医学教室」『いのちとくらし』第五号、二〇〇三年

朝日評論同人編『日本の表情』蘭書房、一九四九年

浅見遼「真の国際主義とはなにか―大沢、米原両同志へ、中国の一読者より―」『前衛』一九五七年一〇月号

浅沼稲次郎ほか「座談会　総選挙展望」『社会思潮』第二〇号、一九四九年

阿部誠也『評伝　津川武一』北方新社、二〇〇五年

新井勝紘『五日市憲法』岩波書店、二〇一八年

荒木義修『占領期における共産主義運動』芦書房、一九九三年、増補版・一九九四年
安東仁兵衛『戦後日本共産党私記』文春文庫、一九九五年
五十嵐仁編『「戦後革新勢力」の源流　占領前期政治・社会運動史論一九四五―一九四八』大月書店、二〇〇七年
五十嵐仁編『「戦後革新勢力」の奔流　占領期政治・社会運動史論一九四八―一九五〇』大月書店、二〇一一年
五十嵐仁「占領期における青年運動の広がり」前掲『「戦後革新勢力」の奔流』
石上玄一郎「小説精神病学教室」『中央公論』一九四二年一〇月号
石田千年「大沢同志の論文によせて」『前衛』一九五六年四月号
石堂清倫『わが異端の昭和史』勁草書房、一九八六年
市川浩「ルィセンコ覇権に抗して―ソ連邦科学アカデミー・シベリア支部・細胞学＝遺伝学研究所の設立をめぐって―」『文明科学研究』第七巻、二〇一二年
出かず子編『回想　出隆』回想出隆刊行会編、一九八二年
伊藤淳『父・伊藤律　ある家族の「戦後」』講談社、二〇一六年
伊藤麟太郎編『伊藤富雄著作集』全六巻、永井出版企画・甲陽書房、一九七八〜一九八八年
伊藤好道ほか「共産党と社会党の協力」『前衛』一九五六年一二月号
伊藤律「労農戦線の緊急課題　農民戦線の分裂と統一」『人民戦線』第一八号、一九四八年
伊藤律「民主戦線の見地からみた地方社会党論」『前衛』一九四八年一月号
伊藤律「農業綱領について」『前衛』一九四八年四月号
伊藤律「農民戦線はどこへゆく」『人民戦線』第二八号、一九四八年
伊藤律「共・社合同と党のボルシェヴィキ化」『新しい世界』第一七号、一九四八年
伊藤律「労働者階級と農民との革命的同盟」『前衛』一九四九年一月号
伊藤律「社会民主々義の破産―大会とその後の社会党の批判―」『前衛』一九四九年七月号

伊藤律「一歩さがつて二歩前え―深まる政治危機とわが党の課題―」『前衛』一九四九年一二月号
伊藤律『日本における人民民主主義の展望』中森書店、一九四九年
伊藤律『農民闘争』（ナウカ講座29）ナウカ社、一九四九年
伊藤律「民族独立のための農業革命」『前衛』一九五〇年四月号
伊藤律『農民運動』（潮流講座経済学全集〔第三部　日本資本主義の現状分析〕）潮流社、一九五〇年
犬丸義一「日本におけるスターリン的変更とその克服過程―「五〇年問題」を中心に」『現代と思想』第三二号、一九七八年
犬丸義一「日本共産党第六回大会の歴史的意義」前掲五十嵐編『「戦後革新勢力」の奔流』二〇一一年
井上敏夫「戦後革命運動の息吹と襞」マイクロフィルム版『戦後日本共産党関係資料』解題・解説、不二出版、二〇〇八年
井上敏夫「公安調査庁と五〇年代日本共産党の軍事方針」『朝鮮戦争下　公安関係資料―光永源槌資料』解説・解題・収録資料目録、不二出版、二〇一一年
伊部正之『松川事件と平事件のナゾ』歴春ふくしま文庫71、歴史春秋社、二〇〇一年
伊部正之『松川裁判から、いま何を学ぶか　戦後最大の冤罪事件の全容』岩波書店、二〇〇九年
今西一「早稲田・一九五〇年―歴史の証言―」『立命館言語文化研究』第二〇巻第三号、二〇〇九年
今西一「第三高等学校から東京大学へ―力石定一氏に聞く―」『小樽商科大学人文研究』第一一九輯、二〇一〇年
今西一「北大・イールズ闘争から白鳥事件まで―中野徹三氏に聞く（1）―」『小樽商科大学商学討究』第六一巻第四号、二〇一一年
今西一「浪高から東大へ―木村勝造氏に聞く―」『小樽商科大学商学討究』第六二巻第二・三合併号、二〇一一年
今西一・手島繁一・手島慶子「樺太・共産党・アイヌ―水落恒彦氏に聞く（1）」『小樽商科大学人文研究』第一二四号、二〇一二年

今西一「京大天皇事件前後の学生運動（中）」京都の民主運動史を語る会『燎原』第二三四号、二〇一六年
居安正「野人ひとりの生涯—戦後民主化時代の鳥取における竹本節—（上・下）」同志社大学人文科学研究所紀要『社会科学』第五一・五二号、一九九三・一九九四年
色川大吉『廃墟に立つ　昭和自分史【一九四五—四九年】』小学館、二〇〇五年
上田耕一郎『戦後革命論争史』上・下巻、大月書店、一九五六・一九五七年
内田穣吉『日本資本主義論争』下巻、新興出版社、一九五〇年
梅沢昇平「草創期社会党の人民戦線を巡る党内論争記録—〝西尾メモ〟と浅沼メモを読む」『大原社会問題研究所雑誌』第六五六号、二〇一三年
梅本克己著作集編集委員会編『梅本克己著作集』第一〇巻、三一書房、一九七八年
遠藤武「農業理論・政策面における伊藤律の挑発とわい曲」『前衛』一九五三年一二月号
遠藤武「土地国有、かくし田の正しい理解のために—同志大沢久明の批判にこたえて—」『前衛』一九五四年八月号
遠藤正彦「二〇一一年度弘前大学大学院入学式における弘前大学長告辞」『弘前大学学報』第八五号、二〇一一年
大金久展「『神山分派』顛末記」（早稲田・一九五〇年・記録の会『早稲田一九五〇年・史料と証言』四号、一九九九年、http://www13.plala.or.jp/abete/shisho4.txt）：二〇一八年一一月二八日最終閲覧
大川裕嗣「戦後における新しい農民運動」森武麿・大門正克編『地域における戦時と戦後—庄内地方の農村・都市・社会運動—』日本経済評論社、一九九六年
大沢久明「機熟す民主線　右派ダラ幹は厳重監視」『週刊自由』一九四六年五月一五日付
大沢久明「救国民主戦線と青森県」『月刊東奥』一九四六年五月号
大沢久明「青森県における共社合同」『労働評論』一九四九年三月号
大沢久明「なぜ共産党に入ったか」『改造』一九四九年五月号
大沢久明「全面講和と地方選挙闘争」『前衛』一九五一年四月号

大沢久明「地方選挙の経験を生かそう」『前衛』一九五一年七月号
大沢久明「人民を除名することはできない」『新しい世界』第四六号、一九五一年
大沢久明「土地国有、かくし田、社共合同について」『前衛』一九五四年七月号
大沢久明・塩崎要祐「農地改革の過小評価とその影響について」『前衛』一九五六年二月号
大沢久明・鈴木清・塩崎要祐『農民運動の反省―日本革命の展望について―』新興出版社、一九五六年
大沢久明「スターリン批判をすすめよう―日露戦争論を撤回させたい―」『前衛』一九五七年二月号
大沢久明「全国の共産主義者を結集しよう」『前衛』一九五七年一〇月号
大沢久明『訪ソ印象記』青森文学会・弘前文学会、一九六〇年
大沢久明「光栄ある伝統のもとに」『前衛』一九六一年一〇月号、日本共産党第八回大会特集
大沢久明『物語青森県労農運動史』大沢久明60年記念出版後援会、一九六二年
大沢久明「内地の北端に革命の拠点を」『前衛』一九六八年七月号
大沢久明「『農業構造改善』事業反対闘争からの教訓―青森県での経験―」『前衛』一九六八年九月号
大沢久明「『りんご恐慌』をたたかう」『前衛』一九六九年八月号
大沢久明『社共時代の思い出』(青森文学21集別冊) 青森文学会、一九七三年
大沢久明『天皇印象記・太宰治文学批判』(大沢久明著作集Ⅱ) 北方新社、一九七四年
大沢久明『物語青森県共産党史』(大沢久明著作集Ⅲ) 北方新社、一九七五年
大沢久明その人と時代刊行会編『大沢久明　その人と時代』北方新社、一九八七年
大塚英五郎「平和運動五十年の思い出」『青森文学』第三八号、一九八四年
大藤修『検証　イールズ事件　占領下の学問の自由と大学自治』清文堂、二〇一〇年
尾崎宏次編『秋田雨雀日記Ⅳ』未来社、一九六六年
大曲直「社会民主主義の破産―社会主義政党結成促進会・労働者農民党批判―」『前衛』一九四九年二月号

大森宗吉「『平事件』前後」『運動史研究』第七号、一九八一年
大和田敢太「滋賀大学におけるレッド・パージ事件―大学における労働問題の歴史的教訓」『彦根論叢』第三四八号、二〇〇四年
岡田靖雄「日本の精神病学における遺伝学的研究の歴史（その二）」『日本医史学雑誌』第四四巻第二号・通巻一四九〇号、一九九八年
岡部桂史「戦時下の農業機械生産―『民軍転換』の一局面―」『立教経済学研究』第六九巻第五号、二〇一六年
小沢三千雄編『万骨のつめあと―秋田から松川事件まで』暁民社、一九七四年
小沢三千雄編『秋田県社会運動の百年―その人と年表』私家版、一九七七年
小田光雄編・塩沢実信著『戦後出版史』論創社、二〇一〇年
小田切秀雄『私の見た昭和の思想と文学の五十年』上、集英社、一九八八年
小野一一郎・松野周治「大上末廣の略歴と著作目録について」京都大学経済学会『経済論叢』第一一九巻第三号、一九七七年
小野義彦ほか「座談会　戦後革命論争の展開をたどる」『運動史研究』第一四号、一九八四年
春日正一「スターリン逝去一周年にさいして」『前衛』一九五四年五月号
春日正一「『民族自決権』にかんする同志古田の注意にこたえて」『前衛』一九五四年七月号
春日庄次郎編『社会主義への日本の道―日本共産党綱領草案にたいする意見書―』新しい時代社、一九六一年
加藤閲男「社共合同と統一戦線の方向」『労働者』第一三〇号、一九四九年
加藤哲郎『ゾルゲ事件　覆された神話』平凡社新書、二〇一四年
加藤宣幸「構造改革論再考―加藤宣幸氏に聞く（上）（下）」『大原社会問題研究所雑誌』第六五〇・六五二号、二〇一二・二〇一三年
叶凸「日農第二回大会批判―日農刷新同盟について―」『社会思潮』第四号、一九四七年

川上徹・大窪一志『素描・一九六〇年代』同時代社、二〇〇七年
川崎むつを「久明の文学作品」前掲『大沢久明　その人と時代』一九八七年
河西英通『近代日本の地域思想』窓社、一九九六年
河西英通『東北─つくられた異境─』中公新書、二〇〇一年
河西英通『続・東北─異境と原境のあいだ─』中公新書、二〇〇七年
河西英通「野崎孝と関戸嘉光」中部大学編『アリーナ』第二〇号、二〇一七年
河西英通「『たいまつ』と東北─むのたけじの世界戦略─」『社会文学』第四九号、二〇一九年
河西宏祐『電産の興亡（一九四六年～一九五六年）─電産型賃金と産業別組合─』早稲田大学出版部、二〇〇七年
菊井礼次「ポーランド人民民主主義の成立とソヴェト外交」『国際政治』第三五号、一九六八年
菊池謙一「山のなかの共社合同─長野より─」『人民評論』一九四九年三月号
菊池謙一『愛情・道徳・幸福』山川書店、一九五〇年
木村昭四郎「津川代議士当選」前掲『大沢久明　その人と時代』一九八七年
『旧官立弘前高等学校創立五十五周年記念誌　南を図る』旧官立弘前高等学校同窓会、一九七五年
協友社編集部編『共産党に政権を渡したら』協友社、一九四九年
「共産党代議士誕生の周辺　上・下」『東奥日報』一九六九年一二月三〇・三一日付
「共社合同はなぜ起るか」『福島民友』一九四八年一二月三〇日付社説
功刀俊洋「一九四六年の市長公選運動（2）」福島大学『行政社会論集』第八巻第三号、一九九六年
功刀俊洋『戦後地方政治の出発』敬文堂、一九九九年
工藤一紘「鈴木清の文学世界─嘘を吐かぬ文学と嘘のない生活─」『『種蒔く人』の潮流　世界主義・平和の文学』文治堂書店、一九九九年
工藤武雄「林檎と税金─青森から─」『人民評論』一九四九年三月号

来栖宗孝「農業・農民問題研究のために―お礼に代えて―」『立命館言語文化研究』第二二巻第三号、二〇一〇年
黒岩比佐子『パンとペン　社会主義者・堺利彦と「売文社」の闘い』講談社、二〇一〇年
黒川伊織『帝国に抗する社会運動　第一次日本共産党の思想と運動』有志舎、二〇一四年
黒川伊織「戦後日本共産党史研究の現段階　戦後民主主義の問い直しに向けて」『現代の理論』二〇一六春号＝第8号
黒川伊織「第一次日本共産党における『統一戦線』の意義」『初期社会主義研究』第二七号、二〇一七年
神戸大学百年史編集委員会編『神戸大学百年史』部局史、神戸大学、二〇〇五年
小島亮『ハンガリー事件と日本―一九五六年思想史的考察―』中公新書、一九八七年、新版：現代思潮新社、二〇〇三年
小島亮編『ただ限りなく発見者』風媒社、二〇一六年
国家地方警察本部刑事部捜査課『部外秘　平騒擾事件の全貌』刑事警察資料第十六巻、一九五三年（福島大学松川資料室所蔵）
小林勝太郎『社会運動回想記』小林勝太郎社会運動回想記発刊発起人会、一九七二年
小松雄一郎「選挙闘争の一典型―長野参議院補欠選挙戦に学ぶ―」『前衛』一九四八年九月号
小森恵著・西田義信編『治安維持法検挙者の記録―特高に踏みにじられた人々―』文生書院、二〇一六年
小山弘健『戦後日本共産党史』芳賀書店、一九六六年
近藤潤三「東ドイツ・社会主義統一党の成立について―研究史に関する覚書―」ドイツ現代史研究会『ゲシヒテ』第八号、二〇一五年
近藤潤三「ソ連占領期東ドイツにおける社会主義統一党の成立と変容―独裁と社会主義の前提―（1）（2）」『愛知大学法学部法経論集』第二〇三・二〇四号、二〇一五年
斎藤一郎「新しい戦線統一の方向　社共合同の意味するもの」『労働者』第二二九号、一九四九年

斎藤稔『社会主義経済論序説』大月書店、一九七六年
斎藤稔「東欧社会主義の歴史的転換—チェコスロヴァキア、一九四八—」『経済志林』第四八巻第三号、一九八〇年
斎藤稔「東欧経済の史的展望—試行錯誤と連続性—」『経済志林』第六六巻第二号、一九九八年
酒井哲哉・松田利彦編『帝国日本と植民地大学』ゆまに書房、二〇一四年
坂口安吾「インテリの感傷」『文芸春秋』一九四九年三月号
坂口安吾「スポーツ・文学・政治」『近代文学』第四巻第一号、一九四九年
坂本守『されど節を屈せず　戦後史とともに・岩井章物語』労働大学・労大新書、一九八四年
桜井治夫「『労働組合における政党支持の自由』について」『前衛』一九五五年一月号
佐野稔「国鉄職場放棄闘争にかんする覚書—新得闘争（一九四八年）を中心として—」『労働史研究』創刊号、論創社、一九八四年
猿渡新作「日本共産党国際主義者団前後」早稲田・一九五〇年・記録の会『早稲田一九五〇年・史料と証言』五号（一九九九年）二〇一八年一一月二八七最終閲覧
佐和慶太郎「佐和慶太郎氏に聞く　戦後革命と人民社（1）〜（5）」『大原社会問題研究所雑誌』第三七八〜三八三号、一九九〇年
沙和宋一（山中勝衛）「太宰治氏のこと」『月刊東奥』一九四七年一月号
沙和宋一「ルポルタージュ　津軽野—青森県社共合同報告書—」『潮流』一九四九年四月号
沢泉岩男「社・共の統一行動についての二、三の意見」『前衛』一九五六年八月号
沢登佳人「死刑囚の時効について」新潟大学法学会『法政理論』第一八巻第二号、一九八五年
産別会議事務局編『民主化同盟についての討議』全日本産業別労働組合会議出版部、一九四八年
志賀義雄・水谷長三郎「対談　一線を劃すべきか」『社会思潮』第三三号、一九四九年
柴田久次郎『ムシロ旗を振ったころ』北方新社、一九八五年

柴田政義『人民民主主義の史的展開』上・下、大月書店、一九七五年
柴田優呼「オバマのヒロシマ演説を歴史化する　アメリカの原爆言説は変わったのか」『現代思想』第四四巻第一五号、二〇一六年
柴山太『日本再軍備への道―一九四五～一九五四年―』ミネルヴァ書房、二〇一〇年
島中誠「ベストセラー翻訳家として活躍」『鏡ヶ丘同窓会報』（旧制弘前中学校・現弘前高校の同窓会誌）第二四号、二〇一二年
志水速雄全訳解説『フルシチョフ「スターリン批判」』講談社学術文庫、一九七七年
下斗米伸夫「戦後ソ連の北東アジア政策―アジア冷戦への一試論―」『法学志林』第一〇〇号第二号、二〇〇三年
衆議院事務局『第二四回衆議院議員総選挙一覧』衆議院事務局、一九四九年
庄司吉之助「終戦直後の常磐地方炭礦労働組合の結成と運動」福島大学東北経済研究所『東北経済』第六四号、一九七八年
ジョレス・メドヴェージェフ『生物学と個人崇拝　ルイセンコの興亡』（ジョレス・メドヴェージェフ、ロイ・メドヴェージェフ選集3）現代思潮新社、二〇一八年（原著は一九九三年刊）
進藤栄一・下河辺元春編『芦田均日記』第三巻、岩波書店、一九八六年
「鈴木清選集」『秋田民主文学』増刊号第一八号、一九九〇年
鈴木徹三「『社会主義』解題」（法政大学大原社会問題研究所編『復刻シリーズ　戦後社会運動資料／第3回配本　新聞・雑誌編社会主義政治経済研究所機関誌　社会主義（3）第2巻第7・8合併号～第2巻第12号』法政大学出版局、一九九三年
鈴木徹三「戦後社会運動史資料論―鈴木茂三郎（2）」『大原社会問題研究所雑誌』第五二二号、二〇〇二年
鈴木徹三「戦後社会運動史資料論―鈴木茂三郎（4・完）」『大原社会問題研究所雑誌』第五三三号、二〇〇三年
鈴木茂三郎「共産党に対する我々の態度」『社会思潮』第二二号、一九四九年

鈴木茂三郎「敗北から再建へ―社会党大会を終えて―」『改造』一九四九年五月号
鈴木茂三郎「昭和二十四年度運動方針書（大会議案第一次草案）」『社会思潮』第二四号、一九四九年
砂間一良「『民衆新聞』の主筆として（上）（下）―砂間一良氏に聞く」『大原社会問題研究所雑誌』第六〇一・六〇三号、二〇〇八・二〇〇九年
関戸嘉光「セプティーク・コミュニストあるいはコミュニスト・セプティーク出隆」前掲『回想　出隆』一九八二年
「関戸嘉光教授　略歴および著作目録」『長野大学紀要』第八巻第四号、一九八七年
関戸嘉光「懺悔そのひとつ手前　戦後五十年の自分を省みるために」『人権と教育』第二二号、一九九五年
関戸嘉光「戦後日本思想史の一側面―自伝風に」『長野大学紀要』第一八巻第一号、一九九六年
全逓東北地方連絡協議会・日本共産党東北地方委員会編『平事件の真相』一九四九年
高島千代・田﨑公司編著『自由民権〈激化〉の時代―運動・地域・語り―』日本経済評論社、二〇一四年
高田富之『私の社会民主主義』私家版、一九八二年（国立国会図書館所蔵）
高梨洋一・星野芳郎「ルイセンコ学説の勝利―ルイセンコ遺伝学をめぐる批判と反批判」『前衛』一九五〇年二月号
高橋彦博「片山内閣の成立過程―救国民主連盟と吉田内閣打倒国民大会―」（法政大学『社会労働研究』第一九巻第三・四号、一九七三年
高橋正雄「日本共産党論―まえ書きとして―」『社会主義』第二巻第三・四合併号、一九四八年
高橋正雄「日本における各政党の分析」『社会主義』第二巻第一〇号、一九四八年
高山智「改めて問う、スターリンの『くびき』―マイヤ・プリセツカヤ自伝を読み解きつつ」中部大学編『アリーナ』第二〇号、二〇一七年
『竹内俊吉・淡谷悠蔵対談集　青森に生きる』毎日新聞青森支局、一九八一年
武田智孝「小島尚先生の想い出」武田智孝ＨＰ『ドイツ文学遊歩』（flaneur.web.fc2.com）二〇一八年一一月二八日最終閲覧

太宰治「新しい形の個人主義」『月刊東奥』一九四七年一月号
田中清玄「武装テロと母　全学連指導者諸君に訴える」『文芸春秋』一九六〇年一月号
田中清玄『田中清玄自伝』ちくま文庫、二〇〇八年
田中真人「民主主義・平和主義・社会主義—日本共産主義運動史研究の最近の一〇年—」『史林』第八九巻第一号、二〇〇六年
田中真人「日本共産党『五〇年分裂』はいかに語られたか」同志社大学『キリスト教社会問題研究』第五五号、二〇〇六年
多摩清男「鈴なりのアカハタ列車、文化人の集団入党」『政界ジープ』一九四九年四月号
玉真之介「戦前期の漁業出稼ぎと青森地方職業紹介事務局」（『市史研究あおもり』第二巻、一九九九年
種村善匡「農民運動の現状批判—党の農民運動指導について—」『前衛』一九四八年七月号
通堂あゆみ「京城帝国大学法文学部の再検討—法科系学科の組織・人事・学生動向を中心に—」『史学雑誌』第一一七巻第二号、二〇〇八年
津川武一・青木延春「精神分裂病の遺伝研究」『医事公論別刷』第一四九三〜一四九四、一五〇七〜一五一〇号、一九四一年
津川武一「血族結婚と精神分裂病の遺伝」『優生学』第一八年第六号・通巻二〇八号、一九四一年
津川武一ほか「東京府下三宅島住民の比較精神医学的並に遺伝病理学的研究」『民族衛生』第一〇巻第一・二号、一九四二年
津川武一ほか「大都市に於ける精神疾患頻度に関する調査」『精神神経学雑誌』第四六巻第四号、一九四二年
津川武一「白児の二大家系」『民族衛生』第一一巻第一号、一九四三年
津川武一「資本主義体制揺がず　戦後国民経済の方向」『月刊東奥』一九四五年一一月号
津川武一ほか誌上座談会「青森県における封建性を暴く」『月刊東奥』一九四六年二月号

津川武一「世相雑感」『月刊東奥』一九四六年一〇月号
津川武一「青森県における民主戦線」『前衛』一九四六年一一月号
津川武一「新戦術」『月刊東奥』一九四七年二月号
津川武一「医者に食われる貧乏人　資本主義がゆがめた〝仁術〟」青共中央機関紙『青年ノ旗』一九四七年九月二五日付第五三号
津川武一「トマトの栄養学　農民にはナンセンス」『青年ノ旗』一九四七年一〇月五日付第五四号
津川武一「名医となるには回虫の駆除」『青年ノ旗』一九四七年一〇月一五日付第五五号
津川武一「青森地方の青年たち」青共中央機関誌『われらの仲間』一九四八年六月一五日付創刊号
津川武一「内向的分裂気質―太宰の性格―」『月刊東奥』一九四八年八月号
津川武一「赤いリンゴ」『青年ノ旗』一九四九年一月九日付第一一六号
『津川武一生誕一〇〇年記念誌』津川武一生誕一〇〇年記念事業実行委員会、二〇一〇年
鶴見俊輔・中川六平編『天皇百話　下の巻』ちくま文庫、一九八九年
遠山茂樹「その思想に流れるもの―山川均をしのぶ―」『遠山茂樹著作集』第六巻、岩波書店、一九九二年（初出は『世界』一九五八年六月号）
時安政富「大沢・塩崎両同志に質問する」『前衛』一九五六年七月号
徳川夢声ほか「各人各説　共産党と私の立場」『改造』一九四九年五月号
「特集・津川武一追悼」『弘前民主文学』第五八号、一九八八年
徳田球一『内外情勢と日本共産党の任務　書記長報告集1（一九四五―一九四八）』真理社、一九四九年
徳田球一『徳田球一全集』第六巻、五月書房、一九八六年
徳田球一・加藤勘十「対談　再建の途こゝにあり」『社会思潮』第三号、一九四七年
土橋一吉・岩間正男編『私はなぜ共産党に入ったか』解放社、一九四九年

富田武「スターリン批判と日本の左翼知識人―フルシチョフ秘密報告50年に寄せて」『現代の理論』（第3次）二〇〇六年秋＝第9号
富田武「戦後日本共産党史の見直しを」（デジタル版『現代の理論』二〇一五夏号＝第5号）
中井哲三「ルイセンコ学説の勝利―ルイセンコ遺伝学の成立過程」『前衛』一九五〇年一月号
長崎真人『命ある限り』光陽出版、二〇〇七年
中沢新一『僕の叔父さん　網野善彦』集英社新書、二〇〇四年
中野好夫「進歩と反動　各党を批判する」『月刊東奥』一九四九年三月号
中村禎里『日本のルィセンコ論争』みすず書房、一九九七年
中村勝巳「ふるさと新城と村の人々（5）」『青森文学』第七九号、二〇一〇年
名越健郎『クレムリン秘密文書は語る　闇の日ソ関係史』中公新書、一九九四年
鍋山貞親「共産党に対する序論的な批判」『社会思潮』第一八号、一九四八年
日本共産党宣伝教育部編『一九四八年版　日本共産党決定報告集　党員必携』人民科学社、一九四八年
日本共産党宣伝教育部編『共産党が政権を握ったら』日本労農通信社、一九四九年
日本共産党党調査部編『政治必携―地方篇―』日本共産党出版部、一九四七年
日本共産党中央委員会『日本共産党の五十年』日本共産党中央委員会出版局、一九七二年
日本共産党中央委員会『日本共産党の六十年　一九二二―一九八二』日本共産党中央委員会出版局、一九八二年
日本共産党中央委員会『日本共産党の六十五年　一九二二〜一九八七』日本共産党中央委員会出版局、一九八八年
日本共産党中央委員会『日本共産党の七十年　一九二二―一九九二』日本共産党中央委員会出版局、一九九四年
日本共産党中央委員会『日本共産党の八十年』日本共産党中央委員会出版局、二〇〇三年
日本共産党中央委員会教育宣伝部編『民主民族戦線と共産党』日本共産党中央委員会教育宣伝部編『宣伝教育群書、暁明社、一九四八年

日本共産党中央委員会東北地方局「青森リンゴ栽培地帯の農民の階級分化と闘争」『前衛』一九五九年八月号
日本共産党臨時中央指導部「当面の農民運動の方針」『前衛』一九五〇年一一月号
日本共産党臨時中央指導部「農民政策会議の報告と結語　『当面の農民運動の方針』にもとずいて」『前衛』一九五〇年一一月号
日本社会党出版部編『我等はかく闘う　日本社会党一九四八年運動方針と一般政策』日本社会党出版部、一九四八年
『日本資本主義講座』第七巻（岩波書店）、一九五四年
野坂参三「社会党と共産党との協力をつよめるために」『前衛』一九五七年二月号
野田福雄「人民的民主主義とは何か」『社会思潮』第一八号、一九四八年
野村武秀・大池文雄「社会党との統一行動によせて―茨城県の選挙の経験から―」『前衛』一九五六年一〇月号
箱崎満寿雄「青森における社共合同について」『前衛』一九四九年二月号
函館市史編さん室編『函館市史』通説編第三巻、函館市、一九九七年
橋本明「わが国の優生学・優生思想の広がりと精神医学者の役割――国民優生法の成立に関連して――」（『山口県立大学看護学部紀要』創刊号、一九九七年
服部実「労働者と農民」『福島民友』一九四八年一二月一三日付
羽場久浘子「東欧と冷戦の起源再考―ハンガリーの転機：一九四五～一九四九―」『社会労働研究』第四五巻第二号、一九九八年
ハンス・マーティン・クーレマ（楠綾子訳）「だれが『逆コース』をもたらしたか―占領期の高等教育機関におけるレッド・パージ―」東京工業大学『社会科学研究』第五九巻第一号、二〇〇七年
「平田清明教授記念号」『経済論叢』第一三七巻第三号、一九八六年
平田哲男『レッド・パージの史的究明』新日本出版社、二〇〇二年
平田哲男編著『大学自治の危機―神戸大学レッド・パージ事件の解明』白石書店、一九九三年

福島鋳郎編『戦後雑誌発掘―焦土時代の精神―』日本エディタースクール出版部、一九七二年
福家崇洋「一国社会主義から民主社会主義へ：佐野学・鍋山貞親の戦時と戦後」『文明構造論：京都大学大学院人間・環境学研究科現代文明論講座文明構造論分野論集』第九号、二〇一三年
福家崇洋「京都民主戦線についての一試論」京都大学人文科学研究所『人文学報』第一〇四号、二〇一三年（のち大幅改稿して、「戦後京都と民主戦線―『民主化』をめぐる相剋」庄司俊作編著『戦後日本の開発と民主主義―地域にみる相剋』昭和堂、二〇一七年、所収）
福家崇洋「一九五〇年前後における京大学生運動（下）―綜合原爆展と京大天皇事件を中心に―」『京都大学大学文書館研究紀要』第一四号、二〇一六年
福島要一ほか「座談会　日本の生活にとけこむソヴエトの科学　その二　ヤロビ農法」『アカハタ』一九五三年一一月九日付文化欄
福本和夫『革命運動裸像』こぶし書房、二〇〇四年（底本は『革命運動裸像』三一書房、一九六二年）
藤本一美「戦後青森県政治史序説①～⑥」『専修法学論集』第一二〇～一二五号、二〇一四・二〇一五年
古内龍夫「近代秋田の社会的展望」『あきた』第七九号、一九六八年
古田三平「民族自決権にかんする同志春日の『思いちがい』について」『前衛』一九五四年七月号
不破哲三「『政党支持の自由』と社・共・労の統一戦線―桜井・横山論文について―」『前衛』一九五六年六月号
不破哲三『日本共産党にたいする干渉と内通の記録　ソ連共産党秘密文書から』下、新日本出版社、一九九三年
保坂浩明「東北地方における党活動の諸問題―決議の実践のために―」『前衛』一九四九年一〇月号
細谷松太ほか「日本の現状と社会主義政党を語る」『社会主義』第二巻第一一号、一九四八年
マーク・ゲイン／井本威夫訳『ニッポン日記』筑摩書房、一九六三年
増田春雄「地域的勝利の前進―筑豊地方の人民闘争について―」『前衛』一九四九年八月号
増山太助「『五〇年問題』覚書（上）―その前夜―」『運動史研究』第四号、一九八〇年

増山太助「『五〇年問題』覚書（中）―『コミンフォルム論評』から朝鮮戦争の勃発まで―」『運動史研究』第五号、一九八〇年
増山太助「『五〇年問題』覚書（下の一）―『四全協』前後から『五全協』まで―」『運動史研究』第六号、一九八〇年
増山太助「『五〇年問題』覚書（下の二）―『柴又事件』の前後から『血のメーデー』へ―」『運動史研究』第八号、一九八一年
増山太助「読売争議のその後（1）（2）―増山太助氏に聞く」『大原社会問題研究所雑誌』第四八五・四八六号、一九九九年
増山太助『戦後期左翼人士群像』つげ書房新社、二〇〇〇年
松尾章一『服部之聰　日記・書簡・回想で辿る軌跡』日本経済評論社、二〇一六年
松尾尊兊「敗戦直後の京都民主戦線」『京都大学文学部研究紀要』第一八号、一九七八年
松岡辰雄『新生に題す』新興出版社、一九四六年
松島松太郎「食糧メーデーと　天皇プラカード事件（1）〜（3）―松島松太郎氏に聞く」『大原社会問題研究所雑誌』第五三四・五三五・五三七号、二〇〇三年
松田博「統一戦線論の再構築が急務」デジタル版『現代の理論』二〇一六夏号＝第9号
松村史紀「ミコヤン秘密訪中考（一九四九年一―二月）―中国革命と戦争をめぐる秩序設計」松村ほか編『東アジア地域の立体像と中国』早稲田大学現代中国研究所、二〇一一年
松村史紀「中ソ同盟の成立（一九五〇年）―『戦後』と『冷戦』の結節点―」（『宇都宮大学国際学部研究論集』第三四号、二〇一二年
松本惣一郎「『農民運動の反省』を読んで」『前衛』一九五七年四月号
松本三益「農村戦線統一の問題―反共派といかに斗うか―」『前衛』一九四八年七月号

丸山茂樹「五〇年問題試論」『運動史研究』第四号、一九八〇年
丸山竹秋「テオーリアとプラクシス」前掲出かず子編『回想　出隆』一九八二年
道場親信「読書ノート『戦後革新勢力』をいかに歴史化するか」(『大原社会問題研究所雑誌』第六二九号、二〇一二年
道場親信「戦後日本の社会運動」『岩波講座日本歴史』第19巻・近現代5、二〇一五年
道場親信「東京南部のサークル文化運動―地域サークルと運動のネットワーク」宇野田尚哉ほか編『「サークルの時代」を読む―戦後文化運動研究への招待』影書房、二〇一六年
道又健治郎「旧制弘前高校関戸教授事件と労働調査と：回顧と提言」『北海道大学教育学部紀要』第六〇号、一九九三年
三戸信人「産別民同がめざしたもの―三戸信人氏に聞く(1)～(3)」『大原社会問題研究所雑誌』第四八九・四九〇・四九二号、一九九九年
南塚信吾「東欧における人民民主主義概念の変遷(1)(2)」『共産主義と国際政治』第五巻第一号・第六巻第一号、一九八〇・八一年
南塚信吾『静かな革命　ハンガリーの農民と人民主義』東京大学出版会、一九八七年
南塚信吾「ハンガリー一九五六年における『第三の道』論」法政大学国際文化学部『異文化』第一〇号、二〇〇九年
壬生雅穂「下伊那地方におけるミチューリン農法の受容と衰退」『飯田市歴史研究所年報』第六号、二〇〇八年
壬生雅穂「ミチューリン農法を成仏させる」中部大学編『アリーナ』第二〇号、二〇一七年
宮城県労働組合評議会編『宮城県労働運動史1』労働旬報社、一九七九年
宮西直輝「人民解放連盟の頃―戦後の出発―」『運動史研究』第一七号、一九八六年
宮本顕治ほか「総選挙斗争の経験と教訓」『前衛』一九四九年三月号
宮本顕治「ハンガリー問題をいかに評価するか」『前衛』一九五七年二月号

民主評論社編集部編『共社合同と日本共産党の自己批判』民主評論社、一九四九年
百瀬宏「東欧の人民民主主義再々訪—吉岡論文に寄せて—」『スラヴ研究』第五三号、二〇〇六年
森武麿編著『一九五〇年代と地域社会　神奈川県小田原地域を対象として』現代史料出版、二〇〇九年
森下徹「全面講和運動の歴史的位置—全面講和愛国運動協議会の組織・論理・運動—」大阪教育大学歴史学教室『歴史研究』第三二号、一九九四年
森田昌幸「東ヨーロッパの人民民主主義に関する一考察」『城西経済学会誌』第二一巻第二・三号、一九八五年
森戸辰男『救国民主連盟の提唱』鱒書房、一九四六年
森戸辰男「現段階における社会党の性格」『社会思潮』第二〇号、一九四九年
梁田政方『北大のイールズ闘争』光陽出版社、二〇〇六年
山内直介編『弘前高等学校写真集　大鵬われらの徽章とかざす』旧官立弘前高等学校同窓会、一九七九年
山川均『日本民主革命論』黄土社、一九四七年
『山川均全集』第一四巻、勁草書房、二〇〇〇年
『山川均全集』第一五巻、勁草書房、二〇〇〇年
『山川均全集』第二〇巻、勁草書房、二〇〇一年
山岸一章『相沢良の青春』新日本出版社、一九八四年
山口武秀『農民運動家の記録』三一新書、一九五七年
山崎早市「終戦の和平工作と政治犯釈放のころ—山崎早市氏に聞く（1）（2）」『大原社会問題研究所雑誌』第六二六・六二七号、二〇一〇・二〇一一年
山崎春成「かくし田の摘発斗争をめぐる諸問題」『前衛』一九四九年九月号
山田敬男「占領期労働運動のヘゲモニーをめぐる攻防」前掲五十嵐仁編『「戦後革新勢力」の奔流』二〇一一年
山田慶昭「原田香留夫先生追悼の辞」自由法曹団『団通信』第一〇九九号、二〇〇三年

山中明『戦後学生運動史』青木書店、一九六一年

山辺健太郎編『党生活』日本労農通信社、一九四八年

山辺健太郎「党の『自主性』と国際主義」『前衛』一九五七年一〇月号

『山辺健太郎―回想と遺文―』みすず書房、一九八〇年

山本繁『香川の農民運動―大正デモクラシーと三・一五』平和書房、一九七〇年

由井誓「〃『五一年綱領』と極左冒険主義〃のひとこま」『運動史研究』第四号、一九八〇年

由井喜夫『実相　日本共産党の査問事件』七つ森書館、二〇〇八年

横関至『近代農民運動と政党政治―農民運動先進地香川県の分析―』御茶の水書房、一九九九年

横関至「日本農民組合の再建と社会党・共産党（上・下）」『大原社会問題研究所雑誌』第五一四・五一六号、二〇〇一年

横関至「平野力三の戦中・戦後―農民運動『右派』指導者の軌跡（上・下）」『大原社会問題研究所雑誌』第六一三・六一五号、二〇〇九・二〇一〇年

横関至『農民運動指導者の戦中・戦後―杉山元治郎・平野力三と労農派』御茶の水書房、二〇一一年

横関至「『左派』農民運動指導者の戦中・戦後―旧全会派の場合」『大原社会問題研究所雑誌』第六二二号、二〇一一年

横関至「一九四〇年代後半における社会党と共産党の共闘―社共共闘により社会党員知事が誕生した長野県を事例として」『大原社会問題研究所雑誌』第六四六号、二〇一二年

横関至「戦後農民運動の出発と分裂―日本共産党の農民組合否定方針の波紋―」前掲五十嵐仁編『「戦後革新勢力」の源流』二〇〇七年

横関至「日本農民組合の分裂と社会党・共産党―日農民主化運動と『社共合同運動』」前掲五十嵐仁編『「戦後革新勢力」の奔流』二〇一一年

横手慎二『スターリン』中公新書、二〇一四年
横山不二夫「労働戦線の統一と『政党支持の自由』」『前衛』一九五六年二月号
吉川末次郎「共産主義と社会民主主義」『社会思潮』第一八号、一九四八年
吉岡潤「戦後初期ポーランドにおける複数政党制と労働者党のヘゲモニー（一九四四―四七年）」『スラヴ研究』第五二号、二〇〇五年
吉田健二「民主主義擁護同盟の成立と崩壊過程―戦後日本における統一戦線の原型―」『社会労働研究』第一九巻第一・二号、一九七三年
吉田健二「民主主義擁護同盟の分析」『労働運動史研究』第五九号、一九七六年
吉田健二「民主人民連盟と民主主義擁護同盟」増島宏編『日本の統一戦線（上）』大月書店、一九七八年
吉田健二「『民主評論』解題」前掲『民主評論（5）第5巻第1号～第5巻第6号』二〇〇〇年
吉田健二「占領期の知識人運動―『民主革命』期のリベラリスト」前掲五十嵐仁編『「戦後革新勢力」の奔流』二〇一一年
吉田健二「占領後期の統一戦線運動―民主主義擁護同盟の結成と活動」前掲五十嵐仁編『「戦後革新勢力」の奔流』二〇一一年
吉田嘉志雄「告白記　わたしは入党した―注釈的あとがき―」『青森文学』第五〇号、一九九一年
吉田嘉志雄「戦後すぐの津川武一」『津川武一日記』第七巻、北方新社、一九九四年、月報7
吉田嘉志雄「日記・かしどん等の挫折（1）―六全協の頃―」『青森文学』第六七号・青森文学創刊45周年特集（2）、二〇〇二年
吉田嘉志雄「自分史日記　かしどん等の挫折（2）（六全協は人生二度目の敗戦だった）」『青森文学』第六八号、二〇〇二年
吉田嘉志雄「自分史日記　かしどん等の挫折（3）―帰ってきた巷は泥雪の街だった―」『青森文学』第六九号、二

〇〇三年
吉田豊子「『蔣中正総統檔案』にみるモンゴル情報」『大阪大学OUFCブックレット』第七号、二〇一五年
米窪満亮「日本共産党批判」『社会思潮』第一八号、一九四八年
米原昶「スターリン批判とわれわれの態度―六全協一周年にあたって―」『前衛』一九五六年九月号
米原昶「〝スターリン批判〟から学ぶ」『前衛』一九五七年三月号
歴史学研究会『日本同時代史1 敗戦と占領』青木書店、一九九〇年
ロイ・メドヴェージェフ『歴史の審判に向けて スターリンとスターリン主義について』下（ジョレス・メドヴェージェフ、ロイ・メドヴェージェフ選集1、現代思潮新社、二〇一七年
労農救援会編『自由の旗の下に 私はなぜ共産党員になつたのか』三一書房、一九四九年
和田春樹『朝鮮戦争全史』岩波書店、二〇〇二年
和田春樹『スターリン批判 一九五三～五六年 一人の独裁者の死が、いかに20世紀世界を揺り動かしたか』作品社、二〇一六年
渡部富哉『偽りの烙印―伊藤律・スパイ説の崩壊』五月書房、一九九三年

（その他）
淡谷悠蔵日記（awayayuzou.web.fc2.com、青森県立文学館）
大原社会問題研究所デジタルライブラリー「日本労働年鑑」（https://oisr-org.ws.hosei.ac.jp、法政大学）
共産党、社会主義問題を考える（http://www2s.biglobe.jp/~mike/kenichi.htm）
（小松）摂郎日記（http://komatsukenonjokan.com/?page_id=1723）
自由法曹団「団通信」（www.jlaf.jp/tsushin/tsushin.html）
帝国議会会議録検索システム（http://teikokugikai-i.ndl.go.jp/）

デジタル版『現代の理論』（http://gendainoriron.jp/）
日本ニュース（NHK 戦争証言アーカイブス）
早稲田・一九五〇年・記録の会『早稲田一九五〇年・史料と証言』五号（一九九九年、http://www13.plala.or.jp/abete/shisho5.txt）

あとがき

一九七二年四月から七七年三月までの五年間、私は青森県の弘前大学で学んだ。四年で卒業したものの大学院入試に失敗し、五年目は浪人の身だった。在学期間中、衆議院総選挙で弘前市がある青森2区から本書の主人公のひとり津川武一氏が当選を続けていた。津川氏は一九六九年に東北初の共産党代議士として当選し、七二年、七六年と再選を重ねた。とくに七二年の第三三回総選挙で共産党は四九年の第二四回総選挙を上回る三九議席(革新共同を含む)を獲得し、東北でも津川氏をはじめ三人の代議士が誕生した。これと並行して、共産党は七〇年の第一一回大会で「七〇年代の遅くない時期に民主連合政府を」のスローガンをかかげ、七三年の第一二回大会における民主連合政府政策綱領の提案を経て、七五年に民主連合政府綱領を発表した。最大野党の社会党も七七年の第四〇回大会における「革新・中道連合政権への提言」(江田意見書)があり、八〇年に公明党との「社公連合政権」路線を打ち出す。この間の七九年には公明党と民社党が「中道連合政権構想」を明らかにした。

一九七〇年代は自民党に代わる革新連合政権が模索追求された時代であり、それはまた国際的な動きでもあった。チリでは七〇年に人民連合政府(アジェンデ大統領)が成立し、フランスでは七二年に社共が左翼政府共同綱領を結んでいた。議会の多数派獲得による政治変革は王道とされた(七〇年不破哲三『人民的議会主義』、七三年上田耕一郎『先進国革命の理論』)。七三年にチリの人民連合政府は悲劇的結末を迎えるが(「サンチャゴに雨が降る」)、内外の政治情勢の影響を受けて、私は卒論テーマに大同団結運動を選んだ。明治一〇年代の自由民権運動の台頭と後退ではなく、明治二〇年代の帝国議会開設期の反藩閥連合運動に時代の空気を重ねようとしたのである。思い返せば、まことに素朴で稚拙な選択だったが、なぜ日本には人民戦線がないのかという疑問があったればこその選択だった（一九七〇年代の情況については、諏訪兼位ほか『伽藍が赤かったとき―1970年代を考える』風媒社、二〇一二年、小島亮編『アリーナ』第16号「特集 同時代への思惑」二〇一三年、参照）。一九七〇年代末、前衛党の組織論をめぐり田口富久治（七八年『先進国革命と多元的社会主義』）、藤井一行（七八年『民主集中制と党内民主主義』）、中野徹三（七九年『マルクス主義の現代的探求』）の各氏から再検討の声が上がり、共産党との理論対立は「田口・不破」論争と称された。この頃に人文社会系の大学院生だったものならば、多かれ少なかれ関心を抱いたのではなかろうか。少なくとも私はこの論争から変革者集団内部のダイナミクスを学んだ。遅きに失したが、ようやく「〈集合性〉史から〈非集合性〉史へ、そして新たな〈集合性〉史へ」という流れをつかむことができたように思う。

本書の主な舞台は青森県をはじめとする東北地域である。この地域に関して私は約四〇年議論を重ねてきた。多くの読者のみなさんに手軽に読んでもらえるものとして、『東北―つくられた異境』と『続・東北―異境と原境のあいだ』がある。二〇一一年のあの日まで私は『新・東北』を書きあげることで東北論三部作を完結させるつもりでいた。その準備もしていた。しかし、三月一一日を境に筆が止まった。地震と津波と原発被害で大きく傷ついた情況を前に、どのような新・東北像を描けばいいというのか。私は困難を覚えた。以後、近代東北史に関する基礎データの再点検に転じ、『「東北」を読む』『講座東北の歴史 第三巻境界と自他の認識』（共著）『東北の近代と自由民権―「白河以北」を越えて』（共著）などであらためて近代東北史の歩みを描く一方、『東北』の英訳版 *Tōhoku: Japan's Constructed Outland* を出して広く海外の読者に東北の東北たる所以を示そうとした。同時に試行錯誤を進めたのが『「生存」の歴史学』（共著）である。核時代に生きる私たちにとって「三・一一」

とはなんだったのか？　なぜ東北が、福島県があのような目に遭わなければならなかったのか？　そうした基本問題を前に想起したのが東北の〈後進性〉である。〈後進性〉は卒論以来のテーマだったが、〈封建性〉や〈植民地〉という名指しを伴いながら、近現代東北史に通底していた。戦後社会運動、とくに社会変革をめざす革命運動において〈後進性〉〈封建性〉〈植民地〉の問題がどのように認識され、いかに克服されようとしていたのか。そう考えていた時、本書のもうひとりの主人公大沢久明氏の主張に出会った。大沢氏と津川氏は社共合同で深く結びついていた。いったい社共合同とはなんだったのだろうか？　社共合同で〈後進性〉は乗り越えられたのだろうか？　青臭い書生論議を友たちと熱く繰り返していた弘前時代を振り返りながら、私は本書を執筆した。

「あとがきが長い本は売れません」と以前ある編集者に言われたことがあるので、追想はこの辺にしておこう。本書を執筆するにあたって、大沢久明氏のご遺族、大沢研氏、大沢行夫・美智子ご夫妻には資料提供をはじめとして、大変お世話になった。大沢家のみなさんの励ましがなければ本書はこうした形にはならなかった。あらためてお礼申し上げます。大塚英五郎氏のご子息大塚英明氏からも貴重なお話をうかがうことが出来た。厚くお礼申し上げます。そのほか、多くの方々、青森県史編さんグループをはじめとする各地の研究機関、図書館などにご協力いただいた。本来ならばすべてのみなさんのお名前を列挙すべきであるが、紙幅の関係上、割愛させていただく。お許し願いたい。ただお一人、体調不良の中こころよくインタビューに応じていただいた吉田嘉志雄氏（二〇一六年逝去）にお読みいただけなかったことは残念至極である。

本書の作成においてもこれまで同様、家族の支援があった。妻であり共同研究者の富美子は長期の単身赴任で研究を最優先する私の我儘を許してくれた。息子の陽平と悠佑には年末年始のんびりしたいところを索引づくりに引き込んでしまった。心から感謝したい。本書はいわば家族総出の作品である。

引き続く出版不況の中、大部だけに冗長だと批判されかねない本書の価値を受け止めていただいた同時代社の川上隆社長と栗原哲也氏にはお礼の言葉もない。同時代社の創業者川上徹氏についてはあらためて記す必要もないだろうが、二〇一四年の『戦後左翼たちの誕生と衰亡　10人からの聞き取り』に私は〈非集合性〉史から新たな〈集合性〉史へのベクトルを見ていた。同時代社から出版できることは奇縁だろうか。必然に思える。栗原氏とは二〇一二年八月の気仙沼フォーラム「歴史から築く『生存』の足場〜東北の近代一二〇年と災害・復興〜」の会場で初めてお会いした。粗原稿段階で鋭い論評をいただき、それを糧になんとか本書を仕上げることが出来た。川上社長、栗原氏をはじめ、本書の出版に関わっていただいたすべての関係者に感謝申し上げる。

この三月でひとまず所定の任期を終える。今、想い起こすのは、歴史家への道を歩み出した四〇年前の昔である。あの頃の自分を裏切ってこなかっただろうかと想うばかりである。

本書を一九七〇年代とともに青春を送った仲間たちに捧げたい。

二〇一九年一月　越後高田の寓居にて

河西英通

（付記）本書は科学研究費助成事業・研究課題「社共合同運動の基礎的研究」・研究課題／領域番号　16K03048の研究成果である。

索　引

（共産党青森県委員会、社会党青森県連は頻出するので割愛した）

あ　行

か　行

さ　行

た　行

な　行

は　行

ま 行

や　行

ら　行

わ 行

著者略歴

河西英通（かわにし・ひでみち）

1953年北海道札幌市生まれ。弘前大学人文学部卒業、立命館大学大学院文学研究科修士課程修了、北海道大学大学院文学研究科博士後期課程単位取得満期退学。広島大学大学院文学研究科教授。近代日本地域史　博士（文学）。
著書『近代日本の地域思想』（窓社）、『東北―つくられた異境』『続・東北―異境と原境のあいだ』（中公新書）、『せめぎあう地域と軍隊』（岩波書店）、『「東北」を読む』（無明舎）、『「生存」の歴史学』（共編著、大月書店）、『講座東北の歴史　第三巻境界と自他の認識』（共著、清文堂）、『東北の近代と自由民権―「白河以北」を越えて』（共著、日本経済評論社）、*Tōhoku: Japan's Constructed Outland*（Brill）、『「生存」の歴史と復興の現在』（共編著、大月書店）ほか。

「社共合同」の時代――戦後革命運動史再考

2019年3月20日　初版第1刷発行

著　者　河西英通
発行者　川上　隆
発行所　㈱同時代社
〒101-0065　東京都千代田区西神田2-7-6 川合ビル
電話 03(3261)3149　FAX 03(3261)3237

制　作　い り す
装　幀　クリエイティブ・コンセプト
印　刷　中央精版印刷株式会社

ISBN978-4-88683-853-7